KB043234

동아시아
사유로부터

동아시아 사유로부터
시공을 관통하는 철학자들의 대화

ⓒ 이승종, 2018

초판 1쇄 펴낸날 2018년 7월 5일

지은이 이승종
펴낸이 이건복
펴낸곳 도서출판 동녘

등록 제311-1980-01호 1980년 3월 25일
주소 (10881) 경기도 파주시 회동길 77-26
전화 영업 031-955-3000 편집 031-955-3005 **전송** 031-955-3009
블로그 www.dongnyok.com **전자우편** editor@dongnyok.com

ISBN 978-89-7297-917-3 93100

• 이 책은 2014학년도 연세대학교 미래선도연구사업 연구비의 지원을 받아 수행된
  것입니다(2014-22-0163).
• 잘못 만들어진 책은 바꿔드립니다.
• 책값은 뒤표지에 쓰여 있습니다.
• 이 도서의 국립중앙도서관 출판시도서목록(CIP)은 서지정보유통지원시스템 홈페이지
  (http://seoji.nl.go.kr)와 국가자료공동목록시스템(http://www.nl.go.kr/kolisnet)에서
  이용하실 수 있습니다. (CIP제어번호 : CIP2018018119)

동아시아
사유로부터

시공을 관통하는
철학자들의 대화

이승종 지음

책머리에

나는 남한강과 북한강이 서로 만나는 곳, 두 물줄기를 뜻하는 양수리에서 태어났다. 내가 세상에 나오던 날은 하늘에서 펑펑 눈이 내렸다고 한다. 하늘과 땅이 눈으로 이어지고, 두 강이 하나로 합쳐지는 시공간이 나의 출생증명서인 셈이다. 나는 이 은유가 함축하는 이음과 합침을 내게 주어진 소명이요 과제로 삼고 철학을 해왔고, 이제 그 중간 결산의 하나로 그동안 지어온 이 책을 세상에 내놓는다.

고등학교 때 탐독한 헤르만 헤세의 《싯다르타》는 내가 가야 할 길이 철학임을 분명히 보여준 이정표와도 같은 작품이었다. 당시의 나를 일깨웠던 그 작품 속의 길은 인도의 사유로 뻗어 있었지만, 나는 동서양의 이분법에 신경 쓰지 않고 철학에의 길로 나섰다. 대학에 입학해 철학과에 진학하고 보니, 저 이분법적 분류로 철학의 교과과정이 짜여 있었다. 동양철학을 공부해볼 생각으로 유관 전공 강의들을 수강하며 동양철학사를 들여다 보았지만, 중국 중심의 유가(儒家) 경전 일색인 강의와 텍스트는 내 마음에 잘 와닿지를 않았다. 내가 동경하던 《싯다르타》의 길과는 너무 달라보였다. 경전 공부보다 수행을 배우고 실천하고 싶었지만, 그 길을 인도할 인연은 나타나지 않았다.

나는 서양철학의 길로 접어들었다. 그렇다고 동양철학에 대한 관심을 접은 것은 아니었다. 법정 스님을 찾아가 출가의 길을 타진했고, 그 분의 권유로 천안의 성불사에서 몇 개월을 지내기도 했다. 그러한 시도들도 수행의 인연으로는 맺어지지 못했다. 내가 속해 있는 동양은 지리적으로는 가깝지만 접근하기에는 너무도 먼 이국이었다. 나는 동양을 떠나 해외 유학의 길에 올랐다.

미국 유학 중에도 불교 관련 서적들을 틈틈이 읽고 이를 텍스트로 강의하기도 했다. 그 과정에 불교가 지닌 철학적 잠재력에 눈을 뜨게 되었다. 현대를 석권한 서양철학에 견주어도 동양의 사유는 탁월하고 깊이가 있을뿐더러, 양자 간의 대화가 풍성한 창의적 결실을 가져올 수 있을 거라는 생각에 이르렀다. 그 대화를 근간으로 하는 나만의 작품을 만들어보고 싶다는 뜻을 품게 되었다.

이국에서의 공부를 마치고 돌아온 나는 동서 간의 철학적 대화가 불통을 넘어 아예 금기시되는 당시 우리 철학계의 상황을 보고 나의 기획이 위험한 것임을 알게 되었다. 그래서 나는 그것을 가급적 은밀히 추진하기로 마음먹었다. 기획을 궤도 수정하거나 타협할 생각은 없었지만, 동서철학을 주제로 한 연구서의 집필을 관철하기 위해서는 어쩔 수 없이 현실을 참작해야 했다. 나는 연구와 강의를 연동해 진행하는 것을 선호하는데, 그러다 보니 내게 주어진 상황에서는 동양철학 연구만을 지속적으로 해나갈 수는 없는 형편이었다. 원고의 준비과정도 같은 운명에 놓이게 되었지만, 완성의 시점을 멀리 보기로 하고 이 체제를 고수했다.

동양철학의 공부 길은 넓고도 멀었다. 오랜 시간에 걸쳐 아주 느리게 한 발짝 한 발짝 앞으로 나아가며, 그 행보에 맞추어 한 편 한 편 글들을 써내려갔다. 불교에서 도가(道家), 유가, 한국철학으로 관심을 서서히 개방해나갔고, 대화 상대도 국내외의 학자, 학생들을 가리지 않았다. 동양철학에 대한 나의 연구를 인정하고 부르는 곳이면 어디든 찾아가 발표를 하고 격의 없이 토론하고 배웠다. 남의 것이라는 이질감을 떨치기 어려운 서양철학에 비해, 동양철학은 더 친근하게 느껴졌고 내 삶에 주는 실존적 울림도 더 컸다. 동서철학의 칸막이가 높은 철학과에만 머물지 않고, 학문적으로 보다 자유로운 분위기인 연세대 언더우드 국제대학으로 강의의 활로를 넓혔다.

동양철학 연구는 수행과 병행해야 한다는 것이 나의 생각이었다. 이를 실천할 기회를 엿보던 끝에 안식년을 맞아 싸띠 아라마(Sati Arama) 수행센터를 찾아가 수행의 기초를 닦았다. 그리고 수행도반인 홍승현과 의기투합해 미얀마로 대망의 수행 유학길에 올랐다. 첫 수행처인 찬메 모비(Chanmyay Yeiktha, Hmawbi) 수행센터에서 좌선에 들어 지난 30여 년의 세월을 돌아보았다. 《싯다르타》를 읽던 그 시절로부터 이곳에 오기까지 왜 그토록 수행 인연을 맺기가 어려웠을까를 아쉬워하기보다, 지금에나마 비로소 수행에 정진하게 된 것을 감사하며 눈물을 흘렸다.

나는 자신을 잊고 오로지 내가 하는 일에 관심을 기울였다. 가령 누가 나에 대해서 대화를 하고자 하면, 나는 그에게 나에 대해서보다 내가 지은 작품에 대해서 대화를 하자고 제안하고 싶었다. 나는 나의 모든 것을 쏟아부어 작품으로 녹여내고자 했다. 그러한 자세에는 지금도 변함이 없다. 나는 내가 하는 일이 나를 위한 것이라고 생각해본 적이 없음을 고백할 수 있다.

그런데 나는 이 책을 준비하면서 깨닫게 되었다. 자신을 잊고 작품에 몰두해도 그것이 나와 직접 연관되어 나의 변화와 함께 이루어진 것이 아니라면, 적어도 내게는 의미가 없다. 나로부터 외화(外化)되었다면, 그것은 나와 직접 상관이 없이 따로 노는 외물(外物)일 뿐이다. 그래서 무엇을 해도 그것을 나와 일치시키는 수행이 필요하다. 내가 하는 다른 무엇보다 그게 더 중요한 일이다.

왜 하는지가 내게 진정하고 절실하게 다가오지 않는다면, 하지 않는 게 좋다. 지식을 나누거나 기부하는 것도 공덕을 쌓는 일인지는 모르겠으나, 그것이 내가 그 일을 하는 본래적 이유가 아니라면 적어도 내게는 시간과 노력의 낭비일 뿐이다. 내게 뿌리내리는 일보다 더 중요한 게 없는 것이, 만일 그것이 없다면 무엇을 이루어도 충만은커녕 허전함, 공허함을 느낄 뿐이기 때문이다.

나를 쌓아가는 것과 나를 비우는 것은 양립 가능하다. 사실 둘은 하나이다. 학덕을 쌓는다는 것은 곧 편견과 집착을 비우는 것이기 때문이다. 이런 점에서 인식론과 윤리학은 서로 관통한다.

이 책을 위해 그동안 준비한 상당한 분량의 글들 중에서 동아시아 사유의 정수에 맞닿아 있다고 생각하는 원고들만을 추려내 주제별로 여덟 개의 장과 두 편의 짧은 글로 배치했다. 그것이 이 책의 1부를 이룬다. 저 원고들은 국내외의 여러 학술모임에서 혹독한 검증과 반증의 과정을 겪으며 성장했는데, 그 실제 과정을 1부의 주제에 따라 일곱 개의 장으로 갈무리한 것이 2부를 이룬다. 따라서 책을 순서대로 읽을 수도 있지만, 1부의 각 장에 대한 2부의 토론을 함께 읽어나가는 방식도 가능할 것이다. 내용이 연관되는 장들을 괄호로 묶어 논의의 흐름을 알고리듬화하면 다음과 같은 순서가 된다.

(1장→9장) → (2장→10장) →1편 말미의 짧은 글 → (3장→11장) →4장→(5장→12장) →(6장→13장) →3편 말미의 짧은 글→(7장→14장) → (8장→15장)

원고에 대한 귀중한 논평의 수록을 허락해주신 이상익 교수님(부산교육대학교), 문장수 교수님(경북대학교), 문석윤 교수님(경희대학교), 박종천 교수님(고려대학교), 김우형 교수님(연세대학교), 김영건 박사님, 이상수 박사님, 이지훈 박사님께 머리 숙여 감사드린다. 값진 추천의 글로 책을 빛내

주신 필립 아이반호 교수님(Philip Ivanhoe, 홍콩성시대학교), 장샹룽 교수님
(張相龍, 중국 중산대학교), 이승환 교수님(고려대학교), 그리고 최종 원고의 몇
꼭지를 읽고 비판을 해주신 홍진기 교수님(가톨릭관동대학교), 책의 출간을
주선해주신 강신주 박사님, 원고를 세심히 다듬어주신 동녘출판사, 정성
껏 수행을 지도해주신 수실라 스님(Susila, 미얀마 찬메 모비 수행센터)께도 깊
은 감사의 마음을 전한다.

이 책의 수익금은 세상에 도움이 필요한 곳에 모두 기부할 것을 약속
드린다.

2018년 여름

이승종

seungcho@yonsei.ac.kr

방법서설

성찰(省察)은 안으로의 반성과 밖으로의 관찰을 함축하는 두루 살펴봄을 의미한다. 그것은 근대 이후 서양의 개별과학들이 지향하는 문제풀이 매뉴얼로서의 학문과는 뚜렷이 구별되는 전인적(全人的)인 인문학 본연의 이념이다. 분과화된 과학이 주도하는 현대 학문의 지형도에서 인문학이 존재의 이유를 의심받는 위기로 치닫고 있는 이유는 인문학이 이 본연의 이념에 충실하지 못했기 때문이다. 현대의 인문학은 주류 과학을 모방해 밖으로의 관찰에 치중한 나머지 안으로의 반성에 소홀한 과학주의적 인문학이거나, 아니면 과학이 이룩해낸 관찰의 성과에 무지한 상태에서 자폐적 반성에 머물고 있는 은둔주의적 인문학이다. 과학주의적 인문학은 그것이 모방의 대상으로 삼은 과학에 가까울 뿐, 더 이상 인문학으로 보기가 어렵다. 은둔주의적 인문학은 객관성을 결여하고 있기에 몽상적 에세이에 가깝지 학(學)으로 보기조차 어렵다.

　인문학의 이러한 왜소화와 황폐화는 일차적으로는 성찰의 결여에서 비롯되는 현상이지만, 궁극적으로는 그 성찰이 속해 있던 전통이 단절되고 탈구되었다는 데서 원인을 찾을 수 있다. 전통의 단절과 탈구로 말미암아 인문학은 더 이상 전통이 담지해오던 흐름을 적절히 성찰할 수 없게 되었으며, 이는 인문학적 토대의 상실을 초래했다. 동아시아의 인문정신을 원시반본(原始返本)하여, 그로부터 시대에 걸맞는 성찰의 인문학을 새로이 길어 올리는 것이 우리의 과제이다.

그리스에서 유래하는 서양의 인문학이 아레테(arete)를 지향했다면, 동아시아적 전통에서의 인문학은 지선(至善)을 지향했다. 아레테와 지선(至善)은 모두 인문주의적 탁월성을 함축한다. 우리는 동서(東西)가 만나는 지구촌 시대에 동서의 인문학이 지향해온 탁월성이 한자리에서 향연을 펼침으로써, 생산적 시너지(synergy) 효과를 낼 수 있는 계기가 될 한마당을 준비하고자 한다. 다가올 새로운 시대의 정신은 근대성에 의한 하향평준화가 추구해온 자기 이익보다 높은 본래적 가치를 지향해야 한다. 동아시아의 사유로부터 발원되는 성찰의 인문학이 그러한 본래적 가치의 제고를 위한 학문적 토대가 될 것을 기대하며 이 책을 시작하려 한다.

동서 간의 진정한 대화는 우리가 영어를 잘하게 된다고 이루어지는 것이 아니다. 같은 말을 사용하는 한국 사람들 사이에도 지역과 계층에 따라 소통의 장애가 있는 경우를 우리는 흔히 본다. 쌍방의 언어에 배어 있는 사유의 지층이 교차 파악되고 탐사될 때, 비로소 깊이 있는 상호 이해의 기틀이 마련되는 것이다. 온전한 상호 이해를 위해서는 쌍방 간의 문화의 최저층과 최고층에 놓여 있는 사유의 문법을 함께 읽을 수 있어야 한다.

동서고금이라는 네 기준에서뿐만 아니라 이런저런 여타의 기준에서 서로 다른 영역에 놓여 있던 텍스트들을 불러내어 대화시킬 때, 범하기 쉬운 오류는 텍스트들 사이의 일치와 차이 어느 한쪽만을 강조하는 것이다. 그중에서도 텍스트 간의 일치는 한 텍스트가 놓인 층위에 다른 텍스트를 같은 눈높이로 자리매김하는 데서 기인하곤 한다.

우리는 텍스트 간의 대화의 이념으로 기존의 일치나 차이 대신 상동(相同)과 상사(相似)를 대안으로 제시한다. 상동은 다름 속의 같음을, 상사는 같음 속의 다름을 의미하는 개념이다. 상동과 상사는 같음과 다름을 씨줄과 날줄로 해서 서로 엮어내고 풀어낸다. 상동의 한 예로 우리는 양자역학의 형식화에 공헌한 하이젠베르크와 슈뢰딩거의 이론 텍스트들을 들 수 있다. 각각 행렬과 파동함수라는 서로 다른 개념 틀로 양자역학을 서술한 두 학자의 형식체계는 후에 논리적으로 동치임이 증명되었다. 상사의 한 예로 우리는 광학의 담론을 양분해온 입자설과 파동설을 들 수 있다. 빛이라는 같은 주제에 대해 경합해온 두 이론의 상이성은 빛이 입자와 파동의 이중성을 갖는다는 것으로 귀착되었다.

이 책에서 우리가 입증하고자 하는 것은 서양의 현전(現典)인 비트겐슈타인, 하이데거, 데리다, 들뢰즈의 사상과 동아시아의 고전(古典)인 유가, 불교, 도가가 서로 공감하고 교류할 수 있는 상당한 상동성이 있으며, 서로 논박하고 생산적인 비판을 교환할 수 있는 상사성이 있다는 점이다. 둘 사이의 상동성은 서로 더 배울 것이 없을 만큼의 완벽한 동일성이 아니고, 둘 사이의 상사성은 서로 대화가 불가능할 정도의 이질성도 아니다. 동아시아의 고전과 서양의 현전은 서로를 충분히 이해하면서도 차이를 확인하면서, 이를 바탕으로 서로에게 유익한 의견을 주고받을 수 있을 만큼 같고 다르다. 이 점에 대한 철학적 규명은 날로 증가하는 동서 문명 간의 대화와 교류에 깊은 차원에서 중요한 빛을 던져줄 것이다.

동아시아 사유에 대한 기존의 연구 성과는 동아시아 사유의 시제를 과거로 고정하고 역사적 현실로부터 유리시켜 고고학적 유물처럼 다루어왔으며, 동서와 고금의 소통을 위한 적절한 방법론을 제시하지 못했다. 우리는 이 점을 적시하여 탈고고학적 소통의 방법과 실제를 지향한다.

우리가 동아시아 사유에 대한 기존의 연구 성과를 고고학으로 간주하는 이유는 세 가지이다. 첫째로 텍스트 중심주의와 그것이 수반하는 탈문맥성이다. 기존의 연구는 동아시아 사유를 대체로 유가, 불교, 도가의 세 갈래 사유에 의해 틀 지어진 것으로 해석한다. 각 갈래마다 소위 불멸의 가치를 지닌 '경전'이라는 텍스트들이 있다. 그 텍스트들의 역사적 문맥은 도외시되고, 그 과정에서 경전은 절대적인 권위로 신격화되어 암송되고 경배된다. 이로 말미암아 동아시아 사유는 현실과 유리되고 초시간적인 진리로 신비화된다. 이러한 태도는 동아시아의 산수화와 수묵화에도 영향을 미쳐, 거기서 자연은 신비적으로 미화되거나 도덕적 가치나 진리를 구현하고 있는 것으로 왜곡되고 있다. 본 연구는 동아시아 사유에 드리워진 신비의 베일을 벗겨 유리되었던 현실과 만나게 할 것이다. 그 방법은, 작게는 동아시아의 텍스트에 관한 문맥을 복원하는 작업에서부터, 크게는 동아시아 사유 전체를 역사성의 지평에서 다시 사유하는 역사철학적 작업까지가 될 것이다.

둘째로 과거중심주의와 그것이 수반하는 몰현재성이다. 기존의 연구는 동아시아 경전의 시제를 과거로 고정시키고 있다. 세상의 궁극적 진리는 경전에 의해 과거에 이미 완료형으로 드러났다는 것이다. 술이부작(述而不作)의 이념은 경전 이후의 모든 텍스트들을 기껏해야 주석 혹은 2차 문헌으로 폄하하는 것으로 그 의미가 왜곡되고, 온고(溫故)는 지신(知新)으로 이어지지 않고, 경전 이후의 시간은 여생(餘生)으로 간주된다. 이러한 철저한 몰현재성, 몰미래성이 상고주의(尙古主義)라는 아편의 맹독이다. 우리는 동아시아 사유의 시제를 과거 완료형으로부터 현재 미완료진행형으로 고쳐 온고를 지신으로 이어지게 하는 작업을 펼칠 것이다. 이를 위해 동아시아의 고전(古典)을 동서의 현전(現典)과 만나게 하고, 고전의 저자들과 현전의 저자들을 한자리에 불러 생산적인 대화를 도출하여, 고전의 문제의식을 현대의 문제의식과 상호 교직시키는 사유의 퓨전(fusion)을 도모할 것이다.

셋째로 중화주의와 그것이 수반하는 사대주의이다. 기존의 연구는 동아시아 사유를 중국철학과 동격으로 본다. 한국적 사유가 있다 해도 그것은 중국철학의 찬란한 (혹은 열등한) 한 갈래일 뿐이라는 것이다. 동아시아 사유의 언어인 한문이 중국의 것이고, 동아시아 사유의 주류와 비주류인 유가와 도가가 모두 중국의 철학이요 불교도 중국에 와서 비로소 동아시아의 사유로 온전히 자리매김했다는 것이다. 이는 중국을 자기 정체성을 가진 하나의 실체로 간주하는 그릇된 중화 이데올로기에 근거해 있다. 중국은 나라의 이름이 아니라 하족(夏族)과 그들이 동이, 서융, 남만, 북적이라 부른 제 민족들의 각축 장소를 일컬을 뿐이다. 한문은 이들의 부분적인 공용어였고 유가, 도가, 불교 역시 어느 한 민족이나 국가로부터 비롯된 것이 아니라 이들의 공동 유산으로 보아야 한다. 우리는 역사적으로 공정(工程)되어 온 중국의 정체성 이데올로기의 허구를 폭로하여 해체하고 포스트중화주의, 포스트사대주의적 동아시아 사유를 지향한다.

우리는 이 책에서 문사철(文史哲)의 구분 없이 통합적 사유를 전개해 온 동아시아 사유의 전통을 계승하려 한다. 이러한 자세는 학문의 분과화의 배경이 되는 서양의 근대성을 이식해 추종해온 현대 한국의 학계와 학제에는 도전으로 비칠 수도 있다. 우리는 작게는 동서의 철학을, 크게는 인문학과 과학을 회통(會通)시키는 크로스오버적인 대화와 토론을 지향한다. 과거의 경전에 대한 전통적 훈고학이나 현대의 서구 사조에 대한 무반성적 추종에서 벗어나, 동아시아의 전통 사유에 현대의 서구 사조를 접목해 만들어본 여러 독창적 아이디어들의 잠재력을 자유로이 펼쳐 보이려 한다.

이 책의 본론은 크게 두 부분으로 나뉜다. 1부는 "사유의 시원에서의 대화", 2부는 "현대철학자들과의 토론"이라는 제목으로 이루어진다. 1부에서는 동아시아 사유의 시원인 유가, 불교, 도가를 현대 서양의 사상가들과 만나게 하여, 그로부터 창의적 시너지와 퓨전적 사유를 이끌어내는 작업이 전개된다. 아울러 한국 근대의 대표적 사상가인 다산 정약용의 반주자학적 사유에 대한 독해가 이루어진다. 2부에는 1부의 각 장들의 내용을 국내외 학술 모임에 발표해 얻은 피드백(논평)과 토론 내용을 실었다.

이 책의 본론은 보다 상세하게는 총 2부 8편 15장과 두 종의 짧은 글로 구성된다. 그중 1부의 각 편과 장을 차례로 소개해보면 다음과 같다. 1부는 4편으로 이루어져 있는데 각각 "유가/불교/도가/정약용과의 대화"라는 제목을 달고 있다. 각 편은 두 장으로 나뉘는데, 1편 "유가와의 대화"는 《논어》에서 2인칭적 사유를 발굴하다"(1장)와 "주희와 율곡, 이치의 얼개를 논하다"(2장)라는 두 장으로 나뉘고, "유가와 음악을 논하다"라는 짧은 글이 말미에 배치된다.

1장 "《논어》에서 2인칭적 사유를 발굴하다"에서는 사유의 형태를 인칭의 관점에 따라 1, 2, 3인칭으로 대별하여 이론화하는 작업이 시도된다. 그중에서도 2인칭적 사유가, 동아시아 사유의 근원에 놓여 있는 《논어》에 대한 심층적인 독해를 통해 동아시아 사유의 중요한 한 패턴으로 부각된다. 이를 바탕으로 1, 3인칭이 주류를 이루어온 서양의 사유와 동아시아의 2인칭적 사유를 구별 짓고, 그러한 차이가 이후의 동서양 사상사에서 각각 어떠한 양상으로 전개되어 왔는지를 살펴본다. 이 책의 근간을 이루는 사유의 비교와 상호 소통의 방법론이 선명한 모습으로 부각되고 또 구체적으로 적용되는 장이다.

2장 "주희와 율곡, 이치의 얼개를 논하다"에서는 유가 사유의 근본 개념인 이(理)와 기(氣)에 대한 정치한 논리적 분석이 시도된다. 수리논리학과 분석철학의 기법을 동원하여 주희와 율곡에 대한 기존의 대표적 해석들을 차례로 논파하고, 이 과정에서 이(理)와 기(氣)에 대한 새로운 논제들을 연역해낸다. 사태와 당위와 필연을 하나로 잇는 끈 이론이 구상되고, 율곡의 기발이승(氣發理乘) 논제가 개념화와 문맥화라는 논리적 장치에 의해 새로이 조명된다. 율곡의 이통기국(理通氣局) 논제가 다수실현, 국소성, 개별화라는 논리적 장치에 의해 입체적으로 재해석되며, 이로부터 반결정성이론과 조절이론이라고 이름지어본 이론이 정립된다. 그 밖에 이(理)의 실현을 해명하는 과정에서 중첩결정성, 역다수실현, 미결정성 등의 논제가 발굴되고 물리(物理), 심리(心理), 문리(文理)가 하나의 연관 체계를 이루며 해명된다.

1편의 말미에 배치된 "유가와 음악을 논하다"에서는 유가의 음악론을 옹호하는 필립 아이반호(Philip Ivanhoe) 교수와의 지상논쟁이 펼쳐진다.

2편 "불교와의 대화"는 "헤세, 싯다르타를 만나다"(3장)와 "비트겐슈타인, 용수를 만나다"(4장)라는 두 장으로 이루어진다. 3장 "헤세, 싯다르타를 만나다"는 이 책에서 가장 이색적인 장이다. 헤르만 헤세의 《싯다르타》라는 소설의 메시지와 소설 속에서 이루어지는 부처와 작중 주인공 사이의 가상 대화를 소재로 하고 있기 때문이다. 이 텍스트에 대한 다각적이고도 심도 있는 성찰을 통해 동(부처)과 서(헤세)가, 현실(실제 역사적 인물)과 허구(소설 속의 인물)가, 그리고 과거(부처의 설법)와 현재(헤세의 관점)가 서로 교차하며, 상호 간에 공유하는 윤회와 자아, 탐구의 논리, 차이와 반복, 시간과 지속 등 제반 철학적 주제들에 대해 생산적인 담론을 형성해낸다. 이를 통해 불교의 시원적 사유가 어떻게 현재의 사유와 만나 서로를 풍요롭게 할 수 있는지가 구체적인 방식으로 구현될 것이다.

4장 "비트겐슈타인, 용수를 만나다"에서는 2장에 이어 수리논리학과 분석철학의 기법을 동원해서 분석철학적 사상가 비트겐슈타인과 중관 불교의 사상가 용수의 입장에서, 그들 사유의 대척점에 놓여 있는 원자론적 사유를 논파하는 작업이 시도된다. 원자론적 사유가 추구하는 단순성과 상호 독립성이 상호 양립 불가능함을 증명함으로써, 이러한 사유의 대척점에 서 있는 비트겐슈타인과 용수가 함께 마주할 수 있는 계기를 마련해준다. 아울러 이들의 사유가 논리학의 삼대 원칙으로 여겨져 온 동일률, 배중률, 모순율을 어떻게 극복해서 세계와 언어와 논리에 대한 새로운 경지를 개척해내는지를 쌍방의 텍스트를 넘나들며 논증해낸다.

3편 "도가와의 대화"는 "데리다, 장자를 만나다"(5장)와 "들뢰즈, 노장을 만나다"(6장)라는 두 장으로 나뉘고, "장자와 혜시를 논하다"라는 짧은 글이 말미에 배치된다. 5장 "데리다, 장자를 만나다"에서는 장자의 자연주의를 데리다의 해체주의와 만나게 한다. 이 둘은 어떤 특정 시기의 특정 철학 사조를 지칭하는 것이 아니라, 철학사의 다양한 계기들에 적용될 수 있는 철학적 관점의 하나로 재해석된다. 이러한 관점에서 해체주의와 자연주의는 각각 테오리아(theoria)와 테크네(techne)에 연관 지어 논의된다. 요컨대 해체주의는 테오리아를 해체하는 철학적 작업을 수행하고, 자연주의는 테크네를 옹호하는 철학적 작업을 수행한다. 이 두 작업을 통해 해체주의와 자연주의의 위상과 의미가 새로이 규명될 것이다. 이 둘이 서로 대립되는 것이 아니라《장자》라는 텍스트에서 조화를 이루고 있음을 밝히는 것이 이 장의 줄거리이다.

6장 "들뢰즈, 노장을 만나다"에서는 들뢰즈의 형이상학과 보어의 양자역학(코펜하겐 해석)이 노자와 장자의 사유를 만나, 함께 차이와 반복의 현상을 규명해나간다. 노자의 텍스트에서 찾은 혼(混)과 충(蟲; 곽점 죽간본)을 들뢰즈의 텍스트에서 차이의 카오스(혼돈)에 견주고, 장자의 텍스트에서 찾은 휴(虧)를 양자역학의 텍스트에서 파동함수의 붕괴와 견준다. 동서와 고금의 사유의 네 계기(들뢰즈, 보어, 노자, 장자)로부터, 잠재태의 은폐-붕괴-현실태의 탈은폐로 묘사되는 존재 사태의 은폐와 탈은폐 사건에 대한 형이상학이 구상된다. 이를 통해 우리의 삶은 태아라는 잠재태가, 태어남이라는 붕괴의 문턱을 통해 현실화된 귀결로 재조명된다. 그리고 삶의 매순간, 기억과 생각과 깨달음과 행위와 사건의 매 순간이 붕괴의 과정이며, 삶은 그 붕괴의 리듬으로 수놓아지는 드라마라는 점이 부각된다.

3편의 말미에 배치된 "장자와 혜시를 논하다"에서는 장자와 혜시 사이에 벌어진 호수논쟁의 텍스트를 놓고, 장자를 옹호하는 이상수 박사와의 지상논쟁이 펼쳐진다.

4편 "정약용과의 대화"는 "정약용, 주자학에 반기를 들다"(7장)와 "정약용,《대학》을 다시 읽다"(8장)로 이루어진다. 7장 "정약용, 주자학에 반기를 들다"에서는 조선왕조 500년을 지배한 주자학에 대한 정약용의 도전을 살핀다. 정약용의 텍스트를 읽는 방법론으로 분석적 해석학, 사유의 위상학, 역사현상학을 제시하며, 이를 바탕으로 정약용이 주자학에 대한 비판과 동거 속에서 어떻게 유학에 대한 근원적 원시반본(原始返本)을 이룩해내었는지를 재구성해본다. 비록 다른 시대, 다른 위상에 놓여 있었지만 정약용이 수행한 원시반본의 작업이 아직도 우리가 벤치마킹해야 할 탁월한 모범적 사례임을 보임으로써, 그의 사유가 우리 시대에도 창의적으로 계승되고 확충되어야 함을 상기시킨다.

8장 "정약용,《대학》을 다시 읽다"는《대학》에 대한 주희와 정약용 사이의 상반된 해석을 주제로 삼는다. 경학 전통을 대표하는 두 거장이《대학》이라는 유가의 핵심 경전을 놓고 벌인 치열한 해석학적 경합의 장면을 하나하나 복기해 동아시아 경학의 정수를 드러내는 것이 본 장의 내용이다. 이 과정에서 우리는 중국과 한국을 대표하는 두 사유가가 의지와 표상의 차이에 견줄 만한 상이한 세계관을 지녔음을 밝힌다. 아울러 내적 도덕과 외적 윤리를 무모순적으로 관통하는 일관성을 지닌 행위의 격률로서의 성의(誠意)를 다산의 사유에서 찾아내어, 이를 앞으로 전개될 동아시아의 새로운 전통의 한 초석으로 다듬어내는 작업을 전개한다.

차례

1부 사유의 시원에서의 대화

1편 유가와의 대화

2편 불교와의 대화

3편 도가와의 대화

4편 정약용과의 대화

2부 현대철학자들과의 토론

5편 유가로부터

6편 불교로부터

7편 도가로부터

8편 정약용으로부터

1부

사유의
시원에서의
대화

1편 유가와의 대화

1장 《논어》에서 2인칭 사유를 발굴하다

사람들 사이에 섬이 있다.
그 섬에 가고 싶다.
—정현종, 〈섬〉

1. 님들의 침묵

김동리의 《무녀도》는 무당 모화(毛火)와 그의 아들 욱이(昱伊) 사이의 갈등을 묘사하고 있는 작품이다. 그들 간의 갈등은 두 세계관 사이의 갈등이다. 모화의 세계는 세상 만물이 친화력으로 한데 어울려 한판의 난장을 벌이고 있는 정감 어린 세계이다. 모화의 세계에는 그래서 인간과 사물 사이의 거리가 없다. 그녀에겐

> 사람뿐 아니라 돼지, 고양이, 개구리, 지렁이, 고기, 나비, 감나무, 살구나무, 부지깽이, 항아리, 섬돌, 짚신, 대추나무 가지, 제비, 구름, 바람, 불, 밥, 연, 바가지, 다래끼, 솥, 숟가락, 호롱불 … 이러한 모든 것이 그녀와 서로 보고, 부르고, 말하고, 미워하고, 시기하고, 성내고 할 수 있는 이웃 사람같이 생각되곤 했다. 그리하여 그 모든 것을 '님'이라 불렀다. (김동리 1936, 82쪽)

'님'이란 상대를 높이는 뜻을 나타내는 말이다. 그것은 모든 사람이 '씨(氏)'로 통칭되는 사회적 관계보다 더 정중하고 정감 있는 말이다. '님'으로 통칭되는 모화의 정감적 세계는 서로가 서로를 소유로 속박하

지 않는 자유의 세계이다. 그녀의 딸인 귀머거리 낭이(琅伊)도 수국 용신 님이 "잠깐 자기에게 맡겼으므로 자기는 그동안 맡아 있는 것뿐"이므로 "정성껏 섬기지 않으면"(김동리 1936, 82쪽) 안 된다.

어릴 적에 공부하러 모화를 떠났다가 10년여 만에 돌아온 욱이의 세계는 질문에 의해 열리는 세계이다. 욱이는 낭이에게 《신약전서》를 권하며 이렇게 묻는다.

> "너 사람을 누가 만들어 냈는지 아니?"
>
> […] 그러나 낭이에게는 이 말이 들리지도 않았을뿐더러, 욱이의 손짓과 얼굴 표정을 통해 대강 짐작할 수 있었다 하더라도 이건 지금까지 생각도 해보지 못한 어려운 말이었다.
>
> "그럼 너 사람이 죽어서 어떻게 되는 줄은 아니?"
>
> "…"
>
> "이 책에는 그런 것들이 모두 써 있다."(김동리 1936, 84-85쪽)

세상에 대해 질문하는 사람은 의문을 가진 사람이다. 의문을 가진 사람만이 다른 사람들이 "지금까지 생각도 해보지 못한" 것을 생각할 수 있다. 그는 지금까지의 생각을 의심하는 사람이기 때문이다. 욱이의 질문에 새겨져 있듯이, 세상에 대해 질문하는 사람은 앎을 추구한다. 그러한 추구의 결집물이 바로 '책'이다. 반면 욱이의 관점에서 보자면 낭이와 모화의 세계는 지금까지의 생각에 사로잡혀 있는 잠겨진(琅) 세계이다. 낭이와 모화는 미신 전통에 자신을 가둔 자폐증 환자이다.

예수와 플라톤은 사상적으로 형제지간이다. 니체에 의하면 기독교는 세속화된 플라톤주의이고, 하이데거에 의하면 플라톤으로 대변되는 서양의 형이상학은 존재신학이다. 요컨대 예수는 플라톤주의자이고, 플라톤은 기독교인이다. 예수로 대변되는 기독교와 플라톤으로 대변되는 그리스 철학은 이렇게 해서 서양 문명의 토대를 이룬다. 욱이는 미국 선교사 현 목사에게서 이러한 토대를 공부했다. 욱이의 세계는 그를 통해 서양의 문명에 연결되어 있다. 그 연결을 타고 현 목사를 따라 미국에 가는 게 욱이의 소원이기도 하다(김동리 1936, 90쪽). 그러나 미국으로의 승천(?) 이전에 욱이에게는 할 일이 있다.

> 욱이가 어머니 집이라고 찾아온 곳은 지금까지 그가 살고 있던 현 목사나 이 장로의 집보다 너무나 딴 세상이었다. 그 명랑한 찬송가 소리와, 풍금 소리와, 성경 읽는 소리와, 모여 앉아 기도를 올리고, 빛난 음식을 향해 즐겁게 웃음 웃는 얼굴들 대신에, 군데군데 헐려져 가는 쓸쓸한 돌담과, 기와버섯이 퍼렇게 뻗어 오른 묵은 기와집과, 엉킨 잡초 속에 꾸물거리는 개구리 지렁이들과, 그 속에서 무당 귀신과 귀머거리 귀신이 각각 들린 어미 딸 두 여인을 보았을 때, 그는 흡사 자기 자신이 무서운 도깨비굴에 홀려든 것이나 아닌가 하고 새삼 의심이 들 지경이었다. (김동리 1936, 90쪽)

이것이 모화에게 개구리 지렁이들이 "그녀와 서로 보고, 부르고, 말하고, 미워하고, 시기하고, 성내고 할 수 있는 이웃 사람같이 생각되곤" 하는 '님'의 세계에 대한 욱이의 이해이다. 엉킨 잡초 속에 개구리 지렁이들이 꾸물거리는 저주받은 땅에 아버지의 뜻이 하늘에서와 같이 이루어지게 하는 것이 욱이에게 자신의 할 일로 다가온다.

욱이와 모화 사이의 갈등은 빛(토)과 불(火) 사이의 갈등이다. 욱이의 빛의 요체는 계몽이다. (계몽en-light-enment에는 빛light이 새겨져 있다.) 이 땅에 존재하는 많은 '님'들에 대한 모화의 믿음이 미신에 지나지 않는다는 것, 세상에는 오직 하나의 '님'(하나님)만이 계신다는 것을 계몽시켜야 한다. 모화에 대한 욱이의 투쟁은 광기에 대한 이성의 투쟁이다. 반면 모화의 불은 하늘에서 **내리**비치는 아버지 하나'님'의 빛에 대한 대지의 '님'들의 투쟁이다. 그래서 모화(毛火)는 모화(母火), 즉 어머니인 대지(母)에서 **타오르**는 불(火)이다. 욱이와 모화의 갈등은 빛과 불의 투쟁, **내리**비침과 **타오름**의 투쟁, 하나의 '님'과 여러 '님'들의 투쟁, 하늘과 땅의 투쟁, 아버지와 어머니의 투쟁으로 확산된다.

이처럼 다양한 상징으로 표상되는 두 세계관들 사이의 투쟁은 예수의 죽음과 부활이 그러했듯이 욱이의 순교자적 죽음으로 말미암은 하늘의 빛 아버지 하나'님'의 승리로 마감된다. 모화가 대지에 지핀 불길(火)이 욱이의 빛(묘)에 비해 가늘었던(毛) 것일까. 아버지의 뜻이 하늘에서와 같이 이루어져 나가는 대지에서 처참히 몰려난 모화는, 대지의 '님'들을 춤사위에 휘감으며 물속에 잠긴다. 아버지 하나'님'의 말씀의 위력 앞에서, 어머니 대지의 '님'들은 깊은 침묵 속으로 침잠할 뿐이다.

침잠한 '님'들의 "백 년 동안의 고독"의 와중에 동과 서, 신과 구라는 시공간적 계기는 우리에게 뿌리 깊게 교직되어왔다. 그래서 우리가《무녀도》에서의 갈등을 동서 문화의 충돌이라든가 신·구 정신의 대립으로 해석하기에는 이미 너무 많은 시간이 흐른 것 같다. 이러한 해석은 서 아닌 동, 신 아닌 구에 대한 기억을 요구하기 때문이다. 우리에게 이미 상실된 기억을 말이다. 그 기억의 실체는 애초부터 허구인지도 모른다.《무녀도》조차도 허구의 이야기(fiction)가 아닌가. 하이데거와 데리다의 갈등을 헬레니즘과 헤브라이즘의 오랜 역사적 갈등의 연장선상에서 이해하려는 시도[1]가 그러하듯, 고유문화의 원형을 상정하여 담론의 방향을 그쪽으로 몰아가는 어떠한 시도도 인위적이고 반사실적(counterfactual)이라는

---

1 이러한 시도에 대한 비판으로는 다음을 참조. Derrida 1987.

비판에 노출되어 있다. 데리다의 표현처럼 그것은 근거 없는 향수(nostalgia)일 뿐이다(Derrida 1968, 27쪽).

우리는 그래서 동과 서, 신(新)과 구(舊)라는 시공간적 가름에서가 아니라 텍스트에서 이야기를 시작하려 한다. 어차피 철학은 텍스트로 짜이는 이야기 아닌가. 철학이라는 학문의 계보를 추적하면서, 우리는 철학적 고고학이나 동서 비교철학에서가 아니라, 상호 교직과 대화의 모색에서 그 의의를 찾으려 한다.《무녀도》의 비극도 상호 이해와 대화의 부재에서 비롯되었음을 기억하면서.

2. 생각의 나무

데카르트(Descartes 1647, 186쪽)는 일찍이 학문의 계보를 하나의 나무로 그려본 적이 있다. 그 나무의 뿌리는 형이상학이었고, 줄기는 물리학[2]이었으며, 가지는 의학, 역학, 도덕 등이었다. 이성주의자인 그에게 이 모두는 이성의 경계 안쪽에 위치하는 것으로 자리매김된다. 데카르트의 나무는 서양 근대 학문의 짜임새를 한눈에 조망할 수 있게 해주는 빼어난 것이었다. 데카르트의 시대에도 철학이 모든 학문의 여왕으로 군림하고 있었다면, 그의 나무는 철학의 영역에 대한 형상화의 시도였을 것이다. 돌이켜 보면 데카르트의 나무는 아리스토텔레스에서 콰인(W. V. Quine)에 이르기까지 서양철학사 전반에 소급해 적용할 수 있는 일반성과 대표성을 지닌 패러다임이기도 하다. 서양철학사에서 그만큼 형이상학과 물리학의 역할이 컸기 때문이다.[3]

---

2 원어인 'physica'는 '자연학'으로도 번역할 수 있겠지만, 해석기하학과 관성의 개념을 정립한 데카르트는 고대의 자연학보다는 근대의 물리학에 더 가까운 인물이다.

그러나 철학이라는 토양에 이 찬란한 한 그루의 나무만 있는 것은 아닐 터이다. 특히 서구의 전통에 대한 타자인 우리의 관점에서 보자면, 데카르트의 그림에 대하여 어떤 허전함과 의구심을 지울 수 없다. 이를 차례로 이야기해보자.

(1) 허전함은 다음에서 연유한다. 첫째, 데카르트의 그림에는 인간이 어떻게 자신의 토양에 접맥되어 있는지에 대한 관찰이 결여되어 있다. 둘째, 데카르트의 그림에는 인간이 주어진 토양에서 어떻게 살아야 하는지에 대한 도덕적 관심이 가지에 해당하는 부차적인 것으로 자리 매겨져 있다. 요컨대 거기에는 인간에 대한 실천적 관심이 제대로 드러나 있지 않다. 따라서 그가 묘사한 학문의 계보는 학문이 행위하는 인간의 작업이라는 점까지 소급해가지 못하고 만다.

(2) 의구심은 다음에 관한 것이다. 첫째, 데카르트가 속해 있는 지적 전통과는 다른 전통에 서 있는 우리로선, 그의 그림에서 나무의 뿌리에 해당하는 형이상학에 대해 데카르트가 지녔던 확실성을 공유하기 어렵다. 둘째, 데카르트의 그림에서 학문의 나무줄기에 해당하는 물리학에 대해서 우리는 데카르트가 부여한 만큼의 중요성을 인정하는 데 주저한다. 특히 도덕이라는 가지의 줄기가 물리학이라는 그의 주장은 받아들이기 어렵다. 이 모두는 일차적으로 지적 전통의 차이에서 오는 것이기도 하지만, 서양의 이성중심주의에 대한 니체와 그 후예들의 해체 작업 현장에서 들려오는 서양의 지적 전통 내의 목소리이기도 하다.

우리는 지금까지의 논의를 토대로 우리의 관점을 반영한 새로운 나무를 그려보려 한다. 나무의 뿌리에는 인간의 자연사(自然史)에 대한 관찰

---

3 물론 콰인은 형이상학의 자리에 수학과 논리학을, 이성의 자리에 경험을 각각 대체해 넣은 다음, 수직의 나무를 옆으로 눕혀 수학과 논리학을 중심으로 해서 물리학, 개별 학문, 경험의 순으로 동심원을 그려나갈 것이다. Quine 1951, 6절 참조.

과 기술의 작업이 놓이게 된다. 인간의 학문은 그에게 주어진 삶의 형식과 자연사의 조건하에서 이루어지는 인간의 작업이다. 따라서 학문의 근원은 이 주어진 조건에 대한 탐구에서 일차적으로 드러난다. 나무의 뿌리가 토양과 가장 직접적으로 맞닿아 있듯이, 일정한 인류학적 조건을 지닌 인간이 주위 환경과 접맥되는 자연사에 대한 관찰과 기술이 우리가 그려보는 학문의 계보학의 뿌리를 이룬다.

나무의 줄기에는 도덕에 대한 성찰과 실천이 놓이게 된다. 인간의 학문의 본바탕은, 주어진 삶과 세계에 어떻게 올바르게 대처하며 살아가야 하는지에 대한 문제의식으로 귀결된다. 이는 도를 닦고 덕을 쌓는 수행의 과제이기도 하다. 도덕으로 요약되는 이 수행 정신은 한편으로는 인간과 주위 환경의 조건에 의해 제약되면서, 다른 한편으로는 여러 학문 분야에 대한 탐구에 그 의의와 가치를 부여한다. 도덕적 성찰과 실천이라는 몸통이 없다면 인간은 여타의 생물과 구별되지 않게 될 것이며, 그가 탐구하는 개별 학문들은 초점을 잃게 될 것이다.

이러한 뿌리와 줄기가 받쳐준 연후에 비로소 여러 학문 분야에 대한 개별적 탐구의 작업이 가지를 뻗게 된다. 그리고 그 경계에는 학문의 가능성과 한계에 대한 형이상학적 상상과 해체의 작업이 놓이게 된다.[4] 뿌리와 줄기에 해당하는 철학을 하는 철학자로 각각 비트겐슈타인과 공자를 들 수 있다. 학문의 울타리를 해체하는 작업을 하는 철학자로는 서양의 하이데거와 데리다, 그리고 동양의 장자와 용수를 들 수 있다.

그러나 우리는 앞의 분류가 편의상의 분류일 뿐임을 잊어서는 안 된다. 나무의 뿌리, 줄기, 가지가 하나로 이어져 있듯이 인간의 자연사에 대

---

4 학문의 경계에 대한 형이상학과 해체 사이에는 근묵자흑(近墨者黑)의 숙명적 아이러니가 놓여 있다. 해체의 대상이 형이상학이면서도 해체의 창안자와 추종자들은 형이상학적 스타일의 철학을 전개한다. 그럼에도 불구하고 이들의 작업이 새로운 형이상학일 수 없는 이유는, 이들에 의하면 서양철학사에는 오직 하나의 형이상학만이 있을 뿐이기 때문이다(이승종 2014).

한 관찰과 기술, 도덕에 대한 성찰과 실천, 여러 학문 분야에 대한 개별적 탐구, 학문의 울타리에 대한 해체는 서로가 서로를 필요로 하고 보완하는 상관관계를 이룬다. 마찬가지로 앞에서 열거한 철학자들의 작업은 사실 우리가 분류해본 범주에 넓게 걸쳐 있다. 예컨대 하이데거와 장자, 용수에게서도 뿌리와 줄기에 해당하는 작업을 발견할 수 있고, 비트겐슈타인에게서도 해체의 작업을 발견할 수 있다. 그럼에도 불구하고 이들을 앞서와 같이 나누어본 것은 그들의 작업을 어느 한 관점에서 본 것일 뿐이다.

데카르트가 그려본 학문의 계통수와 우리의 계통수를 비교해보자. 데카르트에 의하면 학문은 여러 층위로 나누어지지만, 결국은 토대를 이루는 학문에 의해 정당화되는 방식의 내적 완결성을 지닌 닫힌 정당화의 체계이다. 반면 우리는 학문을 한편으로는 인간의 삶과 세계라는 토양에 접맥되는 방식으로, 다른 한편으로는 자체의 경계를 해체하는 방식으로 스스로를 열어 나가는 양방향의 열린 과제로 본다. 데카르트가 학문의 줄기를 물리학으로 표상되는 엄밀한 이성적 정당화 작업으로 자리매김하고 있는 데 반해, 우리는 학문의 줄기를 행위하는 인간의 도덕적 성찰과 실천에서 찾는다. 데카르트에 있어서 물리학이 없다면 제반 학문의 기초는 와해된다. 우리의 관점에서 보자면, 도덕에 대한 성찰과 실천이 부재한 상태에서의 개별 학문의 탐구는 그 초점을 잃게 된다. 학문에 대한 데카르트의 접근이 학문의 내적 정당화를 강조하는 이성주의적 접근이라면, 우리의 접근은 학문하는 인간의 바탕을 강조하는 인문주의적 접근이라고 하겠다.

지금까지의 논의를 도표로 정리해보면 다음과 같다.

학문	이성주의적 접근 (데카르트)	인문주의적 접근
뿌리	형이상학	인간의 자연사에 대한 관찰과 기술
줄기	물리학	도덕에 대한 성찰과 실천
가지	개별 학문	개별 학문에 대한 탐구
경계	이성	형이상학적 상상과 해체

학문에 대한 이성주의적 계통수에 매겨진 층위가 학문의 내적 정당화의 순서에 초점이 맞추어져 있는 데 반해, 인문주의적 계통수에 매겨진 층위는 학문과 인간 사이의 상관관계에 초점이 맞추어져 있다. 이는 앞의 도표에서 이성주의의 항목에 이러저러한 학문들이 기재되어 있는데 반해, 인문주의의 항목에는 이러저러한 인간 행위나 사유 방식이 기재되어 있다는 데서도 드러난다. 따라서 어떤 개별 학문의 줄기와 뿌리가 각각 물리학과 형이상학이라는 이성주의적 접근법의 명제와, 그 개별 학문의 줄기와 뿌리가 각각 도덕에 대한 성찰과 실천, 그리고 인간의 자연사에 대한 관찰과 기술이라는 인문주의적 접근법의 명제를 같은 범주에 속하는 명제로 평가해서는 안 된다. 도덕이 물리학에 어떠한 정당화의 근거가 될 수 있겠느냐는 반문이나, 부도덕한 인간이 어떻게 올바르게 물리학을 할 수 있겠느냐는 반문은 모두 범주 오류를 범한다. 학문에 대한 이성주의적 접근과 인문주의적 접근을 어느 한편의 잣대에 의해 우열을 가리려 하기보다는, 학문과 철학에 대한 두 가지 상이한 접근 방법임을 인정하는 것이 바람직한 태도일 것이다.

우리는 이제 우리가 그려본 나무의 뿌리와 줄기에서 그에 해당하는 작업을 하는 철학자로 꼽았던 비트겐슈타인과 공자에 대해서 논의할 것이다. 앞서 언급했듯이 두 사람의 주된 관심이 우리의 나무에서 각각 상이한 층위에 속해 있는 만큼, 그들이 속해 있는 각 층위 사이의 층차(層差)와 아울러 상관관계를 동시에 부각시키는 것이 우리의 과제이다.

3. 소설의 눈

소설의 시점을 빌려 우리는 철학을 인칭별로 분류해볼 수 있다. 3인칭 시점 철학의 이념은 객관성이다. 객관(客觀)이라는 개념에는 이미 3인칭 시점이 내포되어 있다. 어떠한 타자(客)가 보아도(觀) 수긍할 수 있는 보편 타당성이 곧 3인칭 철학이 지향하는 객관성의 의미이다. 이러한 객관 철학의 궁극적 형태는 '이론'이다. 3인칭 철학은 세계에 대한 이론적 설명을 추구한다. 그리고 세계에 대한 이론적 설명의 모범적 형태는 과학에서 찾아진다. 따라서 3인칭 철학의 관점에서 보았을 때, 과학과 철학의 구분은 무의미하다. 우리는 플라톤, 프레게(Gottlob Frege), 괴델(Kurt Gödel) 등의 플라톤주의와, 현대 영미철학의 주류인 콰인, 처치랜드(Paul Churchland), 필드(Hatry Field) 등의 경험적 실재론에서 3인칭 철학의 과거와 현재를 읽을 수 있다.

반면 1인칭 시점 철학의 이념은 주관성이다. 주관(主觀)이라는 개념에는 이미 내가 주(主)가 되어 본다(觀)는 1인칭 시점의 의미가 내포되어 있다. 1인칭 철학은 우리가 세계를 불가피하게 저마다의 1인칭 시점에서 보고 이해한다는 평범한 사실에 그 근거를 두고 있다. 이러한 주관 철학의 궁극적 형태는 이론이기보다는 표현이나 기술(記述)이다. 1인칭 철학은 세계에 대한 이론적 설명보다는 이해와 서술을 추구한다. 따라서 1인칭적 관점에서 보았을 때, 철학은 과학과 구별될 수밖에 없다. 우리는 데카르트, 후설(Edmund Husserl), 쿤(Thomas Kuhn) 등의 인식론과, 굿만(Nelson Goodman), 네이글(Thomas Nagel), 퍼트남(Hilary Putnam) 등의 실재론 비판에서 1인칭 철학의 과거와 현재를 읽을 수 있다.

3인칭 철학과 1인칭 철학은 종종 서로가 서로를 인정하지 않는다. 3인칭 철학은 학문에 있어서 과학적·이론적 접근이 지녀야 할 객관적 태도를 역설한다. 이러한 관점에서 보았을 때, 1인칭 시점은 괄호 쳐야 할 주관적 편견의 계기이다. 반면 1인칭 철학은 3인칭 철학이 강조하는 객관주의야말로 괄호 쳐야 할 미신이요 편견임을 역설한다. 1인칭 시점이 세계에 던진 지향적 연관에서 창출된 의미와 해석이 학문이라는 것이다. 따라서 3인칭 철학과 1인칭 철학이 행복한 만남을 이룰 가능성은 희박할 수밖에 없다.

철학에 대한 과학의 영향력 확대로 말미암아 현대에 와서 더욱 첨예해진 3인칭 철학과 1인칭 철학 사이의 갈등을 해소하는 희박한 가능성에 도전한 경우가 비트겐슈타인의《논리-철학논고》이다. 그는《논리-철학논고》에서 1인칭 철학의 하나인 유아론(唯我論; solipsism)과 3인칭 철학의 하나인 경험적 실재론을 화해시킨다. 비트겐슈타인에 따르면, 1인칭 시점의 나는 윤리의 담지자요 세계의 한계이다. 나는 현상계의 사실이나 대상이 아니며, 비유하자면 기하학에서의 점과 같은 것이다.

여기에서 우리는 엄격히 관철된 유아론이 순수한 실재론과 합치됨을 본다. 유아론의 나는 연장(延長) 없는 점으로 수축되고, 그와 병립하는 실재가 남게 된다. (TLP, 5.64)

이것이 내가 걸어온 길이었다. 관념론은 세계로부터 인간을 고유한 것으로 끄집어내고, 유아론은 오직 나만을 끄집어낸다. 그리고 결국 나는 내가 나머지 세계에 속함을 보게 된다. 그래서 한편으로는 **아무것**도 남지 않게 되고, 다른 한편으로는 **세계**가 고유한 것으로 남게 된다. 이러한 방식으로 엄격히 관철된 관념론은 실재론에 이르게 된다. (NB, 85쪽)

요컨대 선험적 관념론으로서의 유아론과 경험적 실재론의 취지는 모두 옳다고 할 수 있다. "다만 그것[유아론]은 **말해질** 수는 없고, 그 자신을 보여줄 수 있을 뿐이다"(TLP, 5.62). 말, 즉 언어는 오로지 경험적 실재를 그리는 데에만 적용되기 때문이다. 따라서 선험적 관념론으로서의 유아론은 넌센스이다. 그러나 그것은 표상으로서의 현상적 세계와 병립하는 의지로서의 물(物) 자체의 세계를 보여준다. 칸트가 보았던 것처럼, 세계는 비트겐슈타인에 있어서도 선험적으로는 관념적이고 경험적으로는 실재적이다.

선험적 관념론과 경험적 실재론의 역할 분담은 가치의 영역과 사실의 영역 사이에 "아무런 모순이 없음"(Kant 1786, 456쪽)을 입증하려는 칸트적 전통의 계승이다. 그러나 양자 사이의 무모순은 양자 사이의 같음이 아니라 다름에 기초한 것이다. 따라서 하나를 다른 하나에 의해 설명하거나 환원하려는 그 어떠한 형이상학이나 윤리학(예컨대 자연주의)도 배격된다. 바로 이것이 비트겐슈타인이《논리-철학논고》의 전 의미를 "말해질 수 있는 것은 명료하게 말해질 수 있어야 하고, 말할 수 없는 것에 대해서는 침묵해야 한다"(TLP, 머리말)고 요약했을 때 그가 뜻했던 바이기도 하다.

《철학적 탐구》에 이르러 비트겐슈타인은 자신의 이러한 처방을 수정한다.《철학적 탐구》의 첫 페이지는《논리-철학논고》에서 설정한 1인칭 유아론의 독방에 갇혀 있던 나의 외출을 아우구스티누스의《고백록》을 빌려 묘사하고 있다. 가게에 가서 사과를 사고, 건축 현장에서 석판을 나르고 하면서 오가는 말의 의미와 쓰임에 대한 비트겐슈타인의 관찰은, 언어가 더 이상 경험적 실재를 그리는 데에만 적용되지 않음을 보여준다. 받아들여야 할 주어진 것은 세계의 한계인 1인칭의 '나'도, 3인칭의 '실재'도 아닌 이러한 평범한 "삶의 사실들"(RPP I, §630)이다. 명령하고 질문하고 이야기하고 잡담하는 등의 언어게임과, 걷고 마시고 노는 일과 같은 사실들이 함께 어우러져 인간의 자연사를 이룬다(PI, §25). 그리고 이러한 언어게임과 사실들은 배움을 통해서 얻어지고 가르침을 통해서 전승되는 것이다. 배움과 가르침은 나 혼자만으로는 불가능한 작업이다. 배움을 위한 나의 외출은 그래서 불가피한 것이다. 1인칭 독방의 해체는 이러한 사실적 수준에서뿐만 아니라, 언어 논리적 측면에서도 엄밀하게 수행된다. 나만이 이해할 수 있는 나만의 사적 언어가 성립 불가능함을 증명하는 사적 언어 논증이 바로 그것이다(PI, §§243-315).

비트겐슈타인이 새로이 발견한 삶의 사실들은 사람과 더불어 있는 사실들이다. 《논리-철학논고》의 서술 체제가 이론 지향적인 3인칭 시점이었던 반면, 《철학적 탐구》가 나와 타자 간의 대화체로 이루어져 있다는 점도 이러한 맥락에서 이해할 수 있다. 나와 타자의 관계는 1인칭이나 3인칭보다는 2인칭적 시점에 의해 형성된다. 타자에 대한 나의 태도는 자동 기계에 대한 3인칭적 태도와 구별되는 "영혼에 대한 태도"(PPF, §22)이다.

이제 우리는 1, 2, 3인칭 시점에 관한 논의를 서양에서 동양에, 현재에서 과거에 접속시키려 한다. "영혼에 대한 태도"라는 비트겐슈타인의 화두를 공자를 통해 음미하고, 공자의 정신을 "영혼에 대한 태도"로서 규명하는 사유의 가로지르기를 시도하려는 것이다. 어느 사상가들간의 (가상의) 소통과 대화에도 소통 상대자들 사이에는 유사성과 차이성이 교차된다. 유사성은 의사소통의 필요조건이고, 차이성은 생산적 대화의 필요조건이다. 우리는 《논어》라는 텍스트 읽기를 중심으로 이러한 소통과 대화를 도모할 것이다.

4. 영혼에 대한 태도

영혼에 대한 태도란 무엇인가? 이를 보다 입체적으로 살피기 위해 논의의 채널을 바꿔 공자의 《논어》를 펼쳐보기로 하자. 《논어》의 첫 페이지는 이렇게 시작된다.

> 공자께서 말씀하셨다.
> "배워서 때에 맞추어 익히니 또한 기쁘지 아니한가? 벗이 있어 먼 곳으로부터 찾아오니 또한 즐겁지 아니한가? 남이 알아주지 않아도 섭섭해하지 않으니 또한 군자가 아니겠는가?"[5]

공자의 말씀 세 마디는 각각 배움과 벗과 남에 대해 맺는 관계에 관한 것이다. 이 세 관계를 차례로 살펴보자. 배워서 때에 맞추어 익히는 기쁨의 주체는 나, 즉 1인칭이다. 벗이 있어 먼 곳으로부터 찾아오는 즐거움의 포인트는 먼 곳으로부터 찾아온 '벗'이라는 2인칭으로 지향되어 있다. 남이 알아주지 않아도 섭섭해하지 않는 군자다움은 '남'이라는 3인칭으로 지향되어 있다. 앞서 살펴본 인칭에 대한 다소 현란한 철학적 논의를 잠시 괄호쳐 둔다면, 앞의 인용문은 1, 2, 3인칭을 원래의 소박한 의미에 보다 더 가깝게 사용하고 있다는 것을 알 수 있다. 공자는 기쁨, 즐거움, 섭섭해하지 않음이라는 친화력으로 각 인칭이 설정한 지향적 관계의 거리를 좁히고 있다. 그 거리는 이 장 서두에 인용한 시의 표현을 빌리면 '사람들 사이'의 '섬'을 말한다. 시의 저자 정현종 선생이 희구했던 것처럼, 공자는 그 '섬'이라는 사이를 연결하고 좁히려는 것이다.

5　《論語》, 〈學而〉, 1, 子曰 學而時習之 不亦說乎 有朋 自遠方來 不亦樂乎 人不知而不慍 不亦君子乎

증자는 앞의 인용문에서 멀지 않은 곳에서 공자의 말씀에 이렇게 반향한다.

증자께서 말씀하셨다.
"나는 날마다 자신에 대하여 세 가지를 반성한다. 남을 위해 일을 함에 있어 충실하지 못하지는 않았는가? 벗을 사귐에 신의를 잃은 일은 없는가? 배운 것을 익히지 못하지는 않았는가?"[6]

앞의 인용문에서 증자의 말씀 세 마디는 각각 남에 대한 3인칭적 관계, 벗에 대한 2인칭적 관계, 배운 것에 대한 1인칭적 관계에 대한 반성으로 분석된다. 앞서 공자의 말씀과 순서만 다를 뿐 지향적 대상과 관계 설정 양식에 있어서 동일한 구조이다. 여기서 지향적 관계의 연결 고리는 충실함(忠), 신의(信), 익힘(習) 등의 실천적 낱말로 표현된다. 이 실천이 이루어졌는지를 날마다 반성함으로써 관계의 섬을 연결하고 좁히는 것이다.
인(仁)을 설명하는 자리에서도 공자는 같은 서술 구조를 사용한다.

중궁이 인(仁)에 대해 여쭙자 공자께서 말씀하셨다.
"문을 나서면 귀한 손님을 맞는 듯 행동하고, 백성에게 일을 시킬 때에는 큰 제사를 올리는 것처럼 할 것이며, 자기가 하고자 하지 않는 바를 남에게 베풀지 말아라."[7]

문을 나서면 2인칭이라는 귀한 손님을 맞는 듯 행동하고, 백성이라는

---

6 《論語》,〈學而〉, 4, 曾子曰 吾日三省吾身 爲人謀而不忠乎 與朋友交而不信乎 傳不習乎
7 《論語》,〈顔淵〉, 2, 仲弓問仁 子曰 出門如見大賓 使民如承大祭 己所不欲 勿施於人 在邦無怨 在家無怨 仲弓曰 雍雖不敏 請事斯語矣

3인칭에게 일을 시킬 때에는 큰 제사를 올리는 것처럼 하고, 자기라는 1인칭이 하고자 하지 않는 바를 남이라는 3인칭에게 베풀지 않는 것이 인(仁)이라면, 인(仁)은 글자의 구조(人 + 二)대로 사람들 사이의 올바른 관계 정립에 다름이 아니다. 그 관계는 사태와 상황, 그리고 대화 상대자에 따라 다르게 정립된다. 예컨대 여기서의 지향적 관계의 연결 고리는 앞서 살펴본 것과는 조금 달라서 각각 공(恭), 경(敬), 서(恕) 등의 낱말로 요약된다.

백성으로 번역된 민(民)에게 일을 시킬 때 큰 제사를 올리는 것처럼 하라는 말은 앞서 살펴본 비트겐슈타인의 영혼에 대한 태도를 연상케 한다. 영혼에 대한 태도를 우리는 타자에 대한 공경(恭敬)과 서(恕)로 되새겨볼 수 있다. 그러나 이는 궁극적으로 행위의 지침이지 형이상학적 언명이 아니다. 비트겐슈타인은 이렇게 말한다.

> 그를 대하는 나의 태도는 영혼에 대한 태도이다. 나는 그가 영혼을 갖고 있다는 **의견**은 갖고 있지 않다. (PPF, §22)

그를 대하는 나의 태도가 영혼에 대한 태도라는 말과, 그가 영혼을 갖고 있다는 의견은 별개의 것이다. 전자가 후자를 함축하는 것은 아니기 때문이다. 죽은 사람에게 제사를 올리는 것이 반드시 죽은 사람의 혼이 제사의 음식을 정말로 먹을 수 있다고 믿어서이기 때문은 아닌 것처럼 말이다. 같은 맥락에서 공자는 지혜에 대해 묻는 번지에게 "귀신을 공경하되 멀리하면 지혜롭다 하겠다"[8]고 말한다. 큰 제사를 올리는 것처럼 타자를 대한다는 것에는 성(聖)과 속(俗), 죽음과 삶, 귀신과 인간, 과거와 현재,

---

8 《論語》,〈雍也〉, 20, 敬鬼神而遠之 可謂知矣

전통과 현대를 각각 속(俗)과 삶과 인간과 현재와 현대를 중심으로 연결시킨다는 공자의 기획이 내재해 있다. 그것의 절묘한 표현이 "귀신을 공경하되 멀리하면 지혜롭다 하겠다"이다.

《논어》는 진정한 의미에서의 대화록이다. 플라톤의《대화편》에서 실명(實名)으로 이루어지는 소크라테스와 주변 사람들의 대화나, 비트겐슈타인의《철학적 탐구》에서 익명으로 이루어지는 대화가 플라톤과 비트겐슈타인의 창작인 반면,《논어》에서 공자는 실존했던 실명의 제자들과 실제의 대화를 하고 있다.《논어》에서 공자의 대화는 그가 대화 상대자를 얼마나 섬세히 배려하고 있는지를 잘 보여준다.

> 자로가 여쭈었다.
> "들으면 바로 행해야 합니까?"
> 공자께서 말씀하셨다.
> "아버지와 형이 계시는데 어떻게 듣는다고 바로 행하겠느냐?"
> 염유가 여쭈었다.
> "들으면 바로 행해야 합니까?"
> 공자께서 말씀하셨다.
> "들으면 바로 행해야지!"
> 공서화가 말했다.
> "유(자로)가 "들으면 바로 행해야 합니까?"하고 여쭈었을 적에는 "아버지와 형이 계시지 않느냐"고 말씀하시고, 구(염유)가 "들으면 바로 행해야 합니까?"하고 여쭈었을 적에는 "들으면 바로 행해야지!" 하시니 저는 도무지 이해가 되지 않아 감히 까닭을 여쭙고자 합니다."
> 공자께서 말씀하셨다.
> "구(염유)는 소극적이기 때문에 그를 나아가도록 해준 것이고, 유(자로)

는 남을 이기려 하기 때문에 그를 물러서도록 해준 것이다."[9]

앞의 대화를 통해 공자에게서 느낄 수 있는 굴신(屈伸)의 감수성은 그의 귀가 상대의 영혼에 대해 이순(耳順)으로 열려 있음을 보여준다. 상대가 누구인가에 상관없이 전개되는 허구적 대화와 달리, 공자의 대화는 상대에 대한 깊은 이해를 전제로 상대에 따라 다른 원인별 처방을 내리고 있는 것이다. 문제에 대한 철학자의 치료를 질병에 대한 치료에 비유한 비트겐슈타인처럼 말이다(PI, §255). 저마다 앓고 있는 질병이 다르겠기에 처방과 치료도 상대의 질병에 따라서 달라질 수밖에 없는 것이다.

5. 탑 다운 대 바텀 업(Top Down vs. Bottom Up)

자신이 체득한 굴신(屈伸)의 감수성을 공자는 이렇게 표현한 적이 있다.

공자께서 말씀하셨다.
"군자는 천하의 일에 대하여 꼭 그래야 한다는 것도 없고, 절대로 안 된다는 것도 없다. 의(義)만을 좇을 따름이다."[10]

이를 앞서의 인용문에 적용하자면, 공자가 보기에 들은 것을 바로 행하지 않는 것이 자로에게 합당한 의(義)이고, 바로 행하는 것이 염유에게 합당한 의(義)인 것이다. 플라톤의 대화편《유티프로》를 연상케 하는 다

---

9 《論語》,〈先進〉, 21, 子路問 聞斯行諸 子曰 有父兄在 如之何其聞斯行之 冉有問 聞斯行諸 子曰 聞斯行之 公西華曰 由也問聞斯行諸 子曰 有父兄在 求也問聞斯行諸 子曰聞斯行之 赤也惑 敢 問 子曰 求也退 故進之 由也兼人 故退之
10 《論語》,〈里仁〉, 10, 子曰 君子之於天下也 無適也 無莫也 義之與比

음 대화도 같은 선상에서 이해할 수 있다.

　　섭공이 공자께 말씀드렸다.
　　"우리 무리에 몸가짐이 정직한 사람이 있는데, 그의 아버지가 양을 훔치
자 자식이면서도 그것을 증언했습니다."
　　공자께서 말씀하셨다.
　　"우리 무리의 정직한 사람은 그와 다릅니다. 아버지는 자식을 위해 숨기
고, 자식은 아버지를 위해 숨겨주니 정직함이 그 가운데에 있는 것입니다."[11]

　　유티프로가 그러했던 것처럼, 섭공은 도둑을 고발하여 처벌해야 한
다는 원칙이 무차별적으로 적용되어야 한다고 믿고 있는 것 같다. 이러
한 믿음은 원칙이 사례에 선행된다는 탑 다운(Top Down)의 구조를 갖는
다. 탑 다운적 사고는 그 무차별성이 시사하듯 3인칭적 사고의 한 전형이
다. 반면 공자는 아버지와 자식의 관계를 여타의 (3인칭적) 관계와 구별 짓
는다. 아버지는 자식을 위해 숨기고, 자식은 아버지를 위해 숨겨주는 2인
칭적 관계를 3인칭적 탑 다운의 구도에 쉽사리 포섭시켜서는 안 된다는
것이다. 유자의 말(《論語》,〈學而〉, 2)처럼, 3인칭적 원칙이 아니라 부모 자식
간의 2인칭적 관계가 더 근본적인 것이기 때문이다. 거기에서 우러나오
는 바텀 업(Bottom Up)의 방법론을 공자는 더 우선시하고자 한다.
　　그러나 공자의 2인칭 중심주의는 다음과 같은 비판에 직면할 수 있
다. 영혼에 대한 태도로 묘사되는 2인칭적 관계는 그 지향적 대상이 누구
인지에 따라서 달라지는 상대성을 그 특징으로 한다. 상대 의존성이 근
본인 철학은 파편적일 수밖에 없다. 원칙도 2인칭의 상대성 우위론에 의

---

11 《論語》,〈子路〉, 18, 葉公語孔子曰 吾黨有直躬者 其父攘羊 而子證之 孔子曰 吾黨之直者 異於是
　父爲子隱 子爲父隱 直在其中矣

해 앞의 인용문에서처럼 전복될 수 있다면, 탑 다운을 배격하는 2인칭 철학은 그 반대인 바텀 업의 방법론일 수도 없다. 업(Up)을 창출할 그 어떠한 일반화나 추상화도 2인칭 철학의 정신에 위배되는 것처럼 보이기 때문이다. 2인칭적 관점에 섰을 때 세계에 대한 총체적 인식은 불가능하다. 대신 인용문들에서 보듯이 권위, 변덕, 편법, 정실 등과 구별되기 어려운 즉흥적이고 단편적인 처방의 '말씀'만을 들을 수 있을 뿐이다. 같은 문제를 물어온 자로와 염유에게 서로 다른 처방을 내리는 공자에 대한 공서화의 반론은 이러한 염려에서 나온 것이 아니겠는가. 세상의 모든 아들들이 아버지들의 과실을 숨기려고만 든다면, 그 어떤 법과 원칙이 존립할 수 있겠는가.

《논어》만 가지고 이러한 반론에 대해 충실하게 답변하기란 어려운 일일지도 모른다. 그러나 일단 《논어》에서 답변의 실마리를 찾아보기로 하자. 공자는 시세에 영합하면서도 겉으로만 점잖고 성실한 듯이 행동하여 순박한 마을 사람들에게서 인정을 받는 사람(鄕原)을 덕을 훔치는 사람이라고 비난한다(《論語》, 〈陽貨〉, 13). 그는 2인칭의 정신을 악용하는 사람이기 때문이다. 결국 공자도 2인칭 정신의 악용 가능성을 간접적으로나마 인정한 셈이다. 이를 방지하기 위해 그가 호소하는 것은 예(禮)이다. 공자는 자기를 닦아 예(禮)로 돌아가는 것(復禮)이 인(仁)이라고 말한다(《論語》, 〈顏淵〉, 1). 그는 이어서 이렇게 말한다.

예(禮)에 어긋나는 것은 보지 말며, 예(禮)에 어긋나는 것은 듣지 말며, 예(禮)에 어긋나는 것은 말하지 말며, 예(禮)에 어긋나는 경우에는 움직이지도 말아라.[12]

---

12 《論語》, 〈顏淵〉, 1, 非禮勿視 非禮勿聽 非禮勿言 非禮勿動

보고, 듣고, 말하고, 움직이는 것을 예(禮)에 맞춤으로써 1인칭이나 2인칭의 관점이 빠지기 쉬운 주관성과 상대성의 극복을 꾀하고 있는 것이다. 공자가 보여주는 굴신의 감수성도 이처럼 예(禮)에 의해 조절되는 가운데 균형이 잡힌 것이다.

예(禮)는 전통에 터하고 있다. 전통을 탑 다운의 귀결로 이해할 때 전통은 위에서 우리를 짓누르는 무거운 짐일 수 있다. 그러나 공자가 볼 때, 전통은 탑 다운이 아닌 바텀 업의 방법으로 창출되는 것이다. 그래서 그는 어떤 고고한 것에 대한 예(禮)에 앞서 보고, 듣고, 말하고, 움직이는 등의 소위 바텀에 대한 예(禮)를 강조하고 있는 것이다. 탑 다운의 탑에 해당하는 원칙이 무차별적인 반면, 바텀 업의 업에 해당하는 예(禮)는 차별적일 수 있다. 예(禮)는 탑에 해당하는 3인칭적 보편적 원칙이 아닌, 바텀에 해당하는 인간의 원초적이고 구체적인 행위의 문맥에 대한 2인칭적 배려(恕)에 터해 있기 때문이다.

데리다의 반복(iteration)이 그러한 것처럼, 복례(復禮)의 복(復)도 과거의 전통적 예(禮)를 반드시 답습하는 것만을 의미하지 않는다. 'iteration'의 'itera'가 타자를 의미하듯이, 옛 전통은 새로운 세대(타자)에 의한 바텀 업의 과정을 통해 늘 새로워진다. 그것이 공자가 말하는 온고이지신(溫故而知新)이다. 공자는 그것으로 스승을 삼을 수 있다고까지 말한다(《論語》, 〈爲政〉, 11). 전통을 이루는 경전과 예(禮)는 늘 새로운 문맥에 창조적으로 접맥되어 그에 합당한 의(義)를 실천해야 한다(《論語》, 〈衛靈公〉, 17). 그래서 공자는 이렇게 말한다.

공자께서 말씀하셨다.
"《시경》삼백 편을 다 외우고도 그에게 정사를 맡겼을 때 제대로 수행해 내지 못하고, 각국에 사신으로 가서는 알아서 대응하지 못한다면, 비록 많이 외웠다 한들 무슨 소용이 있겠느냐?"[13]

결국 《시경》의 도(道)가 사람을 넓히는 것이 아니라, 《시경》을 읽고 이를 제대로 적용할 줄 아는 인간이 《시경》의 도(道)를 넓히는 것이다(《論語》, 〈衛靈公〉, 28).

예(禮)는 형식에 흐를 수 있다. 격식으로 화석화되어 잊혀가는 예(禮)에 영혼을 불어넣고자 하는 것이 공자의 2인칭 정신의 의의이다. 그래서 그는 "사람으로서 인(仁)하지 못하다면 예(禮)가 다 무엇이겠느냐"[14]고 반문하고, "예(禮)는 사치스럽기보다는 차라리 검소해야 하며, 상을 당해서는 형식을 잘 갖추기보다는 차라리 슬퍼해야 한다"[15]고 말한다. 이처럼 공자의 2인칭 정신과 예(禮)는 서로가 서로를 세워주는 상보적 관계에 놓여 있음을 잊어서는 안 될 것이다.

6. 말과 사물

사람과 사람 사이의 관계는 언어를 매개로 이루어진다. 그래서 공자는 "말을 알지 못하면 남을 알 수 없다"[16]고 말한다. 그러나 공자도 더 이상 사람의 말만으로 그를 신뢰할 수 없을 만큼 세상이 어지러워졌다는 사실을 알고 있다.

공자께서 말씀하셨다.

---

13 《論語》, 〈子路〉, 5, 子曰 誦詩三百 授之以政 不達 使於四方 不能專對 雖多 亦奚以爲
14 《論語》, 〈八佾〉, 3, 人而不仁 如禮何
15 《論語》, 〈八佾〉, 4, 禮 與其奢也 寧儉 喪 與其易也 寧戚
16 《論語》, 〈堯曰〉, 3, 不知言 無以知人也

"전에 나는 사람을 대함에 있어 그의 말을 듣고는 그의 행동을 믿었지만, 지금 나는 사람을 대함에 있어 그의 말을 듣고도 그의 행동을 살피게 되었다."[17]

인간은 언어사용에 의해 여타의 동물과 구별되고, 언어를 바탕으로 문화(文化)를 이룩한다. 문화(文化)에 이미 언어를 나타내는 '문(文)'자가 새겨져 있지 않은가. 그러므로 언어가 인간과 그의 문화에 대한 지상의 척도로서의 기능을 상실한 시대는 "인간의 얼굴을 한 야만"의 시대이다. 다음에서 보듯이 공자가 사람을 관찰하는 데 필요하다고 여겨지는 항목을 열거하는 체크 리스트에서 말에 대한 언급이 빠져 있는 것은, 그가 살던 시대가 바로 이러한 야만의 시대였음을 암시한다.

공자께서 말씀하셨다.
"그의 하는 짓을 보고, 그 의도를 살피고, 그의 습관을 관찰한다면 사람이 어떻게 자신을 숨길 수 있겠는가?"[18]

공자의 체크 리스트는 적절한 것이긴 하겠지만, 사람을 동물과 구별짓지는 못한다. 언어에 대한 언급이 없기에 사람이나 동물에게나 마찬가지로 적용될 수 있는 것이기 때문이다. 공자는 이러한 사태에 대한 어떤 근본적인 해결책이 필요하다고 보았다. 그래서 그가 내세운 것이 정명론(正名論)이다.

자로가 여쭈었다.

---

17 《論語》,〈公冶長〉, 10, 子曰 始吾於人也 聽其言而信其行 今吾於人也 聽其言而觀其行
18 《論語》,〈爲政〉, 10, 子曰 視其所以 觀其所由 察其所安 人焉廋哉 人焉廋哉

"위나라 임금이 선생님께 의지하여 정치를 한다면, 선생님께서는 무엇을 먼저 하시겠습니까?"

공자께서 말씀하셨다.

"반드시 이름을 바로잡겠다."

자로가 여쭈었다.

"그런 것도 있습니까? 선생님께선 세상물정을 모르시는군요. 그것을 바로잡아 무엇하겠다는 겁니까?"

공자께서 말씀하셨다.

"어리숙하구나, 너는! 군자는 자기가 알지 못하는 것에 대해서는 말하지 않고 가만히 있는 법이다. 이름이 바르지 않으면 말이 조리가 없어지고, 말이 조리가 없으면 일이 이루어지지 않게 되며, 일이 이루어지지 않으면 예악이 흥성하지 못하게 되고, 예악이 흥성하지 않으면 형벌이 적절하지 않게 되며, 형벌이 적절하지 않으면 백성들이 손발을 둘 곳이 없어진다. 그러므로 군자가 이름을 붙이면 반드시 말할 수 있으며, 말하면 반드시 행할 수 있는 것이니, 군자는 그 말에 대하여 구차함이 없을 따름이다."[19]

이름을 바로잡는다는 것은 구체적으로 무엇을 어떻게 한다는 것인가? 다음에서 보듯이 그것은 이름을 동어반복으로 바로 세우는 것이다.

제나라 경공이 공자에게 정치에 대해서 묻자 공자께서 대답하셨다.

"임금은 임금답고, 신하는 신하다우며, 아버지는 아버지답고, 자식은 자식다워야 합니다."[20]

---

19 《論語》,〈子路〉, 3, 子路曰 衛君待子而爲政 子將奚先 子曰 必也正名乎 子路曰 有是哉 子之迂也
奚其正 子曰 野哉 由也 君子於其所不知 蓋闕如也 名不正則言不順 言不順則事不成 事不成則
禮樂不興 禮樂不興則刑罰不中 刑罰不中則民無所措手足 故君子名之必可言也 言之必可行也
君子於其言 無所苟而已矣

공자께서 말씀하셨다.

"유야, 네게 안다는 것에 대하여 가르쳐주랴? 아는 것을 안다 하고 모르는 것을 모른다 하는 것이 바로 아는 것이다."[21]

고작 동어반복의 정립이 정명론(正名論)의 골자라면 그것은 자로의 즉각적 반발이 함축하듯이 세상물정을 모르는 순진하고 싱거운 이상주의일 수도 있다. 그러나 우리는 정명론이, 정치를 한다면 무엇을 먼저 하겠느냐는 자로의 질문에 대한 응답으로 제출되었음을 기억할 필요가 있다. 요컨대 정명론은 첫 단추에 해당하는 일반론인 것이다. 우리는 정명론을 정치의 첫 단추로 꼽은 공자의 말을 통해서, 공자의 시대에 정명론이 역설하는 동어반복이 지켜지지 않았음을 알 수 있다. 그의 시대는 "대체로 알지도 못하면서 창작을 하고",[22] "말을 교묘하게 하고 얼굴빛을 보기 좋게 꾸미는"[23] 자들의 시대였다.

말에 대한 불신은 곧 인간에 대한 불신을 초래한다. 말이 제 의미에 의해 다잡아지지 않고 겉돌고 떠돌게 될 때, 말의 주인이어야 할 인간도 불신과 반목으로 서로 겉돌고 떠돌게 된다. 말과 인간의 이러한 유목화 현상을 정의(正義)의 이름으로 고발하고 바로잡으려는 것이 정명론(正名論)이다. 정의에는 사회나 공동체를 위한 옳고 바른 도리를 위해 질서를 바로 세운다는 뜻과, 말의 바른 의의(意義)라는 두 가지 뜻이 있다. 공자가 볼 때, 이 둘은 결코 다른 것이 아니다. 요컨대 정명론(正名論)은 정의론(正義論)이고, 정(正)은 곧 정(政)의 첫 단추이다. 언어철학의 명제로 보여지는 정명론이 정치에 대한 질문의 대답으로 제시되는 것이나, 군자는 "의

20 《論語》,〈顏淵〉, 11, 齊景公問政於孔子 孔子對曰 君君 臣臣 父父 子子
21 《論語》,〈爲政〉, 17, 子曰 由 誨女知之乎 知之爲知之 不知爲不知 是知也
22 《論語》,〈述而〉, 27, 蓋有不知而作之者
23 《論語》,〈學而〉, 3,〈公冶長〉, 25, 巧言令色

(義)만을 좇을 따름"이라는 5절의 인용문도 이러한 맥락에서 이해해야
한다.

　공자의 정명론(正名論)은 여러 면에서 비트겐슈타인의 언어철학을 연
상케 한다. 비트겐슈타인 역시 언어가 완전한 제 질서하에 있으며(TLP,
5.5563, PI, §98), 언어의 오용과 남용을 바로잡아 이 질서로 돌려놓는 것이
자기 철학의 과제라고 보았다(PI, §116). 그가 말한 질서는 언어의 규칙인
논리와 문법이 지니는 동어반복적 성격에 의해 보여진다고 할 수 있다.
그도 공자와 마찬가지로 자신이 살던 시대를 이러한 질서의 동어반복적
투명성이 흐려진 암흑기라고 보았다(PI, 머리말). 공자가 의(義)를 좇았듯
이, 비트겐슈타인은 낱말의 의(義)를 좇았다고 할 수 있다. 공자의 의(義)
가 주어진 상황과의 정합성에 의해 자리매김되듯이, 비트겐슈타인에게
있어서 낱말의 의(義)는 그 낱말이 쓰이는 문맥과의 정합성에 따라 자리
매김된다.

7. 아리아드네의 실

우리는 공자의 정명론(正名論)과 비트겐슈타인의 언어철학을, 이름과 낱
말을 과거의 의미로 돌이키려는 하이데거의 고고학적 언어철학(이승종
2010b)과 구별 지을 필요가 있다. 비트겐슈타인에 있어서 언어에 내재한
질서의 시제는 현재 진행형이다. 언어의 질서는 과거의 어느 한 시점에
고착되어 있는 것이 아니라, 그 쓰임에 의해서 부단히 새로워지는 열린
과정이다(PI, §23). 공자에 있어서 이름의 질서는 예(禮)와 의(義)를 통해 과
거의 전통 및 현재의 상황에 이어져 있는 현재 **미완료** 진행형이다. 꿈에서
도 주공을 잊지 못하는(《論語》, 〈述而〉, 5) 공자는 사실 복고(復古)주의자가

아닌 호고(好古)주의(《論語》, 〈述而〉, 1, 19)자이다. 그의 호고(好古)는 현재를 과거로 되돌리는 복고(復古)와 달리 과거의 전통을 현재에 맞게 살려내는 작업이다. 부모와 조상에 대한 신종추원(愼終追遠)(《論語》, 〈學而〉, 9), 전통에 대한 온고이지신(溫故而知新)(《論語》, 〈爲政〉, 11), 경전에 대한 술이부작(述而 不作)(《論語》, 〈述而〉, 1)을 통해 고(故/古)는 신(新)과, 온(溫)은 지(知)와, 꿈은 현실과, 주공은 공자와, 부모 조상은 그의 자식 세대와, 먼 것은 가까운 것 과, 경전은 주석과, 전통은 현대와, 과거는 현재와 함께 이어지고 현재 속 에 함께 어우러지게 된다.

공자는 통시적 이어주기뿐 아니라 공시적 이어주기에서도 탁월한 솜 씨를 보인다. 정명론(正名論)을 선보이는 자로와의 대화 후반부는 이름이 바르지 않음 → 말이 조리가 없어짐 → 일이 이루어지지 않음 → 예악이 흥성하지 못하게 됨 → 형벌이 적절하지 않게 됨 → 백성들이 손발을 둘 곳이 없어짐에 이르기까지 이음의 롤러코스터를 보여준다. 이 롤러코스 터를 타면서 정명론(正名論)은 언어철학에서 정치철학으로 이행한다.

공자의 철학은 이어주기가 그 핵심이라 해도 과언이 아니다. 공자 자 신도 이를 다음과 같이 시인한다.

> 공자께서 말씀하셨다.
> "사(자공)야, 너는 내가 많이 배워서 그것들을 모두 외고 있는 사람이라 생각하느냐?"
> 자공이 대답했다.
> "그렇습니다. 아닙니까?"
> 공자께서 말씀하셨다.
> "그렇지 않다. 나는 하나로써 모든 것을 꿰고 있단다."[24]

논자들은 공자의 일이관지(一以貫之)에서 일(一)이 무엇인지에 초점을 맞추어 왔다. 증자(《論語》, 〈里仁〉, 15)는 그것을 충서(忠恕)라 했고, 홀과 에임즈(Hall and Ames 1987, 283쪽 이하)는 충서(忠恕) 둘이 아닌 서(恕) 하나라고 보았으며, 진대제(陳大齊 1964, 135쪽)는 의(義)라고 보았다. 이러한 논의도 흥미로운 것이지만, 우리가 보기에는 일(一)보다는 관(貫)에 초점을 두어야 할 것이라는 생각이 든다. 유감스럽게도 논자들은 관(貫)에는 별 관심이 없는 것 같다.

공자의 관(貫)을 보다 입체적으로 살펴보기 위하여 비트겐슈타인(PI, §§66-67)의 가족유사 개념을 분석해보자. 어느 가족의 아버지가 a, b, c라는 속성을 갖고, 어머니가 d, e, f라는 속성을 갖는다고 가정해보자. 아버지와 어머니는 어떠한 속성도 공유하지 않기에, 둘 사이에는 아무런 이음의 관계도 설정할 수 없다. 그러나 c, d, e라는 속성을 지닌 아들을 가운데 놓았을 때, 아버지와 아들과 어머니는 하나의 가족으로 이어진다. 아들은 여기서 부모를 잇는 매개적인 경우에 해당한다.

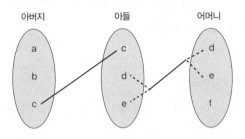

우리가 주목해야 할 것은 이 가족은 분명 하나로 이어져 있지만, 그 하나를 고정해서 말할 수 없다는 것이다. 아버지는 아들과 c라는 속성을, 아들은 어머니와 d와 e라는 속성을 공유하고 있지만, 이들을 관통하는 속성

---

24 《論語》, 〈衛靈公〉, 2, 子曰 賜也 女以予爲多學而識之者與 對曰 然 非與 曰 非也 予一以貫之

은 존재하지 않는다. 그러면서도 이들은 앞의 그림에서처럼 하나로 이어질 수 있는 것이다. 여기서 우리는 공자의 일이관지(一以貫之)에서 일(一)이 무엇인지에 대한 논의가 무의미해질 수 있는 가능성을 본다. 비트겐슈타인(PI, §122)의 말처럼, 관(貫)을 가능케 하는 연결고리를 발견하고 만들어냄으로써 사태들 사이의 이어짐을 통찰(通察)하는 것(Übersichtlichkeit)이, 일(一)을 상정하고 찾는 것보다 더 중요한 일일 수 있는 것이다.

일이관지(一以貫之)에서 일(一)이 무엇인지를 고정할 필요가 없다는 것은 포더의 논증을 통해서도 간접적으로 정당화할 수 있다. 포더(Jerry A. Fodor)는 환원적 물리주의를 비판한다. 물리주의는 이론이 문제 삼는 모든 사건이 궁극적으로 이 세계 내의 물리적 사건이라는 입장을 말한다. 환원적 물리주의는 물리주의의 한 형태로서, 이 세계 내의 물리적 사건에 관한 학문이 물리학이므로 제반 이론과 학문은 궁극적으로 물리학으로 환원적으로 번역될 수 있다는 입장을 말한다. 포더(Fodor 1974, 138쪽)는 환원적 물리주의자들에게 일정한 형태의 구리, 종이, 조가비를 내놓으며 이들 사이의 공통점을 찾아보라고 질문한다. 물리학적 관점에서 이들 사이의 공통점은 없다. 그러나 경제학적 관점에서 이들은 모두 화폐라는 공통점을 갖는다. 물리학적 관점에서 보았을 때, 구리, 종이, 조가비는 서로 너무나 이질적이어서 이들에 대한 어떤 법칙문도 정립할 수 없다. 그러나 경제학의 관점에서 보자면, 이들은 너무나 동질적이다. 이들은 화폐에 관한 이러저러한 경제학의 법칙들(예컨대 그레샴의 법칙)을 다수실현(multiple realization)하고·있다. 환원적 물리주의자들도 이 화폐들에 관한 경제학의 법칙을 물리학의 법칙으로 환원할 수 없을 것이다.

포더의 논증을 통해서 우리는 일련의 사물이나 사태들이 서로 동질적인지 이질적인지에 대한 문제가 관점에 의존되어 있다는 것을 알게 된다. 결국 사태들을 이어주는 올바른 관(貫)을 정립하기 위해서는 가능한 여러 관점 중에서 그때그때의 주어진 사태에 가장 적합한 관점을 선택하거나 창안하는 지혜가 필요한 것이다. 그것은 앞서 공자가 보여준 굴신(屈伸)과 이순(耳順)의 감수성과도 일맥상통한다. 환원적 물리주의자들의 실패에서 보듯이, 일(一)에 대한 무리한 근시안적 집착은 오히려 일이관지(一以貫之)를 어렵게 할 수 있다.

우리는 지금까지 공자의 일이관지(一以貫之)의 가능한 해석 모델을 비트겐슈타인의 가족유사 개념과 포더의 다수실현 논증에서 찾아보았다. 주어진 사태를 이어줄 수 있는 적합한 관점이나 매개적 경우를 발견하거나 창안하는 작업을 통해 사태들을 통시적으로나 공시적으로 계열화하는 것이 공자 철학의 정신이라면, 그의 철학에 대해 5절에서 제기되었던 단편성 시비는 정당한 비판이 되지 못함을 알 수 있다.

8. 공자의 마음

최진덕 교수는 한 논문에서 공자의 일이관지(一以貫之)에 대한 파격적인 견해를 제시하고 있다. 공자 철학에 있어서 분명한 것은 "일관(一貫)의 도(道)가 아니라 불일관(不一貫)의 언행들과 그것들이 주는 감동뿐"(최진덕 1995, 166쪽)이라는 것이다. 최진덕 교수는 이렇게 말한다.

공자는 인위(人爲)와 무위(無爲)의 문제가 변용된 여러 문제 영역 속에서 두 극단 가운데 어느 한 극단을 선택하지도 않고, 두 극단 사이의 산술평균에 안정적으로 머물러 있지도 않고, 또 두 극단이 지양된 제삼의 어떤 종합을 모색하는 것도 아니다. 그의 사상과 행동은 정해진 원칙이 없이 작위와 자연 두 극단 사이를 늘 상황에 따라 오락가락하는 듯하다. 공자의 사상을 한마디로 압축하는 인(仁) 개념의 다의성은 그의 언행의 이 같은 무원칙성을 그대로 반영해주는 것이다. (최진덕 1995, 166쪽)

최진덕 교수의 비판은 액면 그대로 받아들이기 어렵다. 우리는 이 장에서 이러한 비판에 대해 공자를 방어할 수 있는 몇 가지 방안을 모색했다. 최진덕 교수는 자신의 공자 비판의 근거를《논어》중에서 우리가 다루지 않은 〈미자〉의 은자(隱者)와 관련된 장들과 〈선진〉의 마지막 장에서 찾고 있다. 앞의 인용문도 이러한 장들에 토대한 진단이다. 최진덕 교수는 이 장들에서 공자가 은자들의 "무명(無名)의 세계에 은밀한 공감을 표하는 듯한 인상을 주기도 한다"(최진덕 1995, 160쪽)고 본다. 이제 최진덕 교수와 함께 이 장들을 읽어보기로 하자.

(1)《논어》, 〈미자〉, 6장: 장저와 걸익이 밭을 갈고 있는데, 천하를 주유(周遊)하던 공자 일행이 나루터를 찾고 있었다. 자로가 장저에게 나루터를 묻자 장저는 공자 일행임을 알고는, 공자처럼 분주하게 천하를 돌아다니는 사람이라면 "나루터를 알 것"이라고만 대답한다. 자로가 다시 걸익에게 묻자, 걸익은 대답 대신 피세(避世)를 종용한다.

도도(滔滔)함, 천하가 온통 이것인데, 뉘와 더불어 바꿀 것인가. 자네가 사람을 피하는 사(士)를 따르는 것이 어찌 세상을 피하는 사(士)를 따르는 것만 하겠는가.[25]

자로가 공자에게 이 일을 아뢰자 공자는 이렇게 말한다.

---

25 《論語》, 〈微子〉, 6, 滔滔者天下皆是也 而誰以易之 且而與其從辟人之士也 豈若從辟世之士哉

새나 짐승과 더불어 살 수는 없다. 내가 이 사람의 무리와 함께하지 않으면 누구와 함께하겠는가. 천하가 유도(有道)하다면 나는 [사람들과] 함께 [무도(無道)한 천하를] 바꾸려 하지 않았을 것이다.[26]

최진덕 교수는 공자가 "여기서 은자(隱者)의 조소와 충고에 대해 전면적인 거부감을 보여주지 않"으며, "은자(隱者)들의 염세주의에 반대하지 않"는다고 본다(최진덕 1995, 162쪽). 그러나 "[무도(無道)한 천하를] 바꾸려 하"는 공자가 어떻게 은자(隱者)들의 염세주의에 반대하지 않는다고 볼 수 있는가. "새나 짐승과 더불어 살 수는 없다. 내가 이 사람의 무리와 함께하지 않으면 누구와 함께하겠는가"라는 공자의 말은 분명 은자(隱者)에 대한 모종의 거부감을 표명한 것으로 보지 않을 수 없다.

(2) 《논어》, 〈미자〉, 7장: 자로는 우연히 마주친 무명(無名)의 은자(隱者) 하조장인의 집에서 하룻밤을 유숙한 다음 돌아가 공자에게 고하자, 공자는 자로에게 그 은자(隱者)를 다시 한번 뵙고 오도록 한다. 그러나 자로가 돌아가 보니 그는 이미 떠나고 없었다. 자로는 이렇게 말한다.

관직에 나가지 않는 것은 의(義)로운 일이 아니다. 어른과 아이 사이의 예절도 폐기할 수 없는 것인데, 임금과 신하 사이의 의(義)를 어떻게 폐기할 수 있겠는가. 제 한 몸만 깨끗이 하려다가는 큰 윤리를 어지럽히게 된다. 군자가 관직에 나가는 것은 그러한 의(義)를 행하는 것이다.[27]

공자가 평생 관직에 나가려 애썼다는 사실을 감안할 때, 자로의 말은

---

26 《論語》, 〈微子〉, 6, 鳥獸不可與同群 吾非斯人之徒與而誰與
27 《論語》, 〈微子〉, 7, 不辭 長幼之節 不可廢也 君臣之義 如之何其廢之 欲潔其身而亂大倫 君子之
仕也 行其義也

공자의 입장을 잘 대변해주고 있다고 여겨진다.

최진덕 교수는 공자가 무명(無名)의 방외인(方外人)들에게 접근을 시도한 것이 "방내적(方內的) 인륜질서를 방외인(方外人)에게까지 확대하려 했던 것인지, 아니면 방내적(方內的) 인륜질서의 회복에 골몰하던 공자가 은자(隱者)들의 조소에 직면하여 불현듯 방외적 자유에 끌림을 느낀 것인지 확실하게 가늠하기는 어렵다"고 말한다(최진덕 1995, 162-163쪽). 그러나 앞의 인용문을 볼 때, 적어도 후자가 아님은 분명하다. "관직에 나가지 않는 것은 의(義)로운 일이 아니"라고까지 말하고 있지 않은가. 말을 바꾸지 않고서야 어떻게 방외적(方外的) 자유에 끌릴 수 있는지 우리로선 알 수 없다.

(3)《논어》, 〈선진〉, 25장: 공자는 제자들에게 평소의 포부를 묻는다. 자로는 "제후의 나라가 큰 나라들 사이에 끼어 있어서 군대의 침략을 당하고 거기에 기근까지 이어진다 하더라도, 제가 그 나라를 다스린다면 대략 3년이면 백성들에게 용기를 가르칠 뿐 아니라 그 타개책을 알게 할 수 있습니다"[28]라고 말한다. 이에 공자는 빙긋이 웃는다. 염유는 "사방이 육칠십 리나 오륙십 리 되는 지역을 제가 다스린다면, 대략 3년이면 백성들을 풍족하게 할 수 있을 것입니다"[29]라고 말한다. 공서화는 "종묘에서 제사지내는 일이나 혹은 제후들이 천자를 알현할 때, 검은 예복과 예관을 갖추고 조금이나마 도움이 되기를 바랍니다"[30]라고 말한다. 그런데 증석은 "늦은 봄날 새로 지은 봄옷을 입고 젊은이 대여섯 명과 아이들 일곱 여덟 명을 데리고 기수에 가서 목욕하고 무우에 가서 바람을 쐰 다음 노

28 《論語》, 〈先進〉, 25, 千乘之國 攝乎大國之間 加之以師旅 因之以饑饉 由也爲之 比及三年 可使有勇 且知方也

29 《論語》, 〈先進〉, 25, 方六七十 如五六十 求也爲之 比及三年 可使足民

30 《論語》, 〈先進〉, 25, 宗廟之事 如會同 端章甫 願爲小相焉

래하며 돌아오겠습니다"³¹라고 말한다. 이에 공자는 "나는 점(증석)과 함께하겠다"³²고 동의한다.

최진덕 교수에 의하면, "다른 제자들은 모두 어른들의 정치세계에 뛰어들어 무언가를 해보려 하는데, 유독 증자의 아버지 증석은 아이들과 함께 무위자연(無爲自然)의 세계로 돌아가려 한다." 그리고 공자가 다른 제자들을 제치고 증석에게 동의했다는 것은 "공자가 방외(方外)의 세계에 공감하고 있다는 증거의 하나"이다(최진덕 1995, 162-163쪽). 그러나 최진덕 교수는 이 장의 나머지 부분을 주시하지 않고 있다. 그 부분을 읽어보자.

세 사람이 나가니 증석이 뒤에 남아 있다가 여쭈었다.
"세 사람의 말이 어떠합니까?"
"각자 자기 뜻을 말했을 따름이지."
"선생님께서는 어째서 유(자로)의 말에 빙긋이 웃으셨습니까?"
공자께서 말씀하셨다.
"나라는 예로써 다스려야 하는데, 그의 말에는 겸양이 없어서 웃은 것이다."
"구(염유)의 경우는 나라를 다스리는 것이 아니지 않습니까?"
"어찌 사방이 육칠십 리나 오륙십 리나 되는 지역인데, 나라를 다스리는 것이 아니라 하겠느냐?"
"적(공서화)의 경우는 나라를 다스리는 것이 아니겠지요?"
"종묘의 제사와 천자 알현하는 일이 제후의 일이 아니고 무엇이겠느냐? 적(공서화)의 일을 작은 일이라고 한다면, 누구의 일을 큰일이라고 할 수 있

---

31 《論語》, 〈先進〉, 25, 莫春者 春服既成 冠者五六人 童子六七人 浴乎沂 風乎舞雩 詠而歸
32 《論語》, 〈先進〉, 25, 吾與點也

겠느냐?"[33]

인용문에서 보듯이, 공자의 비평은 제자들이 자신의 준비나 능력에 넘치는 포부를 말했다는 데 초점을 두고 있다. 공자는 제자들의 이러한 태도에 대해 다른 곳에서도 비판적이었음을 주지할 필요가 있다(《論語》, 〈公冶長〉, 12). 공자가 증석에게 동의한 까닭은 이런 맥락에서 읽혀야 한다. 공자가 증석에게 동의했다고 해서 그 둘의 마음이 혼연일체가 되었다고 단정하기는 어렵다. 앞의 인용문에서 보듯, 증석은 공자의 마음을 제대로 헤아리지 못하고 있다. 대화에서 살펴지는 그의 이해력을 감안할 때, 그는 기수에 가서 목욕하고 무에 가서 바람을 쐰 다음 노래하며 돌아오는 데는 잘 어울리는 사람 같다. 우리는 바로 이 점에서 공자가 그와 함께하겠다고 말한 것으로 본다. 따라서 이 장을 토대로 "공자가 방외(方外)의 세계에 공감하고 있다"고 본 최진덕 교수의 해석은 추리라기보다 흥미로운 상상에 가깝다.[34]

9. 가지 않은 길

공자는 백이와 숙제를 "옛 현인"(《論語》, 〈述而〉, 14)이라고 평가한다. 그러면서도 자신은 이들과 다르다고만 간략히 말한다(《論語》, 〈微子〉, 8). 은자(隱者)의 길은 공자가 가지 않은 길이다. 자신이 가지 않은 길을 가는 은자

---

33 《論語》, 〈先進〉, 25, 三子者出 曾晳後 曾晳曰 夫三子者之言何如 子曰 亦各言其志已矣 曰 夫子 何哂由也 曰 爲國以禮 其言不讓 是故哂之 唯求則非邦也與 安見方六七十 如五六十而非邦也者 唯赤則非邦也與 宗廟會同 非諸侯而何 赤也爲之小 孰能爲之大
34 김용옥 선생은 이 장이 "증자(曾子)-맹자(孟子) 계열에서 증석(曾晳)-증자(曾子)의 정통성을 드러내기 위하여 꾸민 드라마"(김용옥 2000b, 56쪽)라고 주장한다.

(隱者)에 대한 공자의 태도는, 백이와 숙제를 현인으로 높이는 데서 보듯이, 정중한 것이다. 공자에 대한《장자》의 조잡하고 엽기적이기까지 한 비판과 대조해볼 때, 공자의 여유 있는 인격이 빛나는 대목이다. 은자(隱者)의 도가 사상, 맹자의 내재적 인성론, 불교의 해탈론, 천(天)에 대한 주희의 형이상학, 그 밖의 여러 괴력난신(怪力亂神)적인 이론에의 길을 공자는 가지 않았다. 그러나 그는 자신이 가지 않은 그 어느 길도 함부로 비난하지 않았다. 대신 그는 그런 길에 대해 침묵으로 일관했다.

　　자공이 말하였다.
　　"선생님의 여러 가르침을 들을 수는 있었지만, 선생님께서 성(性)과 천도(天道)에 대해 말씀하시는 것은 들을 수 없었다."[35]
　　공자께서는 괴력난신(怪力亂神)에 대해서는 말씀하지 않으셨다.[36]

　　공자는 자신을 옛것을 배워 전하기는 하되 창작하지 않는 사람으로 낮추었다(《論語》,〈述而〉, 1). 사실 그의 철학에는 이렇다 할 세련된 논제가 없다. 그는 철학자들이 빠져들기 쉬운 난삽한 용어 사용이나 화려한 수사학에도 이끌리지 않는다. 그에게 "말이란 뜻을 전하면 그뿐이다."[37] 이러한 청빈주의는 "말할 수 없는 것에 대해서는 침묵해야 한다"(TLP, 7)는 비트겐슈타인의 정신과 통한다. 비트겐슈타인은 이렇게 적고 있다.

　　내 사유가 사실 재생산적일 뿐이라는 데는 일리가 있다. 나는 내가 하나의 사유 노선을 **창안해내었다**고는 결코 믿지 않는다. 나는 언제나 다른 누

---

35 《論語》,〈公冶長〉, 13, 子貢曰 夫子之文章 可得而聞也 夫子之言性與天道 不可得而聞也
36 《論語》,〈述而〉, 20, 子不語怪力亂神
37 《論語》,〈衛靈公〉, 40, 子曰 辭達而已矣

군가에게서 그것을 얻었을 뿐이다. 나는 다만 그것을 명료화라는 나의 작업을 위해 즉시 열렬히 수용했을 뿐이다. (CV, 18-19쪽)

(철학의 가장 큰 장애물의 하나는 새로운, 전례가 없는 해명을 기대하는 것이다.)

[…]

모든 반성은 내가 했던 것보다 훨씬 더 평범한 방식으로 이루어져야 한다. 그러므로 철학에서 어떠한 새로운 말도 사용될 필요가 없다. 오래도록 쓰인 평범한 말로도 충분한 것이다.

[…]

(철학에서 과장을 하지 않기란 어려운 일이다.) (BT, 309쪽)

철학자의 일은 특정한 목적을 위해 기억들을 모으는 것이다.

만일 누군가 철학에서 **논제**(論題)**들**을 제기하려고 한다면, 그 논제들에 대한 논쟁은 불가능할 것이다. 왜냐하면 모든 사람이 그 논제들에 동의할 테니까. (PI, §§127-128)

그러나 우리는 비트겐슈타인과 공자가 2절에서 그려본 인문주의의 뿌리와 줄기라는 서로 다른 위상에서 철학한 사람들임 또한 잊어서는 안 된다.

공자와 비트겐슈타인은 전례가 없는 새로운 것을 보여주려 하기보다는 전수와 재생산, 그리고 명료화를 자신의 과제로 삼았다. 그래서 그들에겐 과장된 논제나 현란한 언어가 없다. 그러나 그들은 그 누구보다도 치열하게 삶을 살아간 선구자들이다. 그 치열성의 정체는 그들의 내면에서 솟구쳐 나오는 삶에 대한 부단한 탐구 정신과 강렬한 도덕의식이다. 그들의 도덕 의식은 하늘을 우러러 한 점 부끄럼 없는 삶을 추구하는 것이라는 점에서 윤동주적이기도 하다. 그런 점에서 그들의 삶과 작품은 윤동주의 〈서시〉나 〈참회록〉을 닮았다. 공자는 자신을, 공부하는 데 "발분하면 밥 먹는 것도 잊고, 즐거움으로 걱정을 잊으며, 늙음이 닥쳐오고 있다는 것조차도 알지 못하는"[38] 호학자(好學者)(《論語》, 〈公冶長〉, 28)라고 일컫고 있다. 비트겐슈타인은 평생에 걸쳐 철학 일기를 집필했다. 그의 생전에 나온 유일한 저서인 《논리-철학논고》도 그가 참전한 1차 대전의 종군일기를 편집한 것이다. 전쟁터에서 온갖 위험을 겪으면서도, 그리고 암으로 임종을 맞는 최후의 순간까지도 그는 놀라운 정신력으로 견고한 사색과 탐구를 일기 속에 쏟아부었다.[39]

공자는 귀신 섬기는 일에 대한 질문에 "사람도 제대로 섬기지 못하는데, 어찌 귀신을 섬길 수 있겠느냐?"[40]고 말했고, 죽음에 대한 질문에는 "삶도 잘 알지 못하는데, 어찌 죽음을 알겠느냐?"[41]고 반문했다. 영혼에 대한 태도로 2인칭을 섬기고, 삶을 기쁜 마음으로 알아 나가는 배움의 길은 끝이 없는 길이다. 거기에 해탈이라는 황홀한 완성은 없다. 갈 길은 멀고 멀어 죽은 뒤에야 그만두는 것이다(《論語》, 〈泰伯〉, 7). 이것이 공자라는 최초의 인문주의자와 비트겐슈타인이라는 최후의 인문주의자가 갔던 길이다.

---

38 《論語》, 〈述而〉, 18, 發憤忘食 樂以忘憂 不知老之將至云爾
39 비트겐슈타인의 마지막 일기는 그가 사망한 후에 《확실성에 관하여》라는 이름으로 편집되어 출간되었다. "인간의 탐구의 근원적 원리들"(OC, §670)에 관한 언급으로 시작하는 《확실성에 관하여》의 마지막 페이지에는 그가 사망하기 이틀 전인 1951년 4월 27일이라는 날짜가 적혀 있다.
40 《論語》, 〈先進〉, 11, 未能事人 焉能事鬼
41 《論語》, 〈先進〉, 11, 未知生 焉知死

2장 주희와 율곡, 이치의 얼개를 논하다

박동환 교수의 저서 《서양의 논리 동양의 마음》에서 다음의 구절을 읽었다.

옛날에는 불교나 유교의 영향 아래에서 살았다. 석가와 공자가 말하는 진리는 얼마나 보편적인 것이었던가. 지금은 서양의 과학과 그리스도교의 영향 아래에서 산다. 성 아우구스티누스와 성 토마스, 비트겐슈타인과 하이데거의 진리가 나의 평생 연구의 과제가 될 수 있는가. 그들의 파문이 역사의 결코 멈추지 않는 흐름을 지나 사라져갈 때 그들이 전하는 진리 가운데서 무엇이 나에게 남을 것인가. 지난 수백 년의 파란만장한 조선 사람의 체험에 비추어볼 때 무엇이 아직도 우리와 함께할 수 있는 진리인가.

무엇이 사라질 것이며 무엇이 남을 것인가. 사라짐과 남음을 좌우하는 법칙은 무엇인가. 실은 그 운명의 법칙밖에 무엇이 남을 수 있는가. 무엇이라고 할 만한 무엇이 이 세상에 남아 있을 것인가. (박동환 1987, 215-216쪽)

"비트겐슈타인과 하이데거의 진리가 나의 평생 연구의 과제가 될 수 있는가." 나 자신에게 메아리가 되어 돌아온 이 물음은 철학도로서 내가 걸어온 길, 그리고 지금 내가 서 있는 지점을 되돌아보게 했다. 아울러 "지난 수백 년의 파란만장한 조선 사람의 체험에 비추어볼 때 무엇이 아직도 우리와 함께할 수 있는 진리인가"를 헤아려보게 되었다. 그래서 나는 "사라짐과 남음을 좌우하는" "운명의 법칙"을 생각하며, 그동안 "평생 연구의 과제"로 삼아온 비트겐슈타인과 하이데거를 잠시 접어두고 율곡의 저서를 다시 읽게 되었다.

1. 혼동의 삼중주

낱말의 의미가 그 쓰임이라는 비트겐슈타인의 화용론적 언어철학을 반박하는 다음과 같은 논증이 있다고 하자.

> 우리의 일상언어에서 '개인주의'라는 용어는 '이기주의'를 의미하는 것으로 쓰이고 있다.
> 그러나 그렇다고 해서 '개인주의'가 '이기주의'를 의미한다고 (혹은 그래야 한다고) 말한다면 그것은 옳지 못하다.

낱말의 의미를 그 역사적 계보를 거슬러 올라가 추적하는 하이데거의 고고학적 언어철학을 반박하는 다음과 같은 논증이 있다고 하자.

> 서양에서 '진리'라는 용어는 고대의 그리스어 '드러남(*aletheia*)'에서 연원한다.
> 그러나 그렇다고 해서 '진리'가 '드러남'을 의미한다고 (혹은 그래야 한다고) 말한다면 그것은 옳지 못하다.

이러한 논증의 매력은 아마도 그 단순 명료성에 있을 것이다. 비트겐슈타인과 하이데거의 언어철학이 이러한 논증이 지적하는 오류를 범하고 있는지에 대해서는 이론의 여지가 있다. 그러나 그보다 더 중요한 것은 앞의 논증으로 말미암아 그들의 작업이 무효화되는 것은 아니라는 점이다. 그 까닭의 하나는 앞의 논증이 그들의 철학을 자신들이 의도하지 않은 방식으로 추려내어 재구성한 것이라는 데 있다. 그런 점에서 앞의 논증은 비트겐슈타인과 하이데거의 언어철학의 이념을 깊이 있게 다루었다고는 볼 수 없다. 요컨대 앞의 논증은 그 타당성 여부를 떠나 바로 그 단순 명료성에서 기인하는 일정한 한계를 지니고 있는 것이다.

우리는 이상익 교수의 탁월한 연구서《기호성리학연구(畿湖性理學研究)》에서 이와 유사한 경우를 발견한다(이상익 1998). 우선 이 교수의 핵심 논지를 추려보자. 이 교수는 주희(朱熹)와 율곡의 이기론을 (1) 원리와 현상, (2) 형상과 질료, (3) 도의(道義)와 형기(形氣), 이렇게 세 가지의 상이한 구조가 중첩된 것으로 파악하고 있다. 주희와 율곡의 철학에서 이(理)는 (1) 소이연(所以然)으로서의 원리를 의미하기도 하고, (2) 본(本), 도(道), 성(性)으로서의 형상을 의미하기도 하며, (3) 도덕성으로서의 도의(道義)를 의미하기도 한다. 또 기(氣)는 (1) 소연(所然)으로서의 현상을 의미하기도 하고, (2) 구(具), 기(器), 기질(氣質)로서의 질료를 의미하기도 하며, (3) 육체적 욕망으로서의 형기(形氣)를 의미하기도 한다.

(1)과 (2) 사이의 구분의 근거로, 이 교수는 지금까지 소이연(所以然)과 소당연(所當然)의 구분의 근거로 자주 인용되어 온 주희의《대학혹문(大學或問)》의 한 구절을 다음과 같이 번역해 제시하고 있다. 이 구절은 이 장에서 자주 논의될 것이므로 편의상 인용문A로 부르고자 한다.

[인용문A] 모든 일에는 진실로 "마땅히 그러해야 하는 것으로서 그만둘

수 없는 것"이 있다. 그러나 또한 마땅히 그 소이연(所以然)은 무엇인가를 탐구해야 한다. 그 소이연(所以然)은 이(理)이다. 이(理)가 이와 같기 때문에 바꿀 수 없는 것이다. 예를 들어 어린아이가 우물에 빠지는 것을 본다면, 모두가 두렵고 측은(惻隱)한 마음을 품을 것이다. 이것이 그 일에 있어서 "마땅히 그러해야 하는 것으로서 그만둘 수 없는 것"이다. 그런데 그 이와 같이 되는 소이(所以)는 무엇인가? 반드시 "도리(道理)의 바꿀 수 없는 것"이 있기 때문이다.[1]

이상익 교수에 의하면, 소이연(所以然)으로서의 원리와 소연(所然)으로서의 현상의 관계는, 소이연(所以然)이 소연(所然)을 필연적으로 규정하는 인과 관계이다(이상익 1998, 39, 70쪽). 반면 "본(本)이 인륜세계의 당위적 근거가 된다고 말할 수는 있어도, 필연적 근거가 된다고는 말할 수 없을 것이다"(이상익 1998, 40쪽). 당위나 본(本)이 실제로 필연적으로 구현되는 것은 아니기 때문이다. 따라서 본(本), 도(道), 성(性)으로서의 형상과, 구(具), 기(器), 기질(氣質)로서의 질료 사이의 관계는 우연적 관계이다(이상익 1998, 70쪽).

이상익 교수는 (3)을 (1), (2)와 구분하는 근거로 다음과 같은 율곡의 말을 인용하고 있다.

인심(人心)은 형기(形氣)를 위한 것이고, 도심(道心)은 도의(道義)를 위한 것이다. 그 근원은 비록 하나이지만 그 흐름은 이미 나누어지니, 진실로 양변(兩邊)으로 나누어 말하지 않을 수 없다.[2]

---

1 《大學或問》,〈補亡章〉, 凡事固有所當然而不容已者 然又當求其所以然者何故 其所以然者 理也 理如此 故不可易 又如人見赤子入井 皆有怵惕惻隱之心 此其事所當然而不容已者也 然其所以 如此者何故 必有箇道理之不可易者
2 《栗谷全書》, 卷10 頁5, 人心道心 則或爲形氣 或爲道義 其原雖一 而其流旣岐 固不可分兩邊說 下矣

정(情)으로서의 본연지성(本然之性)에서 나왔으나 형기(形氣)에 엄폐되지 않은 것은 이(理)에 붙이고, 처음에 비록 본연지성(本然之性)에서 나왔으나 형기(形氣)가 가린 것은 기(氣)에 붙이니, 이것은 부득이한 논리이다.[3]

이 교수에 의하면, 소이연(所以然)과 소연(所然), 또는 형상과 질료는 발현되는 바(所發)와 발현하는 바(能發)의 관계인 반면, 인심(人心)의 경우에는 사정이 다르다. 도심(道心)의 경우 본성과 형기(形氣)의 관계는, 도심(道心)이 형기(形氣)의 감동에 의해 본성이 발현된 것이기 때문에, 형상과 질료의 관계로 볼 수도 있겠지만, 인심(人心)은 형기(形氣)가 본성을 엄폐하고 육체적 욕망을 따른 것이기에, 그 발현되는 바와 발현하는 바가 모두 형기(形氣)이다. 따라서 도의(道義)와 형기(形氣)는 소이연(所以然)과 소연(所然), 혹은 형상과 질료의 구도에 부합하지 않는다(이상익 1998, 71-72쪽). 또한 소이연(所以然)과 소연(所然), 혹은 형상과 질료가 서로 의존하고 결합하여 하나의 사건이나 사물을 이루는 관계에 있는 반면, 도의(道義)를 위한 도심(道心)과 형기(形氣)를 위한 인심(人心)은 서로 대립하고 길항하는 관계에 있기 때문에, "진실로 양변(兩邊)으로 나누어 말하지 않을 수 없다"는 점에서도 앞의 두 구도에 부합하지 않는다.

이상익 교수에 의하면, 주희와 율곡의 이기론(理氣論)에는 이(理)와 기(氣)의 이러한 세 가지 상이한 의미가 뒤섞여 불필요한 혼동과 오류를 초래한다. 주희의 경우 그의 이(理) 개념의 중심을 이루는 소이연(所以然)의 관점과 소당연(所當然)의 관점이 각각 형이상학적 차원과 윤리적 차원으로 그 범주가 구별되는 것인데도, 이를 자연 세계의 원리 및 인간 심리에 무차별적으로 적용함으로써 범주 오류를 범하고 있다(이상익 1998, 50, 55

---

3 《栗谷全書》, 卷10 頁12, 以情之出乎本然之性而不掩於形氣者 屬之理 當初雖出於本然而形氣掩之者 屬之氣 此亦不得已之論也

쪽). 이는 (1)과 (3)의 혼동에서 빚어지는 오류이다.

이러한 오류는 다음과 같은 경로를 통해 발생한다. 첫째, 소이연(所以然)과 본(本)을 모두 형이상자(形而上者)로, 소연(所然)과 구(具)를 모두 형이하자(形而下者)로 한데 묶음으로써, 소이연(所以然)·소연(所然)을 본(本)·구(具)와 혼동한다. 이는 곧 (1)과 (2)의 혼동을 의미한다. 이것이 혼동인 까닭은, 앞서 보았듯이 소이연(所以然)·소연(所然)은 필연적 관계인 반면, 본(本)·구(具)는 우연적 관계이기 때문이다. 둘째, 본(本)을 좇는 것은 인간사에 있어서 생생(生生)을 지속할 수 있게 하기 때문에 선한 것으로 보고, 구(具)를 추구하는 것은 인간의 경우 인욕(人欲)을 추구하는 것이어서 악하다고 봄으로써, 본(本)·구(具)를 천리(天理)·인욕(人欲)과 혼동한다. 이는 곧 (2)와 (3)의 혼동을 의미한다. 이것이 혼동인 까닭은 앞서 보았듯이 본(本)·구(具)가 상호 의존하고 결합하는 관계인 반면, 천리(天理)·인욕(人欲)은 서로 대립하고 길항하는 관계이기 때문이다. 요컨대 (1)과 (3)의 혼동은 먼저 (1)과 (2)를 혼동하고, 다시 (2)와 (3)을 혼동함으로써 이행적(transitive)으로 초래되는 귀결이다.

{(1)과 (2)의 혼동 & (2)와 (3)의 혼동}→(1)과 (3)의 혼동

지금까지의 논의를 도표로 정리하면 다음과 같다.

	형이상(形而上)·형이하(形而下)	필연적 관계	우연적 관계	결합	길항
(1) 소이연(所以然)·소연 (所然)	○	○	×	○	×
(2) 본(本)·구(具)	○	×	○	○	×
(3) 천리(天理)·인욕(人欲)	×	×	○	×	○

이상익 교수는 이러한 혼동이 율곡 이기론(理氣論)의 경우에도 마찬가지로 발생하고 있다고 비판한다(이상익 1998, 85쪽).

이상과 같은 이상익 교수의 분석은 주희와 율곡의 철학에서 얽히고 설킨 실타래를 시원하게 풀어주고, 또 이들 실타래 곳곳에서 발견되는 매듭이 어떻게 생겨났는지를 분명하게 지적해주고 있는 것으로 높이 평가할 만하다. 주희와 율곡에 대한 이 교수의 궁극적 태도는 그들의 철학이 범주 오류를 범하고 있다는 것으로 정리된다. 그런데 이 교수의 이러한 판정은 올바른 것인가? 자신의 입장을 뒷받침하기 위해 그가 구성한 논증은 타당한 것인가? 이제 이러한 문제의식하에 그가 제시한 혼동의 삼중 구조를 점검해보자.

2. 아이가 우물에 빠진 날

비단 우리말에 국한된 것은 아니지만 '옳음'이라는 낱말은 상이한 두 가지 의미를 지니고 있는 것으로 여겨진다. 예컨대 다음의 경우를 살펴보자.

(4) 아이가 우물에 빠졌다는 것이 옳다.
(5) 아이가 우물에 빠졌다는 주장은 옳다.
(6) 우물에 빠진 아이는 구하는 것이 옳다.
(7) 우물에 빠진 아이를 구해야 한다는 주장은 옳다.

통상적인 견해에 따르면, (4)는 사실의 진위 여부에 관한 명제이고, (5)는 사실에 관한 주장의 진위 여부에 관한 명제이다. 요컨대 (4)와 (5)

에서 '옳음'은 진위에 연관된 서술적 의미를 지니고 있다. 반면 (6)은 행동의 도덕성 여부에 관한 명제이고, (7)은 당위에 관한 주장의 도덕성 여부에 관한 명제이다. 요컨대 (6)과 (7)에서 '옳음'은 도덕성에 연관된 평가적 의미를 지니고 있다. 그러나 (4), (5)와 (6), (7) 사이의 이러한 구분은 과연 어떤 문맥에서이건 보편타당한 것인가? 도덕적 진리라는 말은 언제나 모순인가? "다음 중 옳은 것은?"으로 시작하는, 답안의 진위를 묻는 초등학교 문제에 대한 답안으로 (6)과 (7)은 부적합한가? 진리와 윤리를 떼어놓고 보지 않는 종교와 철학의 고전들이 전하는 메시지는 기껏해야 은유에 불과한가? 주희와 율곡을 비롯한 동아시아 사유 전반에 걸쳐 진리와 윤리의 구분은 자연스럽지 못한 낯선 것이다.[4] 거꾸로 서양인들의 눈에는 동아시아 사상가들이 당연한 것으로 받아들이는 이런저런 구분들이 매우 자의적이고 낯선 것으로 비추어질 수 있다. 요컨대 우리는 동아시아와 서양의 철학이 근본적인 지평에서 가르는 방식에 차이가 있음을 인정해야 할 것이다.

우리는 여기서 진리와 윤리, 혹은 사실과 당위 사이의 구분이 틀렸음을 논증하려는 것이 아니다. 오히려 이러한 구분에 의거한 이상익 교수의 텍스트 분석은 매우 신선하고 생산적인 것이다. 다만 이 구분이 결여되었기 때문에 주희와 율곡의 철학이 오류에 빠져 있다는 그의 평가가 공정하지 못하다는 것이다. 예컨대 우리는 칸트의 철학에 대해 사단(四端)과 칠정(七情)의 구분이 결여되어 있다고 비판할 수는 없을 것이다.

이상익 교수는 이에 대해, 주희와 율곡도 사실과 당위의 구분을 인정했지만 그 구분에 투철하지 못했기 때문에, 그들의 철학이 오류에 빠져

---

4   진리와 윤리의 구분이 첨예하게 부각된 작품으로 평가되는 청년 비트겐슈타인의 《논리-철학논고》와 《노트북》(NB)에서 발견되는 놀라운 사실은, 그가 결코 혼동할 수 없어 보이는 논리와 윤리의 상관성을 자신의 사상의 바탕으로 삼고 있다는 점이다. 이에 관한 자세한 논의로는 다음을 참조. 이승종 2002c.

있다고 응수할는지도 모른다. 아마 이 교수는 앞서 살펴본 인용문A를 이 구분의 예로 들 것이다. 그러나 인용문A가 정말 사실과 당위, 우연과 필연의 구분에 관한 것인지에 대해서도 이론의 여지가 있다. 인용문A에서 "도리(道理)의 바꿀 수 없는 것"으로서의 소이연(所以然)은 필연일 뿐 당위와는 아무런 상관이 없는가? 이상익 교수가 인용한《대학혹문(大學或問)》의 다른 구절들을 보자.

[인용문 B] 심신성정(心身性情)의 덕(德)과 인륜일용(人倫日用)의 상(常)으로부터 천지귀신(天地鬼神)의 변(變)과 조수초목(鳥獸草木)의 의(宜)에 이르기까지, 하나의 사물 가운데는 모두 "마땅히 그러해야 하는 것으로서 그만둘 수 없는 것(所當然而不容已)"과 "그러한 바의 까닭으로서 바꿀 수 없는 것(所以然而不可易者)"이 있다.[5]

[인용문 C] 천도(天道)가 유행(流行)하고 조화(造化)가 발육(發育)하는 데 있어서, 무릇 성색(聲色)과 모상(貌相)을 지니고 천지(天地)의 사이에 가득 찬 것은 모두 사물(事物)이다. 이미 이 사물(事物)이 있으면 이 사물(事物)이 되게 하는 소이(所以)로서 "스스로 그만둘 수 없는 당연지칙(當然之則)"이 있다.[6]

이상익 교수는 인용문 C는 소이연(所以然)·소연(所然)의 필연적 관계와 본(本)·구(具)의 우연적 관계를 혼동하고 있는 구절로 보고 있는 반면, 인용문 B에 대해서는 우주 만사에 모두 소당연(所當然)과 소이연(所以然)

---

5 《大學或問》,〈補亡章〉, 身心性情之德 人倫日用之常 以至天地鬼神之變 鳥獸草木之宜 自其一物之中 莫不以見其所當然而不容已 與其所以然而不可易者
6 《大學或問》,〈補亡章〉, 天道流行 造化發育 凡有聲色貌象 而盈於天地之間者 皆物也 旣有是物 則其所以爲是物者 莫不各有當然之則 而自不容已

이 있다는 취지로 별 비판 없이 쉽게 넘어가고 있다(이상익 1998, 51쪽). 그러나 이상익 교수가 자신의 견해의 일관성을 유지하려면, 인용문 B에 대해서도 범주 오류의 혐의를 걸어야 할 것이다. 이 교수는 앞서 소이연(所以然)의 관점과 소당연(所當然)의 관점을 각각 형이상학적 차원과 윤리적 차원으로 그 범주를 구별했는데, 첫 번째 인용문은 이를 자연 세계의 원리 및 인간 심리에 무차별적으로 적용하고 있기 때문이다. 요컨대 인용문 B는 앞서 논의했던 (1)과 (3)의 혼동의 전형적인 예인 것이다.

앞의 두 인용문은 과연 혼동만을 노정하고 있는가? 주희는 혼동의 대가일 뿐인가? 사실과 당위, 우연과 필연 사이의 구분을 전제로 했을 때 귀결되는 소위 혼동이라는 문맥 외적인 평가를 판단중지하고 문맥의 안에 들어가 보았을 때, 우리는 오히려 주희가 이 문맥을 통해 이 교수가 갈라 놓은 것들을 접속시키는 사유를 전개하고 있는 것으로 보아야 하지 않을까? 그렇다면 이 접속의 사유는 어떻게 전개되는가? 이에 대한 실마리를 찾기 위해서는 아이가 우물에 빠지는 사건을 다룬 앞서의 인용문 A를 다시 읽을 필요가 있다.

인용문 A에서 이상익 교수가 "마땅히 그러해야 하는 것으로서 그만둘 수 없는 것"으로 번역한 구절은 "소당연이불용이(所當然而不容已)"였다. 여기서 '소당연(所當然)'은 전통적으로 그래왔듯이, "마땅히 그러해야 하는" 당위로 번역할 수도 있지만, 그 문자적 의미대로 "그러함에 직면함"으로 번역해봄 직하다. 그렇다면 해당 구절은 "그러한 사태에 직면해서 그만둘 수 없는 것"이 된다.[7] 이러한 번역은 그다음에 이어지는 문장과도

---

7 이는 강신주 박사의 제안이다. 그러나 '소당연(所當然)'을 이상익 교수처럼 종래대로 번역해도 우리가 이 장에서 전개하려는 논지는 유효하다고 본다. 앞으로 논의하겠지만 소당연(所當然)을 "마땅히 그러해야 하는" 당위로 볼 때에도 여전히 사태와의 직면이 선행되기 때문이다. 인용문 A에서도 당위로서의 소당연(所當然)은 아이가 우물에 빠지는 사태를 보는 것과 연관되어 있다. 이처럼 이 장에서의 우리의 논지는 소당연(所當然)에 대한 번역에 의존되어 있지 않다. 요컨대 우리의 목표는 소당연(所當然)에 대한 번역의 시비를 가리자는 것이 아니라 그것에 관련된 철학적 문제들에 대한 해석

자연스럽게 어울린다. 이상적으로 말해, 아이가 우물에 빠지는 사태에 직면해서 우리는 두렵고 측은한 마음을 품게 될 것이고, 또 우리는 이를 그만둘 수 없을 것이기 때문이다. 그렇다면 소당연(所當然)은 당위를 의미한다기보다 구체적 사태와의 접속을 의미하는 것이다. 당위는 소당연(所當然) 뒤에 나오는 "그만둘 수 없음(不容已)"에서 찾아진다. 요컨대 주희의 철학에서 사태와 당위는 하나의 끈으로 이어져 있다. 흄(David Hume)에서 무어(G. E. Moore)에 이르기까지의 서구적 전통에 따라서, 이 이어짐을 자연주의적 오류(naturalistic fallacy)라고 본다면, 주희의 철학에 대한 이해는 원천 봉쇄된다. 주희에게 있어서 "그만둘 수 없는" 당위는 "그러한 사태에 직면"해서만 발현하기 때문이다.

3. 사태, 당위, 필연의 끈 이론

소이연(所以然)의 문제도 소당연(所當然)·당위와 하나로 이어져 있다. 주희는 "그러한 사태에 직면해서 그만둘 수 없는 것"을 언급한 뒤에, "그 이와 같이 되는 소이(所以)는 무엇인가?"를 묻는다. 그리고 이어서 "반드시 도리(道理)의 바꿀 수 없는 것이 있기 때문"이라고 답한다. 정리하자면, 우리는 사태에 직면해서 그만둘 수 없는(당위적인) 어떤 것을 마음에 품는다. 그것(당위)의 소이(所以: 이유)가 바로 바꿀 수 없는(필연적인) 도리(道理)이다. 이처럼 사태와 당위뿐 아니라 당위와 필연도 하나의 끈으로 이어져 있다. 이러한 이음새는 예를 가지고 생각해보면 쉽게 수긍할 수 있다. "x의 이유가 필연적이라면, 그 x도 필연적이다"라는 문장 형식을 D라고

의 시비를 가리자는 것이다. 아울러 이 장 전반을 통해 우리는 '사태'를 사건과 사물을 통칭하는 개념으로 사용할 것이다.

부르기로 하자. D가 성립함을 보기 위해서 x에 "p & ~p와 같은 모순이 거짓임"을 대입해보자. 그렇다면 우리는 "p & ~p와 같은 모순이 거짓인 이유가 필연적이라면, p & ~p와 같은 모순이 거짓임도 필연적이다"라는 문장을 얻는다. 이 문장의 전건과 후건은 모두 참이다. 우리는 p & ~p와 같은 모순이 거짓인 이유를 증명할 수 있으며, 이 증명의 타당성은 필연적이다. 아울러 p & ~p와 같은 모순이 거짓임이 필연적이라는 것도 이 증명을 통해 명백해진다. 따라서 "p & ~p와 같은 모순이 거짓인 이유가 필연적이라면, p & ~p와 같은 모순이 거짓임도 필연적이다"라는 문장은 참이다. 이를 통해 우리는 D가 성립함을 본다.[8]

D의 x에 "당위적인 어떤 것"을 대입해보자. 그러면 우리는 "당위적인 어떤 것의 이유가 필연적이라면, 그 당위적인 어떤 것도 필연적이다"라는 문장을 얻는다. 바로 이 문장을 통해 당위와 필연은 하나로 이어진다. 이제 우리는 "그러한 사태에 직면해서 그만둘 수 없는 것"의 소이(所以)가 반드시 "도리(道理)의 바꿀 수 없는 것"이 있기 때문이라는 주희의 명제로부터, "그러한 사태에 직면해서 그만둘 수 없는 것" 자체도 "도리(道理)의 바꿀 수 없는 것"이라는 명제를 추론할 수 있다. 요컨대 주희의 문맥에서 당위는 필연의 충분조건이다. 이를 기호화하면 다음과 같다.

$$(x)(Ox \supset Nx) \quad *O: \cdots 이\ 당위적이다 \quad *N: \cdots 이\ 필연적이다$$

그런데 우리는 여기서 주희가 말하는 필연의 외연을 분명히 해둘 필요가 있다. 주희에 있어서의 필연은 "그러한 사태에 직면해서 그만둘 수

---

8 이로 말미암아 D가 언제나 참인 것으로 증명된 것은 아니다. D의 전건이 참이고 후건이 거짓인 경우가 있다면, D는 성립하지 않는다. 그러나 과연 그 자체는 필연적이지 않으면서 그 이유만이 필연적인 경우가 있을 수 있는가?

없는" 당위의 이유인 도리(道理)에 귀속되는 속성이다. 따라서 필연성은 당위를 매개로 사태와의 직면에 접속되어 있다. 이를 정리해보면 다음과 같다.

사태와의 직면 → 그로 말미암아 우리 마음에서 발현하는 당위성 → 그 이유인 도리(道理)의 필연성

따라서 p & ~p와 같은 모순이 거짓인 (이유의) 필연성과 같이 사태와 무관한 것으로 간주되는 논리적 필연성은 사실 주희가 염두에 두는 필연의 외연에 들어오지 못한다. 물론 이 때문에 D의 x에 "p & ~p와 같은 모순이 거짓임"을 대입시켜서는 안 된다는 것은 아니다. D는 주희의 철학과 직접 연관 지을 필요는 없는 문장 형식이기 때문이다. 다만 담론의 영역(domain of discourse)을 주희의 철학으로 설정했을 때, 앞의 대입이 성립할 수 없다는 것이다. 그렇다면 주희가 인정하지 않는 논리적 필연성을 x에 대입함으로써 D가 성립함을 보이고 나서, 다시 x에 "당위적인 어떤 것"을 대입함으로써 주희의 철학에서 당위가 필연의 충분조건이라는 것을 밝힌 우리의 논증은 문제가 있다는 비판이 제기될 수 있다. 요컨대 주희가 인정하는 종류의 필연성을 x에 대입함으로써 D가 성립한다는 것을 보였어야 했다는 비판이다.

그런데 주희가 인정하는 종류의 필연성이란 어떤 필연성인가? 그것은 다름이 아니라, 사태와 직면해 우리 마음에 발현하는 당위성의 이유인 도리(道理)의 필연성이다. 이러한 필연성을 D의 x에 대입함으로써 D가 성립함을 보인 뒤에, 이로부터 주희에 있어서 당위성이 필연성의 충분조건임을 논증하는 것은 선결문제 요구의 오류(fallacy of begging the question)를 범하는 것이다. 이러한 사정 때문에 D를 주희 철학에 끌어들

임으로써 주희 철학에서의 당위와 필연의 관계를 해명하려 할 때, 우리는 D가 성립함을 주희의 담론의 영역 안에서 논의하지 않았던 것이다.

이제 다시 우리의 논증을 통해 얻게 된 결론을 함축적으로 정리해보자. 주희에게 있어서 필연성이란, 사태와 직면해 우리의 마음에 발현하는 당위성의 이유인 도리(道理)의 필연성이다. 따라서 사태와 무관한 것으로 간주되는 논리적 필연성은 사실 주희가 염두에 두는 필연의 외연에 들어오지 못한다. 그렇다면 주희의 문맥에서 역으로 필연은 당위의 충분조건인가? 이 질문에 대한 답변의 실마리는 주희에 있어서 필연의 용법에 내포되어 있다. 사태와 직면해서 우리 마음에 발현하는 당위성의 이유인 도리(道理)의 속성이 필연성이라면, 그 필연성이 다시 당위적일 수 있겠는가? 우리는 주희의 철학에서 당위성이 사태와의 직면에 연관되어 있음을, 그리고 필연성이 그 당위성에 연관되어 있음을 잊어서는 안 된다. 따라서 사태와 직면해서 우리 마음에 발현하는 당위성의 이유인 도리(道理)의 필연성이 다시 당위적일 수 있는지의 질문은 주희 철학에서 제기될 수 없다. 만일 이러한 질문이 허용된다면, 다시 그 당위성의 이유가 필연적인지, 만일 그렇다면 그 필연성이 다시 당위적인지의 방식으로 질문이 무한히 제기될 수 있을 것이다. 그러나 이러한 모든 메타적 질문들은 주희에게는 낯선 것이다.

이와 아울러 이상익 교수의 일련의 견해 중에는 텍스트 해석으로서의 타당성을 떠나 그 자체로도 명백히 그릇된 것, 혹은 받아들이기 어려운 것이 있다. 예컨대 이상익 교수는 소이연(所以然)을 원리로, 소연(所然)을 현상으로 이해한다(이상익 1998, 73쪽). 그런데 그는 양자 사이의 관계를 필연적 인과 관계로 본다(이상익 1998, 39, 102쪽). 소이연(所以然)과 소연(所然) 사이의 관계에 대한 이러한 규정은 두 가지 점에서 그릇된 것이다.

첫째, 인과 관계는 필연적이지 않다. 이것은 흄에서 양자역학에 이르기까지 잘 알려진 사실이기 때문에, 여기에서 부연할 필요는 없을 것이다(이승종 1993a 참조). 요컨대 "필연적 인과 관계"라는 표현은 성립할 수 없다. 둘째, 원리와 현상 사이의 관계는 인과 관계가 아니라 법칙 정립적(nomological) 관계이다. 원리는 현상의 원인이 아니라 설명적 근거(이유)이다. 예컨대 천둥이라는 현상의 원인은 번개라는 현상이지만, 천둥이라는 현상은 물리학적 원리에 의해 설명된다. 현상의 원인은 또 다른 현상일 뿐 그 이외의 다른 무엇일 수 없다는 점은, 김재권 교수에 의해 세계의 인과적 폐쇄성(causal closure of the world) 원리라는 이름으로 비교적 널리 알려진 바 있다(Kim 1996, 112쪽). 따라서 "원리와 현상 사이의 인과 관계"라는 표현은 성립할 수 없다.

소이연(所以然)의 필연성을 당연시하는 이상익 교수의 주장(이상익 1998, 39쪽)에도 제한이 필요하다. 원리로서의 소이연(所以然)은, 그것이 적어도 자연 현상에 관한 과학적인 것일 때에는 필연적이지 않다. 자연과학에서 필연적 원리가 존재하지 않는다는 것은 흄에서 포퍼(Karl Popper)에 이르기까지 과학철학에서는 잘 알려진 사실로서, 쿤의 과학사를 통해서도 이를 확인할 수 있다.

소이연(所以然)과 소연(所然)이 필연적 관계라는 이상익 교수의 주장에 대해서도 마찬가지이다. 콰인의 이론 미결정성 명제는 자연과학에서 하나의 소연(所然)에 대해 "바꿀 수 있는", 그러나 상호 양립 불가능한 소이연(所以然)이 다수 존재함을 논증한다. 요컨대 콰인에 의하면 자연과학에서 소이연(所以然)과 소연(所然) 사이의 관계는 필연적이지 않다(Quine 1975).

4. 개념화와 문맥화

우리는 지금까지 주희의 철학에서 인간이 직면하는 사태의 당위성과 필연성이 하나의 끈으로 이어져 있음을 보았다. 그렇다면 정확히 말해 당위성은 사태 안에 있는가, 아니면 마음 안에 있는가? 앞으로 보겠지만, 사태의 측면에서 보자면 사태 안에 있고, 인간의 측면에서 보자면 마음 안에 있다. 그러나 이 두 답변은 생각만큼 다른 것은 아니다. 인간의 마음도 이(理)와 기(氣)로 이루어진 하나의 사태이기 때문이다. 따라서 질문은 당위성이 인간의 마음이 직면하는 사태 안에 있는가, 아니면 그 사태와 직면하는 인간의 마음이라는 또 하나의 사태 안에 있는가 하는 것이다. 우리가 구분했던 사태의 측면과 인간의 측면도, 엄밀히 말하자면 인간의 마음이 직면하는 사태에서 본 측면과, 그 사태에 직면하는 인간의 마음에서 본 측면을 의미한다. 전자의 측면에서 보자면, 당위성은 인간의 마음이 직면하는 사태 안에 있다. 그 까닭은 다음과 같다.

앞서 인용문 A를 바탕으로 구성한 문장 형식 D를 분석하면서 보았듯이, 당위성은 필연성에 대한 충분조건이다. 따라서 대우(contraposition)에 의해, 필연성이 없다면 당위성도 없다는 명제가 성립된다.

$$(x)(Ox \supset Nx) \equiv (x)(\sim Nx \sim Ox)$$

*O: …이 당위적이다

*N: …이 필연적이다

인용문 A에도 나와 있듯이 필연성은 이(理)의 속성이다. 마음이 직면하는 사태 안에 당위성이 없을 충분조건은, 그 사태 안에 필연성으로서의 이(理)가 없는 것이다. 그러나 이(理)가 없이는 사태 자체가 성립할 수 없다. 따라서 이(理)가 사태 안에 있어야 하는데, 그 충분조건은 그 사태 안에 당위성이 있어야 한다는 것이다. 그런데 인용문 A와 문장 형식 D를 분석하면서 보았듯이, 이(理)의 필연성은 당위성이 있는 곳에 있다. 따라서 필연성을 그 속성으로 하는 이(理)가 사태 안에 있다면, 당위성은 그 사태 안에 있다는 추론이 가능하다. 이는 주희가 당위적이지 않은 필연성(예컨대 논리적 필연성)을 인정하지 않으리라는 앞서의 고찰에 의해서도 뒷받침된다. 주희에게 당위성과 필연성은 적어도 그 외연(extension)에 있어서는 일치하기 때문이다.

그러나 사태와 직면하는 인간의 측면에서 보자면, 당위성은 인간의 마음 안에 있다. 그 경위에 관해서는 인용문 A를 분석하면서 이미 자세히 논했기에 다시 부연할 필요가 없을 것이다.

그렇다면 필연성은 어떠한가? 그것은 인간의 마음이 직면하는 사태 안에 있는가, 아니면 그 사태와 직면하는 인간의 마음 안에 있는가? 인간의 마음이 직면하는 사태의 측면에서 보자면, 필연성은 인간의 마음이 직면하는 사태 안에 있다. 필연성은 곧 이(理)인데, 이 이(理)는 기(氣)와 더불어 사태를 구성하는 한 요소이기 때문이다. 사태와 직면하는 인간의 측면에서 보자면, 필연성은 인간의 마음 안에 있다. 인용문 A를 바탕으로 구성한 문장 형식 D를 분석하면서 보았듯이, 필연성은 당위성이 있는 곳에 있게 되는데, 그 당위성이 바로 인간의 마음 안에 있기 때문이다.

우리의 해석은 인간이 직면해본 적이 없는 사태, 혹은 인간이 존재하기 전의 사태가 없다는 것이 아니다. 주희와 율곡에 있어서 인간이 직면해본 적이 없는 사태, 혹은 인간이 존재하기 전의 사태는 큰 의미가 없다. 물론 그들이 그런 사태에 관해서도 언급하고 있기는 하지만, 이는 어디까지나 사태와의 직면을 토대로 추론한 것에 불과하다. "가깝게 자신에게서 취해 보면 모든 이치가 다 자신에게 갖추어져 있다"[9]는 《근사록(近思錄)》의 명제는 바로 이를 말하고 있다.

이제 우리의 논의를 정리해보자. 당위성과 필연성은 보는 측면에 따라 인간의 마음이 직면하는 사태 안에 있다고도 할 수 있고, 그 사태와 직면하는 인간의 마음 안에 있다고도 할 수 있다. 그리고 당위성이 있는 곳에는 필연성도 있다. 이 두 명제를 기억하고 앞서의 인용문 B와 C를 다시 읽어보면, 두 인용문은 이상익 교수의 해석과는 달리 결코 혼동의 산물이 아니다. 인용문 B는, 인간의 마음으로부터 자연 세계에 이르기까지의 모든 것에는 사태에 직면해서 멈출 수 없는 당위적인 것과, 그러한 바의 까닭으로서 바꿀 수 없는 필연성이 있다는 말인데, 이는 우리의 해석의 관점에서 보자면, 지극히 타당한 주장이다. 인용문 C는, 사물이 있으면 이 사물이 있게 되는 소이(所以)로서 스스로 그만둘 수 없는 당연지칙(當然之則)이 있다는 말인데, 이 역시 우리의 해석의 관점에서 보자면 타당한 주장이다. 이상익 교수처럼 소이연(所以然)·소연(所然) 사이의 필연적 관계와 본(本)·구(具) 사이의 우연적 관계를 구분할 때에만, 이 주장은 혼동을 범하고 있는 것으로 읽힌다.

지금까지의 논의를 통해서 드러났듯이, 주희와 율곡의 철학은 사태와의 직면에서 출발한다. 인간과 접속되기 이전의 사태가 아직 그 어떠한 방식으로도 규정되지 않은 타자라면, 인간과 접속된 사태는 인간의 삶의 문맥으로 탈바꿈한다. 이 탈바꿈 과정을 우리는 사태의 측면과 인간의 측면에서 서술할 수 있다. 사태의 측면은 탈바꿈 과정의 존재론을, 인간의 측면은 같은 과정의 인식론을 마련한다. 사태의 측면에서 보자면, 사태는 인간과 접속됨으로써 그 안에 필연적 이(理)를 그 소이연(所以然)으로 하는 당위적인 어떤 것을 품게 된다. 인간의 측면에서 보자면, 인간은 사태에 직면해서 그로부터 필연적인 이(理)를 그 소이연(所以然)으

---

9 《近思錄》, 卷1 頁33, 近取諸身 百理皆具

로 하는 당위적인 어떤 것을 마음에 품게 된다. 이 두 측면을 율곡은 모두 기발이승(氣發理乘)이라는 명제로 표현했다. 우리는 이 명제를 사태와 인간, 이렇게 두 측면으로 나누어 접근하고자 한다.

사태의 측면에서 기발이승(氣發理乘)을 풀이해보면 이렇다. 사태는 이(理)와 기(氣)로 이루어져 있다. 이(理)는 사태가 인간과 접속됨으로써 주어지는 당위적인 어떤 것의 필연적인 소이연(所以然)이고, 기(氣)는 사태에서 이(理)를 뺀 나머지이다. 사태는 발현하는 기(氣)에 이(理)가 타는 방식으로 한데 묶인 구조로 이루어져 있다. 발현하는 기(氣)를 그것에 탄 이(理)가 중심이 되어 묶는다. 사태를 이루는 기(氣)의 발현과 이(理)의 탐은 원심력과 구심력, 뛰쳐나감과 끌어모음의 긴장 속에 있다. 이 긴장은 미지(未知)의 것과 기지(旣知)의 것, 개별자와 보편자, 차이성과 동일성 사이에서 형성된다. 각 쌍에서 전자가 기(氣)에 연관된 것이고, 후자가 이(理)에 연관된 것이다. 원심력으로 발산하는 개별적 차이성으로서의 기(氣)는 보편적 동일성으로서의 이(理)에 의한 포섭을 거부하는 미지(未知)의 잉여이다. 기(氣)에 타서 구심력으로 끌어모으는 이(理)는 그것이 포섭하는 여러 사태를 관통하는 동일자와 보편자의 흔적이다. 물론 여기서 말하는 이(理)의 구심력은 이(理)의 개념적 기능에 대한 은유적 표현이다. 기(氣)와 달리, 이(理)에는 어떤 물리적 작용력이 부여되어 있지 않기 때문이다. 결국 사태적 측면에서 본 기발이승(氣發理乘)은 개별적 기(氣)에 대한 보편적 이(理)의 개념화 작용을 지칭하는 것으로 요약된다.

인간의 측면에서 기발이승(氣發理乘)을 풀이해보면 이렇다. 인간은 사태와 직면해서, 그로부터 필연적인 이(理)를 그 소이연(所以然)으로 하는 당위적인 어떤 것을 마음에 품게 된다. 그런데 마음은 이(理)와 기(氣)로 이루어져 있다. 이(理)는 인간이 사태에 직면해서 마음에 품게 된 당위적인 어떤 것의 필연적인 소이연(所以然)이고, 기(氣)는 인간의 마음에서 이

이(理)를 뺀 나머지이다. 인간의 마음은 발현한 당위적인 어떤 것으로서의 기(氣)에 이(理)가 타는 방식으로 한데 묶인 구조로 이루어져 있다. 우리는 인간의 마음과 그 마음이 지향하는 사태를 관통하는 이(理)를 체득함으로써, 미지(未知)의 사태를 기지(旣知)의 사태로 바꾸어놓는다. 이(理)가 미치는 곳에는 이처럼 언제나 인간과 사태 사이의 지향적 친화 관계가 형성된다. 이 과정을 통해 인간은 직면한 사태를 자신의 삶의 문맥 안으로 끌어들인다. 아울러 우리의 개별적이고 사적인 마음에 보편적 이(理)가 개입됨으로써, 우리의 마음이라는 사태 역시 탈바꿈하게 된다.

인간의 마음은 사태를 지향하기도 하지만, 그 자신도 이(理)와 기(氣)로 이루어진 하나의 사태이다. 반성은 마음이 갖는 이러한 이중성에 의해서 가능하다. 이(理)의 개입으로 말미암아 비로소 마음이라는 사태 역시 인간의 삶의 문맥에 편입된다. 요컨대 이(理)에 의해 인간은 타자에 대해서뿐만 아니라 자신에 대해서도 문맥 연관을 맺게 되는 것이다. 결국 인간의 측면에서 본 기발이승(氣發理乘)은 미지(未知)의 기(氣)를 기지(旣知)의 이(理)에 의해 문맥화(文脈化)하는 작용을 지칭하는 것으로 요약된다. 발(發)하는 기(氣)가 기운으로서의 맥(脈)이라면, 그 맥(脈)에 타는 이(理)는 다름 아닌 문(文)의 이(理)인 것이다. 이렇게 이해된 문맥(文脈)의 이(理)로서의 문리(文理)는 뒤에 다시 상세히 논의될 것이다.

5. 다수실현, 국소성, 개별화

기발이승(氣發理乘)과 함께 율곡의 철학을 대변하는 또 하나의 명제는 이통기국(理通氣局)이다. 기발이승(氣發理乘)이 발현하는 특정한 기(氣)가 그것에 타는 보편의 이(理)에 의해 묶인다는 명제라면, 이통기국(理通氣局)

은 거꾸로 보편의 이(理)가 특정한 기(氣)에 의해 국소화(局所化)됨으로써 실현된다는 명제이다. 발현하는 기(氣)를 추스르는 이(理)는 바로 그 기(氣)에 의해 자신을 실현한다. 기발이승과 비교해서 이통기국의 명제는 안정감이 있어 보인다. 기발이승(氣發理乘)은 작용력이 없는 이(理)가 어떻게 기(氣)에 타는 작용을 하게 되는지를 해명해야 하는 부담을 안고 있는 반면, 이통기국(理通氣局)은 발상법을 달리해 보편적 이(理)가 개별적 기(氣)에 의해 국소화(局所化)되는 국소성(局所性; locality)의 개념으로 이(理)의 실현에 대한 설명의 가닥을 잡아나가고 있기 때문이다. 우리는 하나의 이(理)가 다양한 방식으로 국소화(局所化)된 개별적 기(氣)와 접합하여 형성하는 상이한 여러 사태에서 다양한 방식으로 실현된다는 이통기국(理通氣局)의 함축을, 사태에 대한 이(理)의 다수실현(多數實現; multiple realization)이라 부르고자 한다.

그러나 기(氣)가 이(理)를 국소화(局所化)하는 과정에서 만만치 않은 문제가 발생한다. 이(理)와 달리 기(氣)에는 맑고, 흐리고, 순수하고, 잡박(雜駁)한 차이가 있어 고르지 못하다. 따라서 기(氣)에 의해 실현된 이(理)는 그것을 실현하는 개별적 기(氣)의 차이만큼이나 개별적 차이를 내게 된다. 이에 관한 율곡의 말을 들어보자.

[인용문 E] 이(理)는 하나일 뿐으로서, 본래 편정통색(偏正通塞) 청탁수박(淸濁粹駁)의 차이가 없다. 그런데 이(理)가 탈 바의 기(氣)는 끊임없이 승강비양(升降飛揚)하여 잡되게 섞이고 고르지 못하다. [⋯] 이(理)는 비록 하나이나, 이미 기(氣)를 타면 그 나뉨이 만 가지로 다르다.[10]

---

10 《栗谷全書》, 卷10 頁2, 夫理一而已矣 本無偏正通塞淸濁粹駁之異 而所乘之氣 升降飛揚 未嘗止息 雜糅參差 [⋯] 理雖一 而旣乘於氣 則其分萬殊

율곡의 견해는 주희와 다르지 않다. 주희도 다음과 같이 말한 적이
있다.

이(理)는 진실로 불선(不善)함이 없다. 그러나 기질(氣質)에 부여되는 순
간, 문득 청탁(淸濁) 편정(偏正) 강유(剛柔) 완급(緩急)의 차이가 생기게 된
다.[11]

그런데 기(氣)가 이처럼 다양하게 개별화되는 까닭은 무엇일까? 일견
주희와 율곡은 이 문제에 대해 차이를 보이는 것처럼 여겨진다. 먼저 주
희의 답변을 들어보자.

[인용문 F] 문(問): 이(理)에는 불선(不善)함이 없다면, 어찌하여 기(氣)는
청탁(淸濁)의 차이가 있게 되는가?
답(答): 기(氣)에 대해 말하자면, 문득 스스로 차갑고 뜨거운 것과 향내
나고 구린내 나는 것이 있는 것이다.[12]

주희의 입장에서 볼 때, 기(氣)의 개별화는 기(氣) 스스로에 의한 것일
뿐이다. 반면 율곡의 입장에서 보자면, 기(氣)가 개별화되는 원리는 바로
이(理)이다. 그는 이렇게 말한다.

[인용문 G] 참치부제(參差不齊)한 것은 기(氣)의 소위(所爲)이다. 비록 기
(氣)의 소위(所爲)라 하더라도, 반드시 이(理)가 주재함이 있는 것이니, 그 참
치부제(參差不齊)한 까닭은 또한 이(理)가 마땅히 그러한 것이요, 이(理)가

---

11 《朱子語類》, 卷4(1: 71), 理固無不善 纔賦於氣質 便有淸濁偏正剛柔緩急之不同
12 《朱子語類》, 卷4(1: 68), 問 理無不善 則氣胡爲有淸濁之殊 曰 才說着氣 便自有寒有熱 有香有臭

그렇지 않은데 기(氣)가 홀로 그런 것이 아니다.[13]

이상익 교수는 이들 인용문에 대해 다음과 같은 분석을 전개한다. 인용문 F에서 주희에 대한 질문은 소이연(所以然)과 소연(所然)의 인과 관계를 전제하고, 그 인과 관계가 어긋난 연유를 물은 것인데, 이에 대한 주희의 답변은 이(理)와 기(氣)의 인과 관계를 부정하는 것이다. 따라서 주희의 답변은 질문의 초점에 부합하지 않는다. 현실 세계의 불완전성을 목도하면서, 그 세계의 필연적 근거(所以然)로서의 이(理)는 완전지선(完全至善)하다고 하는 주장은 근원적으로 모순된 것이다. 따라서 앞의 질문에 대해 납득할 만한 답변은 어느 누구도 할 수 없다. 주희는 이(理)를 필연적 근거로서의 소이연(所以然)이라고도 하고, 완전무결하고 순수지선(純粹至善)한 본(本)이라고도 했는데, 우리는 이 둘을 갈라 보아야 한다. 한편 율곡으로부터의 인용문 E와 G는 상호 모순을 일으키고 있다. 인용문 E에서는 참치부제(參差不齊)의 원인을 기(氣)로 규정했는데, 인용문 G에서는 그 원인을 이(理)로 규정하고 있기 때문이다. 두 인용문은 이(理)를 각각 형상과 소이연(所以然)이라는 상이한 의미로 이해함으로써 이러한 모순을 초래하고 있는 것이다.

이상익 교수의 이러한 논의는 앞서 그가 제시한 일련의 구분에 근거한 일관되고 명쾌한 분석이기는 하지만, 우리는 이미 그가 의존하고 있는 구분의 적합성을 비판함으로써 구분 자체를 해체한 바 있다(특히 주희에 대한 이 교수의 분석은 소이연(所以然)과 소연(所然)을 인과 관계로 보고 있다는 점에서 그 출발점에서부터 잘못된 방향으로 흐르고 있다). 우리는 다만 이 교수의 해석과는 다른 해석을 제시함으로써, 이 교수의 해석이 지니고 있는 오류와 한

---

13 《栗谷全書》, 卷10 頁2, 參差不齊者 氣之所爲也 雖曰氣之所爲而必有理爲之主宰 則其所以參差不齊者 亦是理當如此 非理不如此而氣獨如此也

계를 극복해보고자 한다.

우리가 먼저 짚고 넘어가야 할 사실은, 앞서와 마찬가지로 지금 우리가 다루고자 하는 문제에 관해서도 주희와 율곡의 입장이 크게 다르지 않다는 점이다. 요컨대 주희도 참치부제(參差不齊)의 이유를 이(理)로 규정하고 있고, 율곡도 그 원인이 기(氣) 자신에 있다는 데 동의하고 있다. 다음의 인용문은 이를 잘 입증해준다.

> 기(氣)는 능히 응결조작(凝結造作)하지만, 이(理)는 정의(情意)도 없고, 계탁(計度)도 없고, 조작(造作)도 없다. 다만 이 기(氣)가 응결(凝結)하는 곳에 이(理)가 문득 그 가운데 있다.[14]

> 기발이이승(氣發而理乘)이란 무슨 말인가? 음정양동(陰靜陽動)은 기틀이 저절로 그러한 것(機自爾)이요, 그렇게 시키는 존재(使之者)가 있는 것은 아니다. 양(陽)이 동(動)하면 이(理)는 그 동(動)을 타는데, 이(理)가 동(動)하는 것이 아니다. 음(陰)이 정(靜)하면 이(理)는 그 정(靜)을 타는데, 이(理)가 정(靜)하는 것이 아니다. 그러므로 주자(朱子)는 태극(太極)은 본연지묘(本然之妙)요, 동정(動靜)은 소승지기(所乘之機)라고 하였다. 음정양동(陰靜陽動)은 그 기틀이 저절로 그러한 것(機自爾)이요, 음정양동(陰靜陽動)하는 소이(所以)가 이(理)이다.[15]

첫 번째 인용문에서 주희는 기(氣)의 응결조작(凝結造作)에 이(理)가 있음을 역설하고 있다. 두 번째 인용문에서 율곡은 기발(氣發)로서의 음정

---

14 《朱子語類》, 卷1(1: 3), 蓋氣則能凝結造作 理却無情意 無計度 無造作 只此氣凝聚處 理便在其中
15 《栗谷全書》, 卷10 頁26, 氣發而理乘者 何謂也 陰靜陽動 機自爾也 非有使之者也 陽之動則理乘
於動 非理動也 陰之靜則理乘於靜 非理靜也 故朱子曰 太極者 本然之妙也 動靜者 所乘之機也
陰靜陽動 其機自爾 而所以陰靜陽動者 理也

양동(陰靜陽動) 자체가 기틀이 스스로 그러한 것으로서, 그렇게 시키는 존재가 있는 것이 아니라고 말한다. 아울러 그는 이승(理乘)을 음양(陰陽)의 동정(動靜)에 타는 것으로서, 그 음정양동(陰靜陽動)의 소이(所以)가 이(理)임을 강조한다. 이 두 인용문을 앞서의 인용문들과 묶어서 분석해보자. 우선 "기(氣)에 대해 말하자면 문득 스스로 차갑고 뜨거운 것과 향내 나고 구린내 나는 것이 있는 것"이라는 주희의 말이나, "음정양동(陰靜陽動)은 기틀이 저절로 그러한 것이요, 그렇게 시키는 존재가 있는 것은 아니"라는 율곡의 말은, 기(氣)의 원인이 기(氣)일 뿐 다른 무엇이 아니라는 인과적 폐쇄성을 피력하는 명제이다. "기(氣)가 응결(凝結)하는 곳에 이(理)가 문득 그 가운데 있다"는 주희의 말이나, "음정양동(陰靜陽動)하는 소이(所以)가 이(理)"라는 율곡의 말은, 이(理)가 기(氣)의 원인이 아니라 이유임을 분명히 하고 있다. 우리는 원인과 이유를 혼동해서는 안 된다. 우리는 앞서 천둥을 예로 들어 그 원인과 이유를 구분해서 살펴본 바 있다. 이를 바탕으로 우리는 기(氣)의 개별화 문제를 다음과 같이 정리할 수 있다. 기(氣)가 개별화되는 원인은 기(氣)이고, 그 이유는 이(理)이다. 이상익 교수가 상호 모순을 일으키는 것으로 간주했던 인용문 E와 G에도 사실은 아무런 문제가 없다. 인용문 E는 기(氣)의 개별화 원인에 대해, G는 그 이유에 대해 말하고 있을 뿐이다.

6. 반결정성과 조절이론

이(理)의 실현에는 우리의 분석을 기다리는 몇 가지 흥미로운 문제들이 남아 있다. 이(理)는 기(氣)에 의해 국소화(局所化)되는 과정에서 자신을 실현시킨다. 이(理)를 국소화하는 기(氣)에는 편정통색(偏正通塞)과 청탁수박(淸濁粹駁)이 있으며, 이로 말미암아 이(理)의 실현에는 편차가 생긴다. 그런데 이(理)를 실현하는 기(氣)에 청탁수박이 있는 이유도 바로 이(理) 때문이다. 그렇다면 기(氣)는 그것에 의해 실현되는 이(理)$_1$와, 그 실현에 장애가 될 수 있는 편정통색(偏正通塞)과 청탁수박(淸濁粹駁)의 이유로서 의 이(理)$_2$, 이렇게 상이한 두 이(理)에 이중으로 의존되어 있는 셈이다. 기 (氣)에 적재되어 있는 이 두 이(理)의 실현은 서로 반비례적 조절 관계에 놓여 있다. 이(理)$_1$이 강하게 실현된다 함은, 이(理)$_2$가 그만큼 약하게 실현 됨을 의미하고, 이(理)$_1$이 약하게 실현된다 함은, 이(理)$_2$가 그만큼 강하게 실현됨을 의미한다. 예컨대 정화수가 맥주의 원료와 섞일 때, 정화수의 이(理)가 강하게 실현되면 맥주의 이(理)가 그만큼 약하게 실현되며, 반 대로 정화수의 이(理)가 약하게 실현되면 맥주의 이(理)는 강하게 실현되 는 것이다. 정화수의 입장에서 볼 때, 맥주는 그것이 비록 정화수를 원료 로 만들었다 해도 기(氣)의 탁박(濁駁)으로 말미암아 정화수로서의 이(理$_1$) 가 제대로 실현되지 못한 물이지만, 그 탁박의 이유는 맥주로서의 이(理$_2$) 에 기인하는 것이다. 맥주는 정화수의 입장에서 보았을 때는 기(氣)가 탁 박(濁駁)하여 이(理$_1$)가 제대로 실현되지 못한 경우이지만, 반면 맥주의 입장에서 보았을 때는 기(氣)가 청수(淸粹)하여 이(理$_2$)가 제대로 실현된 경우인 셈이다. 요컨대 기(氣)의 편정통색(偏正通塞)과 청탁수박(淸濁粹駁) 은 그것에 의해 실현되는 이(理)가 무엇인지에 의해 그 정도가 조절될 수 있는 상대적인 개념이라는 결론이 끌어내어질 수 있다.

이(理)$_1$의 실현에 장애가 될 수 있는 편정통색(偏正通塞)과 청탁수박(淸 濁粹駁)의 이유로서의 이(理)$_2$의 수는 여럿일 수 있다. 앞서의 예에서 정화 수에 맛을 돋우는 화학 약품이 첨가된 경우, 건강을 고려한 영양소가 첨 가된 경우 등에는 맛의 이(理), 건강의 이(理) 등이 원래의 이(理$_1$)와 새로운 길항의 관계를 형성할 수 있다. 결국 기(氣)를 통해 자신을 실현하고자 하는 이(理)는 언제나 그 실현을 막는 상이한 이(理)와 복잡한 조절 관계로 얽히게 되며, 그에 따라 기(氣)에 대한 이(理)의 주재력은 결정적이지 못하게 된다. 이로 말미암아 이(理)와 기(氣)로 이루어진 사태에 대한 이(理)의 주재력도 도전받게 된다. 우리는 이를 사태에 대한 이(理)의 반(反)결정성(counterdetermination)이라 부르고자 한다.

반결정성의 측면에서 보자면, 율곡의 인심도심론(人心道心論)에 대한 이상익 교수의 분석에서도 무리가 발견된다. 앞서 보았듯이 이 교수는 인심(人心)을 설명하는 과정에서, 인심이 형기(形氣)가 본성을 엄폐하고 육체적 욕망을 따른 것이기에 그 발현되는 바와 발현하는 바가 모두 형기라고 주장했다(이상익 1998, 71쪽). 그러나 이 교수의 이러한 주장은 그 자신 주희와 율곡에게 종종 덮어씌우던 범주 오류를 범하고 있다. 인심(人心)을 형기(形氣)가 본성을 엄폐하고 육체적 욕망을 따른 것으로 간주하는 이 교수의 정의에는, 이미 발현되는 바로서의 본성과 발현하는 바로서의 형기 사이의 구분이 내재되어 있다. 따라서 형기(形氣)가 발현하는 동시에 발현되는 바가 될 수는 없는 것이다. 율곡도 이를 분명히 하고 있다.

인심(人心)에는 천리(天理)도 있고 인욕(人欲)도 있기 때문에, 유선유악(有善有惡)하다. 예를 들어 마땅히 먹어야 할 때 먹고, 마땅히 입어야 할 때 입는 것은 성현(聖賢)도 면할 수 없는 것으로서, 이것은 천리(天理)이다. 그러나 식색(食色)을 위한 생각으로 인하여 악(惡)으로 흐르게 된다면, 이것은 인욕(人欲)이다.[16]

---

16 《栗谷全書》, 卷14 頁4, 人心 也有天理 也有人欲 故有善有惡 如當食而食 當衣而衣 聖賢所不免 此則天理也 因食色之念而流而爲惡者 此則人欲也

인심(人心)이 천리(天理)를 실현하여 선한가 아니면 인욕(人欲)을 실현하여 악한가의 문제는, 인심(人心)에서 각각의 이(理)가 사태에 직면하여 '마땅히' 발현되었느냐에 달려 있다. 그리고 그 마땅함의 척도는 다시 원리적으로는 서로 길항할 수 있는 각각의 이(理)가 사태에 맞게 최적의 상태로 조절을 이루었느냐에 달려 있다. 결국 인심(人心)은 본연지성(本然之性)이 형기(形氣)에 의해 얼마나 가려지고 또 그 발현이 얼마나 제대로 되느냐에 따라 과(過)·불급(不及)이 있게 되는 셈이다.

이에 대해 이상익 교수는, 그렇다면 인심(人心)은 항상 악으로 규정될 수밖에 없다고 반박한다. 그는 "분명 성인(聖人)도 인심(人心)이 있다고 하였는데, 그러면 성인(聖人)의 경우도 과(過)·불급(不及)을 면할 수 없다는 의미"(이상익 1998, 92쪽)인지 반문한다. 그러나 이 교수의 반박은 그릇된 것이다. 인심(人心)은 자신이 품고 있는 이(理)의 조절 여부에 따라서, 선으로 흐를 수도 있고 악으로 흐를 수도 있기 때문이다. 이 교수의 반문은 인심(人心)과 인욕(人欲)을 혼동하고 있다. 성인은 인심을 잘 조절하는 사람이기 때문에 과(過)·불급(不及)을 면할 수 있다. 인심(人心)을 잘못 조절하여 인욕(人欲)으로 흐르는 사람만이 과(過)·불급(不及)을 면할 수 없다.

이상익 교수는 율곡이 "본래 인심(人心)과 도심(道心)을 서로 대립시켜 명의를 내세운 것인데, 인심도심(人心道心)이 모두 기발이승(氣發理乘)이라고 한다면, 상대입명(相對立名)한 인심(人心)·도심(道心)의 원의가 퇴색된다"(이상익 1998, 93쪽)고 비판한다. 그러나 율곡에 있어서 인심과 도심의 구분은 절대적인 것이 아니라, 인심(人心)에서 천리(天理)가 실현되는 정도의 차에서 비롯되는 것이다. 이 사실을 상기할 때 퇴색되는 것은 인심(人心)·도심(道心)의 원의가 아니라, 이 구분에 대한 이 교수의 해석과 비판의 타당성일 뿐이다.

7. 중첩결정성, 역다수실현, 미결정성

이(理)의 실현에는 반결정성 이외에도 앞으로 우리가 사태에 대한 이(理)의 중첩결정성(overdetermination)이라고 부를 또 하나의 국면이 있다. 우리 앞에 사과가 있다고 하자. 그것은 사과인 동시에 과일이며, 식물이고, 생물이다. 즉, 사과에는 사과의 이(理)와 과일의 이(理), 식물의 이(理), 생물의 이(理)가 중첩되어 있다. 이처럼 대개 하나의 사물 내지 사태에는 여러 이(理)가 중첩되어 있다. 이(理)의 중첩 구조는 예컨대 우리가 자연 도감에서 사과를 찾는 과정에서 확인할 수 있다. 우리는 도감의 목차에 나와 있는 분류에 따라 먼저 생물과 무생물의 항목 중에서 생물의 항목을 찾고, 그다음에 동물과 식물의 항목에서 식물의 항목을 찾고, 다시 그중에서 과일의 항목을, 그리고 그중에서 사과를 찾는다.

사태에 대한 이(理)의 중첩결정성은, 상호 포함 관계에 있는 상이한 여러 이(理)가 하나의 사태에 중첩되어 있음을 표현하는 명제이다. 따라서 중첩결정성은 동일한 사태에서 상이한 이(理)들이 서로 간섭하는 반결정성과는 구별되어야 한다. 중첩결정성은 반결정성이 보여주는 간섭과 조절의 메커니즘을 결여하고 있고, 반대로 반결정성은 중첩결정성이 지니고 있는 이(理)의 불간섭적 중첩 구조를 결여하고 있다. 그러나 이(理)가 실현되는 양상은 다르지만, 반결정성과 중첩결정성은 하나의 사태에 상이한 이(理)들이 실현되고 있다는 점에서는 같다. 우리는 반결정성과 중첩결정성이 공유하고 있는 요소, 즉 하나의 사태가 다수의 이(理)를 실현하고 있음을, 하나의 이(理)가 다수의 사태에서 실현됨을 지칭하는 이(理)의 다수실현과 구별하기 위해, 사태에 대한 이(理)의 역다수실현(reverse multiple realization)이라 부르고자 한다. 다수실현이 하나의 이(理)가 여러 상이한 사태에서 실현된다는 명제라면, 역다수실현은 여러 상이한 이(理)가 하나의 사태에서 실현된다는 명제이다. 그리고 반결정성과 중첩결정성은 역다수실현의 두 양상이다.

이(理)의 역다수실현에 의하면 사태가 실현하고 있는 이(理)는 여럿일 수 있으므로, 우리는 문제의 사태가 단 하나의 이(理)에 포섭되는 것으로 확정할 수 없다. 우리는 이를 이(理)에 대한 사태의 미결정성(underdetermination)이라 부르고자 한다. 반결정성/중첩결정성과 미결정성은 사태와 그 이(理) 사이의 관계를 각각 이(理)와 사태를 중심으로 고찰할 때 얻어지는 상호 가역적 명제이다. 따라서 양자는 동일한 국면에 대한 상이한 표현이다. 미결정성은 하나의 사태가 다수의 이(理)를 실현하고 있는 경우에 형성되는 속성인데, 반결정성과 중첩결정성이 바로 이러한 경우에 해당하기 때문이다. 요컨대 미결정성은 역다수실현과 상호 가역적 관계인 셈이다.

지금까지의 논의를 기호로 표현하여 정리해보면 다음과 같다.

i: 이(理) $\quad\quad\quad$ ii: 이(理)의 복수형

s: 사태 $\quad\quad\quad$ ss: 사태의 복수형

M: ⋯가 ⋯에서 다수실현된다.

R: ⋯가 ⋯에서 역다수실현된다.

C: ⋯가 ⋯을 반결정한다.

O: ⋯가 ⋯을 중첩결정한다.

U: ⋯가 ⋯을 미결정한다.

(8) $_i M_{ss}$

(9) $_{ii} R_s \equiv (_{ii}C_s \vee {}_{ii}O_s)$

(10) $_{ii} R_s \equiv {}_s U_{ii}$

(11) $(_{ii}C_s \vee {}_{ii}O_s) \equiv {}_s U_{ii}$

(8)은 다수실현을 표현하는 명제이고, (9)는 역다수실현이 반결정성과 중첩결정성을 포섭함을 표현하는 명제이다. (10)은 역다수실현이 미결정성과 상호 가역적 관계하에 있음을 표현하는 명제이고, (11)은 (9)와 (10)으로부터 추론된 명제로서, 반결정성과 중첩 결정성이 미결정성과 상호 가역적 관계하에 있음을 표현하고 있다.

지금까지의 논의를 통해 드러난 이(理)의 특성을 정리해보면 다음과 같다.

(12) 다수실현: 하나의 이(理)는 여러 사태에서 실현될 수 있다.

(13) 역다수실현: 하나의 사태는 여러 이(理)를 동시에 실현할 수 있다.

    (13-1) 반결정성: 사태에서 실현되는 이(理)는 그 실현을 가로막는 다른 이(理)의 간섭을 받을 수 있다.

    (13-2) 중첩결정성: 여러 이(理)가 하나의 사태에서 중첩될 수 있다.

(14) 미결정성: 역다수실현의 경우 사태는 어느 하나의 이(理)에 전적으로 포섭될 수 없다.

사태에 대한 이(理)의 다수실현으로 말미암아, 이(理)와 사태는 일(一) 대 다(多)의 관계를 맺는다. 사태에 대한 이(理)의 역다수실현 및 그와 가역적 관계에 있는 이(理)에 대한 사태의 미결정성으로 말미암아, 이(理)와 사태는 다(多) 대 일(一)의 관계를 맺는다. 이를 접합할 때, 이(理)와 사태는 다(多) 대 다(多)의 관계하에 놓이게 된다. 이는 다수실현과 역다수실현/미결정성이 이(理)와 사태 양방향으로 적용되었을 때 얻어지는 필연적 귀결이다. 이(理)와 사태 사이의 이러한 관계는 주희와 율곡의 철학을 불가지론, 회의주의, 상대주의로 해석할 여지를 열어놓고 있다. 그러나 이러한 해석은 이들에게는 매우 낯설고 이질적인 것이다. 주희나 율곡은 각각의 사태에 그 사태를 결정적으로 주재하는 하나의 이(理)가 있음을 역설하는 결정론자이기 때문이다. 따라서 다수실현, 역다수실현, 미결정성, 그리고 그로부터 귀결되는 이(理)와 사태 사이의 다(多) 대 다(多) 관계는 주희와 율곡의 철학에 대한 적합성을 유지하기 위해서는 불가지론, 회의주의, 상대주의가 아닌 결정론적으로 해석되어야 한다.

8. 물리, 심리, 문리

그렇다면 다수실현, 역다수실현, 미결정성, 그리고 이(理)와 사태 사이의 다(多) 대 다(多) 관계를 결정론적으로 해석할 수 있는 길은 무엇인가? 이를 위해서 앞서 논의한 정화수와 사과의 예로 되돌아가 보자. 우리는 사태에 대한 이(理)의 반결정성을 논의하는 가운데, 기(氣)의 편정통색(偏正通塞)과 청탁수박(淸濁粹駁)이 그것에 의해 실현되는 이(理)가 무엇인지에 의해 그 정도가 조절될 수 있는 상대적인 개념임을 보았다. 그러나 이러한 상대성의 인정으로 말미암아 주희와 율곡이 상대주의자가 되는 것은 아니다. 맥주가 한 방울 섞인 정화수에는 정화수의 이(理)와 맥주의 이(理)가 반결정의 관계로 상호 간섭하며 실현되고 있다. 그러나 우리는 그것을 맥주라고 부르지 않는다. 우리는 적어도 취하기 위해 그것을 마시지는 않을 것이다. 그것을 마실 때 우리는 정화수를 마시는 것이지 맥주와 정화수를 동시에 마시는 것이 아니다. 맥주는 정화수로서는 부적격하고, 정화수는 술로서는 부적격하다. 아울러 물을 탄 맥주는 좋은 맥주가 아니고, 맥주와 섞인 정화수는 좋은 정화수가 아니다. 맥주와 정화수는 우리의 삶에서 그 쓰임의 문맥이 다를 뿐 아니라, 어떠한 문맥에서 어느 것이 적합한지에 대해서 우리가 명확히 알고 있기 때문에 둘을 혼동하는 일은 일어나지 않는다. 사과의 경우 역시 마찬가지이다. 우리가 사과를 먹을 때, 우리는 사과를 먹고, 과일을 먹고, 식물을 먹고, 생물을 먹는 것이 아니다. 아울러 이 모두를 동시에 먹는 것도 아니다. 우리는 단지 사과를 먹을 뿐이다. 우리가 먹는 것이 과일, 식물, 혹은 생물로 간주되는 문맥은 우리가 그것을 사과로 간주하는 문맥과 다른 층위에 있다.

앞의 두 예가 시사하는 것은 무엇인가? 사태와 인간의 직면에 대해서 사태의 측면과 인간의 측면 이외에, 사태와 인간의 사이에서 이 둘을 어우르는 문맥의 측면을 고려해야 한다는 것이다. 문맥의 측면에서 보자면, 사태의 이(理)는 사태와 그에 직면한 인간이 공속해 있는 문맥에 의존되어 있다. 역다수실현과 미결정성은, 하나의 사태가 그것이 놓여 있는 문맥에 따라 각각 상이한 이(理)를 실현할 수 있다는 명제로 이해되어야 한다. 문제의 사태가 정확히 어떠한 이(理)를 실현하고 있는지의 여부는 그 사태가 놓여 있는 문맥을 떠나서는 결정될 수 없다. 아울러 사태에 대한 이론적 접근을 통해 드러나는 역다수실현과 미결정성, 그리고 그로 말미암아 발생하는 이(理)의 다양성은 사태에 대한 실천적 접근을 통해 붕괴된다. 그 실천적 접근은 바로 주희와 율곡이 말했던 사태에 직면함으로서의 소당연(所當然)이다. 소당연(所當然)은 이론적 접근이 허용하는 다양성으로의 발산을 '붕괴'시키는 계기를 마련하는 "그만둘 수 없는(不容已)" 사건이다. 이 사건으로 말미암아 사태는 비로소 문맥에 '등록'된다. 다음으로 이론적 관점에서는 사태에 내재하는 것으로 간주된 다양한 이(理)가 "바꿀 수 없는(不可易)" 하나의 이(理)로 수렴된다. 이 수렴은 사태가 문맥의 중심으로 '진입'하는 과정을 지칭한다. 이 모든 과정은 사태에 직면해 인간이 행하는 구체적 실천을 매개로 이루어진다.

문맥적 측면에서의 분석을 통해 드러나는 이러한 국면은 사태적 측면에서의 분석과 인간적 측면에서의 분석에서는 드러나지 않았던 새로운 양상이다. 이는 뒤의 두 분석이 문맥적 측면에서의 분석과 견주어볼 때, 각각 그 자체로 완결될 수 있는 충분한 것이 아니었음을 함축한다. 요컨대 사태의 이(理)(물리(物理))와 인간의 마음의 이(理)(심리(心理))에 대한 논의는 문맥의 이(理)(문리(文理))에 연결되기 전까지는 불완전한 것이다. 주희와 율곡의 이일분수(理一分殊)는 이러한 세 이(理) 사이의 관계에 관한 명제로 읽을 수 있다. 이일분수(理一分殊)에 대한 기존의 해석은 그것을 이(理)의 다수실현과 동치로 보아왔다. 그러나 이러한 해석은 왜 다수실현되는 모든 이(理)가 그 수에 있어서 하나인지의 문제에 봉착한다. 다수실현되는 각각의 이(理)는 그 각 경우에 있어서 하나이겠으나, 이일분수(理一分殊)의 명제는 한 걸음 더 나아가 그 각각의 이(理)도 사실은 하나임을 역설하고 있기 때문이다. 물론 우리는 다음과 같이 각각의 이(理)를 연접시킨 하나의 이(理)(일리(一理))를 구성할 수도 있을 것이다.

$$일리(一理) \equiv 이(理)_1 \,\&\, 이(理)_2 \,\&\, 이(理)_3 \,\&\, \cdots \,\&\, 이(理)_n$$

그리고 이를 다수실현에 대한 기존의 해석에 접속하여 그림으로 정리해보면 다음과 같다.

다수실현

그렇다면 이일분수(理一分殊)는 이(理)의 다수실현과 함께, 다수실현되는 각각의 이(理)의 연접(conjunction)이라는 두 층위로 이루어진 명제가 되는 셈이다. 그러나 하나의 이(理)를 수많은 이(理)의 연접으로 보는 이러한 해석은 상식적으로도 타당성을 확보하기 어렵다. 이는 마치 선생님이 학생에게 "숙제를 하고, 자율학습을 하고, 청소를 하고, 운동장을 열바퀴 돌고, 토끼뜀을 30분간 실시하라"고 명령했을 때, 그 명령이 단 하나의 명령이라는 주장이 억지인 것과 같다.

우리는 주희와 율곡이 이일분수(理一分殊)를 이(理)의 다수실현의 의미로 사용했다는 점을 부정하지 않는다. 다만 다수실현되는 모든 이(理)가 그 수에 있어서 하나인지의 문제에 대해서, 이일분수(理一分殊)의 의미를 사태의 이(理)와 인간의 마음의 이(理)가 문맥의 이(理)에 의해 분수(分殊)된 것으로 볼 것을 제안한다. 이를 좀 더 부연하기 위해 사태의 이(理)를 총칭해 물리(物理)로, 인간의 마음의 이(理)를 총칭해 심리(心理)로, 문맥의 이(理)를 총칭해 문리(文理)로 부르기로 하자. 물리(物理), 심리(心理), 문리(文理)는 개별적 이(理)를 지칭하는 것이 아니라, 이(理)의 차원의 층위를 구분 짓기 위해 도입되는 개념이다. 문리(文理)가 사태와 그 사태에 직면하는 인간의 마음에 분수(分殊)되는 과정은, 사태와 마음을 거쳐 두루 통해 있는 문리가 사태와 마음을 이루는 기(氣)에 의해 각각 물리(物理)와 심리(心理)로 국소화(局所化)되는 과정을 일컫는 이통기국(理通氣局), 그리고 사태가 개념(文)화되고 마음이 문(文)맥화되는 기발이승(氣發理乘)에도 함축되어 있다. 이통기국(理通氣局)이 사태와 마음에 의한 문리(文理)의 국소화(局所化) 과정을 지칭한다면, 기발이승(氣發理乘)은 사태와 마음의 문리로의 환원 과정을 지칭한다. 넓은 의미에서 이(理)는 문맥의 이(理)로서의 문리(文理) 단 한 종류만이 있으며, 나머지 사태의 이(理)로서의 물리(物理)와 인간의 마음의 이(理)로서의 심리(心理)는, 문리가 각각 사태와 마음에 분수(分殊)된 것으로 볼 수 있다. 즉, 이일분수(理一分殊)는 각각의 개별적 이(理)들의 다수실현을 함축하는 것을 넘어, 이(理)의 차원을 단위로 한 분수(分殊)를 지칭하는 것으로 확장해서 이해할 수 있다. 그렇다면 이일분수(理一分殊)는 마음과 사태의 문맥 의존성을 이(理)의 개념을 매개로 표현한 명제인 셈이다.

우리는 앞서 주희와 율곡의 철학을 논의하면서, 인간이 직면하는 사태의 당위성과 필연성이 사태의 측면에서 보자면 사태 안에 있고, 인간의 측면에서 보자면 마음 안에 있음을 보았다. 그리고 기발이승(氣發理乘)을 사태의 측면에서 개념화로, 인간의 측면에서 문맥화로 정리했다. 인간이 직면하는 사태의 당위성과 필연성의 소재가, 보는 측면에 따라 사태로도 귀속되고 인간의 마음으로도 귀속되는 근본적인 까닭은, 사태의 이(理)(물리(物理))와 마음의 이(理)(심리(心理))가 문맥의 이(理)(문리(文理))에 포섭되는 상호 대칭적인 한 쌍이라는 점에서 찾아진다. 우리는 이를 심물(心物) 대칭성이라 부르고자 한다.[17] 심물 대칭성은 새롭게 해석된 이일분수(理一分殊)에 그 뿌리를 두고 있다. (자연과 인간이 상호 감응함을 이론적으로 정립하려 했던 천인감응설도, 그 신비주의적 외양을 괄호 친다면, 결국 이일분수(理一分殊)와 한 짝을 이루는 심물(心物) 대칭성을 보다 역동적 차원에서 부연하려 했던 시도였는지 모른다.) 아울러 기발이승(氣發理乘)이 보는 측면에 따라 개념(文)화로도 정리되고 문(文)맥화로도 정리될 때, 양자가 모두 문(文)과 연관된다는 점도 사태와 마음이라는 두 측면의 이(理)의 계보가 문리(文理)임을 방증한다. 이를 정리해보면 다음의 그림과 같다.

지금까지의 논의를 통해 드러난 이일분수(理一分殊)와 심물(心物) 대칭성의 특성은 다음의 (15), (16)으로 정리할 수 있다.

---

17 다소 맥락은 다르지만 다음을 참조. 이승종 1999a.

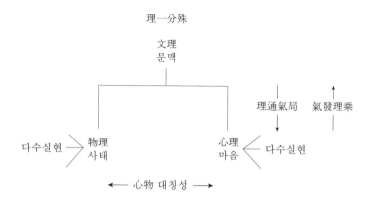

(15) 이일분수(理一分殊): 개념화와 문맥화를 매개로, 물리(物理)와 심리(心理)는 문맥의 이(理)로서의 문리(文理)에 의존되어 있다.

(16) 심물(心物) 대칭성: 문리(文理)에 의존되어 있는 심리(心理)와 물리(物理)는 상호 대칭적이다.

주희와 율곡에 있어서 이(理)와 사태 사이의 다(多) 대 다(多) 관계가 붕괴되고, 사태가 문맥에 등록되어 그 중심의 일리(一理)에 진입하는 과정은, 다른 한편으로 윤리적 함축을 지니고 있다. 인간의 실천에 연관된, 문맥에 적합한 이(理)는 미결정적이지 않다. 인간은 주어진 문맥에서 바로 그 최적의 이(理)를 찾아 실천해야 한다. 요컨대 일리(一理)는 주어진 문맥에 맞는 최적의 이(理), 실천해야 할 확정적 원칙을 지칭한다. 이러한 관점에서 보았을 때 붕괴와 등록, 진입의 과정은, 사태(物)를 격(格)하여 이(理)(지(知))에 이르는 격물치지(格物致知)의 과정을 지칭한다. 이일분수(理一分殊)의 이일(理一)은 이처럼 실천적 · 윤리적 측면에서 이해되어야 할 것이다.

주희와 율곡의 철학 세계를 나오면서 우리는 그 세계에 들어가기 위해 잠시 접어두었던 비트겐슈타인을 다시 언급하고자 한다. 비트겐슈타인도 규칙에 대해 이론적으로는 그 의미가 여럿이어서 미결정적일 수 있음을 인정한다. 그는 이러한 미결정성과 관련해서 "모든 행위 방식이 하나의 규칙과 일치하도록 맞춰질 수 있기 때문에, 어떠한 행위 방식도 그 규칙에 의해 결정될 수 없"(PI, §201)게 되는 역설이 발생한다고 본다. 그러나 규칙의 의미는 일상적 현실 세계에서는 어떤 이론적 해석에 의해서가 아니라 "그때그때 적용의 경우들에서 우리가 '규칙 따르기'와 '규칙 위반하기'라고 부르는 것에서 드러난다"(PI, §201). 요컨대 "'규칙 따르기'는 하나의 실천"(PI, §202)이므로 실천적 지평에서 역설은 발생하지 않는다. 규칙의 의미가 규칙 따르기라는 실천에 의해 언제나 확정되기 때문이다. 이(理)가 아닌 규칙에 대해, 당위가 아닌 사실에 대해 말하고 있기는 하지만, 비트겐슈타인의 논의는 실천적 측면에서 주어진 문맥의 이(理)가 어떻게 해서 이론적 미결정성을 극복하게 되는지에 대해 시사하는 바가 크다.

그러나 주희/율곡과 비트겐슈타인 사이에는 이러한 유사성을 상쇄하는 본질적 차이성이 놓여 있다. 그리고 이 차이성이 주희/율곡 철학의 시대적 한계성을 어느 정도 드러내주고 있다. 주희와 율곡에 있어서 문맥의 이(理)로서의 문리(文理)는 궁극적으로 유교적 사회구성체의 원리이다. 사태와 인간은 그 구성체로부터 분수(分殊)된 한 국면에 지나지 않는다. 따라서 사태와 인간에는 그에 선행하는 일리(一理)의 담지자로서의 유교적 사회 질서가 짙게 투영되어 있다. 반면 비트겐슈타인에 있어서 문맥의 규칙으로서의 문법은 사회적 속성만을 지닌 것이 아니다. 그것은 인간에게 공통된, 그리고 사회적 속성보다 더 원초적인 것으로 그가 간주한 인간의 자연사(自然史)의 형식인 삶의 형식이 언어에서 작동하는 양상이다. 규칙 따르기로서의 인간 행위와 판단에 있어서의 일치는 바로 이 삶의 형식에 있어서의 일치인 것이다.

설령 주희와 율곡이 믿어 의심하지 않았듯이, 유교 질서가 인간에게 주어진 오직 하나뿐인 인륜(人倫)이라는 반(反)사실적 가정을 수용한다 해도, 그들의 철학과 비트겐슈타인의 자연주의적 철학(이승종 1995; 1999b) 사이의 거리는 그다지 좁혀지지 않는다. 주희와 율곡에 있어서 자연의 이치로서의 물리(物理)와, 인간의 마음의 이치로서의 심리(心理)에 선행하는 궁극적 이치로서의 문리(文理)는 유교적 사회 질서와 불가분리의 관계에 있다. 요컨대 그들에 있어서 문맥은 곧 유교 사회적 문맥을 뜻한다. 그러나 비트겐슈타인에 있어서 문맥은 자연과 인간에 선행하는 것이 아니다. 오히려 문맥은 인간의 자연사(自然史)에 토대해 있으며, 인간의 삶의 형식의 규제를 받는다. 주희와 율곡이 강조한 사회적 국면은 그 토대에서 비롯된 파생적 실재성만을 지닐 뿐이다. 심지어 비트겐슈타인이 사회적 국면을 언급할 때에도, 그가 염두에 두고 있는 것은 유교와 같은 사회 이데올로기가 아니라 그보다 훨씬 원초적인 관습, 습관, 실천임을 우리는 기억할 필요가 있다.

* 유가와 음악을 논하다

1. 선악의 피안[1]

음악을 무엇이라 규정하는 것은 모두 실패할 수밖에 없는 일인 것 같다. 오랜 세월동안 온갖 종류의 음악이 있어왔는데, 그 모든 음악을 두고 한 마디로 무엇이라고 규정하는 것은 오만이나 무지, 혹은 권위나 당위의 다른 표현에 불과하다. 그렇다고 음악에게 자신이 무엇인지를 물을 수도 없는 노릇이다. 우리의 본질적 물음에 대해 음악은 그저 자신을 음악으로써 들려줄 뿐이다. 슈만이 작곡한 곡에 대해 작곡가에게 같은 질문을 했을 때, 그는 그 곡을 연주하는 것으로 답변을 대신했다고 한다. 비트겐슈타인의 어법을 빌리자면, 음악은 말하지 않는다. 다만 자신을 들려줄 뿐이다. 그리고 말할 수 없는 것에 대해 우리는 침묵해야 한다.

---

1 이 절은 필립 아이반호(Philip Ivanhoe, 홍콩성시대(香港城市大) 동아시아 비교철학 및 종교 담당 석좌 교수) 교수의 논문 "The Contemporary Significance of Confucian Views about the Ethical Values of Music"에 대한 논평이다. 아이반호 교수는 2009년 12월 3일 서울 프레스센터에서 개최된 문명과 평화 국제포럼에서 앞의 논문을 발표했으며, 필자가 당시의 논평자였다. 아이반호 교수의 논문은 번역되어 〈음악의 윤리적 가치에 대한 유가의 견해와 그 현대적 의미〉로 한국학중앙연구원이 펴낸 《2009 문명과 평화》에 수록된 바 있으며, 다시 "Music in and of Our Lives"라는 제목으로 개작되어 자신의 저서 *Confucian Reflections: Ancient Wisdom for Modern Times*에 재수록되었다.

그러나 우리는 최소한 무엇이 음악에 대한 잘못된 견해인지에 대해서는 말할 수 있다. 음악을 세속적 선악의 잣대로 재단하는 해석은 잘못된 것이다. 그것은 음악이 우리에게 선사하는 최고의 미덕인 몰입을 어렵게 한다. 몰입은 잠시나마 세속의 일을 망각할 때 가능한데, 선악이라는 세속의 기준을 미리 음악에 들이댄다면, 음악은 도덕주의의 도구로 전락하고 말 것이다. 이러한 견해는 대개 음악을 특정 종교나 사회 이념을 설파하는 중요한 매체로 간주한다. 서양의 경우 교회 음악론이나 사회주의 음악론이 각각의 예에 해당하며, 동양의 경우 유가(儒家)의 악론(樂論)이 대표적인 예라고 할 수 있다.

종교와 사회, 그리고 도덕은 모두 자신의 규칙에 대한 준수를 상대에게 암암리에 강요하고 있다. 종교, 사회, 도덕의 규칙을 준수하는 사람에 한해, 종교와 사회와 도덕은 그에게 각각 신도와 시민과 행위자라는 지위를 부여한다. 그렇지 않은 사람을 종교와 사회와 도덕은 각각 이교도, 범법자, 패륜아로 배격한다. 규칙의 준수와 위반이 이러한 편가름의 분수령이 되는 것이다. 그리고 특정 종교나 사회 이념을 바탕으로 도덕주의적 음악론을 펴는 사람들은 음악이 이러한 규칙의 준수를 도모하는 것으로 간주한다. 혹은 음악이 이러한 종교나 사회의 도덕 규칙을 반영해야 한다고 생각한다.

종교나 사회의 도덕 규칙을 포괄하는 동양의 개념은 예(禮)이다. 유가의 언어에서, 이 예는 음악과 짝을 이루어 예악(禮樂)이라는 복합 개념을 형성한다. 음악과 예를 하나로 붙인다는 것은 음악의 자유정신에 대한 폭력적 왜곡이다. 음악은 예를 잣대로 검열되고, 예에 어긋나는 음악은 금지된다. 그런데 대체 어떤 음악이 예에 어긋나는 것일까? 일차적으로 우리는 음악의 가사에 그 혐의를 둘 수 있다. 부도덕하고 음란한 가사에 말이다. 그러나 가사가 음악의 전부일까? 가사가 없는 연주곡들에 대해서는 이러한 기준이 적용될 수조차 없다. 어떤 종교의 편에 선 사람들은 록 음악의 강한 비트와 빠르기가 부도덕하다고 비판한다. 그러나 록 음악에서 비트의 강도와 빠르기가 도덕과 직접 관련이 있다는 주장이 검증되었다거나 이에 대한 객관적 연구가 있었다는 말을 들은 적이 없다.

음악이 우리로 하여금 세속으로부터 벗어나 음악이 들려주는 경지로 몰입하게 한다면, 음악은 세속적 규칙의 준수가 아니라 그 규칙의 해제 혹은 파기를 자신의 이념으로 한다고 할 수 있다. 음악이 지니는 이러한 규칙 초월성에서 우리는 세속의 질서에서 접하기 어려운 영혼의 세계와 만날 수 있는 계기를 얻는다. 음악을 듣는다는 것, 음악에 몰입한다는 것은 영적 체험이다. 그것은 우리가 합리성이라는 비즈니스 논리로 도배된 이 세속에 함몰된 소비자에 불과한 존재자가 아님을 증언하는 기적의 사건이다.

사랑의 체험이 그러하듯 음악의 체험도 짧다. 그러나 그 짧은 기적의 시간 속에서 우리는 영원을 살고, 그 짧고 강렬한 오아시스의 도움으로 세속이라는 황량한 사막을 건널 수 있다. 음악은 선악의 피안에 존재하는 신이 인간에게 내린 축복이다. 잠시 세속의 예(禮)를 잊고 음악에 악(樂)자로 새겨진 그 축복을 향유(樂)하자.

2. 답론 (필립 아이반호)

나의 논문에 대한 이승종 교수의 논평에 답변할 기회를 얻어 영광이고 기쁘다. 나의 입장에 대한 이 교수의 선명하고 단호한 논의에 힘입어 우리는 서로가 동의하는 것과 그렇지 않은 것을 쉽게 확인할 수 있다. 우리의 토론으로 말미암아 여러 논제들이 보다 선명해질 것으로 믿는다.

이승종 교수는 "음악을 무엇이라 규정하는 것은 모두 실패할 수밖에 없는 일인 것 같다"는 말로 논평을 시작한다. 나는 이에 대해 이의가 없으며 따라서 이것이 우리가 동의하는 첫째 논제이다. 음악을 무엇이라 규정하는 것은 내 논문의 관심사가 아니다. 그러한 규정은 흥미롭게도 유학자들 일반의 관심사도 아닌 것 같다. 그들은 음악 형태가 광범위하다는 점을 인지했고, 어떤 특정한 형태를 **진정한** 음악이 아니라고 내치지도 않았다. 그들은 음악에 대한 형이상학적 물음이 아니라, 윤리적 함축에 관심이 있었다.

이승종 교수와 내가 동의하는 두 번째 논제는 과거의 사상가들의 견해에 대해 역사적으로 설명하는 일과, 현대철학의 건립에 동참하는 일을 구분해야 한다는 것이다. 나는 줄곧 이 두 유형의 학문적 노력을 구별해왔다. 때로 나는 둘 중 어느 하나에 매달리기도 했고, 때론 첫 번째 일로 시작해 그것을 두 번째 일의 근거로 사용하기도 했는데, 이 교수가 논평한 논문이 바로 후자의 경우에 속한다. 그 논문은 나의 최근 저서인《유교적 고찰: 현대를 위한 고대의 지혜》의 한 장으로 수록되어 있기도 한데 '현대를 위한 고대의 지혜'라는 부제가 그러한 노력의 특별한 성격을 반영하고 있다. 논평문에서 이 교수는 유학의 전통적 음악관에 대한 나의 설명과 분석이 정확한지 혹은 설득력이 있는지에 관해서 어떠한 분명한 판정을 내리고 있지 않다. 음악의 전통적 개념에 대한 그의 논평 중 어떤 부분은 그가 나의 견해를 설득력 있는 것으로 생각한다는 인상을 준다. 그러나 그는 유학의 음악관이 음악에 도덕적 표준을 부과하며 따라서 "음악의 자유정신에 대한 폭력적 왜곡"을 초래한다는 이유로 반대한다.

이 지점이 우리가 서로 의견을 달리하는 논쟁처이다. 이승종 교수는 음악에 대한 어떠한 도덕적 견해도 "음악의 자유정신에 대한 폭력적 왜곡"이며, "신이 인간에게 내린 축복"인 음악적 경험을 방해할 수 있다고 주장한다. 그의 이러한 주장은 음악에 관한 아주 강한 도덕적 주장을 명확히 표현하고 있는 것 같다. 그의 주장에 따르면 음악은 사실 도덕의 기획이다. 즉, 음악은 신의 선물이기에 적어도 가치를 지니고 있으며, 그로 말미암아 우리는 음악에 몰입할 수 있다. 이는 우리가 음악에서 자신을 잊을 수 있고, 어떤 의미에서는 음악과 하나가 될 수 있음을 대략적으로 의미하는 것 같다.

첫째, 이승종 교수는 자신이 거부한다고 주장하는 것과 아주 유사한 종류의 견해로 빠져들고 있다. 왜냐하면 그는 음악이 **전적으로 도덕의 기획**이라고 주장하는 것처럼 보이기 때문이다. 어쩌면 그는 키에르케고르와 비슷한 방식으로, 음악이 도덕보다 **높은** 경지의 어떤 것으로서, 단지 도덕적으로 선한 것이 아니라 종교적인 것이라는 말을 하려는 것인지 모른다. 만일 그렇다면 내가 음악에 대해서 한 말은, 그것이 음악의 도덕적 성격이 아니라 종교적 성격에 관한 것이라고만 교정해주면 여전히 유효하게 된다. 둘째, 이 교수는 음악이 우리의 마음을 사로잡는 엄청난 힘을 지니고 있다는 유학자들의 견해에 동의한다. 그럼에도 나는 우리가 왜 이 견해를 가치 있는 것으로 무비판적으로 수용해야 하는지 모르겠다. 약물중독은 사람들에게 유사한 효과를 초래하지만, 나는 그것을 선하다고 보지 않으며, 인간을 사랑하는 신이 우리를 위해 원하는 어떤 것이 분명 아니다. 셋째, 이 교수가 음악을 '영적 체험'이라고 주장할 때에도 그는 유학자들과 의견의 일치를 보지만, 음악을 **영적**이라고 서술함으로써 자신이 비난하는 모종의 도덕 판단을 끌어들이고 있다. 나는 내 논문에서 피력했듯이, 유학의 전통적 견해가 지나치게 엄격하고 경직되어 있다는 이 교수의 견해에 동감한다. 그러나 음악의 도덕적 측면에 대해 우리는 의견을 달리하는 것 같다. 의견을 달리하는 것 '같다'고 말한 이유는 앞서 보았듯이 이 교수가 음악에 관해 (나보다 훨씬 더) 강한 도덕적 견해를 견지하는 것으로 보이기 때문이다.

　이승종 교수의 따끔한 비평에 다시 한번 감사드리며 그와 나, 그리고 전통적 유학자들 사이의 일치점을 언급하는 것으로 답론을 마치고자 한다. 우리 모두는 음악이 주는 고양과 몰입과 조화의 심원한 힘을 인정한다. 우리로 하여금 사심을 벗어나 우리보다 훨씬 더 원대한 어떤 것의 존재로 이끈다는 의미에서, 음악은 분명 영적인 어떤 것을 선사한다. 그러나 여기에는 잠재적으로 훌륭한 어떤 것과 아울러 위험도 존재한다. 우리는 우리가 인정할 수 있는 바람직한 방향으로 인도되고 있다는 점을 확인할 필요가 있다. 사람들이 음악의 미묘한 힘을 거대한 악(惡)에 사용한 역사적인 사례들은 많다. 복잡한 사안이긴 해도 내가 이로써 무엇을 말하고자 하는지는 충분히 명확하리라 믿는다. 음악의 도덕적 차원에 대한 전통 유학자들의 관심은 부당하거나 무가치하지 않다.

2편 불교와의 대화

3장 헤세, 불교를 만나다

우리 학계에서 인문학의 위기는 인문학이 현실의 삶에 뿌리내리지 못하는 데서 비롯된다. 그리고 인문학의 위기 한가운데에 철학의 위기가 놓여 있다. 현대 학문의 분과화와 제도화에 따라 철학이 대학교수나 박사 등 전문적 지식인의 직업과 관련해서만 의미를 갖게 되었다. 그에 따라 철학 활동이 제도가 요구하는 강의와 연구의 틀 내에서 취직과 승진을 위한 업적을 쌓기 위한 활동으로 좁혀졌다. 철학으로 일자리를 얻기가 하늘의 별따기인데다, 철학 전공자가 할 수 있는 다른 마땅한 직업이 없는 척박한 우리 사회에서 이러한 제도권 내의 철학 활동 이외의 다른 창의적 활동을 모색할 만한 여유가 사라진 것이다. 이러다보니 철학이 직업을 벗어나 인간의 구체적 삶이나 다른 학문, 다른 장르의 텍스트들과 조우하기가 어려워지게 되었다.

이 장은 철학 본연의 관심사여야 마땅한 인간 삶의 사태에 대한 심원한 기록으로 눈을 돌려 그로부터 독창적인 사유를 길어 올리려 한다. 우리가 택한 텍스트는 헤르만 헤세의 소설 《싯다르타》이다. 《싯다르타》에 대한 철학적 독해를 시도하는 이 장은, 철학이 직업적 글쓰기의 틀을 깨고 인문학의 영원한 과제인 삶의 사태를 주제로 삼아 자유로운 방식으로 문학과 조우하는 계기를 마련하려 한다.

1. 카프카

카프카의 단편 〈돌연한 출발〉로부터 이야기를 시작해보자. 작품의 전문은 다음과 같다.

나는 말을 마구간에서 끌어 내오도록 명했다. 하인은 나의 말을 이해하지 못했다. 나는 몸소 마구간으로 들어가 안장을 얹고 올라탔다. 멀리서 트럼펫 소리가 들려, 나는 하인에게 무슨 일이냐고 물었다. 그는 아무것도 몰랐고 아무것도 듣지 못했다. 대문에서 그가 나를 멈추어 세우고는 물었다.

"주인나리, 말을 타고 어디로 가시나요?"

"모른다" 하고 나는 말했다. "다만 여기를 떠나는 거야. 다만 여기를 떠나는 거야. 끊임없이 여기에서 떠나는 거야. 그래야 나의 목적지에 도달할 수 있다네."

"그러시다면 나리께서는 목적지를 아신단 말씀인가요?" 그가 물었다.

"그렇다네." 내가 대답했다. "내가 이미 말했잖은가. 여기에서 떠나는 것, 그것이 나의 목적지일세."

"나리께서는 어떤 예비 양식도 갖고 있지 않으신데요." 그가 말했다.

"나는 그 따위 것은 필요 없다네." 내가 말했다. "여행이 워낙 긴 터라 도중에 무얼 얻지 못한다면, 나는 필경 굶어 죽고 말 것이네. 예비 양식도 날 구할 수는 없을 걸세. 실로 다행스러운 것은 이 여행이야말로 정말 엄청난 여행이라는 걸세." (Kafka 1970a, 321쪽/1997, 570쪽)

트럼펫 소리와 출발은 직접적으로는 상관관계가 없어 보인다. 두 사건은 논리적 함축이나 경험적 인과 관계에 놓여 있지 않을뿐더러, 서로 같거나 유사하지도 않다. 그러나 하인과 달리 나는, 멀리서 들려오는 트럼펫 소리를 듣는 귀를 지녔다. 그 이유는 내가 여기를 떠날 참이었기 때문이다. 그때 마침 들려온 트럼펫 소리의 부름에 응하여 여기를 떠난다. 하인과 마찬가지로 나도 그 소리를 분명히 이해하지 못한다. 이는 소리에 맞추어 길을 떠나는 내가 어디로 가는지를 모르고 있다는 사실과 무관하지 않다. 소리는 우연히 들려왔고, 나는 아무런 준비도 목적지도 없이 길을 떠난다. 그러나 바로 이 때문에 이 여행은 정말 엄청난 여행이다. 예비 양식도 없이 굶어 죽을 각오를 하고 낯선 미지의 세계로 끊임없이 떠나는 길고 엄청난 여행, 그것이 카프카가 묘사하는 인생의 여정이다.

아무 소리도 듣지 못한 채 출발의 목적지와 예비 양식을 체크하는 하인의 관점에서, 나의 출발은 돌연한 것이다. 목적지도 예비 양식도 없는 출발이야말로 돌연한 것 아닌가. 그러나 나의 관점에서는 달리 말할 수 있다. 나는 멀리서 들려오는 트럼펫 소리를 들었고, 끊임없이 여기를 떠난다는 뚜렷한 목적을 갖고, 다행스러운 마음과 엄청난 기대감에 여행을 떠나지 않는가. 예비 양식을 불필요한 것으로 생각하는 여유까지 부리면서 말이다.

하인은 목적지와 거기에 도달하기 위해 필요한 예비 양식을 중시한다. 여행의 목적지를 강조하는 점에서 그는 실체론자이며, 이를 위한 준비를 한다는 점에서 합리주의자이다. 반면 나는 끊임없는 출발 자체를 목적으로 삼고, 현실적 준비 없이 여행을 떠난다는 점에서, 하인의 실체론적 세계관과 합리주의적 방법론에서 벗어나 있다. 여기로부터의 끊임없는 탈출을 꿈꾸는 나는 부단히 거듭나는 삶을 살아가려는 자기 실험가이고, 여행에서 마주칠 온갖 시련과 우연성을 마다하지 않는 모험가이다.

2. 나의 투쟁

《싯다르타》에서 헤세는, 카프카가 짧은 우화로 묘사하는 데 그친 돌연한 출발을, 탐구와 깨달음의 긴 여정으로 형상화시킨다. 싯다르타의 돌연한 출발은 그가 고행의 사문도들을 보게 되면서 이루어진다. 그러나 그 사건은 멀리서 들려온 트럼펫 소리와 같은 것이다. 싯다르타는 이미 자신의 부모와 스승의 사랑과 가르침에서 어떤 한계를 느꼈고, 이를 혁파할 계기를 갈망하고 있었다. 사문도들의 출현은 바로 그러한 그의 마음에 불을 댕긴 사건이다. 카프카의 작품에서 트럼펫 소리가 그러했듯이, 사문에 대해서 싯다르타가 깊은 이해가 있었던 것도 아니다. 단 네 문장으로 짤막히 묘사된 사문도의 출현은 우연적인 사건에 불과했지만, 싯다르타는 이를 계기로 돌연한 출발을 결심하게 된 것이다.

"수행자는 이 세상도 저 세상도 다 버린다. 뱀이 묵은 허물을 벗어버리듯"(*Sutta Nipata*, 1쪽). 출발은 한 세계가 깨뜨려지고 새로운 미지의 세계가 펼쳐지는 사건이다. 《데미안》에서 헤세는 이렇게 말한 바 있다.

> 새는 알에서 나오려고 투쟁한다. 알은 세계이다. 태어나려는 자는 하나의 세계를 깨뜨려야 한다. (Hesse 1919, 91쪽)

《싯다르타》의 첫 문장에서 '젊은 매'로 묘사된 싯다르타가 깨고 나오려는 알은 하나가 아니다.[1] 그것은 《싯다르타》의 1부에서는 아버지로 표상되는 바라문 율법의 세계이기도 하고, 2부에서는 카마스바미와 카말

---

1 지금까지 영어권에서 가장 널리 읽혀져 온 로스너(Rosner 1951)의 영역본에는 이 '젊은 매'라는 중요한 표현이 누락되어 있다. 이러한 결함은 그 이후에 출간된 새 영역본들(Appelbaum 1999; Kohn 2000; Neugroschel 1999)에 와서야 비로소 시정되었다.

라로 표상되는 세속적 욕망의 세계이기도 하다. 알로서의 세계는 알 속의 새를 보호하지만, 새가 성장하는 것을 가로막기도 한다. 알이 제공하는 안정과 새의 성장이 서로 양립할 수 없는 임계점에서 알은 깨뜨려진다.[2] 헤세의 다른 작품 《데미안》에서는 크로마의 위협이, 《나르치스와 골드문트》에서는 리제의 유혹이 각각 싱클레어와 골드문트가 자신들의 첫 번째 알을 깨는 계기가 된다. 크로마의 휘파람 소리, 골드문트와 리제가 주고받은 부엉이 소리가 카프카의 〈돌연한 출발〉에서의 트럼펫 소리에 해당한다. 그러나 〈돌연한 출발〉이나 《싯다르타》에서와 마찬가지로, 이 계기는 그 선행 문맥의 중심을 이루는 데미안과 나르치스의 영향과 독립해서 다루어질 수 없다.

새가 알에서 나오려고 투쟁하듯이, 출발도 종종 투쟁을 요한다. 특히 알의 세계가 견고할 때, 그것은 불가피한 일이기도 하다. 싯다르타의 단식과 자살 기도, 싱클레어와 골드문트의 번민과 시련은 모두 알을 깨기 위한 자기와의 투쟁의 모습들이다. 싯다르타의 경우, 투쟁과 출발은 헤세의 그 어느 작품에서보다 분명한 방향성을 지니고 있다. 그것은 자기의 근원을 찾고자 하는 부단한 탐구 정신에서 비롯된다. 싯다르타의 다음과 같은 독백이 이를 증언한다.

도대체 스승들과 그들의 가르침을 통하여 네가 배우려던 것은 무엇이냐? 그리고 그렇게 많은 것을 가르쳐준 그들이 지금까지 너에게 가르쳐주지 못한 것은 대체 무엇이냐? […] 그것은 자아였다. 나는 그 의미와 본질을 알려고 했다. 내가 제거하려고도 하고 동시에 정복하려고도 한 것이 바로

---

2 이는 세계뿐 아니라 인연에 대해서도 마찬가지이다. 창조적인 만남이란 서로가 좋은 영향을 끼치면서 일상성이라는 범속의 늪에서 거듭 헤쳐 나오는 일이다. 그렇지 못할 때 그 인연 역시 깨뜨려져야 한다. 나르치스가 이끄는 수도원의 생활도, 피스토리우스의 음악과 철학도 그런 점에서 골드문트와 싱클레어에겐 벗어나야 할 굴레로 인식된다.

이 자아였다. 그러나 나는 그것을 속이거나 거기서 도피하여 한때 숨을 수는 있었어도 정복할 수는 없었다. 세상에서 이 자아만큼 내 생각을 괴롭힌 것은 없었다. 내가 남과 구별되어 따로 살고 있다는 이 수수께끼 말이다. 또한 이 세상에서 다른 무엇보다도 나, 싯다르타에 대하여 아는 것이 적은 실정이었다. (Hesse 1922, 383쪽)

"내가 남과 구별되어 따로 살고 있다는 이 수수께끼", 그것은 내가 세상을 1인칭의 관점에서 보지 않을 수 없다는 사실에 대한 경이의 표현이다. 싯다르타는 이 경이를 해명하고 싶었다. 그리고 자신의 관점에서 자신 앞에 펼쳐지는 세상을 보고 이해하고 싶었다. 그런 점에서 그는 다채로우면서도 일관된 한길을 걷는 수행자이다.[3]

하나의 철학적 화두를 들고 세상에 나와 이를 깨우치려는 사람에게 세상은 곧 배움의 터전이다. 싯다르타의 여정은 그런 점에서 진정한 철학적 수행의 길이다. 이는 작가 헤세 자신의 치열한 탐구 정신과 어우러져《싯다르타》를 밀도 있는 철학적 탐구의 텍스트로 형상화하고 있다. 우리가 이 장에서 살펴보고자 하는《싯다르타》의 위상도 이 철학적 탐구의 지평에서 헤아려져야 한다.

3. Clash of the Titans

헤세의《싯다르타》는 부처의 일대기가 아니다. 그렇다고 싯다르타가 부처와 아무런 상관이 없는 인물인 것도 아니다. 싯다르타와 부처는 텍스

---

3 싯다르타의 다음과 같은 고백이 이러한 해석을 뒷받침한다. "저는 모든 가르침과 스승들을 버리고 오직 하나의 목적에 도달하기를 원하며, 그렇지 못할진대 차라리 죽으려고 편력의 길을 떠나는 것입니다." (Hesse 1922, 381쪽)

트《싯다르타》에서 단 한 번의 뜻깊은 철학적 대화를 나눌 뿐이지만, 부처의 깨달음과 가르침은 텍스트《싯다르타》전체에 음각으로 새겨져 있다.[4] 그러나 그 위에 헤세 자신이 창조한 싯다르타의 여정과 깨달음이 보다 구체적이고 분명하게 양각으로 새겨져 있다. 부처의 음각화와 싯다르타의 양각화는 완전히 다르지는 않지만, 서로 간에 분명한 차이가 있다. 부처는 이미 깨달음에 이른 완료형의 시제이고, 싯다르타는 탐구하고 좌절하고 깨우치는 진행형의 시제이다. 이런 의미에서 부처는 시간의 밖에 있고, 싯다르타는 시간의 선상에 있다. 그러나 시간 밖으로의 해탈과 열반은 시간과 함께하는 삶의 흐름과 어떻게 양립할 수 있는가? 싯다르타는 부처에게 다음과 같이 말한다.

> 세계의 단일성, 모든 사건의 일관성, 동일한 흐름, 동일한 연기와 생멸의 법칙에서 비롯되는 크고 작은 모든 것들의 포용은 세존의 위대한 설교에서 분명히 밝혀졌습니다. 그러하오나 세존의 가르침에 의하면 모든 사물의 이 단일성과 일관성은 어느 한 지점에서 끊어지고 마는 것이옵니다. 그리하여 그 틈바구니에 이 단일한 세계에서는 없었던 해명할 수 없는 새로운 현상이 나타나게 되었습니다. 그것은 세계의 극복을 뜻하는 해탈의 가르침이옵니다. 이리하여 그 작은 틈새로부터 완전하고 영원하며 단일한 세계의 법칙이 다시금 허물어져 버립니다. (Hesse 1922, 380쪽)

세상 만물이 연기의 법칙에 포섭된다는 의미에서 세계는 연기적으로 닫혀 있다. 세계의 어떠한 사건도 연기의 법칙을 위반할 수 없으며, 역으로 연기의 어떠한 연쇄도 세계의 경계를 넘어서지 못한다. 그러나 바로

---

4 김영민 교수(김영민 1997, 194-195쪽)와 지올코스키(Ziolkowski 1965, 154-155쪽)의 해석은 이를 인정하지 않는다는 점에서 우리의 해석과 구별된다.

그러한 세계의 극복을 의미하는 해탈로 말미암아, 닫혀진 세계와 법칙은 다시금 열리고 해체된다. 연기의 담론과 열반의 담론[5] 사이의 논리적 균열은 생멸의 시간 철학과 생멸을 말소한 무시간 철학 사이의 긴장에서 비롯된다. 그것은 자칫 존재론과 수양론 사이의 불화, 결정론과 자유의지 사이의 불화, 사실의 영역과 가치의 영역 사이의 불화로 번질 수 있다. 이에 대한 부처의 답변은 다음과 같이 전개된다.

> 그대는 나의 설교에서 하나의 결함을 찾아내었소. [⋯] 설교의 목적은 지식을 구하는 자에게 세계를 설명하는 것이 아니오. 그것은 고뇌를 벗어나려는 데 그 목적이 있소. 이 고타마의 가르침은 그 밖의 아무것도 바라지 않소. (Hesse 1922, 380쪽)

그러나 지식에 대한 갈망으로 고뇌하는 사람에게 부처의 이러한 답변은 어떠한 설득력을 지닐 수 있는가? 그의 고뇌는 과연 어떻게 극복될 수 있는가?

작품 속의 부처는 신앙을 위해 지식을 양보하는 칸트를 연상케 한다 (Kant 1787, Bxxx). 그러나 다른 한편으로는 사실과 가치 사이에 "아무런 모순이 없음"(Kant 1786, 456쪽)을 입증하려 했던 칸트와 달리, 부처는 싯다르타가 찾아낸 결함을 부정하지도 시정하려 하지도 않고 있다. 자신의 가르침은 세계에 대한 해석을 목적으로 하는 일관된 체계이기보다, 고뇌를 벗어나기 위한 방편일 뿐이라는 것이다. 이는 모순에 대한 비트겐슈타인의 자유방임적 태도를 닮았다고 할 수 있다. 모순이 있더라도 그 가르침

---

5 '열반'의 원어 'nirvana'는 '(바람이) 불다'의 의미를 가진 어근 'va'에 부정접두사 'nir'가 결합되어 이루어진 말이다. 앞으로 보겠지만 헤세는 지속적 흐름이 끊어져 영원히 소멸되는 의미의 열반을 추구하지 않는다.

으로 말미암아 고뇌를 벗어나게 된다면, 가르침은 자신의 임무를 다한 것이다. 모순된 가르침이 우리로 하여금 고뇌를 벗어나게 할 수 있는가? 그것은 어떻게 가능한가? 부처의 편에서 보자면, 이 역시 논리적 관점이 아니라 실천적 관점에서 답해져야 할 문제이다. 가르침의 본질은 논리적 일관성이 아니라 자비와 공덕이기 때문이다.

싯다르타는 이어 부처의 가르침이 지니는 숙명적 한계를 지적한다.

세존께서는 스스로의 탐구 방법 즉 명상, 인식, 깨달음 등을 통하여 가장 높은 경지에 이르셨습니다. 그것은 가르침을 통해서 이루어진 것이 아니옵니다. 그래서 저는 해탈이란, 가르침을 통해 이루어지는 것이 아니라고 생각합니다. 그러므로 세존께서는 깨달으실 때 마음속에 일어난 것을 말로 가르쳐서 남에게 전할 수는 없을 줄 아옵니다. [⋯] 그토록 분명하고 존중할 만한 세존의 가르침도 다음의 한 가지만은 포함하고 있지 않은 줄로 아옵니다. 즉, 수십만의 구도자들 가운데서 오직 세존께서만 체험하신 비밀이 그것이옵니다. (Hesse 1922, 381쪽)

체험과 그 체험의 표현은 구별되어야 한다. 그 표현의 대상이 비언어적인 것일 때 그것에 대한 언어적 표현은 더더욱 그러하다. 영화와 음악, 혹은 그것에 대한 감상을 언어로 표현하고자 할 때, 우리는 곧바로 어려움에 부딪친다. 영상, 멜로디, 혹은 느낌을 음성 언어나 문자 언어로 표현하는 것은 번역이라기보다 오히려 그 자체로 창작에 가까운 일이 아닌가 한다. 물론 언어를 영상이나 멜로디로 표현하는 것 역시 마찬가지이다. 문학 작품을 영화나 음악으로 표현한 작품에서 우리는 종종 원작과는 전혀 다른 체험을 하게 된다. 마찬가지로 깨달음의 체험이 언어 텍스트를 듣거나 읽는 체험이 아닐진대, 언어적 표현을 통한 그 체험의 전달은 간접적이고 불충분한 부등가 전달일 수밖에 없다.[6] 브루크너의 교향곡 5번을 한 번도 듣지 못한 상태에서 그 교향곡에 대한 100편의 감상문과 평론을 읽는 것이, 그 교향곡을 단 한 번 듣느니만 못한 것처럼 말이다. 부처의 가르침도 결국은 깨달음에 이르는 간접적 길라잡이일 뿐이지, 깨달음의 체험을 대신할 수는 없는 것이다. 그러나 여기서도 우리는 언어가 반드시 불충분한 표현 수단에 불과한 것만은 아님을 기억해야 한다. 언어는 분명 체험을 대신할 수는 없지만, 체험의 의미를 보다 풍부하게 할 수 있다. 즉, 체험의 의미는 언어를 통해 다양한 방식으로 드러나고 소통될 수 있는 것이다.

가르침의 한계에 대한 싯다르타의 지적이 부처의 가르침과 어긋나는 것은 아니다. 부처도 "너 자신을 섬으로 삼고, 너 자신을 귀의처로 삼아 머물고, 남을 귀의처로 삼아 머물지 말라"(Digha Nikaya, 245쪽)고 말한 바 있다. 각자가 자신을 계발해서 스스로 자각하고 해탈을 구하라는 뜻이다. 불(佛)·법(法)·승(僧)은 모두 이러한 자각을 돕기 위한 것으로 보아야 한다. 그러나 싯다르타의 생각은 좀 더 급진적이다.

오, 세존이시여! 우리 사문들은 자아로부터 해탈하는 길을 찾고 있습니다. 만일 제가 세존의 제자가 되면, 실제로는 자아가 지속적으로 성장함에도, 세존의 가르침에 길들여지고 세존과 교단에 대한 충성과 사랑 때문에, 외면상으로만 평안과 구원에 이른 것처럼 자신을 속이게 되지 않을까 두려워합니다. (Hesse 1922, 382쪽)

---

6 설령 깨달음의 체험이 언어 텍스트를 통해 얻어진다 해도 그것의 번역이나 해석이 투명하게 이루어지는 것도 아니다. 데리다(Derrida 1972), 콰인(Quine 1960), 데이빗슨(Davidson 1984) 등의 언어철학은 이 점을 아주 설득력 있게 보여주고 있다. Garver and Lee 1984; 이승종 1993b 참조.

싯다르타의 예리한 안목은 해탈을 도와야 할 불·법·승이 오히려 주인으로 군림하거나, 혹은 자신이 그것에 안주할 가능성을 꿰뚫어본 것이다. 진정한 깨달음의 길은 부처가 말했듯이, "소리에 놀라지 않는 사자처럼, 그물에 걸리지 않는 바람처럼, 진흙에 더럽히지 않는 연꽃처럼, 무소의 뿔처럼 혼자서 가야"(*Sutta Nipata*, 9쪽) 한다는 것이 싯다르타의 강한 신념이다. 혼자서 가는 길의 외로움이 오히려 자신을 맑게 할 수 있지 않겠는가.

4. 윤회와 자아

《싯다르타》에서 부처와 싯다르타의 만남은 우리가 살펴본 내용이 거의 전부이다. 물론 그 자체만으로도 만만치 않은 내용이긴 하지만, 그럼에도 너무 짧다는 느낌을 지울 수 없다. 불교를 깊이 이해했으면서도 비판적 거리를 두었던, 그리고 싯다르타를 통해 자신만의 고유한 철학적 경지를 펼쳐 보였던 헤세의 작품 속에서의 만남이었기에 아쉬움은 더욱 크다. 《싯다르타》의 장르가 철학서가 아니라 소설이라는 점을 감안한다 해도 싯다르타와 부처가 다루었으면 하는 문제들은 적지 않다. 그중 몇 가지를 추려보자면 다음과 같다.

첫째는 윤회와 업에 대한 부처의 가르침에 대해서이다. 부처에 의하면, 존재를 구성하는 오온(五蘊: 色受想行識)의 생성소멸의 단위는 사람의 나고 죽음과 일치하지 않는다. 오온은 매 순간마다 태어나고 사라진다. 엄밀한 의미에서 우리는 그때마다 나고 죽는 것이다. 그런 점에서 우리가 일반적으로 말하는 사람의 나고 죽음은, 오온의 관점에서는 특별한 사건이 아니다. 오온의 생멸은 죽음 이후에도 지속되기 때문이다. 그 지속의 논리가 업(業;karma)이다.

　그러나 이는 여러모로 무리한 주장이라고 생각한다. 첫째, 오온이 나고 죽는 것과 사람이 나고 죽는 것은 스케일과 차원이 다른 문제이다. 우리 몸을 구성하는 많은 세포가 매 순간 나고 죽지만, 우리는 이로부터 우리가 매 순간 나고 죽는다고 말하지는 않는다. 우리는 우리 몸을 구성하는 세포의 동일성과 인격(person)의 동일성을 서로 혼동하지 않는다. 둘째, 그런 점에서 사람의 죽음은 매 순간 일어나는 온들의 죽음과 동일한 수준의 사건이 아니다. 사람의 죽음은 일개인이라는 하나의 단위를 이루었던 오온의 집합 운동이 중단되는 사건이기 때문이다. 셋째, 물리주의적 관점에서 보았을 때, 비물리적 온들(受想行識)이 인간의 죽음에서 비롯되는 물리적 온(色)의 해체 이후에도 지속된다는 주장은 받아들이기 어렵다. 한 생명의 탄생에 맞춰 새로운 물리적 온이 생성되면 그로 말미암아 새로운 비물리적 온들이 생성될 것이고, 이는 그 생명의 탄생에 앞서는 그 어떤 생명의 죽음과도 직접 연결되지 않는다. 따라서 생명의 죽음과 탄생은 업에 의해 이어지는 윤회가 아닌 단절의 사건이다. 넷째, 지금까지의 비판이 옳다면 자신의 전생을 보았다는 부처의 증언은 이에 대한 다른 부가 설명이 없이는 액면 그대로 받아들이기 어렵다. 그가 보았다는 전생들과 부처를 연결 지을 어떤 설득력 있는 자기 동일적 관계를 정립할 수 없기 때문이다. 다섯째, 미시적 차원의 온들의 변화가 업과 같은 거시적 수준의 도덕적 연기의 영향하에 있다는 설명도 설득력이 없다. 예컨대 색온의 변화는 도덕적 연기의 업과 어떠한 연관이 있는가?

　《싯다르타》에 불교의 중심 사상의 하나인 윤회설에 대해 직접적인 언급이 거의 없다는 점은 흥미로운 일이다.[7] 우리는 다만 헤세의 다른 작

7　물론 윤회라고 이름 붙여진 장(7장)이 있기는 하다. 그러나 거기서 헤세는 부처의 윤회설에 대해서가 아니라, 싯다르타가 세속에서 겪게 되는 반복되는 일상의 흐름에 대해 서술하고 있다. 그렇다고

품 《나르치스와 골드문트》의 말미에서 골드문트의 다음과 같은 짤막한 견해를 찾을 수 있을 뿐이다.

> 내세에 대해서는 아무런 생각도 없어. 그리고 솔직히 말해서 그런 것을 믿지도 않네. 내세란 없어. 말라버린 나무는 영원히 죽고, 얼어버린 새는 다시 살아나지 못하듯, 사람도 한번 죽으면 그만일세. (Hesse 1930, 316쪽)

이것이 윤회에 대한 싯다르타나 헤세의 견해라고 단정할 충분한 근거는 못 된다는 반론이 있을 수 있다. 그러나 우리는 그것이 골드문트라는 헤세의 분신이 밝힌 솔직한 견해라는 점을 주목해야 한다. 이 구절에서 그는 불교와 기독교를 포함한, 내세를 인정하는 모든 종교적 철학적 사변을 아주 분명하게 부정하고 있다. 부정의 근거가 제시되지 않았기에 이를 윤회설에 대한 만족할 만한 논박으로 보기는 어렵지만, 적어도 그것이 누구의 견해인지에 대해서는 논의의 여지가 없어 보인다. 작품의 말미에서 싯다르타가 부처를 따라 구도의 생활을 해오던 고빈다에게 이른 다음과 같은 말이 이를 뒷받침한다.

> 윤회니 열반이니 하는 것은 말에 지나지 않소. 열반은 사물이 아니오. 그저 **열반**이라는 말이 있을 뿐이오. (Hesse 1922, 446쪽)

싯다르타와 부처가 그들의 만남에서 다루었으면 좋았을 두 번째 주제는 자아에 관한 싯다르타의 견해에 대해서이다. 싯다르타는 부처를 만난 직후 다음과 같은 독백을 전개한다.

해서 이것이 사소하다거나 윤회와 무관하다는 것은 결코 아니다. 앞으로 보겠지만 반복되는 일상의 흐름으로부터 싯다르타는 윤회에 대한 새로운 깨달음에 이르게 된다.

내가 나 자신에 대하여 아무것도 모르고, 따라서 싯다르타 자신이 나에게 낯설고 알 수 없는 존재라는 것은 단지 하나의 원인에서 오는 것이다. 즉, 그것은 나 자신에 대하여 불안을 느끼고, 나 자신으로부터 도피하려고 했기 때문이다. 나는 브라만을, 아트만을 찾으려 했다. 나는 알려지지 않은 궁극적인 것에서 모든 사물의 핵심을, 아트만을, 생명을, 신을, 절대자를 찾기 위해 나 자신을 버리려 했다. 그러나 결국 그 때문에 나 자신을 잃고 말았다. […] 나는 이 싯다르타를 다시는 놓치지 않을 것이다. 앞으로 아트만과 세상 번뇌에 내 생각을 빼앗기지 않을 것이다. 자기를 갈가리 찢고 파괴하고 난 뒤의 폐허 속에서 어떤 비밀을 찾으려 하지 않을 것이다. […] 나는 나 자신으로부터 배울 것이다. 나는 나 자신을 스승으로 삼을 것이다. 그리하여 나는 나를, 불가사의한 싯다르타를 알아내련다. (Hesse 1922, 384쪽)

이는 무아론(無我論)을 주장하는 불교가 아니라, 흔히 그와 대척점에 서 있다고 평가되는 브라만교에 더 가깝다는 인상을 준다. 심지어 나 자신을 배움의 대상으로 실체화하고 있는 것처럼 보이기까지 한다. 그렇다면 싯다르타는 왜 부처와의 만남에서 그의 무아론을 논박하지 않았을까?

우리는 자아를 연장(延長) 없는 점(無我)으로 축소시킴으로써, 그로 말미암아 역으로 자아의 편재성에 이를 수 있다. 내가 이것이나 저것이 아님으로써 오히려 모든 것일 수 있기 때문이다. 자아의 문제에 대한 청년 비트겐슈타인과 용수의 해체주의적 사유에 바탕을 둔 이러한 해석은, 자아의 유무에 대한 불교와 브라만교 사이의 대립을 해소하는 하나의 방안일 수 있다.[8] 싯다르타의 독백을 이렇게 해석한다면 그것은 브라만이나

---

8 리즈 데이비스는 부처가 자아의 존재를 긍정했음을 문헌적으로 입증하려 했다(Rhys Davids 1928; 1931; 1932; 1934a; 1934b; 1936; 1937; 1938). 이 역시 불교와 브라만교 사이의 간극을 좁히는 데 도움을

부처의 가르침 어느 것과도 양립할 수 있다. 이를 뒷받침하듯 싯다르타는 다음과 같이 말한다.

> 모든 진리의 반대도 또한 진리오. 예컨대 진리는 일방적인 경우에만 말에 담겨 표현될 수 있소. 말로 생각되고 표현될 수 있는 모든 것은 일방적이고 그 절반만이 참이오. 그것은 전체성, 완전성, 단일성을 결여하고 있소. (Hesse 1922, 463쪽)

이를 감안했을 때 자아에 대한 앞선 독백은 자아가 실체로서 존재한다거나 존재하지 않는다는 형이상학의 명제 어느 한편에 선다기보다는, 그러한 형이상학적 논의와 무관하게, 혹은 그러한 논의를 해체적으로 넘어서서, 오로지 자신을 탐구의 귀의처로 삼겠다는 실존적 결의로 읽는 것이 무난할 것 같다. 브라만이나 부처의 가르침이 거짓이어서가 아니라, 그것이 다른 이의 가르침이기 때문이라는 것이 "그[싯다르타]가 그[부처]의 가르침을 받아들일 수 없었던"(Hesse 1922, 383쪽) 진정한 이유이다. 결국 싯다르타는 앞서와 마찬가지로 자신에 의지해 자신만의 길을 가고자 하는 것이다. 역설적으로 이는 부처의 가르침과도 상반되지 않는다. 《숫타니파타》에서 우리는 다음의 구절을 읽는다.

> 서로 다투는 철학자들의 논쟁을 초월하여 진정한 깨달음의 도(道)를 얻은 사람은 "나는 지혜를 얻었으니 이제는 남의 지도를 받을 필요가 없다"

줄 수 있다. 많은 불교학자들의 지적처럼 그녀의 해석은 경전에 대한 단장취의(斷章取義)와 곡해에서 비롯된 것일 수 있지만, 그보다는 자아의 긍정이 부처의 가르침과 어떻게 조화될 수 있는지에 대한 해명이 아쉽다. 이와 관련해 우리는 부처의 무아설이 고정불변한 실체로서의 형이상학적 자아(아트만)를 부정하려는 것이지, 경험적이고 현상적인 자아까지 부정하려는 것이 아님에 유의할 필요가 있다(Kalupahana 1992, 72-81쪽 참조).

고 알아, 무소의 뿔처럼 혼자서 가라. (*Sutta Nipata*, 7쪽)

누구와 함께 있을 때 나는 그들에 섞여 부분적으로만 있을 뿐이다. 혼자야말로 온전한 자신이고, 독각(獨覺)이야말로 진정한 깨달음이다. 그렇다면 싯다르타는 자신이 걸어간 길에서 무엇을 보았는가? 그가 깨달은 바의 핵심은 무엇인가?

5. 탐구의 논리

싯다르타가 어떤 길을 걸었는지에 대한 질문은 그의 사유와 탐구 방법의 전환과 연관이 깊다. 싯다르타의 독자적인 사유는 그의 새로운 탐구 방법으로부터 기인하기 때문이다. 그는 부처와 만난 직후 다음과 같은 명상에 잠긴다.

다양성을 경시하고 단일성을 추구하는 사려 깊은 바라문들이 경멸했던 것처럼 이 모든 것이 마라의 마술이나 마야의 베일이나 현상의 무의미하고 우연한 다양성에 불과한 것은 아니었다. 강은 강이었다. 과거의 싯다르타에 있어서는 일자와 신이 푸른빛과 강에 숨어 있었으나, 지금은 노란빛과 푸른빛, 하늘, 숲 그리고 여기 싯다르타가 있다는 사실이 바로 신성한 예술이요 섭리였다. 의미와 실재는 사물의 배후 어디엔가 숨어 있는 것이 아니라 사물에, 사물 모두에 있었다. (Hesse 1922, 385쪽)

피안이란 없다는 골드문트의 말에 화답하는 듯한 싯다르타의 독백은 자신의 과거에 대한 반성의 형식으로 전개되지만, 거기에는 현상계를 넘어서는 모든 형이상학적 실체에 대한 부정의 메시지가 담겨 있다. 실체론의 동기가 되는 단일성에의 열망을 배격하고, 우연성과 다양성으로 수놓아진 현상계의 거친 땅으로 되돌아온다는 점에서 싯다르타의 독백은 비트겐슈타인의 전회를 닮았다(PI, §107).

싯다르타의 사유는 다음과 같이 계속된다.

> 탐구하려는 바를 읽을 때, 문자나 구두점 기호를 경시하여 그것을 환영이나 우연이나 무가치한 형체로 간주하지 말고, 한 글자씩 정독해서 탐구하고 사랑해야 할 것이다. 그런데 세상이라는 책, 나의 본질이라는 책을 읽으려던 나는 문자나 기호를 경시하였다. 나는 현상계를 환영이라 불렀고, 내 눈과 혀를 우연이라 불렀다. 그러나 이것은 이미 지나간 생각이고 나는 이제 깨닫게 되었다. (Hesse 1922, 385쪽)

싯다르타가 금욕과 고행의 사문 편력을 접고, 그동안 억압되었던 눈과 혀로 느껴지는 젊고 생생한 감성의 세계, 속세로 합류해 들어가게 되는 이정표가 되는 이 깨달음에는, 아직도 세상이라는 책, 나의 본질이라는 책에 대한 강한 탐구 정신이 살아 숨 쉬고 있다. 이 점에서 그가 추구하는 "하나의 목적"에는 아직 변화가 없다. 그 전제와 방법이 바뀌었을 뿐이다.

그로부터 수십 년의 세월을 건너뛰도록 하자. 바수데바를 도와 강가에 정착하면서 싯다르타의 탐구는 더욱 성숙해진다. 젊은 날 자신이 수행하던 자아에 대한 형이상학적 "지식의 추구"(Hesse 1922, 380쪽)의 폐단을 깨닫게 된 것이다. 작품의 말미에서 싯다르타는 부처를 따라 구도의 생활을 해오던 고빈다에게 이렇게 말한다.

당신은 혹시 도(道)를 지나치게 구하는 게 아니오? 그렇게 지나치게 구하면 오히려 도(道)를 놓칠는지도 모르지요. [⋯] 누구나 도(道)를 구할 때에는 거기에만 정신을 팔게 되어 아무것도 발견하지 못하는 법이오. 그는 언제나 그 하나의 목적에만 골몰하는 관계로 아무것도 자기 것으로 만들지 못하는 폐단이 있소. 구한다는 것은 한 가지 목적을 갖는 것을 말하지만, 이와 반대로 발견한다는 것은 마음이 자유롭고 주위에 감응하며 아무런 목적도 갖고 있지 않다는 것을 말하오. 도(道)를 구하려는 그 목적을 이루려고 애쓰다 당신은 눈앞의 많은 사물들을 보지 못하고 있소. (Hesse 1922, 460-461쪽)

문맥을 짚어볼 때 일차적으로는 싯다르타를 두 번씩이나 알아보지 못한 벗(고빈다)에 대한 농담의 성격을 띠고 있지만, 거기에는 "오직 하나의 목적에 도달하기를 원하던"(Hesse 1922, 381쪽) 과거의 자기 자신에 대한 반성이 담겨 있다. 하나의 목적에 대한 추구가 아무런 목적도 갖지 않은 채 주위에 감응하는 **자유로운** 마음가짐으로 변모한 것이다. 앞의 인용문에서 싯다르타는 이를 **발견**과 **자기화**로 달리 풀이하기도 한다. 이러한 자유, 발견, 자기화를 하이데거식으로 음미해보자. 그에 의하면 발견과 자유는 감추어진 존재자들의 본질을 탈은폐하는 사건이다. 이는 사물의 말건넴을 알아듣고 거기에 응하는 자기화(고유화)의 과정을 통해 이루어진다(Heidegger 1943 참조). 그러나 사실 감추어진 것은 아무것도 없다. 모든 것은 눈앞에 명명백백히 드러나 있는데, 우리가 탐구라는 미망에 눈이 멀어 그것을 보지 못할 뿐이다. 따라서 진정한 탐구는 역설적으로 탐구를 멈춤으로써 이루어진다. 그것이 싯다르타의 비트겐슈타인적 메시지이다(PI, §§ 126, 129, 133; 이승종 2003a 참조).

6. 강가의 아침

그렇다면 다시 싯다르타의 독자적 사유의 핵심은 무엇인가? 우리는 앞서 부처와 싯다르타가 각각 완료형과 진행형이라는 상이한 시제에 놓여 있음을 보았다. 싯다르타의 진행형 시제의 근본적 운동 논리는 반복과 차이이다. 그리고 이에 대한 새로운 해석이 그의 사유의 핵심을 이루게 된다. 그러나 이는 싯다르타 혼자만의 힘으로 얻어진 깨달음이 아니다. 부처와 헤어진 뒤 속세로 돌아가던 싯다르타가 강에서 처음 만난 뱃사공 바수데바는 그에게 이렇게 말한다.

> 나는 강에서 모든 것이 반복된다는 진리를 깨달았지요. 당신도 되돌아 오게 될 거요. (Hesse 1922, 391쪽)

바수데바가 언급한 반복은 《싯다르타》라는 텍스트를 구성하는 원리이자 훗날 싯다르타가 그와 공유하게 되는 깨달음의 골자이다. 그리고 강은 그 깨달음의 장소이자 대상이 된다. 그런 점에서 그들은 만물의 근원을 물이라 보았던 탈레스나 노자와 같은 반열에 속하게 된다. 강에 대한 또 다른 사유를 전개한 헤라클레이토스의 주장과는 달리, 만물은 그저 유전(流轉; flux)하지만은 않는다. 헤라클레이토스의 주장이 옳다면 만물에 대한 어떠한 법칙도 설명도 성립할 수 없을 것이다. 그러나 만물의 흐름에는 길(道)이 있고, 그 길에는 반복이 있다. 그 반복의 현상에 대한 사색으로부터 우리는 법칙, 구조, 패턴과 같은 추상적 개념을 가다듬어 낼 수 있다.

한편 바수데바에게 되돌아오는 싯다르타는 과거의 싯다르타가 아니다. 그는 세속의 욕망이라는 알에서 깨어난 새로운 싯다르타이다. 되돌아옴도 하나의 출발이고, 출발은 자신의 거듭남이자 옛 세계의 파괴를 함축한다. 되돌아옴으로서의 반복은 동일성의 반복이 아니라 차이 나는 반복으로 새겨야 한다(Deleuze 1968 참조). 과거의 싯다르타와 되돌아온 싯다르타의 차이, 파괴된 옛 세계와 새로이 마주하는 세계의 차이가 반복의 짝을 이룬다. 이러한 차이는 반복과 마찬가지로 자연의 이치이기도 하다.《나르치스와 골드문트》에서 헤세는 이렇게 말한다.

> 그[골드문트]가 잘 알고 있다고 생각하는 모든 것들이 반복되지만, 그때마다 그 모습이 달랐다. 들판과 황무지, 돌 많은 길 위로 걸어가는 방랑, 여름철 숲속에서의 잠, 건초를 갈거나 호프를 따다가 손에 손을 맞잡고 돌아오는 아가씨들을 따라 마을에서 어슬렁거리는 일, 가을장마, 심술궂은 첫 서리, 그 모든 것이 지나갔다가 되돌아오고 반복되면서 알록달록한 끝없는 실꾸러미가 되어 언제까지나 그의 눈앞으로 이어져 지나갔다. (Hesse 1930, 147쪽)

바수데바와 골드문트가 깨달은 차이의 반복은 동일성의 반복을 법칙으로 정립하는 과학의 영역에서 벗어나 있다. 그것은 어떤 형이상학적 사변의 귀결도 아니다. 바수데바는 학문적 훈련을 전혀 받지 않았고(Hesse 1922, 435쪽) 골드문트는 비표상적 개념적 사변에 대해 스스로 부적합하다고 생각하는 인물이다(Hesse 1930, 285쪽). 그들은 인간의 삶과 자연의 운동에서 차이와 반복을 보았을 따름이다. 차이와 반복은 눈앞에서 펼쳐지는 삶과 자연의 사건이다. 그런 점에서 그들은 형이상학자가 아니라 자연주의자이다.

싯다르타는, 차이를 이루며 반복되는 삶과 자연의 운동의 중요한 결을 바수데바와 함께 강에서 보고 듣게 되면서, 그 자신이 자연주의자가 된다. 그 과정에서 자칫 형이상학으로 흐를 수 있는 윤회도 차이와 반복의 이념으로 가다듬어진다.[9] 그러나 무엇보다도 싯다르타는 시간이 존재하지 않는다는 것을 깨닫게 된다. 시간이 존재하지 않는다는 그의 깨달음은 어떤 의미를 지니는가? 바수데바는 이렇게 부연한다.

"강은 근원에서나 강어귀에서나 폭포에서나 나루터에서나 여울에서나 바다에서나 산에서나 항상 동시에 있으며, 강에는 현재가 있을 뿐 과거나 미래의 그림자가 없다―이런 말이죠?" "그렇소." 싯다르타는 말하였다. "그것을 깨닫고 나서 지난날을 돌이켜볼 때, 내 생애도 역시 하나의 강이었소. 그러므로 어린 시절의 싯다르타는, 어른이 되고 늙어버린 싯다르타와 실재에 있어서가 아니라 그림자로 떨어져 있을 따름이었소." (Hesse 1922, 436쪽)

현재가 편재한다는 바수데바의 부연은 시간이 존재하지 않는다는 싯다르타의 명제를 이해하는 데 중요한 실마리를 제공한다. 시간이 존재하지 않는다는 말은 모든 것이 불변의 정지 상태에 있다거나 변화가 존재하지 않는다는 뜻이 아니라, 오히려 변화만이 있다는 뜻으로 새겨야 할 것이다. 그 변화의 문턱이 현재이다. 즉, 늘 변화하는 현재가 있을 뿐, 그 이외의 어떠한 형이상학적 실체로서의 시간도 없다. 현재 이외의 시제는

---

9 윤회의 원어 'samsara'는 '함께'라는 의미의 'sam'과 '흐름'을 의미하는 'sara'로 이루어져 있다. 《싯다르타》의 주요 무대가 되는 강은 윤회의 이러한 의미를 형상화하고 있다. 이 장의 앞머리를 장식했던 카프카의 또 다른 작품 〈변신〉의 의미나, 주인공 'Samsa'의 어원도 바로 이 'samsara'를 함축하고 있는 것으로 여겨진다. 카프카가 〈변신〉에서 'Samsa'의 변신을 자신의 의지와 상관없이 이루어지는 부조리로 묘사하고 있는 반면, 헤세는 《싯다르타》에서 'samsara'를 우리의 수행 여하에 따라 달리 전개될 수 있는 '거듭남'으로 묘사하고 있다.
　　돌이켜보건대 청년 싯다르타는 자신의 문제에 몰두해 '함께 흐른다'는 의미에서의 'samsara'에 제대로 귀를 기울이지 않았다. 그러던 그가 속세와 합류했다 강가로 돌아와 흐르는 강물에서 'samsara'를 보고 들으면서 이에 대한 새로운 사유가 다듬어진다.

존재하지 않는 그림자요 가능태일 뿐이다.

현재만이 있고 과거나 미래는 그 그림자일 뿐이라는 주장, 그 현재가 장소를 달리하여 수많은 곳에서 동시에 편재한다는 주장은 각각 양자역학 및 상대성 이론과 양립할 수 있다. 양자역학은 여기서 그림자로 묘사된 가능태가 현재 시제의 현실태로 존재하게 되는 사건을 파동함수의 붕괴라는 기법을 동원해 묘사하고, 상대성 이론은 시공간이라는 혁명적 개념을 통해 시공간 좌표상에서 동시성의 다수성이 어떻게 가능한지를 해명하고 있다. 물론 자연주의자의 직관적인 봄과 들음을, 동서와 고금을 가로질러 수학적으로 정교하기 짝이 없는 현대 물리학의 양대 패러다임에 직접 짝짓는 것은 무리한 일일 것이다. 우리가 강조하려는 것은 다만 싯다르타의 깨달음이 시간에 대한 현대 과학의 이해와 그 대의에 있어 크게 어긋나지 않는다는 점이다. 그로 말미암아 그의 깨달음이 바로 설득력을 갖게 되는 것은 아니다. 싯다르타는 현대 과학의 문맥에서 시간의 존재를 부정한 것이 아니기 때문이다.

사실 싯다르타의 시간관이 현대 물리학의 시간관과 정확히 일치하는 것은 아니다. 현대 물리학의 양대 패러다임 사이에도 미묘한 갈등이 존재한다. 상대성 이론의 관점에서 보자면, 과거와 미래는 현재와 동등한 위상에 놓여 있다. 어떤 사람에게 있어서 과거의 사건이 다른 사람에게 있어서는 현재나 미래의 사건일 수 있기 때문이다. 과거, 현재, 미래를 가르는 보편적이고 객관적인 기준은 없다. 모든 사건은 그저 시공간의 좌표상에 있을 뿐이다. 그러나 붕괴 동역학적 양자역학의 관점에서 보자면, 상대성 이론은 시간의 역동성은 부각시키면서 정작 사건의 생성은 역동적으로 그려내지 못하고 있다. 이는 무엇보다 시간을 공간과 한데 묶어 기하학적 관점에서 이해하려는 데서 비롯된다. 모든 사건을 시제와 무관하게 무차별적으로 간격(interval)이라는 기하학적 개념을 축으로 정렬하는 상대성 이론은 결국 시간을 공간화해서 이해하고 있다는 비판에 직면한다.

싯다르타의 시간관은 상대성 이론과 같은 3인칭적 과학의 관점에서 보다는 1인칭적 체험의 관점에서 이해되어야 할는지 모른다. 그때에 우리는 현재를 과거나 미래와 구별하는 바수데바의 부연을 올바로 새길 수 있기 때문이다. 그러나 다른 해석도 가능하다. 바수데바의 부연에 대해 싯다르타는 다소 탄력적인 태도를 취한다.《싯다르타》의 말미에서 이루어진 고빈다와의 마지막 만남에서 싯다르타는 다음과 같이 말한다.

> 깊은 명상에 잠겨 시간을 없애고 과거와 현재와 미래를 동시에 볼 수 있을 때, 비로소 모든 것이 선(善)이 되고 모든 것이 완성되어 모든 것이 브라만이 되오. (Hesse 1922, 464쪽)

여기서 싯다르타는 현재를 과거나 미래와 구별하기보다, 셋을 동시에 볼 수 있는 경지를 역설하고 있다. 결국 시제의 구별과 철폐 중 그 어느 것이 싯다르타의 진의인지에 대해 우리는 단정해서 말할 수 없다. 어쩌면 싯다르타는 이를 중요시 여기지 않았는지도 모른다. 그의 시간관의 초점은 시제의 구별이나 철폐에 놓여 있는 것이 아니라, 시간이 존재하지 않는다는 주장에 놓여 있기 때문이다.

7. 낯선 시간 속으로

시간이 존재하지 않는다는 싯다르타의 명제는 도발적이고 형이상학적인 주장처럼 들린다. 그러나 그 문맥을 살펴보면 과연 그것이 그의 의도였는지 확언하기 어렵다. 가령 싯다르타는 이렇게 말한다.

　　모든 번뇌와 번민과 두려움이 시간에서 근원하는 것이 아닌가? 인간이
시간을 정복하여 없애면, 세상의 모든 고난과 악도 정복되는 것이 아닌가?
(Hesse 1922, 436쪽)

고빈다에게 이르는 싯다르타의 다음과 같은 말도 함께 읽어보자.

　　시간이 존재하지 않는다면 이 세상과 영원, 고뇌와 행복, 선과 악 사이에
있는 듯이 보이는 차별도 역시 미망일 거요. (Hesse 1922, 463쪽)

　　앞의 두 인용문은 시간의 부정을 전제로 그것이 초래할 바람직한 영
향에 대해 논하고 있다. 그렇다면 부처의 가르침이 그러한 것처럼 시간
의 부정도 "세계를 해석하기 위한 목적이 아니라 고뇌를 벗어나려는 데
그 목적이 있다"(Hesse 1922, 380쪽)는 해석이 가능하다.
　　그러나 이러한 해석이 설득력을 지닐 수 있는지는 의문이다. 고뇌를
벗어나게 해줄 수 있는 믿음은 그로 말미암아 참이 되는 것은 아니기 때
문이다. 싯다르타는 진정 시간이 존재하지 않는다는 명제의 진위나 증명
에는 관심이 없고 오직 그 명제에 대한 믿음이 초래할 바람직한 영향에만
천착했는가? 만일 시간이 존재하지 않는다는 싯다르타의 명제가 거짓이
라면 그리고 우리가 이를 알고 있거나 알게 된다면, 그 거짓된 명제에 대
한 믿음이 우리의 삶에 어떻게 영향을 줄 수 있는가? 세상에 고난과 악이
엄연히 존재한다는 사실은 역으로 시간이 존재하지 않는다는 전제가 거
짓임을 입증하지 않는가?
　　또한 우리는 싯다르타와 정반대의 논지를 펴는 것처럼 보이는 시간

철학자들의 주장에 대해서도 귀 기울일 필요가 있다. 예컨대 데리다
(Derrida 1967b)는 현재가 과거와 미래의 계기, 즉 후설(Husserl 1969)이 말한
다시 당김(retention)과 미리 당김(protention)으로부터 독립해 있지 않다는
점을 논증한다. 데리다에 의하면 존재하지 않는 것은 시간이 아니라 오
히려 (순수한) 현재이다.[10] 우리는 싯다르타의 주장이 이러한 반론에 어떻
게 대처할 수 있는지에 대해서도 살펴보아야 한다.

시간을 어떤 실체로 간주하는 시간 철학은 모든 것이 시간 속에 있음
을 주장한다. 시간을 실체로 해석하지 않는 현대 물리학도 시간을 공간
과 같이 하나의 좌표로 표기한다는 점에서 이러한 주장에 동참한다. 모
든 존재자는 시공간(의 좌표) 안에서 자리매김되는 시공간-내-존재로 해
석된다. 그러나 이는 편리하고 유용한 발상이기는 해도, 시간과 공간에
대한 익숙한 일상적 표현을 지나치게 축자적으로 풀어낸 그릇된 해석이
다. 존재자가 시공간 안에 있는 것이 아니라, 사실은 존재자 그 자체가 시
공간이다(Loy 1986, 18쪽). 존재자가 따로 있고 시공간이 따로 있는 것이 아
니다. 시공간은 존재자의 속성이 아니라, 존재자가 자신을 드러내는 존
재의 지평이다.[11] 이런 관점에서 보았을 때 (실체론적 의미의, 그리고 좌표축으
로서의) 시간은 존재하지 않는다.

시간이 존재하지 않으므로, 시간이 흐른다거나 빠르다거나 하는 시
간에 대한 술어도 엄밀히 말하자면 성립할 수 없다. 시간의 흐름이나 속
도는 이를 관찰하거나 측정하는 시간 밖의 관찰자나 측정자를 전제하는

---

10 데리다의 주장을 양자역학적으로 풀자면 파동함수는 붕괴되지 않는다. 가능태의 현재화는 파동함
수의 붕괴라는 단절적 사건을 통해 이루어지기 때문이다. 결국 그의 시간 철학은 파동함수의 붕괴
를 인정하지 않는 양자역학의 해석들, 예컨대 에버렛(Everett 1957; 1973)의 여러 세계 이론이나 앨버
트와 로워(Albert and Loewer 1988)의 꾸밈없는 이론(bare theory)과 여러 마음 이론, 혹은 제(Zeh 1970)
와 주렉(Zurek 1991)의 결깨짐 이론(decoherence theory)이나 봄(Bohm 1952)의 숨은 변수 이론 등과의
동거를 모색해야 할 것이다.
11 시간과 공간을 직관의 형식으로 본 칸트의 해석은 따라서 절반만이 참일 수 있다.

데, 이는 모든 것을 시공간 안에 자리매김하는 앞서의 가정과 모순되기 때문이다. 아울러 우리는 어떤 실체가 시간 속에서 변화를 겪는 것으로 오해되기 쉬운 표현의 사용을 경계해야 한다. 예컨대 내가 어린아이에서 어른으로 성장한다거나 계절이 바뀐다거나 하는 표현들은, 성장과 변화의 주체인 나와 계절이 성장과 변화에 독립해서 존재하는 것으로 해석되어서는 안 된다. 내가 성장한다거나 계절이 바뀐다는 말이 우리에겐 친숙하게 들리지만, 역시 엄밀히 말하자면 성장과 변화만이 있을 뿐이다. 나와 계절이 존재한다면 그것은 성장과 변화의 배후에 어떤 실체로서 존재하는 것이 아니라 성장과 변화로서만, 즉 시간으로서만 존재할 뿐이다(Inada 1974, 173쪽). 그런 점에서 싯다르타의 시간론은 파격적인 형이상학적 명제가 아니라, 일상언어의 잘못된 사용을 바로잡는 문법적 지침으로 볼 수 있다. 아울러 그것은 앞서 살펴본 데리다의 시간철학과도 양립할 수 있다. 싯다르타의 시간론의 핵심은 순수 현재의 옹호가 아니라, 시간을 존재 현상과 분리해 다루는 제반 사유 방식들의 부정에 있기 때문이다.

싯다르타의 시간론은 "계절의 변화"라든가 "시공간 내의 사건"이라는 표현을 잘못된 것이라 간주한다는 점에서 상식과 과학 모두와 잘 들어맞지 않는다. 그러나 상식과 과학이 어떤 견해에 대한 참/거짓의 절대적 척도인 것은 아니다. 우리는 상대성 이론을 상식과 맞지 않는다는 이유로 폐기하지는 않을 것이다. 마찬가지로 우리가 지동설을 받아들인다고 해서 기상요원이 사용하는 "해 뜨는 시각과 해지는 시각"이라는 천동설적 표현을 문제 삼지도 않을 것이다. 우리의 관점에서 여전히 해는 날마다 뜨고 지기 때문이다. 물론 그렇다고 우리가 이를 바탕으로 천동설을 지지하는 것도 아니다. 1인칭의 천동설적 관점과 3인칭의 지동설이 반드시 상충되는 것은 아니라는 점을 유념하기만 하면 된다.

8. 삶은 지속된다

상식과 과학 그 어느 범주에도 속하지 않는 싯다르타의 사유는 그가 걸어간 여정과 수행의 산물이다. 헤세가 창조해낸 텍스트 《싯다르타》는 장르 면에서 문학의 범주에 속하지만, 역사 속의 싯다르타(부처)의 가르침은 일반적으로 종교의 범주에 속하는 것으로 간주된다. 문학과 종교는 모두 이야기(narrative)라는 공통의 서술 방식을 택한다. 이야기의 관점에서 세상을 이해하는 종교나 문학은 이론의 관점에서 세상을 이해하는 과학과 뚜렷이 구별된다. 종교와 과학은 한데 섞이기 어려운 담론이다. 종교를 과학적으로 입증하려는 시도나(창조과학), 과학에서 종교적 메시지를 찾으려는 시도(아인슈타인)는 그런 점에서 일종의 범주 오류이다. 종교의 서술 방식이 이야기라면, 그 내용은 도덕과 형이상학으로 대별된다. 종교의 형이상학도 과학의 방식으로 입증할 수 없다. 형이상학과 종교는 세상을 총체적 관점에서 접근하며 아울러 그 의미를 묻는 담론이다. 이론이나 과학의 영역에도 상대성 이론처럼 큰 스케일을 자랑하는 관점이 있지만, 그 역시 시공간이라는 특정한 주제에 국한되어 있다는 점에서, 그리고 그 의미가 아닌 기능을 서술한다는 점에서 형이상학이나 종교와 차이가 있다.

종교의 또 하나의 핵심인 도덕은 형이상학과 밀접한 관계하에 있으며, 역시 이야기를 통해 그 메시지를 전달한다. 우리는 종교가 역설하는 도덕을 형이상학과 이야기의 문맥에서 이해하고 내면화한다. 예컨대 최후의 심판을 믿는 기독교도는 자신의 삶 전체를, 혹은 좁게는 자신의 어떤 행위를 최후의 심판이라는 잣대에 비추어 반성하고 판단 내릴 것이다. 그러므로 최후의 심판이 언제인지, 어떻게 입증할 수 있는지를 따지는 것은 최후의 심판에 대한 빗나간 해석이자 종교에 대한 잘못된 접근이다.

헤세의《싯다르타》는 인간 싯다르타의 삶의 여정에 대한 이야기를 통해 그의 깨달음과 가르침을 형상화하고 있다. 싯다르타의 사유는 그가 처한 구체적 상황과 밀접한 관계 속에 독백이나 대화를 통해 전개된다. 우리가 살펴본 싯다르타의 사유 주제와 거기서 비롯되는 명제들은 분명 철학적인 것들이지만, 이들은 전형적 철학 작품에서처럼 철학적 이야기나 이론의 모습으로 논증적으로 정연하게 다듬어져 있다기보다, 주어지는 다양한 삶의 사태에 대한 감응과 성찰로서 단편적이고 직관적인 형태로 텍스트 여기저기에 산만하게 흩어져 있다. 그것은 삶이라는 여행의 과정에서 이루어진 여러 시도와 좌절과 시행착오와 수정과 스케치로 가득 찬 생생한 작업 노트나 앨범과도 같은 것이다.

싯다르타에게 있어 열반이란 없다. 새로운 모습으로 거듭나는 삶이 있을 뿐이다. 열반은 싯다르타의 목적이 아니다(Hesse 1973, 466쪽).[12] 거듭 남의 과정에서 과거는 현재에 흔적이나 그림자로 남아 있다기보다, 해체나 극복, 혹은 망각의 형태로 소진되거나 매듭지어져 돌연한 출발을 예비한다. 돌연한 출발이 함축하는 단절과 불연속은 되돌아옴이라는 텍스트의 거시적 플롯에 의해 균형을 이루면서, 싯다르타의 삶은 차이와 반복의 이중주라는 흐름으로 전개된다. 그런 점에서 텍스트《싯다르타》의 감동적 종결부를 싯다르타의 탐구의 최종 결론이나 그가 도달한 불변의 진리, 혹은 해탈의 경지로 보아서는 안 된다. 그것은 한 인간의 삶과 하나의 텍스트가 숙명적으로 공유하고 있는 유한성에서 불가피하게 이루어진 잠정적 매듭일 뿐이다. 텍스트《싯다르타》가 끝난 이후에도 싯다르타의 삶은 지속될 것이다. 설령 더 이상의 깨달음이 없다 해도 자신이 깨달은 경지를 지키고 닦는 정진은 계속될 것이다.

---

12 따라서 번뇌를 끊지 않고도 열반을 얻는다는 김영민 교수의 주장은《싯다르타》에 대한 해석으로서는 잘못된 것이다(김영민, 1997).

옛 성현의 깨달음과 정진을 엿보았다 해서 우리가 바로 그 경지에 이르는 것은 아니다. 경지를 넘어서는 일은 고사하고 경지를 이루고 지키는 일도 우리에겐 벅차기만 하다. 그러나 보다 용기 있는 사람에게, 아니 어쩌면 모든 사람에게 이와는 다른 길이 열려 있다. 우리 자신의 삶은 각자의 몫으로 저마다 다른 방식으로 자기 앞에 주어져 있기 때문이다. 그 삶은 성현도 대신할 수 없는 것이어서 우리는 스스로의 힘으로 거듭나며 살아가야 한다. 그 과정에서 저마다의 경지를 이루고 허물고 또 달리 이루어내며, 일신우일신(日新又日新) 정진하는 것이 수행자의 과제이다. 이것이 헤세의 싯다르타가 우리에게 전하는 메시지이다.

4장 비트겐슈타인, 용수를 만나다

1. 접속

이 장에서 우리는 비트겐슈타인의 철학을 용수(龍樹; Nāgārjuna)의 철학적 관점에서 규명하고, 또한 용수의 철학을 비트겐슈타인의 관점에서 읽어냄으로써 비트겐슈타인과 용수의 철학에 대한 기존의 해석을 교정하려 한다. 양의 동서와 시대의 차이로 상호 간에 멀게만 느껴졌던 비트겐슈타인과 용수의 철학을 평면적으로 단순 비교를 하기보다는, 서로에게 유익하고 생산적인 대화로 이끌려는 것이 이 장의 목적이다.

　동양과 서양의 철학적 만남이 생산적인 대화로 성공적으로 이끌어지려면, 만남에 참여하는 어느 한쪽이 자신의 철학적 입장을 상대방이 수용할 것을 전제하거나 강요해서는 안 될 것이다. 예컨대 보편적 합리성이나 과학적 객관성과 같은 이념이 쌍방 간의 대화를 가능케 하는 유일한 척도를 제공해준다는 전제하에 만남의 틀이 짜일 때, 그 대화는 애초부터 불평등한 관계에서 시작될 것이며, 결국은 비생산적인 형태로 끝나고 말 것이다. 하이데거와 데리다가 폭로하고 있듯이, 전제되는 두 이념은 서양의 이성중심적 형이상학과 그 뿌리를 같이하는, 서양중심적 척도이기 때문이다.

서양에서 용수의 중관(中觀)철학에 대한 수용과 해석의 역사는 동서의 진정한 만남이 얼마나 어려운지를 잘 노정하고 있다. 용수의 중관철학에 대한 서양인들의 첫인상은 허무주의, 바로 그것이었다(Keith 1923, 237, 239, 247, 267쪽; Kern 1896, 126쪽). 중관철학의 핵심 개념인 공(空)을 무(無)로 간주한 데서 비롯된 이러한 입장은 윤리적 가치를 포함한 일체를 오로지 부정한다는 의미로만 공(空)을 해석하거나, 혹은 공(空)이나 무가 있다는 식으로 공(空)을 사물화하여 해석하고 있다. 그러나 이러한 해석은 중관철학자들 스스로에 의해 명백히 부정되고 있다. 예컨대 짠드라끼르띠(Candrakīrti)는 용수의《중론》을 주석 하면서 다음과 같이 말한다.

당신은 당신 자신의 사물화된 개념을 가지고 공(空)에 허무주의적 의미를 부과하며 [⋯] 이러한 모욕적인 혐의로 우리를 비방한다. (*Prasannapadā*, 490쪽)

용수의 중관철학은 허무주의적 해석에 이어, 20세기 서구 불교계에 커다란 영향을 미친 무르티의 주도하에 칸트의 절대적 관념론의 틀로 해석되기에 이른다. 무르티에 의하면 공(空)은 칸트의 누메나와 같은 것으로서(Murti 1955, 294쪽), 현상계 배후의 실재요 현상계의 초월적 토대이다(Murti 1955, 234-235쪽). 그러나 무르티는 다음에서 보듯이 용수가 허무주의뿐 아니라 절대주의도 부정하고 있음을 간과하고 있다.

존재한다고 하는 것은 항상됨에 집착하는 것이고, 존재하지 않는다고 하는 것은 단멸(斷滅)에 집착하는 것이다. 그러므로 명석한 사람은 존재성이나 비존재성에 의거해서는 안 된다. (*Madhyamaka-Śāstra*, 15.10)

앞서 보았듯이 동서 철학의 진정한 만남이 성사될 수 있는지의 여부는, 쌍방이 대화와 타협이 가능한 열린 마음과 언어로 만남의 테이블에 임하느냐에 달려 있다. 무르티의 용수 해석이 준거점으로 삼고 있는 칸트의 절대적 관념론의 경우, 바로 그 절대성의 주장이 타자와의 대화와 타협을 어렵게 한다.

이 장이 시도하고 있는 비트겐슈타인과 용수의 만남은, 양자가 절대적 진리나 보편적 토대와 같은 형이상학적 언어를 지양한다는 점에서 열린 대화의 전망을 밝게 한다. 물론 양자의 만남이 이 장에서 처음 이루어지고 있는 것은 아니다. 비트겐슈타인과 용수를 체계적으로 비교하고 있는 거드문센(Gudmunsen 1977)의 작업은 특히 용수의 해석에 있어서 새로운 전기를 마련하고 있는 것으로 평가된다(Huntington 1989, 31쪽). 그러나 거드문센은 비트겐슈타인과 용수를 해석함에 있어서, 그들과 맞지 않는 이분법적 위계를 적용하는 오류를 범하고 있다. 거드문센(Gudmunsen 1977, 44, 52-53, 55쪽)에 의하면 비트겐슈타인과 용수의 언어는 일차적 체계와 메타 체계, 이렇게 두 체계로 구성되어 있다. 사물에 관한 언어(속제; 俗諦; samvrti)가 일차적 체계에 속한다면, 그 언어에 관한 언어인 공(空)의 언어(진제; 眞諦; paramārtha), 철학의 언어는 메타 체계에 속한다는 것이다. 그러나 다음에서 보듯 비트겐슈타인과 용수는 이러한 언어관을 명백히 부정하고 있다.

우리는 이렇게 생각할 수 있다. 철학이 "철학"이라는 낱말의 쓰임에 대해 말한다면, 2차 철학이 있어야만 한다. 하지만 사실은 그렇지 않다. 오히려 그것은 철자법의 경우에 대응한다. 철자법은 "철자법"이라는 낱말도 다루지만 그렇다고 해서 2차 철자법이 있는 것은 아니다. (PI, §121)

세간의 언어 관습에 의거하지 않고는 최고의 의의(意義)는 가르쳐지지

않는다. (*Madhyamaka-Śāstra*, 24.10)

비트겐슈타인과 용수는 거드문센의 해석 틀을 이루는 이분법과 같은 것이 가치의 서열화와 그에 수반되는 형이상학적 위계를 형성해냄을 지적하고 이를 해체하려 한다. (형이상학이라는 개념 자체가 이미 위·아래, 선·후의 위계를 내포하고 있다.) 해체를 통해 그들이 돌이켜 확인하고자 하는 것은, 위계의 부과에 의해 만들어진 형이상학적 세계관이 초월해버린 이 삶의 세계와, 그 세계에서 언어가 사용되는 자연스러운 방식이다.

철학사적으로 볼 때 비트겐슈타인의 철학과 용수의 철학은 각각 러셀 및 청년 비트겐슈타인[1]과 아비다르마 철학을 비판하면서 성립되었다. 비트겐슈타인과 용수의 철학의 주제는 러셀/청년 비트겐슈타인과 아비다르마 철학과 밀접히 연관되어 있다. 러셀/청년 비트겐슈타인과 아비다르마 철학을 관통하는 세계관은 원자론이다. 이들에 대한 비트겐슈타인과 용수의 철학의 비판도 바로 원자론을 겨냥하고 있다. 따라서 원자론에 대한 논의는 이 장의 자연스러운 출발점이 된다.

2. 조각난 언어, 조각난 세계

오랜 역사를 지닌 데다 갈래도 다양한 원자론을 정의하기란 쉽지 않다.

---

1 이 장에서 '청년 비트겐슈타인'과 '비트겐슈타인'은 동일 인물이다. 그러나 주지하다시피 비트겐슈타인의 철학은 《논리-철학논고》를 기점으로 전·후기로 나뉜다. 비트겐슈타인은 《논리-철학논고》에서 원자론적 언어관을 전개하고 있고, 그 이후의 작품들에서는 이를 비판하고 있다. 이 장에서 우리는 이 점을 강조할 경우에 한해 비트겐슈타인의 전·후기를 각각 '청년 비트겐슈타인'과 '비트겐슈타인'으로 나누어 이름 부르려 한다.

그러나 철학에 있어서 원자론은 대체로 세계를 더 이상 분석되지 않는 궁극적 원자들로 환원해서 이해하려는 입장을 통칭한다. 궁극적 원자들은 (1) 단순한 것이며, (2) 또 상호 독립적이어야 한다는 것이 원자론의 토대를 이루는 공준이다. 우리는 (1)을 단순성의 공준, (2)를 상호 독립성의 공준이라 부르고자 한다. 그렇다면 각 공준의 근거는 무엇인가? (1) 만일 원자들이 단순하지 않다면 그것은 보다 단순한 것으로 더 분석되어야 할 것이며, 이로 말미암아 애초에 원자로 여겨진 것들이 사실은 더 이상 분석되지 않는 궁극적 원자가 아님이 입증될 것이다. (2) 또한 만일 원자들이 상호 독립적이지 않다면 한 원자가 다른 원자를 포함하거나 배제하는 경우가 가능할 것이며, 이로 말미암아 애초에 원자로 여겨진 것들이 사실은 더 이상 분석되지 않는 궁극적 원자가 아님이 입증될 것이다.

　앞의 두 요건을 만족시키는 원자는 어떠한 것일까? 아니 그에 앞서 우리는 그러한 원자가 어떠한 것인지 어떻게 알 수 있는가? 러셀과 청년 비트겐슈타인이 이끄는 분석철학의 전통은 (1) 언어와 세계가 동일한 형식, 동일한 구조를 공유하고 있으며, (2) 언어가 세계를 반영하고 있다고 본다. (1)은 언어-세계 동형론(同形論)으로, (2)는 언어의 그림 이론으로 각각 알려져 있으며, 동형론은 그림 이론의 논리적 전제에 해당한다. 그림의 작업이 가능하기 위해서는 그림과 그림의 대상 사이의 비교와 대응이 가능해야 하는데, 이를 위해서는 다시 양자 사이에 어떠한 공약수가 마련되어야 할 것이다. 동형론은 양자 사이에 공유된 동일한 논리적 형식, 동일한 논리적 구조를 바로 그러한 공약수로 지목하고 있다.

　분석철학의 전통에서 원자론적 세계관은 결국 언어에 대한 철학적 분석을 통해 추론되는 입장이다. 이제 청년 비트겐슈타인을 좇아 그 추론의 구조를 살펴보자. 다음에서 L로 표시되는 명제는 언어에 관한 명제이고, W로 표시되는 명제는 세계에 관한 명제이다. LW로 표시되는 명제는 언어와 세계 사이의 관계에 관한 명제이다.

> (L1) 언어는 명제들의 집합이다.
> (W1) 세계는 사실들의 집합이다.
> (LW1) 언어와 세계는 동일한 논리적 형식, 논리적 구조를 공유하고
> 있다.
> (L2) 명제는 더 이상 다른 명제로 분석될 수 없는 가장 단순한 명제인
> 요소 명제로 환원된다. 명제의 참/거짓 여부는 요소 명제의 참/
> 거짓 여부에 의해 결정된다.
> (LW2) 요소 명제는 사실을 그린다.

(L2)는 명제가 요소 명제의 진리 함수임을 서술하고 있다. 이를 동형론(LW1)과 그림 이론(LW2)의 전제에 적용할 때, 세계는 명제들의 진리 함수적 구조에 부합하는 방식으로 분석된다. 우리는 언어와 세계에 대한 이러한 분석의 틀을 진리 함수적 분석론이라 부르고자 한다.

진리 함수적 분석론을 통해 발견되는 원자는 언어의 측면에서는 요소 명제이고, 세계의 측면에서는 그에 대응하는 사실이다. 사실은 요소 명제의 지시체로 상정된 것이므로 양자는 동전의 양면처럼 동등하게 취급될 수 있다. 논의의 편의를 위해 요소 명제에 초점을 맞추어보자. 진리 함수적 분석론이 발견한 궁극적 원자로서의 요소 명제들은 원자가 갖추어야 할 조건, 즉 (1) 단순하고, (2) 또 상호 독립적이어야 한다는 조건을 충족시켜야 할 것이다. 요소 명제들이 단순하다는 의미는 그 명제들이 더 단순한 명제로 분석될 수 없다는 것이다. 요소 명제들이 상호 독립적이라는 의미는 요소 명제들 사이에 상호 함축이나 배제의 관계가 존재하지 않는다는 것이다. 이를 좀 더 살펴보기로 하자.

명제 p와 q가 상호 독립적이기 위한 조건으로 다음의 여덟 가지를 들수 있다.

1) p는 q를 함축하지 않는다.　　　　　(p ⊭ q)

　　　　　　　　　　　　　　　　⊭ : 함축하지 않는다

2) q는 p를 함축하지 않는다.　　　　　(q ⊭ p)

3) p는 q의 부정을 함축하지 않는다.　　(p ⊭ ~q)

4) q는 p의 부정을 함축하지 않는다.　　(q ⊭ ~p)

5) p의 부정은 q를 함축하지 않는다.　　(~p ⊭ q)

6) q의 부정은 p를 함축하지 않는다.　　(~q ⊭ p)

7) p의 부정은 q의 부정을 함축하지 않는다. (~p ⊭ ~q)

8) q의 부정은 p의 부정을 함축하지 않는다. (~q ⊭ ~p)

이들 중에서 1)은 8)과, 2)는 7)과, 3)은 4)와, 5)는 6)과 논리적으로 동치이므로 앞의 여덟 가지 조건은 결국 네 가지로 줄일 수 있다. 혹은 함축에 모순의 개념을 더하여 이 네 가지 조건을 다시 다음과 같은 세 명제로 표현할 수 있다.

I) p와 q는 상호 함축하지 않는다. (1,2,7,8)

II) p와 q는 상호 모순되지 않는다. (3,4)

III) p의 부정과 q의 부정은 상호 모순되지 않는다. (5,6)

상호 독립성의 조건을 모두 만족시키는 명제 p와 q의 위상을 벤 다이어그램으로 나타내 보면 다음과 같다.

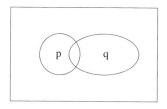

앞의 벤 다이어그램은 상호 독립적인 p와 q가 각각 그 내용에 있어서 서로 겹치는 부분과 그렇지 않은 부분으로 더 분석될 수 있음을 보여주고 있다.

반면 단순성의 조건을 만족시키는 명제 r과 s의 위상을 벤 다이어그램으로 나타내 보면 다음과 같다.

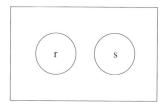

그러나 이 두 명제는 상호 독립적이지 않다. 상호 독립성 조건의 5), 6) 혹은 III)을 위반하고 있기 때문이다.

요컨대 두 명제의 상호 독립성은 각 명제의 단순성과 양립할 수 없다. 단순한 명제들은 상호 독립적이지 않고, 상호 독립적인 명제들은 단순하지 않다. 진리 함수적 분석론에서 단순성의 공준과 상호 독립성의 공준을 모두 만족시키는 원자가 요소 명제와 그 지시체인 사실이라면, 우리의 분석은 그러한 요소 명제나 사실이 성립 불가능함을 입증한다. 이는 곧 진리 함수적 분석에 입각한 청년 비트겐슈타인의 원자론이 성립할 수 없는 입장임을 함축한다.[2]

2　비트겐슈타인이 요소 명제들 간의 상호 독립성을 포기하게 된 경로는 이 장에서의 방향과는 좀 다

3. 시네마 천국

분석철학에서 행하는 분석이 진리 함수적 분석의 선에서 그치고 마는
지에 대해서는 이론의 여지가 있다. 예컨대 러셀은 요소 명제가 이름으로
더 분석되고, 이름의 지시체인 개별자, 성질, 관계가 진정한 원자라는 입
장을 편다. 그는 감각 자료, 마음의 상태, 보편자 등을 그 구체적인 예로 꼽
고 있다. 경험적 세계의 궁극적인 원자가 감각 자료라면, 마음의 세계의
궁극적인 원자는 마음의 상태이며, 추상적·논리적 세계의 궁극적인 원
자는 보편자이다. 러셀에 의하면 이 세 종류의 원자는 모두 직대면
(acquaintance)에 의해 우리에게 알려진다. 결국 러셀의 원자론은 (1) 감각
자료를 원자로 삼는 경험주의, (2) 마음의 상태를 원자로 삼는 데카르트
주의, (3) 보편자를 원자로 삼는 플라톤주의의 삼위일체로 이루어져 있
다. 이들 세 입장을 관통하는 공통의 끈이 있다면 그것은 인식론적으로
는 직대면의 원리이고, 존재론적으로는 언어-세계 대응론이다.

아비다르마 철학은 진리 함수적 분석의 차원에서 한 걸음 더 나아가
새로이 펼쳐진 원자론의 지평에서 러셀의 철학과 조우한다. 아비다르마
철학에 의하면 세계는 다르마(dharma; 法)라는 궁극적 원자들로 이루어져
있다. 경계(境界; visaya)와 심소(心所; caitta)는 각각 감각 자료와 마음의 상태
를 지시하는 다르마이며, 수(受; vedanā)는 락(樂; suhka), 고(苦; duhkha), 사(捨;
upeksā)를 통칭하는 보편적 다르마이다. 또한 상(想; samjñā)은 감각에 사적
(私的)으로 이름을 부여하는 경험에 대응하는 다르마이며, 명신(名身;
nāma-kāya)과 문신(文身; pada-kāya)은 각각 낱말과 문장에 의미를 부여하는
관계를 나타내는 다르마이다. 다르마들은 궁극적 원자가 그러한 것처럼

르다. 그는 색깔 배제 현상에 관련된 명제들의 분석을 통해 요소 명제들 간의 상호 독립성을 포기하
게 된다. 이승종 2002b, 3장 참조.

단순하고 상호 독립적이며(Stcherbatsky 1923, 74쪽), 다르마들에 대한 인식에 근거한 지식이야말로 유일하게 확실한 지식으로 간주된다.

앞서 우리는 진리 함수적 분석론에서 궁극적 원자로 상정된 요소 명제들, 혹은 사실들이 각각 단순한 동시에 상호 독립적일 수 없음을 보았다. 진리 함수적 분석의 차원에서 한 걸음 더 나아가 새로이 펼쳐진 원자론의 지평에서 발견되는 감각 자료나 다르마와 같은 원자들의 경우는 어떠할까? 우선 진리 함수적 분석론에서 상정된 원자가 명제나 사실인 데 반해, 러셀과 아비다르마 철학에서 상정된 원자는 대상이나 상태이며, 이에 대한 언어적 표현이 명제가 아니라 이름, 혹은 개념이라는 점을 상기할 필요가 있다. 명제 간의 상호 독립성을 정의하고 분석하는 데 사용되었던 함축, 모순 등의 용어는 이름, 혹은 개념 간의 상호 독립성을 정의하고 분석하는 데 그대로 적용될 수는 없다. 그러나 함축을 포함으로, 모순을 배제로 바꾸어 적용한다면 우리는 마찬가지 결과에 도달할 것이다. 요컨대 러셀과 아비다르마 철학에서 상정된 원자들도 단순성과 상호 독립성의 공준을 동시에 만족시킬 수는 없다. 이는 곧 이들의 원자론도 진리 함수적 분석에 입각한 청년 비트겐슈타인의 원자론과 마찬가지로 성립할 수 없는 입장임을 함축한다.

청년 비트겐슈타인의 원자론에서 분석의 대상인 언어와 사실 세계는 정지되어 있다. 진리 함수적 분석론은 시간적 계기가 배제된 정태적인 구조 분석론이다. 러셀과 아비다르마 철학자들은 자신들의 원자론에 변화와 시간의 계기를 부여함으로써, 청년 비트겐슈타인의 원자론을 비롯한 여타의 원자론이 갖는 난점들을 타개하려 한다. 러셀은 다음과 같이 말한다.

만약 어떠한 사물이 정말로 실재한다면 그 사물은 영속적으로, 혹은 적어도 상당히 오랜 기간 지속해야 한다는 형이상학적 편견이 있다. 이러한 견해는 내가 보기에 완전히 잘못되었다. 정말로 실재하는 사물들은 순간적이다. 그렇다고 해서 어떤 사물들이 수천 년간, 혹은 영원히 지속될 수 있음을 부정하는 것은 아니다. 다만 그러한 사물들은 우리의 경험을 초월해 있으며, 우리가 경험을 통해 아는 실재하는 사물들은 매우 순간적으로만 지속됨을 말하려는 것이다. (Russell 1918, 274쪽)

정말로 실재하는 사물들이 순간적이라는 러셀의 명제는 불교적이다. 아비다르마 철학자들에 의하면 열반과 공간을 제외한 모든 다르마는 찰나적이다. 아비다르마 철학의 대표적 학파로 꼽히는 설일체유부(設一切有部)는 이를 찰나삼세론(刹那三世論)이라는 이론으로 설명하고 있다. 이 이론에 따르면 모든 다르마들은 찰나적 현재뿐 아니라, 바로 그 현재에 선행하는 찰나적 과거와 그 현재에 뒤따르는 찰나적 미래, 이렇게 삼세에 걸쳐 존재한다. 요컨대 변화하는 것은 다르마들이 아니라 시간이다. 모든 다르마는 과거, 현재, 미래에 걸쳐 항상 존재하는 진실된 본질(svabhāva; 자성(自性))과 그것의 찰나적인 현현(顯現; laksana; 상(相)), 이렇게 두 가지 상이한 수준으로 이루어져 있다(Stcherbatsky 1923, 42쪽). 시간의 상하(相下)에서 볼 때, 다르마들은 단순히 나타났다가 사라지는 덧없는 것들이다. 그러나 자성(自性)의 상하(相下)에서 볼 때, 다르마들은 미래로부터 현재로, 다시 과거로 움직일 뿐이다.

찰나삼세론의 구조는 영화 메커니즘의 구조와 유사하다(櫻部建·上山春平 1969, 61쪽). 하나의 릴에서 송출된 영화의 필름은 한 장면 한 장면 광원 앞에 나타나고, 이 광원에 의해 비춰져 스크린 위에 한순간 화면을 투영한 뒤 다음 순간에 다른 릴로 감겨간다. 필름의 흐름은 이처럼 하나의 릴에서 다른 릴로 계속 움직여가지만, 필름에 인화된 하나의 화면 그 자체는 처음의 릴 속에 있을 때에도, 광원에 비춰질 때에도, 다른 릴에 감겼을 때에도 움직이지도 변하지도 않고 존재한다. 그리고 스크린에 차례로 투영된 영상은 하나하나로서는 순간적이며 움직이지 않으면서도, 이것이 부단히 연속함으로써 시간적 경과 속에서 변화하고 활동하는 영상의 사건을 구성해간다. 이 영화 메커니즘에서 처음의 릴은 다르마가 경과하는 삼세 중 미래의 영역에, 광원에 의해 비춰지는 순간은 현재에, 다음의 릴은 과거의 영역에 해당된다. 필름의 매 장면이 곧 함께 일어나는 다르마들의 집합이다. 그리고 스크린에 비춰진 변화하고 활동하는 영상의 사건은 현실의 세계에 해당된다. 결국 다르마들은 변하는 것이 아니라 시간이라는 흐름에서 영화 필름처럼 연속적으로 상영되는 것이다.

설일체유부는 찰나삼세론의 근거를 다음과 같이 논증하고 있다. 과거 및 미래의 대상이 실재하지 않는다면, 우리가 과거와 미래에 대하여 행하는 인식은 대상을 갖지 않을 것이다. 그러나 대상이 없는 인식은 있을 수 없다. 마음이 과거를 기억하고 미래를 예상하는 이상, 이 기억과 예상이라는 생각의 대상이 되는 과거와 미래의 다르마들은 당연히 실제로 존재해야 한다(櫻部建·上山春平 1969, 72쪽; 梶山雄一·上山春平 1969, 52쪽). 그러나 이는 부당한 논증이다. 추억 속의 고향이 실제 고향과 같을 수 없고, 예상한 미래가 실제와 같을 수 없다. 지향적 대상은 실제 존재하는 대상과 동일시될 수 없다. 환각이나 착시, 혹은 상상 속에서의 대상은 실제 존재하는 대상이 아니지만, 우리의 의식은 그러한 대상을 지향할 수 있다.

찰나삼세론은 또한 다음과 같은 여러 문제를 야기한다. 첫째, 찰나삼세론은 운동을 부정한다. 실제로 존재하는 다르마는 출현하자마자 소멸하여 운동할 시간이 없다. 모든 운동은 영화 필름의 각 조각들처럼 서로 연속하여 잇닿아 있는 일련의 다르마들이 개별적으로 출현하고 소멸하는 과정일 뿐이다. 둘째, 찰나삼세론은 인과 개념을 약화시킨다. 원인은 실제 원인이 아니라 단지 선행하는 찰나에 불과하기 때문이다. 셋째, 찰나삼세론은 시간을 파편화한다. 시간은 다르마들이 현현하는 찰나로 쪼개지며, 이 찰나는 곧 다르마와 구별되지 않는다. 설일체유부는 이러한 문제들의 심각성을 제대로 인식하지 못했던 것 같다. 설일체유부가 초래한 난제들은 후에 용수에 의해 이루어진 새로운 연기 해석에 의해서 비로소 올바로 파악되고 또 해소된다.

4. 딱정벌레

세계의 구조가 논리적이라는 언어-세계 동형론은 언어의 구성적 관계를 세계에 확대 적용한 경우이다. 동형론은 언어와 세계가 서로 다른 범주에 속함을 간과했다는 점에서, 혹은 언어와 세계의 동형성을 아무런 정당화 없이 전제했다는 점에서, 범주 오류나 전제 밀수의 오류를 범하고 있는 것처럼 보인다. 언어-세계 동형론이 함축하는 의미론은 언어가 세계를 지시함으로써 의미를 얻는다는 지시적 의미론이다. 지시적 의미론은 언어와 세계의 대응을 전제로 하고 있다. 그러나 언어와 세계의 대응은 언어의 구성 요소가 세계의 구성 요소에 대응하는 일대일 대응의 관계일 수 없다. 언어와 세계의 구성 요소는 각 요소가 속해 있는 언어와 세계라는 집합체에 유기적으로 얽혀 있기 때문이다. 예컨대 "빨강"이라는 낱말은 색채 개념을 구성 요소로 하는 언어와 문법을, 빨강이라는 색은 그 색을 띤 대상과 아울러 색의 스펙트럼을 전제로 하고 있다. 낱말이 대상을 지시하도록 설정할 경우에도 사정은 마찬가지이다. 우리가 어린이에게 빨간색 연필을 가리키면서 "이것이 토우브야"라고 말했을 때, 우리의 말은 토우브가 무엇을 의미하는지 확정하지 못한다. 토우브는 빨간색, 목재, 연필, 딱딱함 등등 다양한 것에 대응될 수 있기 때문이다(BB, 2쪽). 어린이는 우리의 발언이 사물의 어떤 점을 어떤 관점에서 말하고 있는지 알 수 없다. 이는 지시가 의미의 원천일 수 없음을 시사한다. 지시가 그보다 더 원천적인 많은 것을 전제로 하고 있기 때문이다. 그리고 의미가 지시보다 오히려 그 전제들에서 비롯되는 것처럼 보이기 때문이다.

그러나 적어도 고통과 같은 마음의 상태를 나타내는 낱말의 의미는 분명 그 지시체에 의해서 주어진다고 보아야 하지 않을까? 그리고 이러한 1인칭적·사적 체험과 그 서술은 틀릴 수 없다는 점에서 직대면과 지시의 다른 어떠한 경우보다도 더 확실하다고 보아야 하지 않을까? 고통과 같은 사적 감각에 관한 표현에 대응하는 지시체가 존재한다는 생각은 사적 감각을 하나의 사물로 간주하는 데서 비롯된다. 그러한 생각은 다시 사적 감각이 어떤 것이어야 한다는 생각에 이르게 한다. 그런데 사적 감각이 하나의 사물이기 위해서는 그것을 확인할 수 있는 어떤 기준이 있어야 한다. 그러나 우리가 사적 감각의 경우를 신중히 살펴보면 우리는 결코 그러한 기준을 확보할 수 없음을 알게 된다. 문제는 내가 사적 감각을 지시하는 경우에 있어서, 정말로 올바른 지시와 내가 올바르다고 생각하는 지시를 판별할 방법이 없다는 데 있다. 이 사정을 비트겐슈타인은 다음과 같이 묘사하고 있다.

> 그러나 우리의 경우, 내게는 사실 올바름에 대한 기준이 전혀 없다. 여기서 우리는 다음과 같이 말하고 싶다. 내게 올바르게 보이는 것은 무엇이든 올바르다. 그리고 이것은 단지 여기서 우리가 '올바름'에 관해 말할 수 없음을 의미할 뿐이다. (PI, §258)

그러므로 '규칙 따르기'는 하나의 실천이다. 그리고 규칙을 따른다고 **생**

각하는 것은 규칙을 따르는 것이 아니다. 그렇기 때문에 우리가 '사적(私的)으로' 규칙을 따르는 것은 불가능하다. 그렇지 않다면 규칙을 따르고 있다고 생각하는 것은 규칙을 따르는 것과 같을 것이기 때문이다. (PI, §202)

올바른 지시와 그렇지 못한 지시를 판별할 수 없다면, 지시 대상으로서의 사적 감각 개념은 그 의미를 잃게 된다.

우리의 이해를 돕기 위해 비트겐슈타인은 다음과 같은 예를 고안한다. 모든 사람들이 저마다 상자를 하나씩 가지고 있으며 그 안에 어떤 것이 들어 있다고 하자. 그것을 '딱정벌레'라고 부르기로 하자(PI, §293). 아무도 다른 사람의 상자 안을 들여다볼 수 없다. 따라서 모든 사람들은 저마다 자신의 상자 안을 들여다봄으로써만 '딱정벌레'가 무엇을 의미하는지 알 수 있다. 그러나 아무도 다른 사람의 상자 안에 무엇이 있는지 알 수 없기 때문에, 사람들이 '딱정벌레'에 관해서 말하고 있을 때, 그것이 상자 안에 있는 것일 수 없다. "여기서 모든 사람이 각자 자신의 상자 안에 서로 다른 사물을 가질 수도 있을 것이다"(PI, §293). 사실상 상자가 비어 있다고 해도 문제가 될 것은 없다(PI, §293). 요컨대 '딱정벌레'라는 낱말이 어떤 쓰임을 갖는다면, 그것은 상자 안에 있는 것과 아무런 연관이 없는 것이다. 마찬가지로 '감각'이라는 낱말의 의미의 유일한 원천이 사람들 저마다의 서로 다른 사적 감각에 대한 지시체라면, 그 낱말에 대한 공통적인 의미는 있을 수 없다. 그러나 '감각'이라는 낱말은 일상의 문맥에서 사용되고 있다. 이는 그것의 의미가 사적 감각에 관한 지시체로부터 비롯되는 것이 아님을 시사한다. 비트겐슈타인은 다음과 같이 말하고 있다.

우리가 감각을 표현하는 문법을 '대상과 이름'이라는 모형에 따라 구성한다면, 대상은 상관없는 것으로 간주되어 우리의 고찰에서 제외된다.

(PI, §293)

그러므로 우리는 다음과 같은 결론에 이르게 된다. 의사소통이 가능하다면 사적 대상은 전혀 쓸모가 없게 된다. 거꾸로 사적 대상이 어떤 역할을 하게 되면 의사소통은 불가능해진다.

지금까지의 논의는 감각에 대한 지시체가 확정될 수 없음을 보여준다. 그러므로 언어와 사적인 사물로서의 사적 감각 사이에는 어떤 관계도 성립할 수 없게 된다. 비트겐슈타인은 다음과 같이 말한다.

> '사적 경험'은 우리 문법의 퇴화된 구성물이다. (어떤 의미에서 그것은 동어반복 내지 모순과 비견될 수 있다.) 그리고 이 문법적 괴물이 이제 우리를 바보로 만든다. (LPE, 314쪽)

비트겐슈타인의 의도는 사적 감각이 존재하지 않는다는 것이 아니다. 오히려 그는 다음과 같이 말하고 있다.

> [사적 감각은] 어떤 것은 아니지만, 그렇다고 아무것도 아닌 것은 아니다! 내 결론은 다만, 아무것도 아닌 것은 그것에 대해 아무것도 말할 수 없는 어떤 것과 똑같은 역할을 한다는 것이다. 우리는 여기서 우리에게 집요하게 강요되는 문법을 거부했을 뿐이다. (PI, §304)

우리가 지시의 모형에 기초하여 감각 표현의 문법을 설명하는 한, "[사적 감각은] 어떤 것은 아니지만 그렇다고 아무것도 아닌 것은 아니다"(PI, §304)라는 비트겐슈타인의 주장은 자기모순으로 남는다. 그러나 우리가 앞의 문장을 모순으로 처리하는 문법을 거절한다면, 문제되는 모순은 해소될 수 있다.

사적 언어 불가능성에 대한 비트겐슈타인의 논증은 어떠한 철학적 입장을 겨냥하고 있는가? 우리는 앞서 러셀의 원자론이 (1) 감각 자료를 원자로 삼는 경험주의, (2) 마음의 상태를 원자로 삼는 데카르트주의, (3) 보편자를 원자로 삼는 플라톤주의의 삼위일체로 이루어져 있음을 보았다. 이들 세 입장을 관통하는 공통의 끈은, 인식론적으로는 직대면의 원리였고 존재론적으로는 언어-세계 대응론이었다. 우리는 그중에서도 데카르트주의의 경우가 이 두 공통의 토대를 가장 확실하게 실현하고 있다고 보았다. 그 이유로 우리는 첫째, 고통과 같은 마음의 상태를 나타내는 낱말의 의미가 그 지시체에 의해서 주어지며, 둘째, 이러한 1인칭적·사적 체험과 그 서술이 결코 틀릴 수 없다는 전통적 가정을 꼽았다. 비트겐슈타인의 논증은 바로 이 두 가정이 그릇된 것임을 보여주고 있다. 이는 곧 데카르트주의의 와해를, 더 넓게 보아서는 러셀의 원자론의 와해를 함축한다.

5. 비어 있는 세계

비트겐슈타인의 논증은 불교 철학과는 어떠한 연관성이 있는가? 사적 감각이 그러하듯이 아비다르마 철학에서 다르마는 일상의 문맥으로부터 추상·분리되어 독자적인 자성(自性)을 지니고 있는 것으로 여겨진다. 사적 언어가 그러하듯이 다르마에 관한 언명은 일상적 의사소통을 넘어선 사적 직관의 표현으로 간주된다. 그렇다면 우리는 비트겐슈타인의 논증이 다르마와 그에 관한 언명의 위상을 비판하는 데 적용될 수 있음을 알 수 있다. 설일체유부를 위시한 아비다르마 철학은 우리로 하여금 세계를 각기 자성(自性)을 갖는 다르마라는 원자로 사물화하여 이해하도록 인도한다. 이러한 사물적·원자론적 세계관은 지시적 의미론을 수반한다. 지시적 의미론은 지시체의 확정성을 그 전제로 하는데, 이 전제는 다르마와 같은 원자의 단순성 및 상호 독립성 공준과 연결되어 있다. 사적 언어 논증에 의한 비트겐슈타인의 지시적 의미론 비판은 단순성과 상호 독립성이 양립할 수 없다는 앞서의 논증과 한데 어우러져, 지시적 의미론에 수반된 사물적·원자론적 세계관을 근본적으로 비판할 수 있는 강력한 토대를 확립한다. 용수로 대표되는 중관철학이 비트겐슈타인과 만나게 되는 계기는 바로 이 지점에서 마련된다.

중관철학은 금욕과 고행이라는 양극단을 피하면서 관통하는 부처의 중도(中道)의 가르침에서 비롯된 이름이다. 다른 한편으로 그것은 상호 이율배반적인 그릇된 형이상학들을 일거에 혁파하는 부처의 가르침에서 비롯된 이름이기도 하다. 그 근거는 부처가 깟짜야나에게 한 다음의 설법에서 찾아진다.

> 깟짜야나여, '모든 것은 존재한다'고 하는 것은 하나의 극단이다. '모든 것은 존재하지 않는다'는 것도 또 하나의 극단이다. 깟짜야나여, 여래는 그러한 양극단을 떠나서 중도(中道)로 가르침을 설한다. (*Samyutta Nikaya*, 544쪽)

이 구절이 함축하는 바의 하나는 존재와 비존재를 어떤 것과 아무것도 아닌 것으로 사물화하여 이해하려는 것에 대한 비판이다. 이 설법을 인용하면서 용수는 다음과 같이 말한다.

> 자성(自性)이나 타성(他性), 존재나 비존재를 (있다고) 보는 사람들, 그들

은 부처의 가르침에 있는 진실을 보지 못한다. (*Madhyamaka-Śāstra*, 15.6)

자성(自性), 타성(他性), 존재, 비존재 등 형이상학적 개념의 지시체가 어떤 것, 혹은 아무것도 아닌 것의 형태로 존재한다는 사물적·원자론적 사유 방식과 거기서 비롯되는 세계관은, 우리로 하여금 사물화된 것들에 대한 소유욕과 집착에 빠지게 한다. 그러한 집착은 사물화된 원자들이 영원불변한 자성(自性)을 갖는다는 믿음을 초래한다. 집착이 낳은 이러한 믿음은 그러나 앞서 보았듯이 전적으로 그릇된 것이므로, 우리에게 좌절과 번뇌만을 가져다 줄 뿐이다. 사정이 이러하다면 번뇌의 소멸은 결국 그릇된 믿음, 그릇된 사유 방식, 그릇된 세계관의 해체에서 그 실마리를 찾아야 할 것이다.

비트겐슈타인이 사적 감각에 대해서 그러했던 것처럼 중관철학도 다르마에 대해서 긍정도 부정도 하지 않는다. 이러한 태도는 다르마에 국한된 것이 아니라 사물화된 모든 존재와 비존재 일반에 적용된다. 이와 관련해 용수는 다음과 같이 말한다.

실로 자성(自性)을 가지고 존재하는 것, 그것이 존재하지 않게 되지 않는다면 항상성의 과실에 떨어지고, 이전에 존재했던 것이 지금 존재하지 않는 것은 단멸성(斷滅性)의 과실에 떨어진다. (*Madhyamaka-Śāstra*, 15.11)

다르마가 미래에서 현재로, 다시 과거로 유전하는 경우 그 본래의 자성(自性)을 버리지 않는다는 설일체유부의 찰나삼세론은 바로 항상성의 과실을 범하고 있는 것이다.

자성(自性)이나 타성(他姓), 존재나 비존재, 다르마나 다르마 아님 등의 언어가 사물화되어 사용되는 것을 바로잡았을 때 얻게 되는 깨달음은 무엇일까? 그릇된 사물 언어와 사물화된 지시체를 해체하면서, 우리는 그 것들이 집착에 빠진 우리의 마음과 언어가 지어낸 것임을, 그것들이 사실은 비어 있음을 알게 된다. 요컨대 우리는 그것들의 공성(空性)을 알게 되는 것이다. 그러나 이러한 공(空)의 깨달음은 사물의 존재를 부정하는 허무주의를 함축하는 것은 아니다. 용수는 "나는 사물을 부정하는 것이 아니다"라고 역설하고 있다.[3] 자성(自性)을 갖는 것으로 실체화된 사물이 비어 있음을 깨닫는 일이, 사물의 부정이나 없음을 정립하는 것으로 해석되어서는 안 된다. 후자는 또 한 번의 그릇된 사물화(부정과 무(無)의 사물화)를 초래할 것이기 때문이다. 또한 공(空)의 자각이 사물의 본질을 해명하는 어떤 형이상학적 통찰이나 이론적 테제로 간주되어서도 안 된다. 용수는 다음과 같이 말한다.

> 공성(空性)이란 일체의 견해에서 벗어나는 것이라고 여러 성인들이 말씀하셨다. 그러나 공(空)이 있다는 견해를 다시 갖는 사람은 구제 불능이라고 말씀하셨다. (*Madhyamaka-Śāstra*, 13,8)

공(空)이 있다는 견해를 갖는 사람은 공(空)에 집착하여 공(空)에 대한 형이상학을 전개하려 한다. 용수는 이러한 오류를 막기 위해 공(空)도 비어 있음(空空)을 역설하고 있는 것이다. 공(空)은 마치 치료약과 같아서, 공(空)이라는 약으로 사물적·원자론적 사유의 질병을 치료했으면 그 치료약도 씻어 내야 한다. 남아 있는 약이 위를 해치듯이, 공(空)에 대한 집착도 우리를 다시금 미혹에 빠뜨릴 뿐이다.

철학적 깨달음에 대한 용수의 이러한 태도는 다음에서 보듯이 비트

---

3   龍樹,《廻諍論》, 22쪽, 我不遮

겐슈타인과 닮았다.

> 진정한 발견이란 내가 원할 때 철학하는 일을 그만둘 수 있게 해주는 발
> 견이다.—철학이 더 이상 **스스로**를 문제 삼는 질문들 때문에 고통받지 않
> 도록 철학에 편안한 휴식을 주는 그런 발견이다. (PI, §133)

비트겐슈타인에 있어서 "철학이 더 이상 **스스로**를 문제 삼는 질문들
때문에 고통받지 않도록"하기 위한 하나의 조건은, 철학 고유의 영역이
따로 있다는 그릇된 생각을 버리는 것이다. 그러한 생각은 우리로 하여
금 세계를 사물화하고 언어를 그에 맞춰 재구성하고 재해석하도록 함으
로써, 우리에게 드러난 세계의 다양성과 경험의 유동적인 섞임들과는 질
적으로 다른 개념의 영역을 만들어낸다. 이 개념의 영역에서 나름의 위
계와 작동으로 산출된 것들이 형이상학적 체계들이다. 형이상학은 우리
에게 드러난 (다양하고 개별적인 사건과 사물이 유기적으로 복합되어 있는) 세계를
그와는 질적으로 다른 (단일한 기능으로 추상되고 확장된) 개념 체계로 환원하
여 설명하려 한다.

형이상학이 우리에게 드러난 세계와는 질적으로 다른 개념 체계를
인위적으로 구성하는 데서 비롯되었다면, 그에 대한 비판과 해체의 작업
은 자연히 그러한 개념 체계의 발생을 막거나 그것을 원래의 출발점으로
복귀시키는 작업이 된다. 이는 비트겐슈타인의 말을 빌리면 "우리의 언
어라는 수단을 통해 우리의 이해력에 걸린 마법에 대항하는 투쟁이
다"(PI, §109). 전통 철학으로 하여금 체계를 만들게 하는 추상된 언어의 영
역이 그 자체 자립적인 근거를 가진 것이 아니라 자연적 세계에서 유래한
것이라면, 철학적 개념과 체계의 해체 작업은 하나의 기능과 단일성으로
언어가 고착되기 이전의 지점을 명확히 함에 의해서 가능할 것이다. 전

통 철학이 사용하는 개념들과 그에 의해 산출된 체계가 자립적이고 무한한 절대에 이르기까지 확장되는 데 반해, 일상언어는 그것의 의미를 만들어내는 세계의 자연적 사실들과 조건들에 의해 제약되고 제한되어 있기 때문이다. 비트겐슈타인은 이렇게 말한다.

> 철학은 어떤 식으로든 언어의 실제 쓰임에 간섭해서는 안 된다. 철학은 결국 그것을 기술할 수 있을 뿐이다.
> 왜냐하면 철학은 언어의 실제 쓰임을 정당화할 수 없기 때문이다.
> 철학은 모든 것을 있는 그대로 둔다. (PI, §124)

사용하는 언어는 서로 다르지만 희론적멸(戱論寂滅)을 역설하는 용수도 분명 비트겐슈타인의 이러한 철학관을 공유하고 있다(*Madhyamaka-Śāstra*, 18.5). 용수의 글을 읽어보자.

> 열반은 세간과 조금도 구별되지 않는다. 세간도 열반과 조금도 구별되지 않는다. (*Madhyamaka-Śāstra*, 25.19)

전통적으로 깨달음의 세계는 열반으로, 그에 대립되는 세계는 세간으로 구별되었다. 그러나 용수는 세간의 중요성을 긍정하여 열반이 세간 중에 있음을, 세간을 떠난 열반이 있을 수 없음을 역설하고 있는 것이다.

이처럼 용수와 비트겐슈타인은, 세간과 일상언어를 극복하려 하기보다는 오히려 그것들을 자신들이 생각하는 진정한 철학의 토대와 자료로 삼는다는 점에서, 서로 대단히 근접해 있다. 세간과 일상언어에서 생겨나는 문제들이 있다면 그 문제들을 해결하거나 해소하기 위한 첫걸음은 세간과 일상언어를 초월한 형이상학적 이상세계와 이상언어를 설정하는 것이 아니라, 바로 그 세간과 일상언어 속으로 뛰어드는 것이다.

6. 비어 있는 언어

공성(空性)은 존재론적 차원뿐만 아니라 언어적 차원에도 적용되는 깨달음의 골자이다. 특히 비트겐슈타인은 언어의 공성에 대한 깨달음으로부터 출발하고 있다. 이러한 경향은 이미 청년 시절의 저작에서도 발견된다.

> 나의 명제들은 다음과 같이 해명으로 기여한다. 나를 이해하는 사람은 그가 그것들을 통하여 ─ 그것들을 딛고 ─ 그것들을 넘어서서 올라갔을 때, 종국에 가서는 그것들이 넌센스임을 인지한다. (말하자면 그는 사다리를 딛고 올라간 후에는 그 사다리를 내던져 버려야 한다.)
> 그는 이 명제들을 극복해야 한다. 그때 그는 세계를 올바로 보게 된다.
> (TLP, 6.54)

여기서 말하는 "나의 명제들"은 청년 비트겐슈타인의 철학을 표현하는 명제들이다. "그것들이 넌센스임을 인지한다"는 것은 그 명제들이 무의미함을, 즉 비어 있음을 뜻한다. "사다리를 딛고 올라간 후에는 그 사다리를 내던져 버려야" 하듯이, "이 명제들을 극복해야 한다"는 말은 이 명제들의 공성(空性)을 다시 비워야 함(空空)을 뜻한다. 이처럼 철학적 언어의 공성마저 비워낼 때, 비로소 우리는 "세계를 올바로 보게 된다."

앞서 보았듯이 청년 비트겐슈타인은 사실을 그리는 요소 명제에 대해서는 입장을 달리 하였다. 요컨대 요소 명제는 비어 있지 않으며 서로가 상호 독립적인 확정적 의미를 지니고 있다고 보았다. 그러나《논리-철학논고》이후의 저술에서 비트겐슈타인은 요소 명제가 상호 독립적일 수 없다는 사실을 명백히 인정하게 된다. 그럼으로 말미암아 "요소 명제의 개념은 이제 그것이 과거에 지녔던 모든 중요성을 상실하였다"(PR, 111쪽). 그 대신 언어는 "언어와 그 언어가 얽혀 있는 활동들로 구성된 전체"(PI, §7)인 언어게임의 문맥하에서 고찰된다. 그래서 그는 요소 명제와 그 지시체 사이의 대응 관계에 관한 형이상학적 관심을 던져 버리고, 실제 언어가 삶의 흐름에서 어떻게 사용되는지를 관찰할 것을 권고한다. 이는 그의 언어관이 근본적으로 방향 전환을 이루었음을 뜻한다. 새로운 언어관은 언어와 세계를 각각 토막내는 원자론이 아니라, "삶의 흐름에서"(LW, §913) 언어의 전체적 의미를 살피는 전체론이다. 그래서 "하나의 문장을 이해한다는 것은 하나의 언어를 이해한다는 것을 의미한다. 하나의 언어를 이해한다는 것은 하나의 기술(技術)을 완전히 익힌다는 것을 의미한다"(PI, §199). 여기서의 기술은 언어를 적합하게 사용하는 기술, 언어게임을 올바로 행하는 기술을 뜻한다.

비트겐슈타인의 전체론적 언어관에서 문장이나 명제는 문맥 독립적인 고유한 의미를 지니지 않는다. 의미는 삶의 흐름에, 언어게임의 문맥에 삼투되어 있기에, 그 배경적 흐름과 문맥이 제거되었을 때 문장이나 명제의 의미도 사라진다. 용수의 언어를 빌리면 문장이나 명제는 자성(自性)을 결여하고 있으며, 따라서 비어 있다. 명제가 자성을 지니고 있다는 청년 시절의 생각은 언어의 실제 사용을 무시한 이상주의적 요청일 뿐이었다. 비트겐슈타인은 다음과 같이 고백한다.

우리가 실제의 언어를 정밀하게 검토하면 할수록, 그것과 우리의 요구 사이의 갈등은 더욱 심해진다. (결정체와도 같은 논리학의 순수성은 물론 내게 주어진 것이 아니라 하나의 요구였다.) 갈등은 허용 범위를 넘게 되어 이제 그 요구가 공허한 것이 되고 말 위기에 처한다. ―우리는 마찰이 없는 미끄러운 얼음 판으로 들어선 것이다. 그리고 마찰이 없는 상태는 어떤 의미에서는 이상 적이지만, 바로 그 때문에 우리는 걸을 수 없게 된다. 우리는 걷고 싶다. 따라서 우리에게는 **마찰**이 필요하다. 거친 땅으로 돌아가자! (PI, §107)

실체화되고 이상화된 열반의 개념을 비판하면서 세간이 곧 열반이라고 역설한 용수는, 마찰이 제거된 이상주의적 얼음판에서 마찰로 가득 찬 거친 땅으로 되돌아온 비트겐슈타인과 합류한다.

비트겐슈타인과 용수는 그들의 비판자들에 의해 흔히 사유의 3원칙으로 알려진 동일률, 배중률, 모순율을 부정하는 위험한 인물로 묘사되곤 한다. 비트겐슈타인(PI, §§215-216)이 동일률을 넌센스라고 역설할 때, 그리고 용수가 존재를 긍정하는 명제와 부정하는 명제를 동시에 부정할 때(Madhyamaka-Śāstra, 25.17-18), 그리고 비트겐슈타인이 사적 감각이 "어떤 것은 아니지만, 그렇다고 아무것도 아닌 것은 아니다!"(PI, §304)라고 주장할 때, 실로 이들은 사유의 세 원칙을 조롱하고 있는 것처럼 보인다. 비판자들은 이 세 원칙이 부정될 경우 어떠한 합리적 사유도 불가능하다고 우려할 것이다. 그러나 비판자들은 자신들이 옹호하는 사유의 3원칙이 명제의 자성(自性)을 전제하고 있음을 보지 못한다. 앞의 세 원칙은 각각 명제들 사이의 상호 관계에 관한 것으로서, 관계를 맺는 각 명제들이 문맥 독립적으로 취급되고 있으며, 명제들이 서로 맺을 수 있는 관계에 대해서도 관계의 문맥을 고려하지 않은 채 일괄적으로 허용(동일률, 배중률의 경우)되거나 금지(모순율의 경우)되고 있다. 비트겐슈타인과 용수가 사유의 3원칙을 비판할 때 그들은 바로 이 점을 지적하고 있는 것이다. 이제 이들의 지적을 차례로 살펴보자.

(1) 비트겐슈타인(PI, §§215-216)은 동일률이 다음과 같은 이유에서 넌 센스라고 본다. 모든 존재자(혹은 명제)가 자기 자신과 동일하다는 말의 의미는 무엇인가? 우리는 하나의 존재자가 둘로 복사되어 서로 비교되는 경우, 혹은 존재자의 자리에 구멍이 패어 있고 존재자가 그 구멍에 꼭 들어맞는 경우를 상상한다. 그리고 우리는 이것이 동일률의 의미를 형성한다고 생각한다. 그러나 그것은 존재자(혹은 명제)의 자성(自性)을 전제로 한 상상의 유희일 뿐이다. 상상의 유희로 말미암아 의미를 얻게 되는 동일률이 무슨 쓸모가 있단 말인가? 무엇이 무엇과 같다, 동일하다는 말은 인간에 의한 비교의 작업을 전제로 한다. 비교라는 실천적 작업과 무관한 본질적 동일성, 원초적 동일성이란 성립할 수 없는 형이상학적 사변의 산물일 뿐이다.

(2) 배중률을 형성하는 두 선언지들로 체계의 전 영역이 포괄되며, 하나의 선언지가 부정됨으로써 다른 선언지가 긍정되는 체계에서 배중률은 성립한다. 그러나 이로부터 "사람들은 배중률에서 확고한 어떤 것, 어떤 경우에서든 회의에 빠져들지 않게 할 어떤 것을 이미 얻었다고 생각한다"(RFM V, §12). 배중률의 적용이 제한된 경우에서만 가능하다는 점을 간과한 채 시도된 성급한 일반화에서 비롯되는 이러한 형이상학적 확신은 그릇된 것이다. "3과 4 사이의 정수는 소수이다"라는 무의미한 명제와 "3과 4 사이의 정수는 소수가 아니다"라는 무의미한 명제의 선접(選接; disjunction)은, "3과 4 사이의 정수"라는 표현이 가리키는 바가 없기 때문에 올바른 쓰임을 갖지 못하는 것처럼(Murti 1955, 147쪽), 존재를 긍정하는 형이상학적 명제와 부정하는 형이상학적 명제의 선접도 그것이 가리키는 바가 없기 때문에 올바른 쓰임을 갖지 못한다는 것이 용수가 강조하려는 바이다.

(3) 일반적으로 "사적 감각은 어떤 것이 아니다", "사적 감각은 아무

것도 아닌 것도 아니다"와 같은 상호 모순되어 보이는 문장이 동시에 주어진다면 우리는 이들이 상호 모순된다는 사실이 두 문장이 공존할 수 없는 징표가 된다고 간주한다. 그러나 앞서 보았듯이 이들 문장이 위치한 문맥과 그 문법이 완전히 이해된다면, 모순되어 보이는 두 문장은 상호 공존이 가능한 의미 있는 주장으로 전환될 수 있다. 그리고 그 전환으로 말미암아 두 문장의 관계의 성격은 양립 불가능한 모순의 관계에서 양립 가능한 공존의 관계로 재설정되는 것이다. 전환이 이루어진 경우 두 문장은 우리가 사적 감각에 관한 언명으로 의미하는 바를 문법적으로 상기시켜주는 역할을 하게 된다.

7. 우상의 황혼

철학자들은 삶과 세계를 무엇이라 규정하는 작업을 짜기 위해 끊임없이 "…는 무엇인가?"의 형식을 갖는 질문을 제시했고, 그 답안에 해당하는 개념을 또한 끊임없이 고안했다. "만물의 원질은 무엇인가?", "삶의 의미는 무엇인가?", "가치란 무엇인가?", "진리란 무엇인가?" 등의 질문은 예나 지금이나 철학이라는 담론의 골격을 형성하는 것으로 간주되는 철학적 질문의 예이고, 물(탈레스), 무한정자(아낙시만드로스), 수(피타고라스), 로고스(헤라클레이토스), 일자(파르메니데스), 이데아(플라톤), 형상(아리스토텔레스) 등은 존재 세계의 근원이 무엇인지에 대한 고대 그리스 철학자들이 제시한 답안의 예이다. 또한 아누(anu)(바이세시카(Vaisesika)), 쁘라끄리띠(prakrti)(샹키야(Sankhya)), 다르마(아비다르마) 등은 같은 질문에 대해 고대 인도 철학자들이 제시한 답안의 예이다. 비트겐슈타인과 용수는 철학에서 되풀이되는 이러한 질문과 응답의 게임을 근본적으로 반성하고 있다.

"…는 무엇인가?"에 대한 답변은 필연적으로 "…는 X이다"라는 형식을 띠게 되며, 이때 X는 앞에서 살펴보았듯이 철학자들 저마다에 의해 새로 고안된 철학적 개념으로 채워진다. 우리는 이로 말미암아 그 X에 해당하는 사물화된 지시체를 천착하게 되며, 이로부터 그 지시체에 대한 형이상학이 그 근거를 확보하게 되는 것이다. 그리고 이제 우리는 그 형이상학에 의해 질문이 답해졌으며 설명되었다고 믿게 된다.

그러나 형이상학은 사실 언어의 자연스러운 흐름에 가해진 일방적 왜곡에 편승한 위험스러운 것이다. 비트겐슈타인은 다음과 같이 말한다.

> 우리 시대에 통용되고 있는 과학적 사유 방식에 있어 치명적인 것은 그 사유 방식이 각각의 불안에 대한 답변으로 설명을 제시하고자 한다는 데 있다. (MS, 220, 92)

하이데거의 언어를 빌리자면 과학의 뿌리는 형이상학이고, 불안은 인간의 실존에 내재한 철학적 계기이다. 그러나 과학적(혹은 합리적) 설명의 형태로 너무 쉽고 안이하게 답안이 주어짐으로 말미암아, 인간은 철학적 반성의 계기와 마주하지 못한 채 형이상학적 독단의 잠에 빠지게 된다. 요컨대 과학적 사유로 가장한 형이상학적 설명이라는 지적 마취제가 우리의 반성의 몫을 영원히 대체하고, 그로 말미암아 우리를 미혹에 빠뜨리게 하는 것이다.

비트겐슈타인과 용수는 우리를 미혹에 빠뜨린 형이상학이 가한 언어의 왜곡을 바로잡음으로써 형이상학적 사유를 부정하려 한다. 그 핵심은 바로 사물화된 언어의 의미와 지시체를 해체하는 것이었다. 그러나 용수에 의해 공(空)으로 표현된 이 해체는 그릇된 사유에 대한 치료의 의미를 지닐 뿐이지, 그로 말미암아 해체된 것의 반대가 긍정되고 사물화되는 것은 아니다. 용수를 주석하면서 짠드라끼르띠는 이에 대해 다음과 같이 말한다.

이는 마치 가게 주인이 "나는 당신에게 팔 물건이 아무것도 없소"라고 말하자, 당신이 "좋소. 그렇다면 내게 그 아무것도 없는 것을 파시오" 라고 답하는 것과 같다. (*Prasannapadā*, 247-248쪽)

공(空)은 자신만의 고유한 의미를 비밀스러운 내용으로 감춘 고유명사가 아니라, 해체의 작용을 뜻하는 동사이다.

비트겐슈타인에 의하면 철학은 사물화된 우상의 파괴 작업이다. 그 파괴 작업이 우상의 부재라는 또 하나의 사물화된 우상을 정립해서는 안 될 것이다.

철학이 할 수 있는 모든 것은 우상을 파괴하는 것이다. 그리고 이는 가령 '우상의 부재'에서 새로운 우상을 창조하지 않는 것을 의미한다. (BT, 305쪽)

우상의 존재와 부재가 동시에 해체됨으로써, 애초에 제기되었던 문제도 해소된다. 비트겐슈타인에 의하면 이것이 문제에 대한 진정한 대답이다.

우리는 모든 **가능한** 과학적 물음이 대답되었을 때에도, 우리의 삶의 문제들은 전혀 건드려지지 않은 채로 남을 것이라고 느낀다. 물론 그때는 더이상 아무런 물음도 남아 있지 않다. 그리고 바로 이것이 대답이다.

삶의 문제의 해결은 이 문제가 소멸됨에서 감지된다.

(이것이, 오랫동안의 회의 끝에 삶의 의미가 분명해진 사람들이, 그 의미가 무엇으로 이

루어졌는가를 말하지 못하는 이유가 아닐까?) (TLP, 6.52~6.521)

삶의 의미를 분명히 깨달은 사람은 침묵한다. 그 깨달음의 골자를 용수는 다음과 같이 표현하고 있다.

　　모든 법이 적멸하고 모든 희론(戲論)이 사라졌으며, 어디에서이건 누구에게이건 그 어떠한 법도 부처에 의해 교시되지 않았다. (*Madhyamaka-Śāstra*, 25.24)

비트겐슈타인이 언어의 비어 있음에 관한 자신의 명제를 다시 비워 내었듯이 용수도 "그 어떠한 법도 부처에 의해 교시되지 않았다"는 표현으로 공(空)의 언어를 비워 낸다.

부처의 말씀까지도 포함하는 일체의 법과 희론(戲論)이 적멸된 자리에 남는 것은 무엇일까? 비트겐슈타인과 용수는 그것을 침묵이라 말한다. 그러나 그 침묵은 결코 언어의 부정이 아니다. 침묵은 오히려 막혔던 언어의 자연스러운 흐름을 뚫어주고, 왜곡되었던 언어의 길을 펴주는 실천적 수행의 은유이다. 침묵하는 사람은 더 이상 "진리가 무엇인가?" "실재가 무엇인가?"를 묻지 않는다. 그에게는 의지할 아무런 우상도, 입장도 없다. 그는 다만 언어의 길을 따라 흐르는 삶을 가로질러 "무소의 뿔처럼 혼자서" 정진할 뿐이다.

3편 도가와의 대화

5장 데리다, 장자를 만나다

내가 한 말의 절반은 무의미하다. 그럼에도 그것을 말한 까닭은
나머지 절반이 당신에게 이를 수 있도록 하기 위해서이다.
-칼릴 지브란(Kahlil Gibran)

1. 손

앎이란 무엇인가? 철학자들은 종종 앎의 문제를 인식 혹은 지식의 문제
와 등치인 것처럼 취급해왔다. 앎, 인식, 지식은 모두 명사로 사용되는 낱
말이다. 그러나 지식과 달리 앎이나 인식은 동사형으로도 사용될 수 있
다. '지식한다'라는 말은 성립하지 않지만 '안다', '인식한다'는 자연스러
운 표현이다. 이를 바탕으로 우리는 인식이나 앎이 과정과 그 과정의 산
물을 동시에 지칭하는 반면, 지식은 오직 산물만을 지칭한다는 가정을
해볼 수 있다.

앎, 인식, 지식은 모두 언어와 연관을 맺고 있다. 지식의 경우 언어와
의 연관은 체계성과 결부된다. 학문의 영역에서 지식은 일정한 관계로
엮인 두 개 이상의 문장들의 집합을 지칭한다. 그 관계가 해명될 때 지식
은 체계를 갖추게 된다. 앎의 경우 언어로 표현되기 어려운 앎이 있다는
사실은 예컨대 '자전거를 탈 줄 아는' 경우에서 찾아진다. 이러한 앎은 고
대 그리스에서 테크네(*techne*), 즉 기술 습득의 의미로 정립되었다. 테크네
로서의 앎은 우리가 실습과 시행착오를 거치면서 자전거 타기 등의 기술
을 익히는 경우에서처럼, 인간과 대상세계와의 거리를 좁히는 데서 형성

된다. 자전거 타기를 익히려면 직접 자전거를 타보아야 하고, 도구를 다루려면 도구를 손으로 직접 쥐어보아야 한다. 테크네로서의 앎은 이처럼 직접 실천함으로써 성취된다.

아리스토텔레스는 테크네로서의 앎에 비교되는 테오리아(*theoria*)로서의 앎의 개념을 정립했다.[1] 테오리아는 '바라봄'을 뜻한다. 바라보기 위해서는 대상세계와 거리를 두어야 한다. 거리 좁히기로서의 테크네에 반해, 거리 띄우기로서의 테오리아는 세계를 대상화시켜 설명하려는 이론적 앎의 선구이다. 이론(theory)은 테오리아(*theoria*)의 후예인 것이다.

발생론적 관점에서 보자면 테크네가 테오리아에 앞서 있을 터이지만, 서양철학사에서는 테크네가 테오리아에 종속되어 왔다. 테크네의 후예인 테크놀로지가 테오리아의 후예이자 이론의 압권인 과학의 부산물이라는 것이 오늘날에 이르기까지 지배적인 견해이다. 2500년간의 서양철학사도 마찬가지로 테크네에 대한 테오리아의 압도적 우위로 특징지어진다.

2. 만남

데리다에 의해 대변되는 해체주의는 어떤 특정 시기의 특정 철학 사조를 지칭하는 것이 아니라, 철학사의 다양한 계기들에 적용될 수 있는 철학적 관점의 하나로 보는 것이 바람직하다. 요컨대 해체주의는 플라톤의 철학보다 더 오래되었고, 데리다의 철학보다 더 새로운 철학이다. 텍스

---

[1] 아리스토텔레스는 《형이상학》에서 앎(episteme)을 테오리아, 프락시스(praxis), 포이에시스(poiesis)에 근거해 이론학, 실천학, 제작학으로 구분했는데, 테크네는 포이에시스가 필요로 하는 하나의 도구였다. 이 장에서는 아리스토텔레스의 이러한 구분을 테오리아와 테크네로 단순화 해보았다.

트가 그 저자의 전유물이 아니듯이, 해체주의도 그 명명자의 전유물이 아니다. 텍스트의 의미가 그러하듯이 해체주의의 의미도 저자와 명명자의 체험과 의도의 울타리를 넘어 사방의 시공간으로 확산된다. 그것이 텍스트와 해체주의의 운명이다.

이 장에서 해체주의는 멀고 긴 시공의 여행을 거쳐 전국 시대의 동아시아 대지 위에 빗살무늬로 내려앉는다. 거기서 해체주의는《장자(莊子)》라는 오래된 텍스트를 관통하는 어떤 흔적, 혹은 흐름의 한 갈래와 접속된다. 이 접속이 초래하는 철학적 광합성 작용을 기록하려는 것이 이 장의 목적이다. 그런데 우리는 거기서 해체주의와 함께 자연주의라는 또하나의 철학과 만나게 된다. 자연주의도 해체주의만큼이나 오래되고도 새로운 철학이고, 해체주의만큼이나 철학사의 다양한 계기들에 적용될 수 있는 철학적 관점의 하나이다. 이 장에서 해체주의와 자연주의는 각각 테오리아와 테크네에 연관 지어 논의된다. 요컨대 해체주의는 테오리아를 해체하는 철학적 작업을 수행하고, 자연주의는 테크네를 옹호하는 철학적 작업을 수행한다. 이 두 작업을 통해 해체주의와 자연주의의 위상과 의미가 규명될 것이다. 그런데 이 두 작업은 서로 대립되는 것이 아니다. 양자의 조화가《장자》라는 텍스트에서 이루어지고 있음을 밝히는 것이 이 장의 줄거리이다.

해체주의와 자연주의의 조화는 후기 비트겐슈타인의 철학에서도 발견된다. 스태튼(Staten 1984)과 가버(Garver 1994)는 후기 비트겐슈타인의 철학에서 이 두 철학적 흐름의 흔적을 각각 명료하게 확인시켜주고 있다. 우리는 이 두 흐름이 후기 비트겐슈타인의 텍스트에 상호 교직되어 있음을 논의한 바 있다(이승종 1999b). 이러한 점에서 비트겐슈타인도 우리의 논의에 자주 등장할 것이다. 예컨대 노자(老子)의《도덕경(道德經)》이 비트겐슈타인의《논리-철학논고》에 비견된다면,《장자》는 비트겐슈타인의《철학적 탐구》에 비견된다. 경구의 형태를 띤 절제된 언어로 언어의 한계를 긋고 있다는 점에서,《도덕경》과《논리-철학논고》는 그 형식과 내용에 있어서 상동(相同)의 관계에 있다. 여러 허구적 대화와 철학적 고찰이 섞인 앨범의 형태를 띠고 있다는 점에서, 그리고 모든 것을 있는 그대로 두는 만물제동(萬物齊同)의 대긍정에 이른다는 점에서,《장자》와《철학적 탐구》역시 그 형식과 내용에 있어서 상동의 관계에 있다.《도덕경》에서《장자》로의 이행은 그 철학적 정신에 있어서 유사성과 차이성이 씨줄과 날줄로 얽혀 있다는 점에서, 청년 비트겐슈타인의《논리-철학논고》에서 후기 비트겐슈타인의《철학적 탐구》로의 이행과 상동 관계에 있다.

《도덕경》과《장자》,《논리-철학논고》와《철학적 탐구》사이에는 같음과 다름이 교직되어 있다. 다름 속의 같음을 의미하는 상동은 역으로 같음 속의 다름을 함축할 수 있다.《논리-철학논고》가 긋는 언어의 한계는 주로《논리-철학논고》자체의 메타 철학적 명제들에 국한해 적용되는 데 반해,《도덕경》의 경우에는 메타 철학적 명제들뿐 아니라 모든 언어의 한계가,《논리-철학논고》와는 다른 의미와 이유에서 거론되고 있다. 그뿐만 아니라 논리가 세계를 반영한다는《논리-철학논고》의 명제에 준하는 명제는《도덕경》에서는 발견되지 않는다. 장자와 비트겐슈타인이 사용하는 허구들의 경우에도, 비트겐슈타인의 정제된 허구적 대화는 장자의 자유분방한 몽상과는 차이가 있다.《논리-철학논고》에서《철학적 탐구》로의 이행이 전자에 대한 후자의 부분적 비판을 담고 있는 데 반해,《도덕경》에서《장자》로의 이행은 그렇지 않다. 이 장에서 데리다와 장자를 한데 엮을 때에도 우리는 상동이 지니는 같음과 다름의 두 측면을 각각 공평하게, 그리고 세심하게 헤아려야 할 것이다.[2]

---

2 이 장에서는《장자》의 저자에 관한 문제,《장자》의 내·외·잡편 사이의 일관성에 관한 문제는 접어 두기로 한다.《장자》의 번역은 대체로 다음을 따랐다.《장자》, 안동림 역주, 서울: 현암사, 1993.

3. 새

그 누구도 데리다와 장자를 서로 혼동할 수 없을 것이다. 두 말할 나위 없이 이 둘은 여러 면에서 너무도 다르다. 이 둘이 구체적으로 어떻게 다른지도, 이 둘 간에 다름 속의 같음을 의미하는 상동성을 찾으려는 우리의 작업의 와중에서 살펴보아야 할 만만치 않은 과제이다. 그러나 우리는 이 과제를 잠시 뒤로 미루고, 대신 우리 작업의 나머지 절반, 즉 둘 사이의 같음을 먼저 짚어나갈 것이다. 그것이 여러모로 유익할 것이라는 판단에서이다.

데리다와 장자의 첫 번째 상동성은 은유의 강조에서 찾아진다. 데리다(Derrida 1971, 209쪽)에 의하면 은유는 철학적 언어의 쓰임 전체에 깊이 연관되어 있다. 이는 비트겐슈타인에 있어서도 그러하다. 그는 심지어 자신이 창안한 것이 사유 노선이 아니라 새로운 비유들이라고까지 말한다(CV, 19쪽). 여기서 그가 말한 비유는 은유를 포함하는 것으로 보아도 무방할 것이다.

아리스토텔레스의 고전적 정의에 의하면 "은유는 하나의 사물에, 그것과는 다른 사물에 속하는 이름을 부여하는 것이다"(Aristotle 1984, 1457b8). 장자에게서 은유는 "다른 사물을 빌려서 말하는"[3] 우언(寓言)에 비견된다. 장자는 자기 말의 90%가 우언이라고 밝힌다.《장자》의 첫머리를 장식하는 다음과 같은 이야기도 우언, 혹은 은유로 볼 수 있다.

북녘 바다에 물고기가 있다. 그 이름을 곤이라고 한다. 곤의 크기는 몇천 리나 되는지 알 수가 없다. [이 물고기가] 변해서 새가 되면 그 이름을 붕이라

---

3 《莊子》,〈寓言〉, 寓言十九 藉外論之

한다. 붕의 등 넓이는 몇천 리나 되는지 알 수가 없다. 힘차게 날아오르면 그 날개는 하늘 가득히 드리운 구름과 같다. 이 새는 바다 기운이 움직여 대풍이 일 때 [그것을 타고] 남쪽 바다로 날아가려 한다. […] 붕이 남쪽 바다로 날아갈 때는 파도를 일으키기를 3천 리, 회오리바람을 타고 [하늘 높이] 오르기를 9만 리, [그런 뒤에야] 6월의 대풍을 타고 남쪽으로 날아간다고 한다.

아지랑이와 먼지. 이는 [천지간의] 생물이 서로 입김으로 내뿜[어 생기]는 현상이다. [그리고 보면] 하늘의 새파란 빛은 과연 제 빛깔일까. [아니면] 멀리 떨어져서 끝이 없기 때문일까. 붕 또한 하계(下界)를 내려다볼 때 역시 [여기서 올려다볼 때처럼] 그와 같이 새파랗게 보일 것이다.[4]

〈백색 신화〉에서 데리다(Derrida 1971, 226쪽)는 은유의 어원인 그리스어 'metapherein'에 대한 하이데거(Heidegger 1957, 88쪽)의 어원학적 분석을 논의한다. 'metapherein'은 '옮겨놓기'를 뜻한다. 옮겨놓기는 옮겨놓는 움직임이 발생하는 두 영역 간의 구분을 전제한다. 앞의 이야기에서는 북녘 바다와 하늘, 곤이라는 물고기와 붕이라는 새, 북녘 바다와 남쪽 바다의 구분이 등장한다. 그리고 이 구분 사이에 옮겨놓는 움직임이 일어난다. 곤이 붕으로 변하면서 북녘 바다에서 하늘로 비상해 남쪽 바다로 날아가는 것이다.

곤은 변신과 비상, 그리고 비행을 통해 갈라진 영역을 하나로 가로지른다. 그런데 이러한 곤의 주체적 운동이 있기 전에도 이미 갈라진 영역은 존재론적으로 서로 이어져 있다. 아니 그 이음새가 있기에 곤의 주체적 운동이 가능했는지도 모른다. 그 이음새는 앞의 이야기에 "[천지간의]

---

4 《莊子》,〈逍遙遊〉, 北冥有魚 其名爲鯤 鯤之大 不知其幾千里也 化而爲鳥 其名爲鵬 鵬之背 不知其幾千里也 怒而飛 其翼若垂天之雲 是鳥也 海運則將徙於南冥 […] 鵬之徙於南冥也 水擊三千里 搏扶搖而上者九萬里 去以六月息者也 野馬也 塵埃也 生物之以息相吹也 天之蒼蒼 其正色邪 其遠而無所至極邪 其視下也 亦若是則已矣

생물이 서로 입김으로 내뿜[어 생기]는 아지랑이와 먼지”로 묘사된 현상이다. 뚜렷이 나타나지 않는다는 점에서,[5] 어디에나 있다는 점에서,[6] [하늘과 땅이] 하나되게 이어준다는 점에서[7] 아지랑이와 먼지는 도(道)의 은유로 볼 수 있다.

갈라진 영역의 이어주기는 붕의 비행로에서도 드러난다. 앞의 인용문에서는 붕이 북녘 바다에서 남쪽 바다로 날아가는 것으로 묘사되어 있지만, 같은《장자》의〈추수〉에 등장하는 새 ‘원추’는 남해에서 북해로 날아간다. 어차피 동서남북의 방위는 상대적인 것이다. 서울은 평양의 남쪽에 있지만 광주의 북쪽에 있다. 방위는 지역의 고유한 속성이 아니라 전체의 지형도상에서 상대적으로 매겨진 것이기에, 붕이나 원추가 날아가는 방향에 어떤 큰 의미를 부여해서는 안 된다. 관점의 상대성을 인식하고 그것을 극복할 수 있는 가능성은 아지랑이와 먼지에 관한 서술 바로 뒤에 잇따라 나온다. 하늘의 파란 빛깔이 제 빛깔인지에 대한 의심이 바로 그것이다. 그 빛깔이 우리의 상대적 관점에서 비롯된 것임을 인식하는 것, 아울러 붕이 아래를 내려다볼 때에 우리가 딛고 선 이 땅도 새파랗게 보일 것이라는 상대적 관점의 헤아림이 상대성을 넘어선 경지로 우리를 이끈다. 그 이끌기가 바로 옮겨놓기로서의 은유의 힘이다.

4. 바람

데리다와 장자의 두 번째 상동성은 차이성의 새로운 해석에서 찾아진다.

---

5 《莊子》,〈齊物論〉, 道昭而不道
6 《莊子》,〈知北遊〉, 无所不在
7 《莊子》,〈齊物論〉, 道通爲一

데리다에 의하면 **"텍스트 바깥에는 아무것도 없다"**(Derrida 1967a, 158쪽). 텍스트는 저자 자신의 고유한 생각이나 의미가 담긴 매체가 아니다. 데리다는 다음과 같이 말한다.

> 저자는 언어 안에서 그리고 논리 안에서 글을 쓰는데 그의 담론은 정의상 그 언어와 논리의 적절한 체계, 법칙, 그리고 삶을 완벽하게 통제할 수 없다. 그는 자신이 그 체계에 의해 지배되도록 함으로써만 그것들을 사용한다. [...] 저자는 텍스트의 확정된 체계 안에 새겨져 있다. (Derrida 1967a, 158, 160쪽)

저자는 텍스트나 언어에 대해 하위 개념이다. 저자가 텍스트 안에 "새겨져 있다"는 데리다의 생각에는 그에게 영향을 준 하이데거의 후기 언어철학이 새겨져 있다. 텍스트가 문자를 새기는 운동을 데리다는 차연(差延; *différance*)이라고 부른다. 차이와 연기의 뜻을 지닌 차연은 의미가 산종(散種)이라는 데리다의 주장과 한데 얽혀 있다. 산종을 나타내는 불어 '*la semence*'는 라틴어 '*semen*'에서 나왔고, 이것은 다시 '의미하다'를 뜻하는 그리스어 '*semainein*'과 밀접히 연관되어 있다. 그래서 언어학에서 의미소(意味素)를 '*le sème*'라 하는데 '*sème*'는 또한 '씨뿌려진(*semé*)'이라는 과거분사와 연결되어 있다(Derrida, 1969; 김형효 1991, 117쪽).[8] 요컨대 텍스트에서 의미는 텍스트라는 밭에 산종된다. 이 산종의 운동이 곧 차연이다. 그런데 텍스트 바깥에는 아무것도 없으므로, 즉 모든 것이 텍스트이므로 "차연의 운동은 갈라지는 상이한 것들을 산출해내며", 동시에 "우리의 언어를 특징짓는 모든 대립적 개념들의 공통의 뿌리이다"(Derrida 1972c, 9

---

8 이에 관한 논의를 위해서는 다음을 참조. 이승종 1998.

쪽). 이러한 개념들의 대립 쌍을 토대로 형이상학이 만들어지고 이론이 만들어진다. 데리다는 이를 요약해 "차이들이 차연의 효과"(Derrida 1972c, 9쪽)라고 말한다.

《장자》의 〈제물론〉의 서두에 등장하는 바람에 관한 이야기도 차이성을 주제로 한 것으로 읽힌다. 남곽자기는 "지금 나는 나 스스로를 잊었노라"[9]며 운을 뗀 뒤 다음과 같은 이야기를 제자에게 들려준다.

> 대지가 내쉬는 숨결을 바람이라고 하지. 그게 일지 않으면 그뿐이지만 일단 일었다 하면 온갖 구멍이 다 요란하게 울린다. 너는 저 웡웡 울리는 소리를 들어보았겠지. 산림(山林) 높은 봉우리의 백 아름이나 되는 큰 나무 구멍은 코 같고 입 같고 귀 같고 옥로(屋櫨)같고 술잔 같고 절구 같고 깊은 웅덩이 같고 얕은 웅덩이 같은 갖가지 모양을 하고 있지. [그게 바람이 불면 울리기 시작해.] 콸콸 거칠게 물 흐르는 소리, 씽씽 화살 나는 소리, 나직이 나무라는 듯한 소리, 흐흑 들이키는 소리, 외치는 듯한 소리, 울부짖는 듯한 소리, 웅웅 깊은 데서 울려 나는 것 같은 소리, 새가 울 듯 가냘픈 소리[등 갖가지로 울리지.] 앞의 바람이 휘휘 울리면 뒤의 바람이 웡웡 따른다. 산들바람에는 가볍게 응하고 거센 바람에는 크게 응해. 태풍이 멎으면 모든 구멍이 고요해진다. 너는 나무가 [바람 때문에] 크게 흔들리기도 하고 가볍게 흔들리기도 하는 걸 보았겠지. […] 수많은 것에 바람이 불어 서로 다른 소리를 내고 있어도 [온갖 구멍이나 피리] 각기 스스로가 소리를 내는 거야. [그러나] 모두 각자가 제소리를 택하고 있[다고 생각하]지만 [과연 정말] 사나운 소리를 나게 하는 게 누구일까?[10]

---

9 《莊子》,〈齊物論〉, 今者吾喪我
10 《莊子》,〈齊物論〉, 夫大塊噫氣 其名爲風 是唯無作 作則萬竅怒呺 而獨不聞之翏翏乎 山陵之畏 佳 大木百圍之竅穴 似鼻 似口 似耳 似枅 似圈 似臼 似洼者 似汚者 激者 謞者 叱者 吸者 叫者 譹者 宎者 咬者 前者唱于而隨者唱喁 泠風則小和 飄風則大和 厲風濟則衆竅爲虛 而獨不見之調

앞서의 인용문에서 "[천지간의] 생물이 서로 입김으로 내뿜[어 생기]는 아지랑이와 먼지"가 도(道)의 은유였다면, 지금의 인용문에서는 "대지가 내쉬는 숨결"인 바람이 도의 은유이다. 인용문은 이 도가 어떻게 온갖 구멍에 산종되어 다양한 소리를 나게 하는지를 상세히 묘사하고 있다. 도가 "없는 곳이 없다"[11]는 장자의 명제는 이러한 문맥에서 이해된다.

여기서 주목해야 할 것은 도(道)의 다수실현(multiple realization)에 관한 앞의 이야기가 자기 자신을 잊었다는 남곽자기의 말에 뒤이어 등장한다는 점이다. 나를 잊었다는 말은 나를 구멍처럼 허하게 비워내었다는 말이다. 바람은 비워진 구멍을 통해서만 소리를 나게 한다. 막힌 곳은 바람이 통할 수 없어 소리를 나게 할 수 없다. 장자는 이를 다음과 같이 표현하고 있다.

참된 도(道)는 오직 공허 속에 모인다. 이 공허가 곧 심재(心齋)(마음의 재계(齋戒))이다.[12]

공허는 도가 모이는 곳이다. 남곽자기는 자유로이 도가 넘나들 수 있도록 자기의 마음을 허하게 비워낸 사람이다.

그런데 도(道)가 모이는 공허를 담는 구멍의 모양새는 제각각이다. 그래서 한편으로는 "수많은 것에 바람이 불어 서로 다른 소리를 내고 있어도 [온갖 구멍이나 피리] 각기 스스로가 소리를 내는" 것이다. 그러나 다른 한편으로는 "모두 각자가 제소리를 택하고 있[다고 생각하]지만 [과연 정말] 사나운 소리를 나게 하는" 것은 바람, 즉 도이다. 소리로 상징되는 만물과

調之ㄱㄱ乎 [⋯] 夫天籟者 吹萬不同 而使其自己也 咸其自取 怒者其誰邪
11 《莊子》,〈知北遊〉, 无所不在
12 《莊子》,〈人間世〉, 唯道集虛 虛者 心齋也

그들 간의 차이는 도의 효과이다. 그런 점에서 도는 산종을 일으키는 차연을 닮았다. 산종의 대상이 의미에서 소리로 바뀌었지만, 그 차이는 크지 않다. 장자는 이에 관해 다음과 같이 말하고 있다.

> 대체로 말이란 소리를 내는 것만은 아니다. 말에는 의미가 있다. 그 말의 의미가 애매하여 뚜렷하지 않다면 과연 말을 했다고 할 수 있을까? 아니면 안 한 거나 마찬가지일까? 그래도 새새끼 소리와는 다르다고 한다면 거기에 구별이 있을까? 아니면 없을까?[13]

이러한 질문에 대한 장자의 입장은 부정적이다. 앞서 살펴본 관점의 상대성이 그 하나의 이유가 되겠지만 우리는 이에 대해 데리다와 관련지어 별도로 좀 더 세심하게 살펴볼 필요가 있다.

5. 나비

데리다와 장자의 세 번째 상동성은 옳고 그름의 판단을 비롯한 제반 입장에 대한 태도에서 찾아진다. 우리는 앞서 데리다를 좇아 "차연의 운동이 […] 우리의 언어를 특징짓는 모든 대립적 개념들의 공통의 뿌리"임을 보았다. 그런데 철학적 텍스트를 구성하는 "형이상학적 개념들의 대립(예컨대 말/글, 현전/부재 등)은 결코 두 용어의 맞섬이 아니라 서열화와 종속의 위계이다"(Derrida 1988, 21쪽). 형이상학적 개념들의 대립이 초래하는 서열화와 종속의 위계 형성은 개념들 간의 서열화와 종속의 위계 형성을 넘

---

13 《莊子》,〈齊物論〉, 夫言非吹也 言者有言 其所言者特未定也 果有言邪 其未嘗有言邪 其以爲異
  於鷇音 亦有辯乎 其無辯乎

어, 이들 각 개념을 중심으로 구성된 이론들, 혹은 입장들 사이의 서열화와 종속의 위계 형성으로 번진다. 데리다의 해체주의는 언어로 짠 텍스트와 이론에 내재한 이 서열화와 종속이 초래한 폭력을 고발하고 해체하는 데 그 초점이 맞추어져 있다.

해체의 다양한 양상 중에서도 우리는 데리다가 루소의 텍스트를 해체하는 과정에서 발견한 보충대리(*le supplément*)에 주목할 필요가 있다. '*le supplément*'는 어떤 것에 첨가되는 보충과, 어떤 것을 대신하는 대리의 뜻을 지니고 있다. 보충대리는 안에서의 소극적 보완이 아니라 밖으로부터의 적극적 접목으로 기능함으로써, 안과 밖의 경계를 해체시키는 역할을 수행한다. 데리다는 접목으로서의 보충대리를 이용해 루소의 텍스트에서 나타나는 현전과 부재, 자연과 문명, 모음과 자음, 선과 악을 각각 서로 접목시킴으로써, 이들 각 쌍의 요소가 서로에 대해 보충대리의 관계에 있음을 규명한다(Derrida 1967a, II부). 우리는 개념들 간의 접목과 보충대리를 개념의 차원을 넘어, 이 각 개념들을 중심으로 구성된 이론들, 혹은 입장들 간의 접목과 보충대리로 보아야 한다.

장자의 방생설(方生設)과 시비양행론(是非兩行論)은 바로 이러한 관점에서 읽힐 수 있다. 장자는 다양한 소리에 관한 이야기를 마친 후 사람의 몸에는 "백 개의 뼈마디, 아홉 개의 구멍, 여섯 개의 내장이 모두 있어도 우리는 그중 어느 것만 좋아한다고 할 수 없다"[14]고 부언한다. 다양한 소리나 신체의 다양한 구성 요소에 등급을 매겨 편애해서는 안 된다는 그의 말은, 이론이 초래하는 중심주의의 권력적 요소에 대한 경계와 비판으로 해석된다. 하늘의 소리와 땅의 소리, 사람의 소리 중에서 오직 사람의 소리에 특권을 부여해서, 그 소리에 심겨진 의미와 그것이 설정한 척도가

---

14 《莊子》, 〈齊物論〉, 百骸 九竅 六藏 賅而存焉 吾誰與爲親

마치 실재를 올바로 반영하는 것인 양 간주하여 서로 그 시비를 다투는 이론가들에 대해 장자는 다음과 같이 말한다.

　　사물은 저것 아닌 것이 없고, 또 이것 아닌 것도 없다. 스스로 자기를 저것이라고 한다면 알 수 없지만, 스스로 자기를 이것이라고 본다면 알 수가 있다. 그러므로 저것은 이것에서 생겨나고, 이것 또한 저것에서 비롯된다고 한다. 그래서 저것과 이것은 방생한다(나란히 함께 생긴다)고 한다. 그런 점에서 삶이 있으면 반드시 죽음이 있고, 죽음이 있으면 반드시 삶이 있다. '된다'가 있으면 '안 된다'가 있고, '안 된다'가 있으면 '된다'가 있다. '옳다'에 의거하면 '옳지 않다'에 기대는 셈이 되고, '옳지 않다'에 의거하면 '옳다'에 의지하는 셈이 된다.[15]

　　앞의 인용문은 두 손이 서로를 그리고 있는 에셔(Escher)의 그림을 연상케 한다. 그림 속의 두 손은 이 손이 저 손에 의해, 저 손이 이 손에 의해 그려진다. 서로를 그려내는 두 손은 서로에 대해 보충대리의 관계에 있다. 서로를 그리는 행위가 바로 서로를 서로에 접목시키는 행위이다. 아울러 그림 속의 두 손이 서로 차이를 내면서 또한 서로의 만남을 무한히 연기시키고 있다는 점에서, 그 그림은 차연의 운동을 형상화해내고 있다고 볼 수 있다. 이러한 보충대리와 차연의 운동을 장자는 다음과 같은 이야기로 묘사해내고 있다.

　　언제인가 장주(莊周)는 나비가 된 꿈을 꾸었다. 훨훨 날아다니는 나비가 된 채 유쾌하게 즐기면서도 자기가 장주라는 것을 깨닫지 못했다. 문득 깨

---

15 《莊子》, 〈齊物論〉, 物无非彼 物无非是 自彼則不見 自是則知之 故曰彼出於是 是亦因彼 彼是方生之說也 雖然 方生方死 方死方生 方可方不可 因是因非 因非因是

어나 보니 틀림없는 장주가 아닌가. 도대체 장주가 꿈에 나비가 되었을까? 아니면 나비가 꿈에 장주가 된 것일까? 장주와 나비 사이에는 반드시 구별이 있다. 이러한 변화를 물화(物化; 만물의 변화)라고 한다.[16]

장주와 나비는 에셔의 그림에 나오는 서로를 그리는 두 손과 같다. 그림 속의 두 손이 서로를 그리고 있듯이 장주와 나비는 서로를 꿈꾸고 있다. 꿈은 허상이다. 허상은 실상을 말소함으로써 얻어진다. 그러나 서로가 서로를 꿈꾸는 경우에 허상과 실상의 구별은 해체된다. 에셔의 그림에 나오는 두 손에 펜 대신에 지우개가 쥐어져 서로가 서로를 지우고 있는 상황이, 장주와 나비가 서로를 꿈꾸는 관계에 대한 또 하나의 그림일 것이다.

6. 헤어짐

우리는 데리다와 장자 사이의 세 가지 상동성을 텍스트《장자》의 전개 순서에 준하여 차례로 살펴보았다. 지금까지의 논의가 둘 사이의 다름 속의 같음에 초점이 맞추어져 있었다면, 앞으로는 둘 사이의 같음 속의 다름을 짚어볼 차례다. 둘 사이의 다름은 지금까지 살펴본 같음 속에 이미 새겨져 있다. 장자는 데리다와 달리, 접목으로서의 보충대리를 차이 내기가 아니라 균형 잡기의 수단으로 사용한다. 언어가 차이성의 체계라면 도는 그 차이성을 넘어서 있다. 장자는 다음과 같이 말한다.

---

16 《莊子》, 〈齊物論〉, 昔者莊周夢爲胡蝶 栩栩然胡蝶也 自喩適志與 不知周也 俄然覺 則蘧蘧然周也 不知周之夢爲胡蝶 胡蝶之夢爲周與 周與胡蝶 則必有分矣 此之謂物化

도란 본래 한계가 없고 말이란 애초 일정한 의미 내용이 없다. 그렇기 때문에 [도를 말로 표현하려 하면] 구별이 생기게 된다. […] 그러므로 구별을 한다 함은 [도에 대해] 보지 못하는 바가 있다고 하는 것이다.[17]

역시 자연 그대로의 커다란 긍정에 몸을 맡기고 있어야 한다. 그러므로 성인(聖人)은 시비를 조화시키고, 하늘의 균형에서 쉰다. 이것을 양행(兩行)이라 한다.[18]

데리다의 해체주의가 차이의 철학이라면, 장자의 철학은 이 차이도 해체하여 균형과 대긍정에 이르려 한다. 장자의 이러한 태도는 사물과 언어의 공성(空性)을 깨달은 뒤에 그 공성마저 비워내는(空空) 용수와 비트겐슈타인을 닮았다.

그러나 여기서도 장자와 비트겐슈타인 사이에는 차이가 있다. 비트겐슈타인이 주로《논리-철학논고》의 명제들의 넌센스를 거론하고 있는데 반해, 장자의 표적은 모든 언어로 확장되어 있음에 유의해야 한다.

데리다도 해체 작업이 스스로의 해체 가능성에 개방되어 있음을 인정한다. **"해체는 스스로를 해체한다. 해체는 해체될 수 있다"**(Derrida 1985, 4쪽). 그러나 이러한 가능성은 데리다 자신에 의해서는 구체적으로 실현되지 않았다. 오히려 데리다의 추종자들은 그의 철학을 체계화하고 형이상학화하는 경향마저 보이고 있다.[19] 이에 대한 간접적인 책임은 해체의 해체를 유보하고 있는 데리다 자신에게도 있다.

데리다와 장자는 이 지점에서 갈라진다. 우리는 장자의 길을 좀 더 따

---

17 《莊子》,〈齊物論〉, 夫道未始有封 言未始有常 爲是而有畛也 […] 故曰辯也者 有不見也
18 《莊子》,〈齊物論〉, 亦因是也 是以聖人和之以是非而休乎天鈞 是之謂兩行
19 데리다의 철학에 관한 가장 권위 있는 연구서로 평가받고 있는 가셰(Gasché 1986)의 역작 *The Tain of the Mirror*에서도 우리는 이러한 경향을 발견한다. 이에 대한 로티(Rorty 1989)의 비판을 참조.

라가 보기로 한다. 앞서 인용한 방생의 설을 논의한 뒤에 장자는 바로 이어서 다음과 같이 말한다.

그래서 성인(聖人)은 그런 방법에 의하지 않고 그것을 자연의 조명에 비추어 본다. 그리고 커다란 긍정에 의존한다. [거기서는] 이것이 저것이고 저것 또한 이것이다. 또 저것도 하나의 시비이고 이것도 하나의 시비이다. 과연 저것과 이것이 있다는 말인가? 혹은 없다는 말인가? 저것과 이것이 그 대립을 없애버린 경지, 이를 도추(道樞: 도의 지도리)라고 한다. 지도리이기 때문에 원의 중심에 있으면서 무한한 변전(變轉)에 대처할 수 있다. 옳다도 하나의 무한한 변전이며, 옳지 않다도 하나의 무한한 변전이다. 그러므로 [시비를 내세우는 짓은] 자명한 차원에 비추어 보느니만 못하다고 한다.[20]

장자에 있어서 해체는 대긍정의 도추와 자명한 차원에 이르기 위한 방편이요 치료제일 뿐이다. 다가오는 무한한 변전에 순조로이 응하기 위해 자신을 다시 한번 해체하고 무화(無化)하는 것만이 다른 세계를 열어주는 문과 같은 것이다. 이제 우리는 도에서 도추로, 도에서 도가 이끄는 곳으로 이행한다. 도추는 열고 닫는 문에 위 아래로 회전축을 꽂는 구멍이다. 도가 이끄는 곳으로 몸을 옮기기 위해 우리가 지나야 할 문 밖에는 무엇이 있는가? 앞서 살펴본 붕의 은유가 이끄는 곳, 지금 만난 도추의 은유가 이끄는 곳은 어디인가? 이에 답하기 위해 우리는 지금까지 차례로 읽은《장자》의 〈소요유〉, 〈제물론〉 다음에 나오는 〈양생주〉를 읽어야 한다.

---

20 《莊子》, 〈齊物論〉, 是以聖人不由 而照之於天 亦因是也 是亦彼也 彼亦是也 彼亦一是非 此亦一 是非 果且有彼是乎哉 果且无彼是乎哉 彼是莫得其偶 謂之道樞 樞始得其環中 以應无窮 是亦一 无窮 非亦一无窮也 故日莫若以明

7. 소

〈양생주〉를 펼치면 다음과 같은 구절이 먼저 나타난다.

> 우리의 삶에는 끝이 있지만 앎에는 끝이 없다. 끝이 있는 것으로써 끝이
> 없는 것을 좇으면 위태로울 뿐이다. 그런데도 알려고 한다면 더욱 위태로
> 울 뿐이다.[21]

앎과 삶이 서로 다른 범주에 속한다는 점, 그리고 이 둘을 섞어 삶으로
써 앎을 좇거나 혹은 삶을 알려고 할 때의 위험을 경고하고 있는 이 구절
을 깊이 읽기 위해서 우리는 비트겐슈타인의 다음의 구절과 함께 읽고자
한다.

> '지식'과 '확실성'은 다른 **범주**에 속한다. (OC, §308)

비트겐슈타인에 있어서 '지식'은 이론적 앎에, '확실성'은 삶에 각각 연
관된다. 앞으로 보겠지만 시비를 가리는 지식은 정당화와 논박에 연루되
어 있는 반면, 확실성은 인간의 자연사(自然史)의 사실들을 통해 얻어진다.
　이 두 구절을 염두에 두고 〈양생주〉의 하이라이트를 이루는 다음의
이야기를 보기로 하자.

> 포정이 문혜군을 위해 소를 잡은 일이 있다. 손을 대고, 어깨를 기울이
> 고, 발로 짓누르고, 무릎을 구부리는 동작에 따라 [소의 뼈와 살이 갈라지면서]

---

21 《莊子》,〈養生主〉, 吾生也有涯 而知也无涯 以有涯隨无涯 殆已 已而爲知者 殆而已矣

서걱서걱, 빠극빠극 소리를 내고, 칼이 움직이는 대로 싹둑싹둑 울렸다. 그 소리는 모두 음률에 맞고, 상림이라는 춤곡에도 조화되며 경수라는 음절에도 맞았다.

문혜군은 "아, 훌륭하구나. 기술도 어찌하면 이런 경지에까지 이를 수 있느냐?"라고 말했다. 포정은 칼을 놓고 말했다. "제가 반기는 것은 도(道)입니다. 기술 따위보다야 우월한 것이죠. 제가 처음 소를 잡을 때는 눈에 보이는 것이란 모두 소뿐이었으나, 3년이 지나자 이미 소의 온 모습은 눈에 안 띄게 되었습니다. 요즘 저는 정신으로 소를 대하고 있고 눈으로 보지는 않습죠. 눈의 작용이 멈추니 정신의 자연스러운 작용만 남습니다. 천리(天理; 자연스러운 본래의 줄기)를 따라 [소가죽과 고기, 살과 뼈 사이의] 커다란 틈새와 빈곳에 칼을 놀리고 움직여 소 몸이 생긴 그대로를 따라갑니다. 그 기술의 미묘함은 아직 한 번도 살이나 뼈를 다친 일이 없습니다. […] 하지만 근육과 뼈가 엉긴 곳에 이를 때마다, 저는 그 일의 어려움을 알아채고 두려움을 지닌 채, 경계하여 눈길을 모으고 천천히 손을 움직여서 칼의 움직임을 아주 미묘하게 합니다. […]" 문혜군은 말했다. "훌륭하구나. 나는 포정의 말을 듣고 양생의 도(道)(참된 삶을 누리는 방법)를 얻었다."[22]

이 이야기와 한데 어우러지는 다음의 이야기도 함께 읽어보기로 하자.

제나라의 환공이 당상(堂上)에서 책을 읽고 있었다. 윤편이 당하(堂下)에

---

22 《莊子》, 〈養生主〉, 庖丁爲文惠君解牛 手之所觸 肩之所倚 足之所履 膝之所踦 砉然嚮然 奏刀騞然 莫不中音 合於桑林之舞 乃中經首之會 文惠君曰 譆 善哉 技蓋至此乎 庖丁釋刀對曰 臣之所好者道也 進乎技矣 始臣之解牛之時 所見无非全牛者 三年之後 未嘗見全牛也 方今之時 臣以神遇而不以目視 官知之而神欲行 依乎天理 批大卻 導大窾因其固然 枝經肯綮之未嘗 […] 雖然 每至於族 吾見其難爲 怵然爲戒 視爲止 行爲遲 動刀甚微 […] 文惠君曰 善哉 吾聞庖丁之言 得養生焉

서 수레바퀴를 깎고 있다가, 몽치와 끌을 놓고 올라가 환공에게 물었다. "전하께서 읽으시는 건 무슨 말[을 쓴 책]입니까?" 환공이 대답했다. "성인의 말씀이지." [⋯] 윤편이 말했다. "저는 제 일로 보건대, 수레를 만들 때 너무 깎으면 헐거워서 튼튼하지 못하고, 덜 깎으면 빡빡하여 들어가지 않습니다. 더 깎지도 덜 깎지도 않는다는 일은 손짓작으로 터득하여 마음으로 수긍할 뿐이지 입으로 말할 수가 없습니다. 거기에 비결이 있는 겁니다만 제가 제 자식에게 깨우쳐 줄 수 없고, 제 자식 역시 제게서 이어받을 수가 없습니다. 그래서 칠십인 이 나이에도 늘그막까지 수레바퀴를 깎고 있는 겁니다. 옛 사람도 그 전해줄 수 없는 것과 함께 죽어 버렸습니다. 그러니 전하께서 읽고 계신 것은 옛 사람들의 찌꺼기일 뿐입니다!"[23]

두 이야기는 모두 상층 계급과 하층 계급의 대화로 이루어져 있다. 두 번째 이야기에서는 이 구별이 당상과 당하로 강조되어 있다. 앞의 두 이야기에서 문혜군과 환공은 문자적 지식(테오리아)의 대변자이다. (루소(Rousseau, 1986)에 의하면 문자의 출현은 인간 불평등의 한 원인이다.) 앞의 두 이야기는 전적으로 허구이지만 이 허구 속에다 장자는 문혜군의 이름에 글월 문(文)자를 새겨놓았고, 환공의 손에는 책을 쥐어 주었다. 이들 지식의 대변자들은 이야기 속에서 천민인 포정과 윤편으로부터 삶의 지혜를 배운다. 그런데 포정과 윤편이 얻은 삶의 지혜는 문자를 통해 알게 된 것이 아니라, 그들이 평생을 걸쳐 숙련한 기술(테크네)을 통해 자연스럽게 체득한 것이다. 그것은 앞서 살펴본 비트겐슈타인의 분류에 의하면 지식이 아니

---

23 《莊子》, 〈天道〉, 桓公讀書於堂上 輪扁斲輪於堂下 釋椎鑿而上 問桓公曰 敢問 公之所讀者何言邪 公曰 聖人之言也 [⋯] 輪扁曰 臣也以臣之事觀之 斲輪 徐則苦而不入 不徐不疾 得之於手而應於心 口不能言 有數存焉於其間 臣不能以喩臣之子 臣之子亦不能受之於臣 是以行年七十而老斲輪 古之人與其不可傳也死矣 然則君之所讀者 故人之精魄已夫

라 확실성의 범주에 속하는 것이다.[24]

말로 표현할 수 없는 테크네를 완전히 익힌 그들이지만, 작업에 임할 때의 그들의 태도는 신중하기만 하다. 그들의 작업의 현장은 텍스트가 아니라 삶 그 자체이다. 그들이 익힌 테크네는 이 장의 서두에서 살펴본 테크네의 성격에 걸맞게 삶에 밀착되어 있다. 포정과 윤편은 테크네를 숙달한 도추의 대변자이다. "도추이기 때문에 원의 중심에 있으면서 무한한 변전(變轉)에 대처할 수 있다."[25] 소의 근육과 뼈가 엉긴 곳은 포정에게 있어서 이 변전의 중요한 하나의 고비이지만, 그는 자신이 숙달한 테크네를 신중히 사용함으로써 이에 대처한다.

테크네의 도뿐 아니라 양생의 도, 혹은 삶의 도도 말로 표현할 수 없는 것이다. 비트겐슈타인은 이에 관해 다음과 같이 말한 적이 있다.

> 삶의 문제의 해결은 이 문제가 소멸됨에서 감지된다.
>
> (이것이 […] 삶의 의미가 분명해진 사람들이, 그 의미가 무엇으로 이루어졌는가를 말
>
> 하지 못하는 이유가 아닐까?) (TLP, 6.521)

윤편이 볼 때 성인이 남긴 책이 찌꺼기인 까닭은 이러한 이유에서이다. 도는 말을 통해서가 아니라 행하는 데서 이루어지기 때문이다.[26] 칸트의 말처럼 철학은 가르쳐질 수 없고, 지브란의 말처럼 언어는 기껏해야 그 절반만이 우리에게 이를 수 있을 뿐이다.

우리가 살면서 익히는 많은 원초적인 것들은 포정과 윤편이 익힌 테

---

24 이는 확실성이 곧 "…할 줄 앎(knowing how)"으로서의 테크네와 동일하다는 의미가 아니다. 이러한 실천적 앎은 틀릴 수 있으며 따라서 언제나 확실한 것은 아니다. 앞으로 보겠지만 자연사의 일반적 사실의 확실성과 테크네 사이의 유사성은, 양자가 정당화나 논박의 지평이 아니라 인간의 구체적 삶의 지평에 놓여 있다는 점에서 발견된다.

25 《莊子》, 〈齊物論〉, 樞始得其環中 以應无窮

26 《莊子》, 〈齊物論〉, 道行之而成

크테와 닮았다. 명령하고, 질문하고, 말하고, 담소하고, 걷고, 마시고, 노는 것은 모두 우리가 살면서 익힌 것들이고, 여기서 익혀진 각각의 테크네들은 말로 다 표현될 수 없는 측면이 있다. 비트겐슈타인은 이러한 원초적 사실들을 "우리 자연사(自然史)의 일부"(PI, §25)라고 부른다. 우리의 삶은 이러한 자연사의 사실들로 이루어져 있다. "많은 것들을 받아들이는 데 만족하는 데서, 나의 **삶**이 이루어진다"(OC, §344)는 비트겐슈타인은 "자연 그대로의 커다란 긍정에 몸을 맡기"[27]는 장자의 철학적 태도를 닮았다. 이는 데리다의 해체주의와 구별되는, 장자와 비트겐슈타인이 공유한 자연주의적 국면이다.

인간의 자연사의 사실들은 한편으로는 사실로서 주어진 것이지만 다른 한편으로는 노력을 바탕으로 체득되는 것들이다. (걸음마를 배우는 아기의 노력을 보라.) 그 체득의 한 경지에 도달하기 위해서는 더더욱 각고의 노력이 필요하다. 그래서 붕도 "남쪽 바다로 날아갈 때는 파도를 일으키기를 3천 리, 회오리바람을 타고 [하늘 높이] 오르기를 9만 리, [그런 뒤에야] 6월의 대풍을 타고 남쪽으로 날아간다고 한다."[28] 자연 그대로의 커다란 긍정에 몸을 맡기기 위해서, 많은 것들을 받아들이는 데 만족하기 위해서는 포정과 윤편이 그러한 것처럼 평생에 걸친 수련이 필요한지도 모른다. 그리고 이러한 수련은 텍스트를 넘어선 삶에서, 해체를 넘어선 행위를 통해서 이루어진다.

이 장을 통해 우리가 장자에게서 발견한 자연주의는 무위자연(無爲自然)을 표방하는 통속적 자연주의와는 다르다. 후자가 인간의 자연으로의 귀속을 취지로 하고 인간의 노력을 부정한다면, 전자는 그와 반대로 인간의 노력과 행위를 경시하지 않는다. 그럼에도 이를 자연주의라고 부르

---

27 《莊子》,〈齊物論〉, 亦因是也
28 《莊子》,〈逍遙遊〉, 鵬之徙於南冥也 水擊三千里 搏扶搖而上者九萬里 去以六月息者也

는 까닭은 비트겐슈타인과 마찬가지로 장자도 인간의 행위가 인간의 자연사의 일반적 사실들을 위반하는 것이 아니라, 바로 그러한 사실들에 의해 테두리 지어져 있음을 인정하기 때문이다. 비트겐슈타인에 있어 인간의 자연사의 일반적 사실들이 그러한 것처럼, 장자에 있어 삶의 도(道), 양생(養生)의 도(道) 역시 숙련을 통해 자연스레 체득되는 것이다. 이런 점에서 장자와 비트겐슈타인의 자연주의는 인간의 얼굴을 하고 있으며, 따라서 인간의 얼굴을 한 자연주의라고 부름직하다.[29]

---

29 이에 관한 자세한 논의를 위해서는 다음을 참조. 이승종 1995.

6장 들뢰즈, 노장을 만나다

1. 말러

노철학자 박이문 선생님께서 다음과 같은 이메일을 보내주셨다.

Once again the year is coming to a close. What a repetition! What a speed!

이 구절로부터 이야기를 시작해보자. 지구의 공전으로 말미암아 지상의 사계절이 생겨난다. 우리는 이 사계를 한데 묶어 일 년으로 정한다. 지구의 공전이 그러하듯이 봄 여름 가을 겨울, 그리고 이 사계가 이루어내는 지상의 시간도 끊임없이 반복된다. 그러나 늘 같은 계절들의 순환이건만, 이들이 서로 똑같았던 적은 단 한 번도 없다. 작년이 다르고 올해가 다르고 내년이 다른 것이다. 지구의 자전으로 말미암아 지상에 낮과 밤이 생겨난다. 우리는 이 낮과 밤을 한데 묶어 하루로 정한다. 낮과 밤, 그리고 이 둘이 이루어내는 지상의 하루도 끊임없이 반복된다. 인간의 삶은 반복되는 하루의 유한한 계열로 전개된다. 그러나 단 하루도 똑같은 날은 없다. 늘 동쪽에서 떠오르는 아침 해로 하루가 시작되건만 그 하루는 어제와 다르고 오늘이 다르고 내일이 다르다. 늘 아침 출근길에 같은 전철을 타지만 거기서 만나는 사람들은 어제가 다르고 오늘이 다르고 내일이 다르다. 늘 맞는 겨울이건만 작년이 다르고 올해가 다르고 내년이 다르다. 이처럼 반복은 차이와, 차이는 반복과 서로 맞물려 있다.

차이와 반복의 맞물림 현상은 우리 눈앞에서뿐 아니라 우리 내면의 시간 계열에서도 일어난다. 같은 책을 읽더라도, 같은 기도를 하더라도, 같은 산을 오르더라도 거기서 얻는 깨달음과 느낌은 지난번이 다르고 이번이 다르다. 이와 관련해 구도자 법정은 다음과 같이 말한다.

> 영적인 체험은 복습의 과정을 통해 얻어진다. 종교적인 체험이란 하루하루 비슷하게 되풀이되는 복습의 과정을 통해서 얻어진다.
>
> 복습은 단순한 반복이 아니라 새로운 시작이다. 어제의 정진은 어제로서 끝나고 오늘은 오늘대로 새로운 시작인 것이다. (법정 1998, 54-55쪽)

법정은 복습이라는 차이 나는 반복의 과정을 통해, 종교적인 체험이 얻어지고 하루하루를 새로이 시작하는 변신이 일어남을 역설한다. 그가 말하는 영적인 체험과 새로운 시작은 서로 다른 것이 아니다. 차이와 반복은 어제와 오늘로 표현된 시간의 흐름, 복습의 낡음과 새로움, 정진의 끝과 시작을 우리의 정신세계에서 함께 펼쳐내는 내면적 운동 양태이다. 이 양태를 들뢰즈식으로 옮기면 이렇다.

> 우리는 한번은 과거를 구성하는 이 양태에 따라 반복하고, 그다음번에는 변신의 현재 안에서 반복한다는 조건에서만 어떤 새로운 것을 생산할 수 있다. 그리고 생산되는 것, 절대적으로 새로운 것 자체도 역시 반복 이외엔 아무것도 아니다. (Deleuze 1968, 90쪽/2004, 212쪽)[1]

---

1 들뢰즈로부터의 인용은 대체로 기존의 우리말 번역을 따랐지만 필요에 따라 손질을 가했다.

인간은 자신을 끊임없이 새로이 형성해가는 존재이다. 그러나 족보나 아비 없는 전무후무한 새로움은 없다. 모든 새로움은 반복의 역사 속에서 차이를 이루며 힘들게 탄생하는 거듭나기요 부활이다.

거듭나기로서의 반복은 거시적 차원에도 적용된다. 인간은 자신이 낳아 가르친 자식, 남긴 글과 언행, 영향을 미친 사람들, 지은 업, 그리고 죽어서 거름이 되어 꽃피운 화초를 통해 새로이 환생한다. 그의 환생은 자기 동일성의 보존을 통한 회귀가 아니라 자기 동일성의 해체와 차이의 확산을 통한 회귀이다. 낡은 몸과 마음의 죽음과 해체가 있기에 그와 차이 나는 새로움의 탄생이 가능하다. 교향곡 2번 〈부활〉에서 말러가 노래하듯 인간은 살기 위해 죽는다. 그는 거듭나기 위해 자신을 죽이고, 타자를 살리기 위해 자신을 죽인다. 삶과 죽음과 부활은 이처럼 차이 짓는 반복의 현상이다. 넓은 의미에서는 예수, 미륵, 달라이 라마의 부활도 이런 맥락에서 새겨볼 수 있다. 그들은 과거 시제로 박제된 전설이 아니라 우리 안에서 우리에 의해 부활하는 영성(靈性)이고, 그로 말미암아 바로 우리가 거듭날 수 있는 것이다.

2. 길

어디 종교적인 체험뿐이랴. 돌이켜보면 우리의 일상적 삶의 안팎이 모두 차이와 반복이 씨줄과 날줄로 꼬이고 풀리며 전개되는 길이다.[2] 그 길에 대해 노자는 이렇게 말한다.

---

2 피천득의 수필 〈인연〉, 유진오의 단편 〈창랑정기〉, 구레츠키(Henryk Gorecki)의 교향곡 3번, 라벨의 〈볼레로〉, 에서(Escher)의 그림, 커닝햄(Michael Cunnigham)의 소설(혹은 영화) *The Hours* 등은 차이와 반복의 이러한 성격을 잘 구현한 작품들이다.

도(道)를 도(道)라고 말하면 그것은 늘 그러한 도(道)가 아니다.[3]

같은 길이지만 어제 걸은 길과 오늘 걷는 길과 내일 걸을 길이 똑같을 수 없다. 걸음으로써 이루어지는 것이 길인데[4] 그 걸음의 어제와 오늘과 내일이 다르기 때문이다. 이를 헤아리지 않은 채 길을 그냥 길이라 통칭하면, 그것은 길에 짜인 차이와 반복을 놓치는 처사이다. 앞의 문장은 도를 도라고 말하는(道可道) 절과 그것이 늘 그러한 도가 아니라는(非常道) 절로 이루어져 있다. 도를 도라고 말함은 도의 차이성을 부정하면서 동어반복(道可道)으로 보존되는 동일성의 이념을 옹호하고 있다. 그것이 늘 그러한 도가 아니라는(非常道) 다음의 말은 반복이 그러한 동일성으로 해석되어서는 안 된다고 경고하고 있다.

《장자》의 다음 구절은 노자의 구절과 잘 어우러진다.

공자가 여량(呂梁)[이라는 곳]을 여행했다. [거기에는] 삼십 길의 폭포수와 사십 리까지 뻗친 급류(急流)가 있어서 물고기나 자라도 헤엄칠 수가 없는 곳이었다. [그런데 그런 급류에서] 한 사나이가 헤엄치고 있는 것을 보고 [공자는] 뭔가 괴로움이 있어 죽으려고 뛰어든 거라 생각하고 제자를 시켜 물길을 따라가 그를 건져주라고 했다. 몇 백 걸음을 [따라]가 보니 [사나이는 물에서 나와] 머리를 풀어헤친 채 노래를 부르며 둑 밑에 쉬고 있었다. 공자는 따라가서 물었다. "나는 당신을 귀신인가 했는데 잘 살펴보니 당신은 사람이오. 한마디 묻겠는데 물에서 헤엄치는 데에도 도가 있는 거요?" [사나이가] "없소. 내게 도란 없고 평소에 늘 익히는 것으로 시작하여 본성에 따라 나아지게 하고 천명(天命)에 따라 이뤄지게 한 겁니다. 나는 소용돌이와 함께

---

3 《道德經》, 1장, 道可道非常道
4 《莊子》,〈齊物論〉, 道行之而成

물속에 들어가고 솟는 물과 더불어 물 위에 나오며 물길을 따라가며 전혀 내 힘을 쓰지 않습니다. 이것이 내가 헤엄치는 방법이오"라고 대답했다. 공자가 물었다. "평소에 늘 익히는 것으로 시작하여 본성에 따라 나아지게 하며 천명에 따라 이뤄지게 한다 함은 무슨 말이오?" [사나이는] "내가 육지에서 태어나 육지에 편히 사는 것을 평소에 늘 익히는 것이라 하고, 물속에서 자라 물속에 편히 있는 것을 본성이라 하며, 어째서 물속을 헤엄칠 수 있는가를 모른 채 헤엄치는 것을 천명(天命)이라 하오"라고 대답했다.[5]

수영의 도를 묻는 공자의 질문에 대한 사나이의 부정적 답변은 수영이 미리 정해진 어떤 방법이나 규칙을 같은 방식으로 재생산함으로써 이루어지는 몸동작이 아님을 함축한다. 우리는 이를 들뢰즈의 다음과 같은 말에 견주어 풀이할 수 있다.

같음의 재생산은 몸동작들을 끌고 가는 동력이 아니다. 잘 알려져 있는 바와 같이 가장 단순한 모방조차 내면적인 것과 외면적인 것의 차이를 끌어안고 있다. [⋯] 배움은 (같음의 재생산처럼) 표상에서 행위로 이어지는 관계 안에서 성립하지 않는다. 그것은 (다름과 부딪히는 마주침처럼) 기호에서 응답으로 이어지는 관계에서 성립한다. (Deleuze 1968, 22쪽/2004, 71쪽)

(내면적인) 나의 몸과 (외면적인) 물의 차이를 끌어안으며 물이라는 다름과 부딪히고 마주치고 그것에 응답하는 반복의 과정은, 정해진 도(방법론

---

5 《莊子》,〈達生〉, 孔子觀於呂梁 縣水三十仞 流沫四十里 黿鼉魚鱉之所不能游也 見一丈夫游之 以爲有苦而欲死也 使弟子並流而拯之 數百步而出 被髮行歌而游於塘下 孔子從而問焉 曰 吾以 子爲鬼 察子則人也 請問 蹈水有道乎 曰 亡 吾无道 吾始乎故 長乎性 成乎命 與齊俱入 與汨偕出 從水之道而不爲私焉 此吾所以蹈之也 孔子曰 何謂始乎故 長乎性 成乎命 曰 吾生於陵而安於陵 故也 長於水而安於水 性也 不知吾所以然而然 命也

적 규칙)의 표상에서 행위로 이어지는 관계와 다르다. 들뢰즈의 말을 좀 더 들어보자.

> 응답의 운동은 기호의 운동과 '유사'하지 않다. 수영하는 사람의 운동은 물결의 운동과 닮지 않았다. 정확히 말하자면, 우리가 모래사장에서 재생하는 수영 교사의 운동은 물결의 운동에 비하면 아무것도 아니다. 우리가 그 물결의 운동에 대응하는 방법을 배우는 것은, 실천적 상황 안에서 그 운동들을 어떤 기호들처럼 파악할 때나 가능한 일이다. 누가 어떻게 배우는가를 말한다는 것이 그토록 어려운 것은 바로 그런 이유 때문이다. […] 우리는 "나처럼 해봐"라고 말하는 사람 곁에서는 아무것도 배울 수 없다. 오로지 "나와 함께 해보자"라고 말하는 사람들만이 우리의 스승이 될 수 있다. (Deleuze 1968, 23쪽/2004, 72쪽)

수영은 몸동작이 물결의 운동을 닮거나 모방함으로써가 아니라, 물결의 운동에 적절히 대응함으로써 이루어진다. 물결의 운동이 그러한 것처럼 여기서의 적절한 대응도 알고리듬화할 수 없다.

> 달리 말해서 관념적 운동성이란 것은 없다. 오로지 감각적 운동성만이 있는 것이다. 신체는 자신의 특이점들을 물결의 특이점들과 조합할 때 어떤 반복의 원리와 관계를 맺는다. 이 반복은 더 이상 같음의 반복이 아니다. 그것은 다름을 포괄하는 반복이고, 하나의 물결과 몸짓에서 또 다른 물결과 몸짓으로 이어지는 차이를 포괄하는 반복, 이 차이를 그렇게 구성된 반복의 공간으로 운반하는 반복이다. (Deleuze 1968, 23쪽/2004, 72-73쪽)

들뢰즈가 말하는 감각적 운동성은 《장자》에서 책 읽는 환공과 문(文)

혜군이 표상하고 있는 언어의 거짓된 관념적 운동성에 맞서는 윤편과 포정의 기술(테크네)에서 구현되고 있는데, 거기서 감각적 운동성은 기술을 넘어서(進乎技) 참된 삶을 누리는(養生) 방법으로 묘사되고 있기도 하다. 그 방법은 같음의 재생산에 해당하는 언어의 관념적 운동성과 달리 자식에게 깨우쳐 주거나 이어줄 수 없는 방법 아닌 방법이다.[6] 그 까닭은 감각적 운동성이 구현하고 있는 차이와 반복의 구체성에 연유한다.

3. 말

반복에 연루된 차이를 부정하면서 완벽한 동일성을 추구하는 것은 논리학이나 수학과 같은 형식과학, 그리고 물리학이나 경제학과 같은 자연과학과 사회과학의 정신이다. 사유의 세 원칙으로 널리 받아들여지는 동일률, 배중률, 모순율은 모두 이 동일성의 이념에 근거해 있다. 노자가 말하는 도는 과학의 법칙이 아니다. 그는 과학의 법칙이나 사유의 원칙을 부정한다기보다, 그것과는 다른 관점에서 인간의 삶과 자연을 이해하려는 것이다. 좀 더 구체적으로 말하자면 동일성의 학문이 놓치고 있는 차이와 반복의 현상을 탐구의 주제로 삼고자 하는 것이다.

이를 위해서는 무엇보다 언어에 대한 올바른 이해가 필요하다. 그래서 노자는 바로 이어 다음과 같이 말한다.

이름을 이름지우면 그것은 늘 그러한 이름이 아니다.[7]

---

6 《莊子》,〈天道〉, 臣不能以喩臣之子 臣之子亦不能受之於臣 是以行年七十而老斲輪 古之人與其不可傳也死矣 然則君之所讀者 故人之糟魄已夫
7 《道德經》, 1장, 名可名非常名

앞선 문장과 정확한 대구(對句)를 이루는 이 문장은 언어(名)를 주제로 하고 있다. 도라는 첫 번째 주제에 바로 이어 언어를 문제 삼는 논의의 순서는, 서양철학의 저술 중 체재나 스타일 면에서 가장《도덕경》을 닮았다는 비트겐슈타인의《논리-철학논고》의 순서와 일치한다. 비트겐슈타인 역시 세계에 대한 언명에 이어 언어 비판을 전개하는 순으로 자신의 사유를 전개하고 있다(TLP). 주제가 도(道)이건, 세계이건, 영화이건, 음악이건 탐구와 그 표현의 매체는 언제나 언어로 귀착된다. 도(道)나 세계에 대한 탐구와 그 표현의 매체가 도(道)나 세계일 수 없고, 영화나 음악에 대한 탐구와 그 표현의 매체가 영화나 음악일 수는 없는 것이다. 그것이 탐구와 표현의 규칙이자 학문과 철학이라는 게임의 규칙이다. 그만큼 언어에 대한 바른 이해는 탐구의 주제가 무엇이건 절실히 요청되는 과제이다. 그리고 바른 이해는 그릇된 이해에 대한 비판을 바탕으로 한다.《철학적 탐구》에서 비트겐슈타인이 그러했듯이, 노자의《도덕경》도 언어 비판을 통해 언어에 대한 바른 이해에 접근하고 있다.

노자는 이름(名)과 도(道) 사이의 관계에 대해 다음과 같이 말한다.

나는 그 이름 알 길 없어, 그것을 글자로 나타내어 도(道)라고 하고, 억지로 그것을 이름 지어 크다고 말한다. 큰 것은 가게 마련이고, 가는 것은 멀어지게 마련이고, 멀어지는 것은 되돌아오게 마련이다.[8]

그 이름을 알 길 없는 것에 대해 부여한 글자가 도(道)라는 말이나, 억지로 그것을 이름 지어 크다고 말한다는 고백이나 모두 이름과 도(道) 사이의 불편한 관계를 묘사하고 있다. 도는 언어로 표상하거나 지식으로

---

8 《道德經》, 25장, 吾不知其名 字之曰道 强爲之名曰大 大曰逝 逝曰遠 遠曰反

고착화할 수 없는 경지이다. 그 경지는 가고(逝), 멀어지고(遠), 되돌아오는(反) 차이와 반복의 경지이다. "반복이 도(道)의 운동성이다."[9] 그러한 경지를 그나마 바르게 표현하기 위해서는 차이와 반복이라는 도(道)의 운동성을 구현하는 방식으로 언어를 사용해야 한다.

이름이 뜻하는 것이 알파벳이든, 음소이든, 낱말이든, 개념이든, 표현이든 그 어느 경우에도 언어를 이루는 이름의 개수는 유한하다. 그 유한한 이름이 반복되어 무한한 문장을 낳는다. 이는 같은 이름이라 하더라도 문맥에 따라 그 쓰임에 차이가 있기 때문이다. 이름의 의미를 엄격한 정의를 통해 고정해 사용하는 형식언어와 그렇지 않은 자연언어는 이 차이의 허용 여부에 따른 반복에 대한 시각 차이에서 서로 갈라진다. 엄격한 정의에 따라 사용되는 형식언어가 그렇지 못한 자연언어보다 더 정확한 언어라고 볼 수도 있지만(프레게), 무한히 전변(轉變)하는 삶의 다양한 문맥에 따라 그 문맥에 가장 적합한 방식으로 사용될 수 있는 여지(차이)를 풍부하게 허용하는 자연언어가 그렇지 못한 형식언어에 비해 더 정확한 언어일 수 있다(비트겐슈타인).

이런 점에서 앞서 살펴본 수영의 예에 대한 통찰은 언어의 습득과 사용의 경우에도 적용된다고 볼 수 있다. 들뢰즈는 다음과 같이 말한다.

> 수영을 배운다거나 외국어를 배운다는 것은 자신의 고유한 신체나 언어의 특이한 점들을 다른 어떤 형태나 다른 요소의 특이한 점들과 합성한다는 것을 의미한다. (Deleuze 1968, 192쪽/2004, 416-417쪽)

이 합성을 규정하는 미리 정해진 자기 동일적 규칙이나 알고리듬은

---

9 《道德經》, 40장, 反者 道之動

없다. 언어의 사용을 통한 합성은 그 자체가 차이 짓는 역동적 창조의 과정이다.

이 절의 첫 인용문에서 노자는 같은 이름(名)을 세 번 차이 나게 반복함으로써 언어의 굴신(屈伸)을 자기 지시적으로 실천하고 있다. 이 문장에 새겨진 부정의 기호(非)는, 차이를 부정하는 형식언어적 동어반복(名可名)을 차이를 허용하는 자연언어적 반복과 구별 짓고 있다. 노자는 이처럼 의미의 차원(名)과 지시체의 차원(道)에서 동일성 대치율(the principle of substitutivity of identity)[10]이 적용되지 않는 경우를 명시함으로써, 차이와 반복으로 짜이는 언어와 세계의 특징을 선명하게 부각시키고 있는 것이다.

4. 이퀄라이저(Equalizer)

노자의《도덕경》이 짧고 압축적인 문장으로 시작하는 데 비해,《장자》는 북해의 곤이라는 크기를 헤아릴 수 없는 어마어마한 물고기가 붕이라는 새로 변신해 날아오르는 과정에 대한 비유적인 이야기로 시작한다. 북해에서 남해로 날아가는 붕은 남해에서 북해로 날아가는 원추(《장자》,〈추수〉)와 짝을 이루어 변신(차이)과 왕래(반복)를 형상화하고 있다. 변신의 사건은 붕의 비상을 묘사한〈소요유〉에 이어〈제물론〉에서도 반복되고 있다. 물론 여기서의 반복은 같음의 재생산이 아닌 차이 나는 반복이다. 그런데 둘 사이의 차이를 올바로 이해하기 위해서는 한 가지 주의해야 할 점이 있다.

---

10 a와 b가 단칭 용어이고 'a'를 'b'로 대치함으로써 명제 '…a…'로부터 명제 '…b…'가 비롯될 경우, 동일성 'a = b'를 표현하는 명제와 명제 '…a…'로부터 명제 '…b…'를 추론할 수 있다는 원리.

〈소요유〉에서 곤의 비상은 생성과 드러남의 은유이지 어떤 수직적 위계를 함축하는 것이 아니다. 마찬가지로 곤이나 붕이 매미와 작은 새에 비해 크다는 점이 곧 매미와 작은 새에 대한 곤이나 붕의 우월성을 뜻하는 것으로 읽어서는 안 된다. 매미와 작은 새는 붕을 시샘하거나 스스로를 부끄러워하지 않는다. 그들은 다만 붕을 이해하지 못할 뿐이다. 붕도 마찬가지로 매미와 작은 새에 대해 그러할 것이다. 그들은 서로 비교하지 않고 저마다 자신답게 자신의 삶에 충실할 뿐이다. 곤의 비상에 이어 나오는 깊고 얕음, 크고 작음, 길고 짧음은 가치 평가의 관점이 아니라 상대성의 관점에서 새겨야 한다. 대부분의 번역이나 주석은 이 점을 놓치고 있으며, 그 때문에 〈소유유〉와 〈제물론〉을 제대로 조화시키지 못하고 있다. 〈제물론〉은 글자 그대로 만물에 드리워진 인위적 위계를 해체시키는 철학적 운동을 뜻한다. 그런데 〈소요유〉를 위계의 정립으로 풀이하고 바로 이어 〈제물론〉을 그 위계의 해체로 읽어낼 수는 없는 것이다. 〈소요유〉에 등장하는 각종 분별들은 위계의 정립이 아니라, 각기 자기가 살아나갈 분수와 방식의 상대성을 나타내기 위해 마련된 것으로 보아야 한다.[11]

〈제물론〉은 대지가 내쉬는 숨결인 바람이 어떻게 온갖 구멍에 산종(散種)되어 저마다 차이 나는 소리를 내는지에 대한 아름다운 묘사로 시작한다. 구멍들에 바람이 불어 서로 다른 소리를 내고 있으면서도 이들은 각기 스스로가 소리를 내고 있다.[12] 예컨대 구멍들은 산들바람에는 가

---

11 과거에는 강신주 박사와의 대화를 통해 이러한 해석에 이르게 되었다. 수직적 초월이 아닌 수평적 차이에 주목하는 들뢰즈의 영향 때문이었는데, 지금 와서 돌이켜보면 이러한 독해는 붕이라는 영웅이 오랜 시간의 준비와 노력 끝에 도달한 경지를 이해하는 데 부족함이 있다. 붕이 매미나 작은 새에 대해서 갖는 차이는 존재자적 차이보다 존재론적 차이로 새김이 더 마땅하다. 존재론적 차이는 가치론적·도덕적 차이나 상대성과는 구별되어야 한다. 매미와 작은 새는 저마다 자신의 관점에서 사태를 보고 있는데 비해, 붕이 상징하는 노장의 경지인 무용지용(無用之用)과 천지불인(天地不仁)은 이를 넘어서는 사태 그 자체의 모습을 보여주고 있다.

12 《莊子》, 〈齊物論〉, 吹萬不同 而使其自己也

별게 응하고 거센 바람에는 크게 응하며 사나운 바람이 멎으면 고요해진다.[13] 앞서 논의한 물에 대한 몸의 감각적 운동성이 여기서는 바람에 대한 구멍들의 다양한 응답으로 나타나고 있다. 구멍들은 저마다 다양한 음향 환경에 가장 알맞게 주파수를 맞추어 최상의 음을 구현하는 이퀄라이저(天鈞)[14]의 역할을 수행하고 있다. 이 장대한 경관은 가히 자연의 교향악이라 할 만하다. 거기에는 어떠한 악장(樂長)도 지휘자도 우열도 헤게모니도 없다. 구멍들이 각자의 모양대로 저마다 다른 소리를 내는 방식으로 전체의 효과에 자연스레 기여하고 있을 뿐이다. 〈제물론〉의 이러한 자연관은 차이를 극대화하고 있는 세계가 가장 좋은 세계라는 라이프니츠의 형이상학과 통한다.

여기서 우리는 잠시 차이에 대한 들뢰즈의 다음과 같은 말에 귀 기울일 필요가 있다.

"그 둘 사이에 우열이 없다"는 말은 그 둘 사이의 차이를 통해 언명되고 있으며, 또 오로지 그 차이를 통해서만 언명될 수 있다. [⋯] 오히려 유사성과 동일성은 어떤 효과들, 곧 체계 안에서 유일하게 근원적인 위치에 있는 바로 그 차이의 작동방식에서 비롯되는 효과들에 불과하다. 따라서 체계 안에서는 당연히 일차적인 것과 이차적인 것은 물론 근원적인 것과 파생적인 것을 각각 지정할 가능성은 배제된다고 할 수 있다. 왜냐하면 차이야말로 유일한 기원이고, 또 이 차이를 통해 차이소들은 모든 유사성에서 벗어나 서로 관계를 맺는 동시에 공존하게 되기 때문이다. (Deleuze 1968, 125쪽/2004, 280-281쪽)

---

13 《莊子》,〈齊物論〉, 冷風則小知 飄風則大和 厲風濟則衆竅爲虛
14 《莊子》,〈齊物論〉, 而休乎天鈞

이러한 관점에서 보자면 장자의 제물론이나 들뢰즈의 사유는 모든 차이를 어떤 근원적인 유사성, 같음, 동일성으로 환원하려는 시도가 아니다. 그것은 모든 것이 같다고 주장하거나 모든 것을 같게 만들려는 구심적(求心的) 형이상학이 아니다. 유사성, 같음, 동일성이 있다면 그것은 차이의 효과일 뿐이다. 들뢰즈와 제물론의 사유는 근원적 차이가 어떤 우열이나 위계를 설정하지 않으며, 오히려 그러한 것들을 해체하는 방식으로 작동한다는 점을 보이려는 원심적(遠心的) 열린 시도이다(Deleuze 1990, 32쪽).[15]

5. 인간을 넘어서(Über Mensch)

노자와 장자가 그려내는 자연은 모든 공간과 시간을 아우르는 크고 오래된 과정이다.[16] 150억 년 전의 대폭발로 생성되어 밤하늘을 수놓고 있는 수많은 별들은 수십에서 수백만 광년의 시간을 가로질러, 45억년의 나이를 먹은 이 땅에서, 600만년의 진화로 오늘에 이른 우리 눈앞에 제 모습을 드러내고 있다. 그들 중 일부는 이미 사라지고 없는 것들이기도 하다. 밤하늘은 이처럼 있음과 없음, 잠재성과 현실성, 드러남과 숨음, 멀고 가까움, 과거와 현재, 연속성과 불연속성이 한데 어우러진 존재 사건의 장엄한 스펙터클이다. 어디 밤하늘뿐인가. 돌이켜보면 세상의 모든 일들이 이러한 상반된 양상들의 밀고 당기는 운동 속에서 빚어진다.《장자》의 〈소요유〉에서 크기를 헤아릴 수 없는 곤이 붕으로 변신해 바다를 박차고

---

15 여기서 상론할 수는 없지만 들뢰즈에 대한 바디우(Badio, 1997)의 해석은 이 점에 대한 오해의 소지가 있다고 생각한다.
16 《道德經》, 7장, 天長地久

하늘로 날아오르는 과정은 이를 큰 스케일로 형상화한 것으로 읽을 수 있다. 우리는 이를 또 다양한 철학과 과학의 시각에서 해석할 수 있을 것이다. 하이데거의 용어를 빌려 말하자면 그것은 존재자가 드러나는 생기(生起: Ereignis)이고, 들뢰즈의 용어를 빌려 말하자면 잠재적 실재가 현실화되는 분화(différenciation)이며, 양자역학의 용어를 빌려 말하자면 측정에 의한 파동함수의 붕괴이다.

하이데거와 데리다의 말처럼 존재는 시간이며 흔적이다. 그리고 시간이란 들뢰즈에 있어서는 잠재태를 현실태로 탈바꿈시키는 리듬이기도 하다(Deleuze 1968, 211, 217쪽/2004, 454, 466쪽). 자연이 연출하는 생성소멸의 반복 운동은 어떠한 의인적 가치와도 무관한 채[17] 자신을 조직하고 해체하는 스스로 그러한(自然) 운동이다. 거기에는 조물주, 피조물, 주인, 주체, 의지와 같은 어떠한 의인적 투사나 화법도 적용되지 않는다. 자연은 국소적 특수성을 무차별적으로 사상하여 자신을 관철하는 일반적 자연 법칙의 용례에 불과한 것도 아니다. 노장이 포착하는 자연 만물은 법칙적 동일성을 넘어서(吹萬不同) 한데 어우러지는(齊物) 차이와 반복의 파노라마이다.

어떤 면에서 노자나 장자의 언어가 자연의 의인화에서 완전히 벗어나 있다고 보기는 어렵다. 그들도 때로 의인적 언어와 화법을 구사하고 있기 때문이다.[18] 그러나 대부분의 경우 그들이 구사하는 의인화는 은유와 유추로 새겨야 한다.[19] 천지가 인자하지 않음을 갈파하고서도 자연의 운동을 무언(無言)의 도덕적 스승으로 삼는 절묘한 태도는, 서구의 신화, 종교, 존재신학에 만연한 의인적 사유와 결코 혼동될 수 없는 동양의 독

---

17 《道德經》, 5장, 天地不仁

18 예컨대 《도덕경》의 6장에 등장하는 곡신(谷神), 현빈(玄牝), 《장자》의 〈대종사〉에 등장하는 조물자(造物者), 조화자(造化者) 등의 표현이 이에 해당한다고 볼 수 있다. 이강수 1998, 65, 279쪽 참조.

19 《莊子》, 〈齊物論〉, 照之於天

특한 사유 양식이다. 존재에서 당위를 유추하는 것이 서구적 관점에서는 논리적 오류(자연주의적 오류)이겠지만, 그러한 유추를 논리의 이름으로 원천 봉쇄하는 경직성이야말로 동양적 관점에서는 쉽게 납득이 가지 않는 인위적이고 근시안적인 태도로 여겨진다.

6. 황금충(黃金蟲)

들뢰즈에게 자연은 차이와 반복의 대 경연장이다. 자연에서 발견되는 반복은 개념 없는 차이로, 무한정 이어지는 개념적 차이에서 벗어나는 차이로 나타난다(Deleuze 1968, 13-14쪽/2004, 53쪽). 그는 이것이 노자가 도를 도라고 말할 수 없다고 한 중요한 이유로 간주할 것이다. 도는 차이이고 차이는 궁극적으로 개념을 벗어난 가장 근원적인 사태요 현상이기 때문이다. 들뢰즈는 다음과 같이 말한다.

> 차이는 모든 사물들의 배후에 있다. 그러나 차이의 배후에는 아무것도 없다. (Deleuze 1968, 57쪽/2004, 145쪽)
> 원초적이고 강도적인 깊이야말로 공간 전체의 모태이자 차이의 일차적 긍정이다. 그 안에는 어떤 것이 자유로운 차이들의 상태로 살아 우글거리고 있다. 그것은 오로지 그 다음 단계에서만 선형적 제한과 평면적 대립으로 나타나게 될 것이다. (Deleuze 1968, 50-51쪽/2004, 133쪽)

모든 사물의 배후, 원초적이고 강도적인 깊이에서 만나게 되는 차이는 하이데거가 말하는 존재를 구성하고(Deleuze 1968, 65쪽/2004, 160쪽), 존재의 역량은 니체의 영원 회귀와 동일시되며(Deleuze 1968, 67쪽/2004, 163

쪽), 영원 회귀는 다시 카오스로 묘사된다(Deleuze 1968, 68쪽/2004, 165쪽). 차이로부터 이끌어지는 카오스(혼돈)는 무한한 속도로 생성소멸하는 잠재태로서의 공백이다(Deleuze and Guattari 1991, 118쪽).[20]

이를 노자의 다음의 말과 함께 읽어보자.

혼돈되이 이루어진 것이 있었으니 천지보다도 앞서 생겼다.[21]

혼돈으로 새긴 '혼(混)'이 곽점 죽간본에는 '충(蟲)'으로 되어 있다. '충(蟲)'은 벌레 '충(虫)'부를 셋 겹쳐 벌레들이 우글거리는 모습을 형상화하고 있다. 들뢰즈의 입장에서 보자면 이 '충(蟲)'이야말로 그가 말한 "살아 우글거리고 있는" "자유로운 차이들", "차이의 카오스(혼돈)"(Deleuze 1968, 57쪽/2004, 145쪽)에 잘 어울리는 기표이다. '혼(混)'을 차이로 분화되기 이전의 '유(幽; the undifferentiated)'로 간주하는 전통적 해석(김용옥 2000a, 3권 34쪽)은 '충(蟲)'이 구현하고 있는 차이의 생생한 운동(살아 우글거림)을 놓치고 있다. '충(蟲)'이 묘사하고 있는 혼돈되이 이루어진 것이 천지보다도 앞서 생겼다는 노자의 말은 앞섬(先)을 시간적 앞섬이 아니라, 논리적 내지는 형이상학적 앞섬으로 독해했을 때, "차이가 모든 사물들의 배후에 있다"는 들뢰즈의 말과 교감한다. 흥미롭게도 들뢰즈 자신도 벌레의 개념을 끌어들여 차이를 묘사하고 있다. 그에 의하면 차이의 체계에는 차이의 역동성을 지지하고 인내하는 애벌레 주체들, 혹은 유충이 서식한다(Deleuze 1968, 118쪽/2004, 266-267쪽). 이 역동성의 원천으로서 모든 사물의 배후에 있는 '충(蟲)'은 엄밀히 말하자면 그냥 차이가 아니라 차이 짓는 차

---

20 들뢰즈의 무한한 속도 개념은 액면 그대로 받아들였을 때 빛보다 빠른 속도를 부정하는 아인슈타인의 상대성 이론에 위배된다.

21 《道德經》, 25장, 有物混成 先天地生

이소, 차이의 차이, 혹은 차이의 분화소이다.[22]

7. 알

들뢰즈에 의하면 실재는 잠재태와 그것이 실현된 현실태로 이루어져 있다. 이 장의 4, 6절에서 인용한 차이에 대한 추상적 서술과 1, 2, 5절에서 살펴본 구체적이고 감각적인 예들이 각각 잠재태와 현실태에 대응한다.[23] 그는 현실태뿐 아니라 잠재태도 그 자체로 어떤 충만한 실재성을 지니고 있음을 강조한다. 들뢰즈의 잠재태는 정태적인 본질이 아니라 동태적인 경향성에 가깝다. 수정란의 세포 분열을 시작으로 난할과 배엽 분화를 거쳐 기관이 형성되는 발생의 과정은 그의 비본질주의적 설명틀에 부합하는 좋은 예이다. 조직이나 기관의 본질이 수정란에 미리 형성되어 있다기보다는, 변별화된(differentiated) 구조가 발생 과정을 통해 창발하는 (emerge) 것으로 보는 것이 더욱 타당한 해석이기 때문이다.

최소한의 자유 에너지를 유지하기 위해 창발하는 상이한 물리적 구조들의 경우도 실재에 대한 들뢰즈의 성찰에 잘 부합한다. 비눗방울은 표면장력을 최소화하기 위해 원형을 유지하고 있으며, 소금 결정은 접착력을 최소화하기 위해 입방형을 유지하고 있다. 이 각각의 형상은 상호

22　그러나 들뢰즈의 벌레가 살아있는 물질의 표상이라면, 노장의 혼돈은 자연 그 자체라는 점에서 양자가 동일한 의미를 지닌다고 보기는 어렵다. 들뢰즈와 노장의 동행은 인간중심주의와 관념론을 비판하는 데까지만이다. 이로부터 들뢰즈는 일종의 유물론, 동물주의, 몸주의로 나아가는 반면, 노장은 무위(無爲)라는 탁월성의 실현으로 나아간다는 점에서 양자는 갈라진다.

23　들뢰즈의 차이는 사물이나 사건들 사이의 외적 차이보다, 온도나 압력의 차이와 같이 변별화의 문턱들(seuils différentiels)을 통해 구별되는 동일한 체계의 내적·강도적 차이(différence intensive)를 지칭한다. 그러나 외적 차이는 내적 차이가 현실화된 것으로 볼 수 있으며, 사물이나 사건들 사이의 외적 차이도 같은 방식으로 해석할 수 있다고 본다.

무관하게 각각 비눗방울과 소금 결정에 새겨져 있다기보다는, 최소한의 자유 에너지를 유지한다는 공통의 이념을 각각 상이한 방식으로 구현하고 있는 것으로 해석할 수 있다. 이들이 구현하는 공통의 이념은 잠재태에, 그 이념을 구현하는 실제의 물리적 구조들은 현실태에 해당한다 (Delanda 2002, 15쪽).

잠재태는 구현된 현실태의 이데아나 형상이 아니라 이념이다. 이 이념의 실현을 들뢰즈는 분화(분화적 차이; différenciation)로, 그 역을 변별화(변별적 차이; différensiation)로, 그리고 그 중간 고리를 개체화(강도적 차이; différence intensive)로 구분 짓는다. 분화나 개체화는 미리 정해진 법칙이나 알고리듬, 혹은 청사진의 수동적 실현이 아니라, 이념이 제시하는 문제에 대한 다양한 해결로 보아야 한다. 그는 다음과 같이 말한다.

> 잠재태에 대해 현실화된다는 것은 그것의 본성상 분화된다는 것이다. 각각의 분화는 어떤 국소적 적분, 어떤 국소적 해결이다. 이 국소적 해결은 총체적 해결이나 총괄적 적분 안에서 다른 국소적 해결들과 함께 합성된다. (Deleuze 1968, 211쪽/2004, 454쪽)

여기서 현실화되는 것은 잠재태에 잠재적으로 응축된 특이성이며 (Deleuze 1969, 계열 15), 이 특이성의 구현으로서의 국소적 해결은 현실적인 것 안에서 이념이 "돌발적이고 맹렬하며 혁명적인 어떤 것처럼" 터져 나오게 한다(Deleuze 1968, 190쪽/2004, 413쪽). 얼음이 녹아 물이 되고 물이 끓어 수중기가 되는 특성이 물의 특이성이고, 물의 상태가 고체에서 액체로 액체에서 기체로 급변하는 각각의 임계점들이 특이점들이다. 이 특이점들은 잠재태를 형성하는 변별적 차이들의 매듭으로 볼 수 있다. 들뢰즈는 이 매듭들의 현실화를 강도라는 에너지 용어를 빌려 설명한다. 강도는 스스로를 양들과 질들 속에서 펼치는(explicate; 밖-주름 운동) 자기 차이성으로서의 에너지이다. 그러나 그것은 물리적인 개념이 아니라, 잠재적 이념의 내부에서 잠재적인 것을 현실적인 것으로 이행하게 하는 초월론적 원리이다(Deleuze 1968, 240-241쪽/2004, 514쪽).

들뢰즈는 잠재태와 현실태라는 두 양태의 차이를 강조하면서 바로 그 차이를 바탕으로 둘 사이의 역동적 관계를 해명하려 한다. 그는 다음과 같이 말한다.

> 현실적 항들은 자신들이 현실화하는 잠재태와 결코 유사하지 않다. 즉, 질과 종들은 자신들이 구현하는 미분비(微分比)들을 닮지 않는다. 부분들은 자신들이 구현하는 독특성을 닮지 않는다. 이런 의미에서 현실화, 분화는 언제나 진정한 창조이다. (Deleuze 1968, 212쪽/2004, 456쪽)[24]

이러한 맥락에서 그는 세계 전체가 하나의 알이라고 말한다.[25] "세계는 하나의 알이지만, 알은 그 자체가 하나의 연극이다"(Deleuze 1968, 216쪽/2004, 464쪽). 여기서 연극이란 이념의 현실화를 규정하는 동역학적 절차들로서, 현실화되어야 할 미분비와 특이성들에 상응하는 공간을 창조하고 그려낸다. 현실태는 잠재태의 복사나 모방이 아니라 창조적 구현으로 간주되어야 한다.

---

24 패튼(Paul Patton)의 영어 번역에서는 앞의 인용문 중 처음 두 문장이 빠져 있고, 세 번째 문장의 주어가 '부분들'이 아닌 '현실적 항'으로 잘못 번역되어 있다.
25 들뢰즈의 이러한 주장은 빅뱅이라는 특이점의 실현에서 세계의 기원을 해명하려는 현대 물리학의 우주론과 닮았다. 그러나 세계 전체가 하나의 알이라는 주장을 액면 그대로 받아들이기는 어렵다. 알에는 중심(노른자)과 주변(흰자)과 테두리(껍질)가 있지만 이러한 구분은 세계(우주)에는 적용되지 않기 때문이다.

8. 붕괴

들뢰즈의 이러한 구상은 실재에 대한 양자역학적 설명에 견주어 생각해 볼 수 있다. 폰 노이만(von Neumann 1932)과 디랙(Dirac 1930)에 의해 정리된 양자역학의 표준적 정식은 두 개의 동역학으로 이루어져 있는데 그중 하나는 선형적이고 다른 하나는 비선형적이다. 측정이 이루어지기 전까지는 슈뢰딩거의 파동함수를 근간으로 하는 선형적 동역학이, 측정의 과정에는 파동함수의 붕괴를 근간으로 하는 비선형적 동역학이 사용된다. 선형적 동역학이 묘사하는 세계는 들뢰즈의 잠재태와, 비선형적 동역학이 묘사하는 세계는 들뢰즈의 현실태와 각각 비견된다.[26] 표준적 양자역학의 정식에 의하면 두 양태는 측정이라는 사건에 의해 불연속적으로 갈라진다. 따라서 측정은 잠재태가 현실태로 바뀌는 문턱으로서 특이점의 강도적 차이(개체화하는 차이), 혹은 국소적 해결이라고 볼 수 있다.

물론 양자역학의 구도와 들뢰즈의 구도는 서로 비견될 뿐이지 정확히 일치하지는 않는다. 들뢰즈가 묘사하는 잠재태는 개념으로 잡히는 세계가 아니기 때문이다. (그러나 그는 이를 자신만의 언어로 묘사하고 있지 않은가?) 이정우 교수는 "과학은 현상으로서 드러나 경험적으로 확인 가능한 것을 다룬다고 한다면, [들뢰즈의] 형이상학은 그것을 넘어서 벌어질 수 있는 가능성, 가능한 차원, 특이성들의 체계를 다루는 것"(이정우 1999a, 151쪽)이라고 말한다. 우리는 양자역학에 있어서 선형적 동역학에 의거한 묘사와 비선형적 동역학에 의거한 묘사 사이의 불일치가 궁극적으로는 경험적으로 확인 가능한 물리적 속성의 지평에서의 불일치임을 상기할 필요가

---

26 선형적 동역학이 묘사하는 세계의 실재성을 인정할 때 우리는 그것을 잠재태로 부를 수 있겠지만, 그렇지 않을 때 우리는 그것을 가능태로 부를 수 있을 것이다. 전자의 대표적인 예로 에버렛의 여러 세계 해석을, 후자의 대표적인 예로 보어(Niels Bohr)의 코펜하겐 해석을 꼽을 수 있다.

있다. 반면 들뢰즈는 경험적 원리의 범위 바깥에 놓여 있는 초월론적 원리(강도적 차이)와 "세계의 표면을 지배하는 자연법칙들"을 명확히 구별하고 있다(Deleuze 1968, 241쪽/2004, 514쪽).[27] 결국 들뢰즈와 양자역학 사이에는 철학과 과학만큼의 거리가 놓여 있는 것이다.

그럼에도 불구하고 잠재태와 현실태를 구분하고 두 양태에 실재성을 부여했다는 점에서, 그리고 무엇보다 두 양태의 관계 문제를 심각히 고민하고 다양한 창의적 해법을 시도했다는 점에서 양자역학과 들뢰즈의 형이상학은 충분히 서로 견주어볼 만하다고 생각한다. 슈뢰딩거의 고양이로 통칭되는 사유 실험[28]은 잠재태와 현실태 사이의 문제가 미립자의 차원에 국한된 문제가 아님을 보여준다.

코펜하겐 해석으로 널리 알려진 양자역학에 대한 보어의 칸트적 해석은 측정 이전의 물리적 상태에 대한 사변을 지양하는 대신, 측정이 초

---

27 들뢰즈는 용해점, 응결점 등 자신이 사용하는 물리학적 표현들에서 어떤 물리학적 은유들을 보려하지 말 것을 경고한다(Deleuze 1968, 190쪽/2004, 414쪽).

28 살아있는 고양이 한 마리를 상자에 넣고 그 속에 우라늄과 같은 방사선원, 가이거 계수기, 망치, 그리고 독약이 든 밀봉된 유리 플라스크를 같이 담았다고 생각해보자. 방사선원의 붕괴가 일어나면 가이거 계수기는 망치를 떨어뜨리는 장치를 작동시키고, 망치는 떨어져 플라스크를 깨며, 플라스크로부터 나온 독약은 고양이를 죽이게 된다. 양자역학에 따라 방사선원으로부터 한 시간에 하나의 입자가 붕괴할 확률이 50%라고 해보자. 한 시간이 지나면 상자 속의 고양이가 살아있거나 죽어있을 확률은 동일할 것이다. 양자역학의 코펜하겐 해석에 따르면 실험이 시작된 뒤 한 시간 후, 상자 속의 고양이는 삶과 죽음이 중첩된 가능태(들뢰즈의 해석대로라면 '잠재태')하에 있다. 우리가 결과를 알아보기 위해 상자의 뚜껑을 여는 순간, 측정(관찰)이라는 우리의 행동이 그 고양이를 완전히 살아 있거나 완전히 죽은 현실태의 하나로 만든다.

이 과정을 디랙(Paul Dirac)의 기호법으로 정리하면 다음과 같다.

$1/\sqrt{2}$ (| 붕괴 $>$ 우라늄 + | ~붕괴 $>$ 우라늄) | 준비 $>$ 가이거

→ $1/\sqrt{2}$ (| 붕괴 $>$ 우라늄 | 작동 $>$ 가이거 + | 붕괴 $>$ 우라늄 | ~작동 $>$ 가이거)

→ $1/\sqrt{2}$ (| 붕괴 $>$ 우라늄 | 작동 $>$ 가이거 | 떨어짐 $>$ 망치 | 깨짐 $>$ 플라스크 | 사망 $>$ 고양이
   + | ~붕괴 $>$ 우라늄 | ~작동 $>$ 가이거 | ~떨어짐 $>$ 망치 | ~깨짐 $>$ 플라스크 | ~사망 $>$ 고양이)

이는 측정에 의해 다음과 같은 확률로 현실화된다(보른(Max Born)의 규칙).

$1/\sqrt{2}$ | ^{2} | 사망 $>$ 고양이 혹은 | $1/\sqrt{2}$ | ^{2} | 사망 $>$ 고양이

앞의 정식은 우라늄의 붕괴 여부의 중첩이라는 미시적 차원의 가능태(들뢰즈의 해석대로라면 '잠재태')가 어떻게 고양이의 삶과 죽음의 중첩이라는 거시적 차원의 잠재태와 함께 엮이게 되는지, 그리고 그것이 다시 어떻게 현실태로 붕괴되는지를 보여준다.

래하는 능동적 변화를 강조하고 있다. 측정을 마음이나 인식, 혹은 현존재의 지향성으로 재해석할 때, 보어의 칸트적 해석은 현실화를 창조로 간주하는 들뢰즈의 철학뿐 아니라, 세계가 우리에게 어떻게 드러나는가를 논의의 알파와 오메가로 삼는 후설이나 전기 하이데거의 현상학적 전통과도 넓은 의미에서 맥을 같이한다. 그러나 양자역학의 표준적 정식과 코펜하겐 해석은 그 예측의 정확성에도 불구하고 측정의 실체가 무엇인지, 언제 측정이 일어난다고 할 수 있는지에 대해 말끔히 설명하지 못하고 있다. 아울러 선형적 동역학은 결정론적이고 비선형적 동역학은 확률론적이라는 점에서, 양자역학을 구성하는 두 동역학은 논리적으로 양립불가능하다.

이러한 문제를 해결하기 위해 파동함수의 단절적 붕괴를 부정하고 선형적 동역학만으로 양자역학을 꾸려가려는 노력들이 있다. 에버렛(Everett 1957; 1973)의 여러 세계 이론, 앨버트와 로워(Albert and Loewer 1988)의 꾸밈없는 이론(bare theory)과 여러 마음 이론, 제(Zeh 1970)와 주렉(Zurek 1991)의 결깨짐 이론(decoherence theory), 봄(Bohm 1952)의 숨은 변수 이론 등이 이에 해당한다. 그러나 이들 모두 각기 나름대로의 문제점들을 노출하고 있다는 점에서 양자역학의 문제는 아직 해결되었다고 볼 수 없다.[29]

봄의 숨은 변수 이론은 EPR 문제와 전체론적 세계관, 그리고 물리적 속성에 대한 새로운 경지를 아주 설득력 있게 보여준다는 점에서 철학적으로 가장 주목할 만한 시도가 아닌가 싶다. 이러한 매력에도 불구하고 그의 이론은 빛보다 빠른 인과 관계를 허용한다는 점에서 아인슈타인의 특수 상대성 이론과 양립할 수 없다(이승종 1993a 참조). 한편 파동함수의 붕괴를 부정하는 앨버트와 로워의 여러 마음 이론이나, 파동함수의 붕괴

---

29 Albert 1992 참조. 앨버트의 이론에 대한 비판으로는 Barrett 1999, 4장 이후 참조.

를 인정하는 위그너(Wigner 1961)의 이론은 데카르트적 심신 이원론을 전제로 양자역학의 문제를 해명하려 하는데, 바로 그 철학적 전제의 불투명성이 그들의 발목을 잡고 있다.

9. 거문고

우리는 들뢰즈를 포스트모더니즘과, 양자역학을 반실재론(anti-realism)과 연계하는 통상적 해석을 재고할 필요가 있다. 포스트모더니스트들에 만연된 반실재론적 경향성은 들뢰즈의 사유와 별 관련이 없다. 잠재태와 현실태 모두에 실재성을 부여하는 그의 사유는 오히려 실재론에 가깝다. 아울러 양자역학에서 측정의 문제가 반드시 반실재론을 함축하는 것도 아니다. 측정의 문제 자체가 난제이기도 하지만, 무엇보다 양자역학은 파동함수의 실재성을 부정하고 있지 않기 때문이다. 마찬가지로 우리는 현대 수학의 정밀한 언어로 구성된 양자역학을, 수천 년 전의 언어로 쓰인 노장 사상과 아무 여과 없이 동일한 지평에서 직접 비교하는 무모한 시도를 경계해야 한다. 이러한 시도는 카프라(Capra 1975) 등 신과학운동 계열의 작품들이 보여주듯, 양쪽 모두를 단순화하고 왜곡할 위험성이 있다.[30] 그러나 저명한 양자역학 철학자인 휴즈(Hughes 1989, xi)조차 둘 사이의 공통점을 부인할 수 없는 진실로 간주한다. 그러면서도 그는 정작 그 공통점이 무엇인지에 대해서는 침묵하고 있다. 우리는 붕괴라는 현상을 주제로 양자역학과 장자, 그리고 들뢰즈에 대해 논해보려 한다.

《장자》의 〈제물론〉에서 다음의 구절을 읽어보자.

---

30 카프라는 힌두교와 불교, 선(禪), 도가(道家) 등의 동양사상을 망라해 신비주의로 규정하고 있다. 오리엔탈리즘과 단순화의 오류임을 지적하지 않을 수 없다.

옛 사람의 예지에는 최고의 경지에 다다른 데가 있었다. [그럼] 어떤 경지에 다다랐는가? 애초 사물이란 없다고 생각하는 [무(無)의] 경지이다. 지극하고 완전하여 더 이상 아무것도 덧붙일 수가 없다. 그다음 경지는 사물이 있다고 생각하지만 거기에 구별을 두지 않는 경지이다. 그다음은 구별이 있다고 생각하지만 거기에 시비를 고려하지 않는 입장이다. 시비가 나타나면 도가 붕괴되는 원인이 되고, 도가 붕괴되면 또한 편애(애증)가 이루어지는 원인이 된다. [그러나 여기서 붕괴와 이루어짐을 말했지만] 과연 이루어짐과 붕괴가 있는 것일까? [아니면] 없는 것일까?[31]

인용문은 이루어짐과 붕괴(虧)라는 사태 이전의 비표상적(未始有物) 경지의 근원성을 강조하고 있다. 그 경지는 붕괴 사태의 전제가 되는 (측정의 주체와 객체 사이의) 구별을 철폐함으로써 도달할 수 있다. 이는 수동적으로 아무 구별도 하지 않는 것이 아니라, 인위적 구별을 적극적으로 해체하는 무위이무불이(無爲而無不爲)를 통해서 이루어진다.[32]

장자는 이루어짐과 붕괴에 대해 다음과 같이 계속한다.

이루어짐과 붕괴가 있는 까닭은 소 씨(昭氏)가 거문고를 뜯었기 때문이고, 이루어짐과 붕괴가 없는 까닭은 소 씨가 거문고를 뜯지 않았기 때문이다. [⋯] 이런 것을 이루어짐이라고 한다면 우리에게도 이루어짐이 있는 셈이 되지만, 이루어짐이라고 할 수 없다면 우리나 우리 이외의 사물에도 이루어짐은 없는 것이다. 그러므로 성인은 도를 어지럽히는 빛을 제거하려 한다. 자기 본위의 방법을 쓰지 않고 영원하고 평범한 것에 자기를 맡겼

---

31 《莊子》, 〈齊物論〉, 古之人 其知有所至矣 惡乎至 有以爲未始有物者 至矣 盡矣 不可以加矣 其次 以爲有物矣 而未始有封也 其次 以爲有封焉 而未始有是非也 是非之彰也 道之所以虧也 道之所以虧 愛之所以成 果且有成與虧乎哉 果且無成與虧乎哉
32 《道德經》, 37, 48장.

던 것이다. 이것을 두고서 '밝힘(明)'이라 말하는 것이다.[33]

소씨가 거문고를 뜯지 않은 상황은 선형적 동역학이 설명하는 파동함수 붕괴 이전의 상황에, 거문고를 뜯는 사건은 관찰자의 측정에 의해 파동함수가 붕괴되면서 설명의 틀이 비선형적 붕괴 동역학으로 급변하는 상황에 각각 비견된다. 인용문의 후반부는 어떤 사물에 대해 그것을 혹자는 원이라 주장하고 혹자는 직사각형이라 주장하며 서로 맞서는 상황이, 사실은 원기둥이라는 3차원적 대상이 2차원적 공간에 투사됨으로써 생겨난 대립이었다는 깨달음으로 말미암아 해소되는 과정에 비견된다.

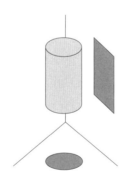

양자역학에서 입자와 파동의 이중성이나 위치와 운동량의 불확정성 등은 이러한 관점에서 이해할 수 있다. 3차원에서 2차원으로의 투사를 붕괴로 말미암아 잠재태가 현실태로 분화되는 과정에 견줄 때, 붕괴(분화) 이전의 시원의 상황을 천착해들어가는 장자의 탐구는 그 정당성을 획득할 수 있다. 그는 공맹(孔孟)의 현실주의나 묵가나 명가의 변증술을 상

---

33 《莊子》, 〈齊物論〉, 有成與虧 故昭氏之鼓琴也 無成與虧 故昭氏之不鼓琴也 […] 若是而可謂成乎 雖我無成 亦可謂成矣 若是而不可謂成乎 物與我無成也 是故滑疑之耀 聖人之所圖也 爲是不用 而寓諸庸 此之謂以明

징하는 원과 직사각형의 대립 너머의 원기둥이 상징하는 시원의 사태를 지향하고 있는 것이다.

장자는 다음과 같이 계속한다.

지금 가령 여기 말(言)이 있다 하자. 그것이 지금 말하고 있는 밝힘과 비슷한지 아닌지는 모르겠다. 비슷하건 않건 간에, 어쨌든 [말을 내세워] 비슷하게 하려 함은 저 [시비를 일삼는] 세속적 입장과 다름이 없지 않은가. 비록 그렇다 해도 일단 이야기는 해보자.

시작이 있으면 그 앞에 '아직 시작되지 않음'이 있고, 또 그 앞에 '아직 시작되지 않음의 이전'이 있다. '있다'가 있고 '없다'가 있으면, 그 앞에 '있다 없다의 이전'이 있고, 또 그 앞에 '있다 없다 이전의 이전'이 있다. [현실 세계에서는] 갑자기 '있다 없다'의 대립이 생기게 된다.[34]

현실 세계에서 '있다 없다'의 대립이 갑자기(俄) 생기는 사건을 잠재태가 현실태로 붕괴되는 과정에 대한 묘사로 새길 때, 앞의 인용문 역시 그 붕괴 이전의 말로 표상할 수 없는 시원의 사태를 지향하고 있다. 다음에서 보듯 그 시원의 사태는 탈은폐 이전의 은폐되어 간직된 사태이다.

성인은 도를 그대로 자기 가슴속에 품어버리지만 일반 사람은 도에 구별을 둔 채 남에게 내보인다. 그러므로 구별을 한다 함은 [도에 대해] 보지 못하는 바가 있다고 하는 것이다. […] 알지 못한다는 데에 머물러 있는 것이 최고의 지식이다. 말로 나타나지 않는 말, 도로 나타나지 않는 도를 누가

---

34 《莊子》, 〈齊物論〉, 今且有言於此 不知其與是類乎 其與是不類乎 類與不類 相與爲類 則與彼无以異矣雖然 請嘗言之 有始也者 有未始有始也者 有未始有夫未始有始也者 有有也者 有无也者 有未始有无也者 有未始有夫未始有无也者 俄而有无矣

알까. 만약 그것을 알 수 있는 자가 있다면 그야말로 천부(天府)라 할 수 있 겠다. 거기에는 아무리 부어도 차지 않고 아무리 퍼내도 마르지 않는다. 그 런데 그게 어째 그런지 원인은 모른다. 이러한 경지를 바로 빛을 싸서 감추 는 보광(葆光)이라고 한다.[35]

언표는 잠재태를 현실태로 불러내지만 그로 말미암아 잠재태는 붕괴 된다. 양자역학을 구성하는 두 동역학의 상호 양립 불가능성이 보여주듯 이, 실재의 두 양태는 결코 대칭적이거나 호환적인 것이 아니다. 구별을 한다 함이 은닉된 도에 대해 보지 못하는 바가 있게 된다는 말은 이러한 뜻으로 읽을 수 있다. 여기서도 장자는 드러난 현실태에 집중된 우리의 근시안적 관심을 그 너머의 잠재태로 이끌려 하고 있다.

10. Year of the Cat

그러나 장자와 들뢰즈는 붕괴를 통해 드러나는 현실태를 결코 부정하거 나 폄하하지 않는다. 오히려 그들은 잠재태와 현실태의 접면에서 발생하 는 붕괴의 사태에 주목하면서, 잠재태와 현실태를 실재의 서로 다른 두 양상으로 간주하고 각각이 지닌 가치와 의의를 인정하고 존중하고 있다. 그들에 있어서 잠재태로의 초월의 의지는 현실태로의 합류의 의지와 적 절한 균형을 이루고 있다. 그들이 초월을 강조하는 까닭도 현실태로 일 방적으로 기울어진 저울의 균형을 맞추려는 노력으로 보아야 한다.[36] 이

---

35 《莊子》,〈齊物論〉, 聖人懷之 衆人辯之以相示也 故日辯也者 有不見也 […] 故知止其所不知 至矣 孰知不言之辯 不道之道 若有能知 此之謂天府 注焉而不滿 酌焉而不竭 而不知其所由來 此之謂 葆光

36 장자 사상을 초월론 일변도로 해석하는 시도에 대한 비판으로 다음의 글을 참조. 이승종 2002a.

러한 균형 잡힌 관점을 들뢰즈는 "초월론적 경험론"(Deleuze 1968, 144 쪽/2004, 320쪽)이라 부르고 있다. 그가 말하는 경험은 감각, 좀 더 구체적으로는 리듬과 관련이 있는데 이는 장자의 사유와도 일맥상통한다.

앞서 보았듯이 《장자》는 물속(잠재태)에 있던 곤이 붕이 되면서 하늘(현실태)로 박차 오르는 변신(현실화/붕괴) 이야기로 시작하며(〈소요유〉), 바람이 온갖 구멍을 통해 다양한 소리를 내는 상황에 대한 묘사로 이어진다(〈제물론〉). 이 소리는 들뢰즈의 표현을 빌리자면 존재의 함성으로서(Deleuze 1968, 304쪽/2004, 633쪽) 붕괴를 의미하는 존재 사태에서 비롯되는 것으로 해석할 수 있다. 붕괴는 또한 소 씨가 뜯는 거문고 소리이기도 했다. 소리는 리듬을 동반한다. 이어지는 〈양생주〉에서 포정의 소 잡는 칼소리는 "모두 음률에 맞고, [은나라 탕왕 때의 명곡인] 상림(桑林)의 무악(舞樂)과 [요 임금 때의 명곡인] 경수(經首)의 음절에도 맞는 것으로" 묘사되고 있다.[37] 소리와 리듬은 감각이자 감각의 논리이기도 하다(Deleuze 1981, 37쪽/1995, 73쪽). 칸트에 있어서 감각이 인식의 수동적 재료라면 장자와 들뢰즈에 있어서 그것은 잠재태를 현실태로 탈바꿈하는 능동적이고 강도적인 리듬이다. 들뢰즈는 다음과 같이 말한다.

감각은 질적으로 규정되지도 않고 질적인 것도 아니다. 감각이란 강도적 실재성만을 가지고 있는데, 이 실재성은 더 이상 그 속에서 재현적 여건들을 규정하고 있지 않다. […] 감각은 진동이다. (Deleuze 1981, 39쪽/1995, 75쪽)

이 진동은 붕이 "물을 3천 리나 튀게 하고, 빙빙 돌며 회오리바람을 타고 9만 리나 올라간다"[38]는 장자의 감각적 묘사를 연상케 한다.

---

37 《莊子》, 〈養生主〉, 莫不中音 合於桑林之舞 乃中經首之會
38 《莊子》, 〈逍遙遊〉, 水擊三千里 搏扶搖而上者九萬里

들뢰즈는 유전자들의 총체와 그것의 구현으로서의 유기체 사이의 관계에 대해서도 리듬을 빌려 다음과 같이 서술하고 있다.

> 유전자는 복수의 특성들을 동시에 지배하고, 오로지 다른 유전자들과의 관계 안에서만 작용한다는 이중의 측면을 지닌다. 이 요소들이 이루는 총체는 어떤 잠재성, 어떤 잠재력을 구성한다. 또 이 구조는 현실적인 유기체들 안에서 구현되는데, 이 구현은 유기체의 종별화일 수도, 유기체의 부분들이 분화되는 과정일 수도 있다. 이런 과정은 정확히 '상호 변별적'이라 불리는 리듬들에 따라, 현실화의 운동을 측정하는 비교상의 빠름과 느림들에 따라 이루어진다. (Deleuze 1968, 185쪽/2004, 404-405쪽)

붕괴의 현장에서 우리는 현실화의 운동을 측정하는 빠르고 느린 감각적 리듬을 접한다. 그 리듬은 무엇에 대한 표상이나 재현이 아니라는 점에서 무매개적이고 직접적이다. 대신 그것은 잠재태에서 현실태로의 "디오니소스적 운반과 변신들"(Deleuze 1968, 32쪽/2004, 94쪽)을 구현하고 있다. 이 점에서 장자와 들뢰즈의 감각적 리듬은, 여러 사태들을 하나를 매개로 관통하는 공자의 일이관지(一以貫之)의 사유나 플라톤과 그 후예들의 표상적 사유보다 디오니소스적 사유에 더 가깝다.[39]

차이와 반복에 대한 노장과 들뢰즈의 사유는 우리에게 어떠한 빛을 던져주는가? 실재에 대한 이들의 사유와 양자역학의 사유는 우리의 구체적 삶에 어떠한 통찰을 마련하는가? 삶은 태아라는 잠재태가 태어남이라는 붕괴의 문턱을 통해 현실화된 귀결이다. 그러나 삶이라는 현실태는 죽음이라는 잠재태와의 동거이기도 하다. 철학도의 영혼을 깨운 위대

---

39 고대 그리스에서 디오니소스 정신의 생성과 소멸에 대해서는 다음의 글을 참조. 이승종 2003b.

한 작가들과 사상가들, 그에게 꿈과 감동을 준 음악의 거장들, 그와 한 핏줄로 연결된 할아버지와 할머니, 아버지와 아들, 그의 어린 시절 함께 뛰놀던 개와 고양이들은 이젠 모두 죽음이라는 문턱을 넘어선 잠재태의 흔적들이다. 철학도는 죽은 사람의 글을 읽고 그의 사유에 귀 기울이고 생각하고 글을 쓴다. 삶과 죽음은 서로 다른 지평에서 그러나 동등한 권리로 그의 삶을 지배한다.[40] 삶과 죽음이 중첩된 잠재태의 상태에 놓여 있는 것은 슈뢰딩거의 고양이만이 아니다. 삶의 매 순간, 기억과 생각과 깨달음과 행위와 사건의 매 순간이 우리와 슈뢰딩거의 고양이가 겪는 붕괴의 과정이다. 삶은 그 붕괴의 리듬으로 수놓아지는 드라마이다. 우리는 그 리듬과 드라마의 한 소절을 잠시 엮다가, 우리의 삶을 기억하고 우리의 글을 읽을 사람들의 삶으로 현실화될 잠재태의 공-간(spatium)으로 흩어진다.

---

40 사르트르는 우리와는 좀 다른 각도에서 이 문제를 탁월하게 해명하고 있다. Sartre 1943, 165-166쪽 참조.

* 장자와 혜시를 논하다

1. 비판[1]

《장자》의 〈추수(秋水)〉편은 비록 장자가 창작한 것으로 간주되는 내편에 속해 있지는 않지만, 개인적으로는 동서고금의 고전 중 백미의 하나로 꼽습니다. 장자와 혜시의 대화도 거기에 수록되어 있습니다.

> 장자가 혜자(혜시)와 더불어 호수의 징검다리 위에서 놀았다.
> ① 장자가 말했다. "피라미가 조용하게 노니나니, 이것이 물고기의 즐거움이다."
> ② 혜자가 말했다. "그대가 물고기가 아닌데 어떻게 물고기의 즐거움을 아는가?"
> ③ 장자가 말했다. "그대는 내가 아닌데 어떻게 내가 물고기의 즐거움을 모른다는 것을 아는가?"
> ④ 혜자가 말했다. "내가 그대가 아니니 본래 그대를 모르겠거니와, 그대는 본디 물고기가 아니니 그대가 물고기의 즐거움을 모른다는 것은 완

---

1 이 절은 장자와 혜시의 호수 논쟁을 주제로 한 이상수 박사의 해석에 대한 비판이다.

전하다."

⑤ 장자가 말했다. "청컨대 처음으로 거슬러 올라가보자. 그대가 이르기를 '네가 어떻게 물고기의 즐거움을 아는가' 운운한 것은 이미 내가 그것을 안다는 것을 알고서 나에게 물은 셈이다. 나는 호수 위의 징검다리에서 알았네."

이상수 박사는 앞의 대화를 다음과 같이 분석합니다.

> [혜시의 ②에는] "유(類)가 서로 다른 종의 생명체는 서로의 내면세계를 알수 없다"는 전제가 숨어 있다. 장자는 ③에서 이를 "어떤 인간도 타자의 내면세계를 알 수 없다"로 변형시킨 뒤, "그대는 내가 아닌데 어떻게 내가 물고기의 즐거움을 모른다는 것을 아는가?"라고 논박한다. (이상수 2003, 69-70쪽)

이상수 박사는 장자가 앞에서 "시비를 밝혀내어 논변에서 승리하려는 대신 시비를 지우려는 방법"을 채택하고 있으며, "유(類)를 해체하려는 관점에서 접근"(이상수 2003, 119쪽)하고 있다고 해석합니다. 혜시의 전제를 변형해 이를 혜시에게 되돌려 궁지로 몰아넣는 장자에게, "시비를 밝혀내어 논변에서 승리하려는" 의도가 없었는지 저로선 매우 의심스럽습니다. 더욱 의심스러운 것은 혜시의 전제에 대한 장자의 변형이 올바른 변형인지의 문제입니다. "유(類)가 서로 다른 종의 생명체는 서로의 내면세계를 알 수 없다"는 혜시의 전제는, 장자가 변형한 "어떤 인간도 타자의 내면세계를 알 수 없다"는 명제와 분명 다릅니다.[2] 인간과 물고기의 관

---

2 ③이 "그대는 내가 아닌데"로 시작한다는 점을 고려할 때 이 명제에서의 '타자'는 '타인'을 의미한다고 볼 수 있습니다. '타자'는 '타인'을 포함하는 개념이므로 타자를 타인으로 치환해도 저 명제의 진리치는 그대로 보존됩니다.

계는 인간과 인간의 관계와 혼동되어서는 안 됩니다. 전자는 유(類)가 서로 다른 종의 생명체끼리의 관계인 데 반해, 후자는 그렇지 않기 때문입니다. 따라서 ③에서 혜시에 대한 장자의 논박은 유의 해체가 아니라 혼동에 기인한 동문서답(좀 더 정확히 말하자면 동문서문)입니다. 반면 혜시의 ④는 유(類)가 서로 같은 종의 생명체들이 서로의 내면세계를 알 수 없다면, 유(類)가 서로 다른 종의 생명체들 간에 서로의 내면세계를 알 수 없다는 것은 당연하다는 취지인데, 여기에는 아무런 논리적 문제가 없다고 봅니다.

장자의 말꼬리 잡기는 ⑤에서도 계속됩니다. 이상수 박사는 장자의 ⑤를 다음과 같이 풀고 있습니다.

> 그대는 지금 그대의 말을 논박한 나의 논지를 바탕으로 처음 자신의 주장을 정당화했는데, 처음 내 말에 시비를 건 그대의 말로 돌아가자. 그대는 그대가 나의 내면세계를 알 수 있다는 것을 이미 전제한 뒤, '그대가 어떻게 물고기의 즐거움을 아느냐'고 시비를 걸어온 것이다. 그건 그대가 스스로 타인의 내면세계를 알 수 있다고 여겼기 때문에, 나의 내면세계를 문제삼은 것이다. 그러니 내가 타자의 내면세계를 알 수 있다는 건 이 시비가 시작할 때부터 그대가 이미 알고 있었던 셈이다! 내가 물고기의 즐거움을 어떻게 알긴 어떻게 알겠는가! 바로 지금, 이 호수 위 징검다리 위에서 알았지! (이상수 2003, 70쪽)

이상수 박사가 풀어쓴 ⑤에서 장자는 적어도 세 가지 오류를 범하고 있습니다. 첫째, 혜시가 장자의 내면세계를 알 수 있다는 것을 이미 전제했는가? 아닙니다. 혜시는 다만 어떻게 물고기가 아닌 장자가 물고기의 즐거움을 아는지를 물었을 뿐입니다. 혜시가 여기서 전제한 것이 있다면 그것은 "유(類)가 서로 다른 종의 생명체는 서로의 내면세계를 알 수 없다"는 것입니다.

둘째, "그러니 내가 타자(물고기)의 내면세계를 알 수 있다는 건 이 시비가 시작할 때부터 그대가 이미 알고 있었던 셈이다!"라는 장자의 주장도 잘못되었습니다. 이 주장의 잘못은 '그러니'에 있습니다. 장자의 논법은 혜시가 장자의 내면세계를 알 수 있다고 여기고 있으니(그러니), 혜시는 장자가 물고기의 즐거움을 알 수 있다는 것도 이미 알고 있었다는 것으로 요약됩니다. 그러나 혜시는 이미 ④에서 자신이 장자의 내면세계를 알지 못한다고 말한 바 있으므로, 장자의 논법은 성립할 수 없습니다. 설령 혜시가 장자의 내면세계를 알 수 있다고 여기고 있다 해도, 이로부터 따라 나오는 결론은, 자신이 물고기의 내면세계를 알 수 있다고 여기는 장자의 내면세계를 혜시가 알 수 있다고 장자는 여기고 있다는 것일 뿐입니다. 그렇다고 해서 ②에서 혜시가 장자에게 던진 질문, 즉 "당신이 어떻게 물고기의 즐거움을 아는가?"가 무효화되는 것은 아닙니다. 혜시의 질문은 여전히 유효한 질문입니다.

셋째, "내가 물고기의 즐거움을 어떻게 알긴 어떻게 알겠는가! 바로 지금, 이 호수 위 징검다리 위에서 알았지!"는 혜시의 물음에 대한 올바른 답변이 될 수 없습니다. 혜시는 "어떻게"를 물었는데 장자는 "바로 지금, 이 호수 위 징검다리 위에서"라고 답했습니다. 앎의 방식에 대한 물음에 앎이 일어난 시간과 장소를 답한 것입니다. 전형적인 동문서답입니다. 물론 이러한 문답이 유의미한 상황이 있을 수 있습니다. "당신은 어떻게 UFO를 보았는가?"라는 기자의 질문에 "어제 요맘때, 이 호수 위 징검다리 위에서"라는 답변은 그리 똑똑한 답변은 아니지만 그런 대로 들어줄 만합니다. 그러나 장자의 경우는 잔뜩 무르익은 토론의 분위기를 깨는 악의성까지 엿보입니다. 이상수 박사는 이 대화를 두고 "시비를 밝혀내

어 논변에서 승리하려는 대신 시비를 지우려는 방법"(이상수 2003, 119쪽)
이 구사되었다면서 장자를 시비를 초탈한 진지(眞知)의 경지에서 노니는
사람으로 추켜세우고 있지만, 적어도 이 대화에서의 장자는 그렇게 평가
될 수 없습니다. 장자는 ③에서 혜시에 승리하려 (잘못된) 시비를 걸었고,
이것이 여의치 않자 ⑤에서 자신에게 이미 불리해진 시비를 동문서답이
라는 비뚤어진 극약처방으로 서둘러 지우려 했을 뿐입니다.

2. 옹호 (이상수)[3]

1) 우호적인 해석을 취한 변(辯)

먼저 이승종 교수님은 장자가 ③에서 혜시의 전제를 변형시켜 가져오면
서, "혜시의 전제를 변형해 이를 혜시에게 되돌려 궁지로 몰아넣는 장자
에게 '시비를 밝혀내어 논변에서 승리하려는' 의도가 없었는지 저로선
의심스럽"다고 말했습니다. 이 문제는 참으로 어려운 문제인 듯합니다.
장자의 심리(心理)를 심리(審理)해야 하는 문제이기 때문입니다.

저는 일단 장자의 의도를 그의 철학사상과 일관한 것으로 두고 이 논
변을 해석했습니다. "아무리 장자라고 한들, 논변에서 승리하고 싶은 마
음이 없겠는가"라는 문제 제기에 대해서는, 따라서 반박이 불가능하다
고 생각합니다.

어떤 철학자의 철학을 논할 때, 그의 심리(心理)는 괄호를 쳐야 하는
문제라고 저는 생각합니다. (이 점에 대해서는 저도 반성이 들었습니다. 그래서 초
고에서 장자의 심리(心理)를 제가 주관적으로 해석 또는 옹호한 부분은 중립적인 용어로

---

3 연세대 철학과 박사.

수정을 가했습니다.)

장자는 대변(大辯)을 통한 무변(無辯)을 주장한 사람이기 때문에, 일단 그가 남긴 논변의 사례 또한 그가 그런 일관된 철학적 관점을 가지고 접근했다고 보는 게 온당한 해독(解讀)이라고 저는 생각했습니다. (물론 이 일화는 장자 후학의 기록일 가능성이 매우 높은 단편이므로, 실제로 있었던 일이 아닐 수도 있습니다. 그러나 그렇다고 해도 문제가 달라지지는 않는다고 봅니다.《장자》란 결국 장자학파의 철학이라고 봐야 할 터이니까요.) 일단 우호적인 해석을 충분히 가하고, 그럼에도 남는 문제가 있다면 그 철학 체계 전체가 모순 또는 미궁에 빠져들 듯합니다. 만약 교수님 말대로라면, 장자에 대한 평가는 좀 달라져야 할 것 같습니다.

2) '타자'와 '타인'의 치환이 적절하지 않음에 대하여

이승종 교수님은 장자가 ③에서 혜시의 전제를 변형해 자신의 전제로 삼으면서 '유(類)의 혼동'을 빚었다고 지적하였습니다. 저는 혜시의 ②에 숨어 있는 전제인 "유(類)가 서로 다른 종의 생명체는 서로의 내면세계를 알 수 없다"는 논지를, 장자가 "어떤 인간도 타자의 내면세계를 알 수 없다"로 변형시켰다고 했습니다. 교수님은 '타자'를 '타인'으로 바꿨습니다. 교수님은 "'타자'는 '타인'을 포함하는 개념이므로 타자를 타인으로 치환해도 저 명제의 진리치는 그대로 보존"된다고 말했습니다. 그러나 이 경우는 그렇지 않은 듯합니다.

(1) 유(類)가 서로 다른 종의 생명체는 서로의 내면세계를 알 수 없다.
　　→어떤 인간도 **타자**의 내면세계를 알 수 없다.
(2) 유(類)가 서로 다른 종의 생명체는 서로의 내면세계를 알 수 없다.
　　→어떤 인간도 **타인**의 내면세계를 알 수 없다.

(1)과 (2)는 서로 다릅니다. 먼저 교수님처럼 장자의 전제 치환을 (2)로 이해한다면, 장자가 유(類)를 혼동한 면이 없다고 할 수 없을 것 같습니다. 그러나 (1)의 경우는 혜시의 전제를 좀 더 일반적인 언어로 다시 진술한 것이라고 해석할 수 있을 것으로 보입니다. 개구리, 올챙이, 피라미, 장자, 혜시는 모두 서로에게 **타자**입니다. 텍스트에 남아 있는 혜시의 진술은 "그대가 물고기가 아닌데 어떻게 물고기의 즐거움을 아는가?"입니다. 혜시가 말한 것은 '그대'와 '물고기'입니다. 이 진술은 '유(類)가 다른 생명체' 사이의 벽을 말한 것일 수도 있지만, 이 말을 이어받은 장자의 해석처럼 (서로에게) **타자인 존재**와 **타자인 존재** 사이의 벽을 말한 것이라고 얼마든지 일반화할 수 있을 것으로 보입니다.

사족이지만 제가 "어떤 인간도 타자의 내면세계를 알 수 없다"라고 한 것은, "어떤 피라미와 어떤 인간도 타자의 내면세계를 알 수 없다"고 진술할 경우 모순에 빠지기 때문입니다. 이 논변의 주제이기도 하듯, 타자 사이에 소통이 불가능하다면, 피라미에 대해서는 아무런 언급도 할 수 없을 것이기 때문입니다. 그러므로 다만 장자의 전제는 "어떤 **인간**도 **타자**의 내면세계를 알 수 없다"가 될 수 있을 것입니다.

'타자'를 '타인'으로 치환하는 일이 진리치를 보존하는 경우는, 포함관계를 이용한 삼단논법 안에서는 그러하리라고 생각됩니다. 그러나 이 경우는 그 치환이 진리치를 보존하지 못한 것으로 보입니다.

4편 정약용과의 대화

7장 정약용, 주자학에 반기를 들다

1. 구태의연

오늘날 동양철학은 왜 구태의연해 보이는가? 이 물음에 대한 답변을 살펴보기에 앞서 이 물음이 동양철학에 전가하는 구태의연이라는 표현의 의미부터 새겨보기로 하자. 구태의연은 뒤떨어진 예전 그대로의 모습을 뜻하는 구태(舊態)에, 전과 다름이 없음을 뜻하는 의연(依然)이 보태져 만들어진 용어이다. 문자적 의미대로라면 구태의연은 꼭 나쁜 것만은 아닌 것 같다. 비록 옛 모습을 하고 있지만 아직도 따를 만한(依) 무엇이 있다는 것이기 때문이다. 시간의 경과에 의한 풍화작용에 따라 겉모습이 낡고 유행에 뒤쳐진다 해도, 그 겉모습이 채우고 있는 내포의 진리성이 의연히 보전되고 있다면 동양철학은 구태의연해도 좋을 것이다. 이렇게 재해석한 구태의연은 온고이지신(溫故而知新)[1]이라는 유학의 방법적 이념과도 양립 가능하다. 전자의 태(態)는 현상의 외피를, 후자의 고(故)는 본질을 각각 지칭하고 있기 때문이다.

이러한 관점에서 보았을 때 오늘날 동양철학이 구태의연해 보이는

---

1 《論語》,〈爲政〉.

것은 동양철학의 문제라기보다, 겉모습만을 전부인 것처럼 치부하며 거기에 담겨 있는 내용을 이해하거나 음미할 여유나 능력을 결여하고 있는 이 시대의 흐름 때문인지도 모른다. 신상품을 팔기 위한 자본가의 마케팅에 따라 쉴 새 없이 바뀌는 유행을 따라잡기 급급한 현대인들의 눈에, 동양철학은 구태의연을 넘어 유통기한이 한참 지난 고색창연한 골동품으로 보일 수밖에 없을 것이다. 동양철학은 경전에 대한 주석인 경학(經學)을 그 줄거리로 삼고 있기에, 애초부터 경전을 크게 벗어날 수 없는 운명을 지닌 사유이다. 이질성(heterogeneity)과 탈구(脫臼)를 지향하는 포스트모더니즘이라는 현대의 유태적 사조는, 경전과의 동질성(homogeneity)을 고수하려는 동양의 온고이지신을 시대착오적인 보수 반동 세력의 편집증적 사유라고 비웃을는지 모른다. 역으로 동양철학의 눈으로 볼 때, 현대에 만연한 유태적 사조는 뿌리 없는 자들의 천박한 분열증적 광란으로 비칠 수 있을 것이다.[2]

그러나 동양철학이 과연 그러한 진단을 할 수 있을 만큼 이 시대와의 연대를 깊게 맺고 있는지는 의문이다. 이제 동양철학의 외연을 대폭 축소하여, 동아시아 사유를 지배해온 유학에 초점을 맞추어 이 의문에 대해 좀 더 살펴보기로 하자. 유학은 무엇보다도 도덕과 윤리 질서를 바탕으로 하는 사유이다. 그런데 도덕과 윤리가 무너지고 법과 시장의 질서만이 지배하고 있는 현대에도 과연 유학은 호소력을 가질 수 있는가? 도덕과 윤리에 대한 진화론과 유전자 연구의 도전에 과연 유학은 어떠한 응답을 제출할 수 있는가? 후자의 질문은 분명 경전의 범위를 벗어나 있는

---

2 포스트모더니즘과 동양철학의 보다 생산적인 만남도 가능하다. 양자 모두 현대의 주류 패러다임인 과학주의적 세계관에 대한 반성적 해독제로서 기능할 수 있기 때문이다(한국도가철학회 2001 참조). 그럼에도 불구하고 양자는 각각 자신들이 속해 있는 전통에 대한 태도에 있어서 뚜렷이 구분된다. 포스트모더니즘은 전통의 해체를, 동양철학은 전통의 온고이지신(溫故而知新)을 각각 주장하고 있기 때문이다.

것이기에, 온고이지신이라는 전통적 방법만으로는 제대로 대처할 수 없을 것이다. 그런 점에서 유학은 분명 기로에 서 있다. 그것이 제 아무리 진리를 보전해나가고 있다 해도, 이 시대가 더 이상 그 진리에는 관심이 없고 다른 방향으로 나아가고 있기 때문이다. 그렇다고 시대를 영광스러웠던 과거로 돌이킬 수도 없는 노릇이다.

앞서의 문제 제기가 비단 유학뿐 아니라 여타의 도덕 윤리 사상에도 마찬가지로 유효하다는 반론이 있을 수 있다. 현대는 그 어떠한 도덕적 사유에게도 동등하게 시련기라는 것이다. 그러나 설령 이것이 사실이라 할지라도, 그렇다고 해서 유학의 시의성이나 생명력에 대한 의문을 비껴나갈 수 있는 것은 아니다. 우리는 유학이 현대의 온갖 도전을 모두 감당해내면서 여전히 전통적 도덕에 바탕을 둔 비전을 제시할 수 있다고 보지 않는다. 이는 유학이 자신의 정체성을 성인의 경전과 거기에서 비롯된 전통으로 윤곽잡음으로 말미암아 생겨난 한계일 것이다. 하이데거의 용어로 표현하자면, 유학은 전통을 탈은폐의 지평에 국한시킴으로써 그것이 지니는 은폐의 잠재적 역동성을 간과했기에, 점차적으로 고착화의 오류에 빠지게 된 것이다.[3] 그럼에도 불구하고 우리가 유학을 거론하는 이유는 거기에 아직도 배울 만한 무엇이 있기 때문이다.

2. 유자(儒者)와 유전자

유학의 4대 경전(四書)의 하나인《중용》은 인간의 본성이 하늘로부터 부

---

3 이는 은폐의 지평에 자신의 정체성을 자리매김한 도가(道家)적 사유와 대척점을 이룬다.《장자》에서 묘사되고 있는 유학에 대한 비판과,《도덕경》의 인상적인 첫 구절이 각각 이러한 비교와 해석에 대한 근거가 될 수 있다.

여받은 것이라는 명제로 시작한다.[4] 이 명제를 곧이곧대로 받아들일 현대인들은 소수의 유학 추종자들 말고는 많지 않을 것이다. 하늘에 대한 전통적 믿음을 더 이상 받아들이지 않는 데다, 인간의 본성이 유전자로부터 부여받은 것이라는 생명과학의 학설을 신봉하고 있기 때문이다. 그런데 《중용》의 명제와 생명과학의 명제는 양립 불가능한 것만은 아니다. 생명과학이 말하는 인간의 본성과 《중용》이 말하는 인간의 본성은 그 내포에서 분명한 차이가 있기 때문이다. 인간의 본성은 《중용》의 문맥에서는 하늘과 연관되어 있고, 생명과학의 문맥에서는 유전자와 연관되어 있다는 점에서, 분명 다른 의미로 사용되고 있다. 《중용》과 생명과학은 인간의 본성을 서로 다른 층위와 관점에서 논의하고 있는 것이다.

아마 생명과학자는 이러한 해석에 반발할 것이다. 인간의 본성이 유전자로부터 부여받은 것이라는 명제는 과학적으로 검증 가능한데 반해, 인간의 본성이 하늘로부터 부여받은 것이라는 명제는 검증이 불가능하다고 말이다. 여기서 말하는 과학적 검증이란 실험과 관찰을 의미한다. 이 비판은 과학을 옹호하기 위해 과학적 방법을 끌어들이고는, 유학에는 그에 준하는 방법과 절차가 결여되어 있음을 지적하고 있다. 자신의 집으로 두루미를 초대해 접시에 담긴 고깃국을 내놓는 이솝우화의 여우처럼, 모든 것이 과학 위주로 차려진 구도에서 유학은 근거 없는 사변으로 묘사될 수밖에 없는 처지이다. 자신의 집으로 여우를 초대해 목이 긴 호리병 안에 고기를 넣어 내놓은 두루미처럼, 유학은 역으로 《중용》은 역사적으로 이미 그 진리성이 검증된 경전인 반면, 생명과학의 명제는 그렇지 못하다고 반론을 펼 것이다.

그러나 유학의 이러한 반론은 생명과학의 그것과 동등한 영향력을

---

4 《中庸》, 天命之謂性

행사하지 못한다. 이 시대의 역운(歷運: Geschick)이 이미 과학을 중심으로 방향 잡혀 있기 때문이다(Heidegger 1953b). 여우의 시대에 두루미가 할 수 있는 일은 여우와의 기싸움이 아니라, 여우의 시대가 놓치고 있는 그늘을 자신의 입장에서 펼쳐내 부각시키는 일이리라. 어느 시대에도 빛과 그늘은 있게 마련이며, 그늘은 바로 그 빛 때문에 생겨나는 것이기 때문이다.

다산에 의하면, 하늘로부터 부여받은 인간의 본성은 선(善)에의 의지로 요약된다. 선(善)을 좋아하고 실천하려는 성향은 하늘이 내린 인간의 본성이다. 여타의 성향은 동물과 큰 차이가 없지만, 이러한 도덕적 성향에서 인간과 동물은 확연히 구별된다는 것이다. 생명과학은 이러한 주장에 대해서도 반발할 것이다. 인간과 동물의 차이는 그렇게 크지도 확연하지도 않다. 인간 유전자의 98.4% 정도가 침팬지와 일치하며, 같은 인간의 경우 그 차이는 1% 이내로 줄어든다. 이러한 사실을 고려하지 않고 발언된 다산의 주장은 과학적으로 그 타당성을 의심받아 마땅한 사변적 몽상에 불과하다는 것이다. 인간과 동물, 심지어 여타의 무생물들이 모두 같은 이(理)를 부여받았다고 주장하는 주희의 철학이 오히려 생명과학의 견해에 더 가깝다고 할 수 있다(한형조 1996, 80쪽 참조).

그러나 주희는 과연 생명과학적 근거에서 이일분수(理一分殊)를 주장했을까? 어떤 철학적 견해가 과학의 견해와 비슷하거나 심지어 일치한다는 사실로부터, 두 견해가 동일한 전제나 근거에서 비롯되었다고 결론 내리는 추론은 논리적으로 잘못된 것이다.[5] 생명과학의 견해와 유사하다는 근거로 다산보다 주희의 철학이 더 진리에 가깝다는 주장은, 생명과

---

5 예컨대 동일한 결론 p는 (1) {(q ⊃ p) & q}, (2) {(~p ⊃ ~q) & q}, (3) {(q v p) & ~q}, (4) (p & q) 등의 상이한 전제로부터 추론될 수 있다. 아울러 이들 각각의 전제로부터 p를 이끌어내는 추론의 근거도 네 경우 모두 서로 다르다. 요컨대 (1)의 경우에는 긍정식(modus ponens), (2)의 경우에는 부정식(modus tollens), (3)의 경우에는 선언 논법(disjunctive argument), (4)의 경우에는 단순화(simplification)가 각각 그 추론의 근거이다.

학의 견해가 진리라는 전제를 깔고 있다는 점에서 전제 밀수의 오류를 범하고 있으며, 생명과학의 명제와 철학의 명제를 서로 혼동하는 범주 오류를 범하고 있다.

3. 98.4%와 1%

다산의 명제가 생명과학의 명제와 서로 다른 층위에 있음을 다음의 두 명제들을 분석함으로써 살펴보기로 하자.

(1) 인간과 침팬지는 서로 다르다.
(2) 인간과 침팬지는 98.4% 같다.

이 두 명제에 대한 우리의 반응은 아마 "어떤 관점에서?"일 것이다. 세상 모든 것은 항상 어떤 관점에서만 같거나 다를 수 있기 때문이다. 이러한 맥락에서 우리는 (2)가 유전자의 관점에서 내려진 언명임을 잊어서는 안 된다. 요컨대

(3) 유전자의 관점에서 인간과 침팬지는 98.4% 같다

로부터 (2)를 추론하는 것은 일반화의 오류이다. 마찬가지로 우리는 (1)이 다산의 철학적 관점에서 내려진 언명임을 기억해야 한다. 요컨대

(4) 다산의 철학적 관점에서 인간과 침팬지는 서로 다르다.

로부터 (1)을 추론하는 것도 일반화의 오류이다.

우리는 (3)이 전제하는 유전자의 관점을 과학적으로 논박할 뜻이 없다. 그것은 철학이 아닌 과학의 몫이기 때문이다. 이 장에서 우리가 집중적으로 살펴보려는 것은 (4)가 전제하는 다산의 관점이다. 그러나 이에 앞서 아주 일반적인 관점에서 생명과학의 인간 이해를 좀 더 거론해 보자.

과학이 인간의 지식을 독점하고 객관성의 유일한 척도로 군림하고 있는 현대에 인간 유전자의 98.4% 정도가 침팬지와 일치한다는 생명과학의 명제를 접했을 때, 우리는 "결국 인간은 침팬지와 같다는 말이구나"라고 받아들이게 된다. 그 명제가 객관적으로 입증된 것이라고 믿기 때문이다. 인간의 경우 유전자의 차이는 1% 이내에 불과하다는 생명과학의 명제에 대해서도 마찬가지 이유로 "결국 인간은 다 거기서 거기구나"라고 받아들이게 된다. 이로부터 좀 더 나아가 우리는 "인생 뭐 있어? 사람도 동물에 불과한데. 사상이나 가치 따위가 별 거야? 성인이건 사기꾼이건 종이 한 장 차이도 아닌데"라고 믿게 된다. 어느덧 우리는 과학이 은연중에 함축하는 유물론과 허무주의로 빠지게 되는 것이다. 유물론과 허무주의는 인간을 하향평준화하는 데 아주 유용한 기제이다. 이로 말미암아 인간의 존엄성을 보전해온 인문학은 그 객관성과 의의와 가치를 부정당하고, 허무맹랑한 과대망상이나 말장난과 같은 것으로 취급되기에 이른다.

인문학의 고사(枯死)는 과학을 도구로 현대를 지배하는 현 단계의 기술문명의 관점에서는 바람직한 일이기도 하다. 눈엣가시였던 인문주의의 비판정신이 거세되었기 때문이다. 사람이 더 이상 생각하지 않는 세상이 현 단계의 기술문명이 꿈꾸는 가장 안전한 낙원인 것이다(Heidegger 1953b).

4. 털끝

과연 인간과 침팬지의 차이는 털이 있고 없고 정도의 털끝만큼밖에 되지 않는가? 우리는 정말 침팬지에 대해 (혹은 침팬지는 인간에 대해) 98.4%의 동질성을 느끼는가? 현실적으로는 오히려 거의 그만큼의 이질성을 느낀다는 것이 더 정확한 표현이 아닐까? 우리는 침팬지와 인생에 대해 논할 수 없고 교역을 할 수 없고 결혼을 할 수 없고…… 침팬지에겐 국가가 없고 역사가 없고 문화가 없고…… 유전자상의 1.6% 차이가 이 엄청난 차이를 초래한다는 말인가?

인간과 인간 사이의 차이는 또 어떠한가. 아마존의 현존 원시인에 대해 우리는 99% 이상의 동질성을 느끼는가? 현실적으로는 오히려 거의 그만큼의 이질성을 느낀다는 것이 더 정확한 표현이 아닐까?[6] 우리는 그들과 인생에 대해 논할 수 없고 교역을 할 수 없고 결혼을 할 수 없고 (있는가?) …… 원시인에겐 국가가 없고 역사가 없고 (있는가?) …… 유전자상의 1% 안짝의 차이가 이 엄청난 차이를 초래한다는 말인가?

특정한 과학적 사실에 근거한 동일성과 차이가 우리가 실제로 느끼는 동일성과 차이와 이렇게 큰 괴리를 나타내는 경우도 찾기 힘들다. 집합론이 부분과 전체에 대한 우리의 통념을 비판했을 때에도, 양자역학이 원인과 결과에 대한 우리의 통념을 비판했을 때에도, 심지어 상대성 이론이 시간과 공간에 대한 우리의 통념을 비판했을 때에도 과학적 사실에 대해 우리가 느끼는 괴리감이 이보다 크지는 못했다. 우리가 집합론의 미로에 들어서지 않는 한, 아원자의 크기로 축소되지 않는 한, 우주여행을 떠나지 않는 한, 우리의 통념은 도전받지 않는다는 사실을 우리는 잘

---

6 아마존 원시인들에 대해서는 차치하고라도 유럽인들이 다른 민족들을 그들과 같은 인간으로 간주하게 된 것조차 비교적 최근의 일이다.

알고 있기 때문이다. 그러나 유전자의 도전은 다르다. 우리가, 동물이, 식물이 모두 유전자로 구성되어 있으며 그 유전자에 의해 시시각각으로 영향 받고 있기 때문이다.

인간과 침팬지, 인간과 인간 사이의 부인할 수 없는 엄청난 차이를 감안할 때, 결국 유전자의 일치도에 근거한 98.4%나 1%와 같은 지표는 계량적 지표에 불과하다는 사실을 알게 된다. 이러한 계량적 차이를 절대적이고 유일한 차이로 보편화할 필요는 없는 것이다. 어떤 교향곡에 대한 음향학적 분석은 그 곡에 대한 음악학적 해석에 대해 우월성을 주장할 수 없다. 그 교향곡이 속해 있는 음악 사조, 그 교향곡이 구현하고 있는 시대정신 등이, 음향학과 같은 과학의 분석 대상인 자연종(自然種; natural kinds)이 아니라는 이유만으로 제거나 회의의 대상이 되어서는 안 될 것이다. 오히려 음향학은 그러한 인문학적 주제를 다루는 학문이 아니라는 것이 더 적절한 지적일 것이다.

마찬가지로 뇌과학이나 신경생리학의 관점에서는 내가 느끼는 고통이 C-신경 섬유의 자극(C-fiber excitation)과 동일한 것으로 번역되겠지만, 그 동일성이 내가 느끼는 고통의 내포가 갖는 깊이와 풍성한 함축을 해명해주지는 못한다. 아울러 기능주의 심리철학의 다수실현 논증(multiple realization argument)이 보여주는 것처럼, 동일한 C-신경 섬유의 자극은 다양한 뇌에서 다양한 방식으로 실현될 수 있다. 하지만 그 경우에도 C-신경 섬유의 자극이라는 관점에서는, 이 다양성과 거기서 비롯되는 차이들은 식별되지 않는다.

도덕이나 마음과 같은 전통적 인문학의 주제들에 대한 현대 과학의 인과적 설명이, 이들 주제에 대한 탐구의 새로운 지평을 열었음을 부인하지는 않는다. 그로 말미암아 우리는 기존의 주제들에 대해 그동안 알지 못했던 풍부한 사실적 정보를 얻게 되었다. 다만 우리가 염려하는 것은 이 과정에서 이들 주제들이 아예 과학으로 환원되거나(환원주의) 제거되어버리는(제거주의) 것이다. 환원과 제거가 과학이 함축하는 유물론과 허무주의의 아성을 강화하는 전형적 방법이기 때문이다. 환원과 제거가 아닌 양립과 공존이 과학과 인문학 사이에 재설정되어야 할 올바른 관계이다.

5. *Trivium*

다산 정약용은 우리 사상사에서 가장 광범위한 분야에서 가장 왕성한 저술 활동을 한 사유가의 한 사람으로 알려져 있다. 이 때문에 그에 대해 유교의 경전에 충실한 전통 유학자라는 평가에서부터, 천주교를 비롯한 서구 문물을 적극 수용한 개혁가라는 평가에 이르기까지 다양한 해석이 난립하고 있다. 그가 전개한 사유의 알맹이와 중심에 대해서도 경학, 실학, 수사학(洙泗學), 역상학(易象學) 등 여러 개념들이 동원되고 있다(정일균 2000; 금장태 1999; 이을호 1975; 황병기 2004).

　　우리는 이 장에서 사유의 위상학, 역사현상학, 분석적 해석학이라는 새로운 방법론을 바탕으로 기존의 연구와는 뚜렷이 구별되는 다산 해석을 모색하고자 한다. 사유의 위상학은 다산이 놓여 있는 역사적·시대적·사회 문화적 지평의 겹주름들에 주목한다. 소범위로 좁혀 보자면 그는 영조와 그 이후의 시대에 속하고, 중범위로 넓혀보자면 주자학을 근간으로 설립된 조선 왕조의 후반기를 살았으며, 대범위로 확장해보자면 유불선(儒佛仙) 3교가 만개하다 유교로 수렴되는 과정을 거친 우리 역사의 끝자락에 놓이게 된다. 각 주름의 근본 전제가 되는 것은 유교적 세계관(대범위), 주자학(중범위), 정조와 그 이후의 정치상황(소범위)이다. 다산은 이 세 겹주름이 포개진 위상 공간 안쪽으로 자리매김된다.

당시의 주류 사대부 세력인 노론을 견제하고 왕권을 강화하려던 정조에게, 남인 계열의 뛰어난 인재였던 다산은 노론에 대한 대항마로서 운명적인 선택이었던 것으로 보인다. 주어진 유교적 세계관을 벗어나지 않으면서(대범위의 전제) 중심 세력인 노론의(소범위의 전제) 주자학적 전통을(중범위의 전제) 어떻게 극복할 수 있는가? 정조의 뜻과 자신 앞에 놓여 있는 사상사적 과제를 다산은 어떻게 수행할 수 있었을까? 대범위의 전제인 유교적 세계관을 벗어나지 않으면서 중범위와 소범위의 전제를 극복할 수 있는 다산의 길은, 원시 유학의 관점에서 노론의 주자학적 전통을 비판하는 것이었다. 주희의 권위도 공맹(孔孟)의 그것을 넘어설 수는 없기 때문이다.

그러나 다산이 남인과 정조의 정치적 입지를 정당화하고 복권하기 위해 어용철학을 한 것은 아니었다. 매천 황현의 다음과 같은 언명이 이를 뒷받침한다.

당파로 나뉜 이후에 사대부들은 아무리 뛰어난 재주가 있고 큰 선비라는 호칭을 받더라도, 대부분 문호에 얽매여 주장하는 논리가 편파적이었다. 오직 다산만은 마음을 평탄하고 넓게 먹어 착한 것만을 본받을 줄 알았다. 그래서 선배들에 대해서는 전혀 애증을 나타내지 않았다. 이런 이유로 남인들이 아주 싫어하고 무시하였다.[7]

우리가 자리매김하고자 하는 다산의 위상은 당대의 정치적 역학관계에 대한 고려에 의해서가 아니라, 그러한 역학관계를 현상시키는 역운에

---

[7] 黃玹,《梅泉野錄》, 士大夫分黨以來 雖稱通才大儒 類皆拘攣門戶 言議偏頗 惟茶山 心期坦蕩 惟善是師 於先輩絶無愛憎 由是大爲午人厭薄

대한 통시적이고 근원적인 성찰을 통해 부각되어야 한다. 근대의 산물인 지식사회학에 대비되는 이러한 성찰을 우리는 역사현상학이라 부르고자 한다. 요컨대 사유의 위상학과 역사현상학은 이 장에서 우리가 취하는 방법론의 공시적 차원과 통시적 차원을 각각 이름하는 용어들이다.

이 장의 큰 줄거리를 이루는 다산의 텍스트에 대한 공시적 분석과 통시적 해석의 접합은 분석적 해석학이라는 방법에 의해 수행될 것이다. 분석적 해석학은 분석철학의 논리적 기법과 해석학의 심층적 독해를 창의적인 방식으로 융합하는 텍스트 이해의 방법론이다(이승종 2010b 참조). 분석적 해석학, 사유의 위상학, 역사현상학의 삼학(三學; *trivium*)이 지어내는 원근법을 통해 들여다보았을 때, 비로소 다산의 사유 자체가 지니는 탁월성이 그것의 현실에서의 실현 여부와는 독립적으로 온전하게 드러날 것이다.

6. 원시반본(原始返本)

다산은 원시 유학의 관점에서 어떻게 당대의 주류 사유였던 주자학을 비판할 수 있었는가? 그는 비판의 힌트를 어디에서 찾았던 것일까? 우리는 다산이 탐독한 마테오 리치의 《천주실의》(Ricci 1603)에서 몇 가지 실마리를 얻는다. 다산은 《천주실의》에 대한 어떠한 언급이나 저술도 남기지 않았다. 유학자가 서양의 학문이나 종교를 논하는 것 자체가 금기시되던 당시의 상황을 감안할 때, 이는 충분히 이해할 수 있는 일이다. 다산이 《천주실의》를 읽고 비밀리에 개종을 했다는 근거도 없다. 평생 유학자의 한길을 걸어온 다산으로서, 자신의 목숨과 명예를 담보하는 개종의 가정은 지나친 해석이라고 본다. 《천주실의》의 내용이 다산의 근본인 유학적 세계관을 뒤흔들 만큼 유학에 비해 우월하고 혁명적인 것이었다고 보기도 어렵다. 오히려《천주실의》에 대한 다산의 독법은 일정 정도 격의(格義)와 습합(褶合)의 방식으로 진행되었을 것으로 추정한다. 다산은《천주실의》에 담긴 기독교 사상으로부터 원시 유학의 상제 개념을 읽어내고 (격의),《천주실의》에 담긴 아리스토텔레스의 실체론으로부터 주희의 이(理)가 제2실체에 불과하다는 추론을 이끌어낸다(습합). 그리고《천주실의》에 담긴 아리스토텔레스의 윤리학으로부터 주희의 중화신설(中和新說)에 대한 비판의 단초를 찾아낸다(습합)(백민정 2007, 2장 참조). 이처럼 격의와 습합으로 읽어낸《천주실의》의 세계로부터 다산은 원시 유학의 세계를 복원하게 된다.

그렇다고 다산이《천주실의》를 전면 수용하고 주자학을 전면 배격한 것은 아니다. 그는《천주실의》를 자신이 근거하고 있는 유학의 앵글을 통해서만 재해석했다. 조선 왕조 500년을 지배해온 주자학의 언어와 사유 방식으로부터 다산 역시 완전히 자유로울 수는 없었던 것이다. 다산의 창의성은 주자학에 대한 세련된 비판과 동거 속에서 유학에 대한 근원적 원시반본(原始返本)을 이룩해냈다는 데서 찾아야 한다. 유학의 진정한 르네상스는 주희가 아닌 다산에 의해 성취된 것이다.

《천주실의》를 매개로 한 다산의 주자학 비판은 어떠한 의의를 갖는 것일까? 이를 살펴보기 위해서는 신채호의 다음과 같은 언명을 경청할 필요가 있다.

우리 조선 사람은 매양 이해 밖에서 진리를 찾으려 하므로, 석가가 들어오면 조선의 석가가 되지 않고 석가의 조선이 되며, 공자가 들어오면 조선의 공자가 되지 않고 공자의 조선이 되며, 무슨 주의가 들어와도 조선의 주의가 되지 않고 주의의 조선이 되려 한다. 그리하여 도덕과 주의를 위하는

조선은 있고 조선을 위하는 도덕과 주의는 없다. (신채호 1925, 583쪽)

"주희의 조선"에서 태어난 다산은 유학의 전통에서 성장했고, 그 전통을 바탕으로 《천주실의》라는 서구의 사유와 만났다. 그리고 《천주실의》를 격의와 습합의 방법으로 읽어냄으로써, 주희의 조선에 사상적으로 큰 변화를 일구어내었다. 유학의 영향력이 그만큼 질기고 완강한 탓도 있었겠지만, 신채호의 표현을 빌리면 다산은 《천주실의》를 '주의의 조선'이 아닌 '조선의 주의'로 순치시켜 수용했다는 의의가 있다. 주자학에 대한 다산의 비판이 갖는 두 번째 의의는, 다산이 유학의 가능성을 본래적 정신에 입각해 극대화하여 실현했다는 것이다. 본래적 정신이란 원시 유학의 정신을 말하고, 극대화란 글자 그대로 유학의 모든 가능성을 남김없이 만개시켰다는 것이다. 그가 남긴 수백 권의 저서가 그렇고, 다산 이후 서양 문물의 쇄도와 맞물려 유학적 천하질서가 종언을 고하게 된다는 역사의 궤적 또한 이를 뒷받침한다. 그런데 다산이 극대화시킨 유학의 본래적 정신이란 무엇인가? 다산의 사유는 그가 비판하고 넘어서려 했던 주희의 철학에 비해 어떠한 탁월성을 갖고 있는가?

7. 이의(理意)제기

유학의 유(儒)는 인(人)과 수(需)가 합해진 글자로써 그 요소들의 뜻으로 풀면 유학은 사람됨(人)을 추구하는(需) 학문이다.[8] 다산이 비판하는 주자학은 이 사람됨의 문제를 이(理)에 의해 해명하고 있다. 이(理)는 태극

---

8 혹은 사람(人)에게 꼭 필요한(需) 것에 대한 학문으로도 풀이할 수 있다.

과 동의어로 우주의 궁극적인 통합 원리이면서도 각개의 존재자들에 구현되어 있다. 주희는 이를 하나의 달이 천 개의 강에 비치는(月印千江) 것에 비유하고 있다.

　　이런 기(氣)가 있다면 도리는 그 안에 내재되어 있다. 이런 기(氣)가 없다면 도리는 있을 곳이 없게 된다. 이것은 마치 물속에 달이 있는 것과 같다. 이 물이 있기 때문에 하늘 위의 달을 비출 수 있으니, 만약 이 물이 없다면 결국 물에 비친 달도 없게 될 것이다.[9]

　　밤하늘에 떠 있는 달은 우주의 궁극적인 통합 원리로서의 이(理)를, 천 개의 강에 비친 달은 각개의 존재자들에 구현된 이(理)를 상징한다.

　　그러나 이는 온전한 비유로 보기 어렵다. 천 개의 강에 비친 달은 밤하늘에 떠 있는 달이 아니라 그것의 이미지일 뿐이다. 이 비유는 서로 다른 범주에 속해 있는 밤하늘의 달과, 강에 비친 달의 이미지를 서로 같은 것으로 간주하는 범주 오류를 범하고 있다. 이(理)의 다수실현을 설명하기 위해서, 주희는 우주의 궁극적인 통합 원리로서의 이(理)와 각개의 존재자들에 구현된 이(理)의 동치가 성립되는 다른 비유를 들었어야 했다.[10]

---

9 《朱子語類》, 60:45, 有這氣 道理便隨在裏面 無此氣 則道理無安頓處 如水中月 須是有此水 方映得那天上月 若無此水 終無此月也. 이 장에서 주희와 다산의 문구를 인용할 때 대체로 백민정 교수의 번역을 따랐다. 백민정 2007 참조.

10 예컨대 컴퓨터의 소프트웨어가 다양한 하드웨어에서 구현된다는 점에서 소프트웨어와 하드웨어의 관계, 그리고 과학의 법칙이 물리적 세계의 다양한 현상에서 구현된다는 점에서 과학의 법칙과 그 법칙이 적용되는 현상 사이의 관계 등이 이일분수(理一分殊)를 설명하는 데 유용할 수 있는 대안적 비유일 것이다. 이(理)의 매개체인 기(氣)의 맑고 흐린, 순수하고 뒤섞인 차이, 이른바 청탁수박(淸濁粹駁)의 차이에 따라 이(理)의 실현에 차이가 발생한다는 점을 감안할 때 그러하다. 과학적 법칙이 그것이 적용되는 현상에서 완벽하게 실현되기 어려운 까닭은 과학적 법칙이 전제하는 '다른 조건이 일정하다면(ceteris paribus)'이라는 가정이 현실 세계에서는 충족되기 어려운 반(反)사실적(counterfactual) 요구조건이라는 데서 비롯된다.

이(理)가 곧 태극이라는 주희의 해석에도[11] 어려움이 있다. 주돈이의
〈태극도설〉은 태극에 대해 다음과 같이 말하고 있다.

> 태극은 움직여서 양(陽)을 낳고 움직임이 극에 이르면 정지한다. 정지하
> 여 음(陰)을 낳고 정지함이 극에 이르면 다시 움직인다.[12]

주희에 의하면 태극은 이(理)이고 음양은 기(氣)이므로[13] 이를 인용문
에 대입시키면 이(理)가 움직임과 정지를 통하여 각각 음과 양이라는 기
(氣)를 낳는 셈이 된다. 어떻게 원리인 이(理)가 움직이거나 정지할 수 있
는가? 어떻게 이(理)가 자신과는 이종적(異種的)인, 그래서 서로 다른 범주
에 속해 있는 기(氣)를 낳을 수 있는가?

우리는 라이터를 켜는 행위로부터 담뱃불을 얻을 수 있으며, 이때 얻
어진 담뱃불은 신(神)의 의지와 같은 초물리적 현상으로부터 비롯된 것
이 아니다. 이는 물리적 세계 내에 모든 사건들이 물리적 원인을 가진다
는 인과적 폐쇄성 원리(principle of causal closure)의 한 예이다. 그런데 이 원
리는 어떤 현상이나 사건이 그와 동종적인 현상이나 사건에 의해 설명되
어야 한다는 상위의 원리에 포섭된다. 우리는 이 상위의 원리를 동종성
의 원리(principle of homogeneity)라고 부르고자 한다. 물리적 사건을 신의 의
지와 같은 초물리적 사건에 의거해 설명하는 것뿐 아니라, 신학적 언명
을 물리적 증거에 의해 정당화하는 것(창조과학), 혹은 논리학을 인간의 심
리 메커니즘에 의해 설명하려는 것(심리주의)은 모두 동종성의 원리를 위
반하고 있는 셈이다.

---

11 《朱子語類》, 1:4, 太極只是一箇理字
12 周敦頤,《周元公集》,〈太極圖說〉, 太極動而生陽 動極而靜 靜而生陰 靜極復動
13 《朱子語類》, 1:48, 陰陽是氣

이(理)가 자신과는 종(種)을 달리하는 기(氣)를 낳는다는 주희의 설명은, 이(理)와 기(種)가 서로 섞일 수 없다는 이기불상잡(理氣不相雜)으로 요약되는 동종성의 원리를 위반하고 있다. 태극이 음이나 양과 같은 기(氣)를 낳는다는 주돈이의 언명에 동종성의 원리를 대입하면, 태극은 이(理)가 아니라 기(氣)여야 한다는 결론이 논리적으로 도출된다. 이러한 맥락에서 태극을 이(理)가 아닌 한 덩어리의 원기(元氣)로 해석하는 다산의 다음과 같은 견해가 주희의 견해보다 더 설득력이 있다.

무극(無極)·태극과 같은 것은 한 덩어리의 원기가 아무것도 없는 것으로부터 엉겨서 이루어진 것을 말하는 것에 불과합니다.[14]

8. 이기(理氣)주의

동종성의 원리에 따르자면, 만일 이(理)가 무언가를 낳을 수 있다면 그것은 이와 동종적인 또 다른 이(理)일 것이다. 그러나 이는 이(理)를 단수로 간주하는 주희의 문법에서는 허용될 수 없는 일이다.[15] 이(理)가 움직인다는 표현 역시 주희에 의해 형이상자(形而上者)로 간주된 이(理)에게는[16] (다른 부연 설명이 없이는) 귀속될 수 없는 표현이다.

이제 우리는 주희의 언어 체계에서 이(理)뿐 아니라, 기(氣)라는 개념이 지니는 의미와 쓰임의 문법에 대해서도 살펴보아야 한다. 앞서 살펴

---

14 〈中庸策〉, 8:30, 無極太極 不過以一團元氣 從無物中凝成之謂也
15 결국 이(理)가 낳을 수 있는 것은 자신과 다른 이(理)가 아니라 자신과 동어반복(tautology)의 관계에 있는 이(理), 즉 자신과 논리적으로 동치인 이(理)일 뿐이다. 그리고 이때의 '낳음'은 생산이라기보다는 바꿔 쓰기(paraphrase)나 연역(deduction)의 의미가 된다.
16 《朱子語類》, 1:10, 然理形而上者 氣形而下者

본 월인천강(月印千江)의 예를 빌려 말하자면, 이(理)를 상징하는 달빛을 담아내는 강물이 기(氣)를 상징한다. 요컨대 기(氣)는 이(理)를 담는 형기(刑器)요 도구이다.[17] 이(理)와 기(氣)는 독립적으로는 존재할 수 없으며, 모든 존재자는 이(理)와 기(氣)가 서로 떨어질 수 없다는 이기불상리(理氣不相離)의 원리에 의거해, 이(理)와 기(氣)의 조합으로 이루어진다.[18] 인간도 예외는 아니어서 그 역시 이(理)와 기(氣)로 이루어져 있다. 인간에 적용되었을 때 이(理)는 인간의 본연지성(本然之性)과 동일시되며, 거기에 기(氣)가 합해져 기질지성(氣質之性)을 이룬다. 이를 정리하면 다음과 같다.

(5) 이(理) = 본연지성 = 기질지성 − 기(氣)

(6) 기(氣) = 기질지성 − 이(理) = 기질지성 − 본연지성

(7) 본연지성 = 기질지성 − 기(氣) = 이(理)

(8) 기질지성 = 본연지성 + 기(氣) = 이(理) + 기(氣)[19]

앞의 공식들로부터 알 수 있듯이, 이(理)와 기(氣)의 조합으로 이루어진 기질지성(8)과는 달리, 이(理)로만 이루어진 본연지성(7)은 실재계에서 독립적으로는 존재할 수 없는 것이다. 본연지성과 기질지성은 각각 순수 이념태와 현실태로 그 존재론적 층위를 달리하며, 실재계에서는 기질지성만이 존재할 뿐이다.[20]

---

17 《朱熹集》, 〈答黃道夫書〉, 氣也者 形而下之器也

18 《朱子語類》, 1:6, 天下未有無理之氣 亦未有無氣之理

19 여기서 +는 본연지성, 즉 이(理)가 기(氣)에서 실현된다는 의미로 해석되어야 한다. 그리고 그 역은 성립하지 않는다는 점에서 +에 관한 한 교환법칙은 성립되지 않는다.

20 이러한 해석의 근거는 주희의 다음과 같은 언명에서 찾을 수 있다.

천지지성[본연지성]을 논의할 경우에는 다만 이(理)만을 가리켜 말한 것이다. 기질지성을 논의할 경우는 이(理)와 기(氣)를 섞어서 말한 것뿐이니, 기(氣)를 성명(性命)으로 생각한 것은 아니다.

論天地之性 則專指理言 論氣質之性 則以理與氣雜而言之 非以氣爲性命也 《朱熹集》, 〈答鄭子上〉

이기불상리(理氣不相離)의 원리를 위반하고 있다는 점에서는, 앞서 살펴본 태극도 본연지성과 마찬가지이다. 이 원리를 엄격히 적용한다면, 태극은 주희의 주장처럼 이(理)이거나 다산의 주장처럼 기(氣)이거나 그 어느 경우에도 실재계에서는 존재할 수 없기 때문이다.[21] 그럼에도 불구하고 본연지성이나 태극 등의 용어가 도입되고 사용되고 있는 까닭은, 주희의 경우에는 이(理)의 논리적 선재성(先在性)을, 다산의 경우에는 기(氣)의 존재론적 선재성을 주장하기 위해서라고 해석할 수 있다.[22] 그리고 이렇게 해석했을 때, 태극의 해석 과정에서 빚어진 주희와 다산의 갈등은 양립 불가능한 것이 아니라, 태극이라는 개념에 대한 상호 양립 가능한 관점의 차이, 즉 논리적 관점과 존재론적 관점의 차이에서 비롯된 것으로 풀이해볼 수 있다.[23] 하지만 이기불상잡(理氣不相雜)으로 요약되는 동종성의 원리를 위반하고 있는 주희의 해석보다는, 그 원리와 상충되지 않는 다산의 해석이 일관성의 측면에서는 더 값지다고 평가할 수 있다.

이(理)가 모든 존재자에 동일하게 새겨진 보편자라면, 기(氣)는 맑고 탁한, 순수하고 뒤섞인 차이, 이른바 청탁수박(淸濁粹駁)의 차이가 있는 특수자이다. 각개의 존재자를 하나로 모으는 이(理)는 동일성을, 존재자의 개별화(individualization)를 가능케 하는 기(氣)는 차이성을 각각 구현하고

---

21 백민정 교수처럼 이(理)를 기(氣)의 속성에 불과한 것으로 재해석할 때, 다산은 이 문제를 비껴갈 수 있다(백민정 2007, 94쪽). 이 해석에 의하면 속성인 이(理)와 달리 기(氣)는 그 자체만으로도 존재할 수 있다. 따라서 원기(元氣)인 태극도 그 자체로 존재할 수 있다.

22 엄밀히 말하자면 힘이 질량과 가속도의 곱과 같다는 뉴턴의 원리(f = ma)나, 에너지가 질량과 호환 관계에 있다는 아인슈타인의 원리($E = mc^2$)에 대해서도 그 사실성을 문제 삼을 수 있다. 가령 힘과는 별개로 질량과 가속도의 곱에 해당하는 지시체가 물리적 세계에서 실제로 관찰되거나 측정되는 것은 아니기 때문이다. 힘, 질량, 가속도는 관찰 가능한 자연종이지만 곱은 그렇지 않다는 것이 그 이유일 것이다. 그럼에도 불구하고 질량과 가속도의 곱이라는 표현이 의미를 가질 수 있는 것은, 그 것이 고전 물리학의 언어 체계 내에서 힘에 대한 개념적 분석으로서의 타당성을 인정받을 수 있기 때문이다.

23 존재론에서 독립된 별도의 논리적 관점을 공리공론에 불과한 것으로 간주하는 현실주의자 다산은 아마 이러한 표현을 인정하지 않을 것이다.

있다.[24] 그러한 이(理)와 기(氣)가 독립적으로는 존재할 수 없으며, 서로 상반되는 성격을 지닌 상대에 접속되어서만 온전히 존재할 수 있다는 것은, 모든 존재자에 신(神)적인 완전성과 개별자로서의 운명적인 불완전성이 공존하고 있음을 함축한다.

주희에 의하면, 신적인 이(理)인 본연지성을 간직하여 기질지성으로 온전히 드러날 수 있도록 자신의 기(氣)를 맑게 닦는 것이 인간에게 주어진 사명이다. 철학이 추구하는 성인의 길이란 바로 이러한 사명을 실천하는 길에 다름이 아니다.

9. 인플레 출구전략

어떻게 이(理)가 기(氣)를 낳을 수 있는가라는 질문에 대한 답변의 한 실마리를, 우리는 주희의 다음과 같은 언명에서 찾을 수 있을지도 모르겠다.

> 천지는 만물을 낳는 것을 마음으로 삼고 있다. 그리고 사람과 사물은 각각 천지의 마음을 얻어 그것을 마음으로 삼고 있다. 그러므로 마음의 덕을 말하면, 비록 그것이 모든 것을 포괄하여 갖추고 있지 않음이 없지만, 한마디로 말하면 인(仁)할 따름이다.[25]

주희의 〈인설(仁說)〉의 첫머리인 이 구절은, 《중용》의 첫머리인 "하늘이 사람에게 내려준 것을 본성이라 한다"는 구절과 잘 어우러진다. 주희

---

24 《朱子語類》, 1:49, 同者理也 不同者氣也
25 《朱熹集》, 〈仁說〉, 天地以生物爲心者也 而人物之生又各得夫天地之心以爲心者也 故語心之德 雖其總攝貫通無 所不備 然一言以蔽之 則曰 仁而已矣

는《중용》의 이 구절을 바탕으로, 사람의 본성이 곧 이(理)라는 성즉리(性
即理)의 명제를 정립한 바 있다. 이(理)는 하늘과 사람을 비롯한 만물에 분
수(分殊)되어 있다는 것이다. 맹자의 성선설(性善說)에 대해서도 그는 사
람의 본성을 이루는 이(理)가 곧 선한 것으로 풀이한다.

비록 본성이 아닌 마음에 관해, 이(理)가 아닌 천지의 마음에 관해, 그
리고 선(善)이 아닌 인(仁)에 관해 말하고 있지만, 천지의 인(仁)한 마음이
사람과 사물에 분수(分殊)되어 있다는 인일분수(仁一分殊)를 말하고 있는
〈인설〉의 첫대목은, 주희의 또 다른 명제인 이일분수(理一分殊)와 밀접한
연관하에 읽을 수 있다. 분수된 천지의 인(仁)한 마음이 만물을 생성하는
것이라는 명제에서, 우리는 어떻게 이(理)가 기(氣)를 낳을 수 있는가라는
앞선 질문에 대한 답변의 한 실마리를 찾는다.

그러나 수면제를 먹으면 졸린 이유가, 수면제에 우리를 잠에 빠뜨리
는 성분이 있기 때문이라는 답변이 그러한 것과 같이, 우리가 찾아낸 답
변도 선결문제 요구의 오류(begging the question)를 범하고 있는 것처럼 보
인다. 우리가 찾는 것은, 천지의 인(仁)한 마음이 만물을 생성한다는 답변
이 아니라 그것이 어떻게 가능한가이기 때문이다. 아마도 주희의 언어
체계에서 천지의 인(仁)한 마음과 태극인 이(理)의 생성지향성은 인(仁)과
이(理)라는 개념의 쓰임을 규정하는 문법적 기준이지, 정당화를 요하는
경험적 징후로 간주되어서는 안 되는 것 같다.[26] 태극인 이(理)와 천지의
인(仁)한 마음이, 만물을 생성하여 살리는 것을 자신의 목적으로 삼는다
는 주희의 언명은, 그의 합리주의적인 철학 체계에 생명론적 약동의 활
력을 불어넣는 명제로 긍정적으로 해석될 수 있다.

우주 만물을 하나의 체계로 포섭하는 주희의 이러한 방대한 구상에

---

26 기준과 징후는 비트겐슈타인에게서 빌려온 용어들이다. BB; PI 참조.

대해, 다산은 그것이 그 구상에 차용된 용어의 의미의 과도한 인플레에서 비롯된 것에 지나지 않는다고 비판한다.

옛 전서에 따르면 인(仁)이란 글자는 인(人)과 인(人)이 중첩된 문자였다. […] 무릇 두 사람의 관계에서 그 본분을 다하는 것을 인(仁)이라고 한다. 천지가 만물을 낳는 마음이 나와 무슨 상관이 있겠는가? 자식이 자신의 부모에게 효도하면서, "나는 천지가 만물을 낳는 마음으로 부모에게 효도한다"고 말한다면, […] 사태의 실정을 상당히 해치게 될 것이다.[27]

사람 사이의 관계에 요청되는 덕목인 인(仁)의 의미와 위상을 형이상학이나 우주론의 차원으로 인플레 시켜서는 안 된다는 것이다.
성리학의 핵심 개념인 이(理)에 대해서도 다산은 거품의 제거에 나선다.

이(理)라는 것은 본디 옥석의 결(脈理)이니 옥을 다스리는 자는 그 결을 살핀다. 이 때문에 결국 [다스린다는 의미를] 다시 빌려와서 다스리는 것을 이(理)라고 여긴 것이다(治理). […] 치리(治理)는 옥사(獄事)를 다스리는 것만한 것이 없기 때문에, 옥관(獄官)을 이관(理官)이라고 한다(法理). […] 어찌 일찍이 형체가 없는 것을 이(理)라 하고 형체가 있는 것을 기(氣)라 하며, 천명(天命)의 성(性)을 이(理)라 하고 칠정(七情)이 발(發)한 것을 기(氣)라 하였는가? […] 가만히 글자의 뜻을 살펴보면, 모두 맥리(脈理)·치리(治理)·법리(法理)의 뜻을 빌려서 만든 글자이니, 곧바로 성(性)을 이(理)라고 하는 것이 고전에 근거가 있겠는가?[28]

---

27 《中庸講義補》, 1:36, 古篆仁者 人人疊文也 […] 凡二人之間 盡其本分者 斯謂之仁 天地生物之心 于我甚事 爲人子者 孝於其親曰 我以天地生物之心 孝於親 […] 恐於事體有多少損傷
28 《孟子要義》, 2:26, 理字之義 因可講也 理者本是玉石之脈理 治玉者 察其脈理 故遂復假借 以治爲理 […] 治理者 莫如獄 故獄官謂之理 […] 曷嘗以無形者爲理 有質者爲氣 天命之性爲理 七情

이(理)라는 낱말의 어원과 용례들에 대한 철저한 고증을 바탕으로 한 다산의 반문은 (특히 마지막 반문은), 유학의 전통을 계승하고 부활시켰다고 자처하는 주희에게는 뼈아픈 것이다. 주희에 의해 그 의미가 형이상학적으로 인플레된 용어들을 원래의 제자리로 돌리려는 다산의 비트겐슈타인적 출구전략은 수축주의라고 이름 부를 만하다. 주희와 다산의 대결은 가히 팽창주의(inflationism)와 수축주의(deflationism)의 대결인 셈이다.[29]

10. 성향론적 결과주의

다산은 주희가 사용하는 용어의 의미 인플레가 초래하는 또 다른 거품을 제거하려 한다. 그것은 세상 만물이 동일한 이(理), 즉 본연지성을 부여받았다는 주장에 관한 것이다.

가령 날짐승, 들짐승, 어패류들이 아무리 변화해도, 모두 총괄하면 미천한 품급에서 벗어나지 못한다. 하늘이 이미 육체를 부여했을 때에 귀함과 천함, 아름다움과 추함의 차이가 있었는데도, [⋯] 어찌해서 본연지성은 인간과 동물이 모두 같다고 말하는가? [⋯] 분명히 이와 같다면 단지 사람만이 모두 요순이 될 수 있는 것이 아니고, 본연지성을 얻은 동물들도 또한 모두 요순이 될 수 있을 것이니, 어찌 통하겠는가?[30]

之發爲氣乎 [⋯] 靜究字義 皆脈理治理法理之假借爲文者 法理卽獄理直以性爲理 有古據乎

29 수축주의는 주희의 팽창주의에 대한 안티테제로서 선택된 용어이다. 수축주의는 주희에 의해 확장 남용된 유학의 본래성을 회복하자는 것이지, 그 본래성 자체를 축소하자는 것이 아님을 명심할 필요가 있다.

30 《論語古今註》, 9:13-14, 或羽或毛或麟或介 千變萬化 而總之不出於賤品 天旣賦形 有貴賤美惡 [⋯] 何謂本然之性 人物皆同也 [⋯] 審如是也 不特人皆可以爲堯舜 凡物之得本然之性者 亦皆可以爲堯舜 豈可通乎

유전자 이론에 입각한 생명 이해에 대한 앞서의 비판을 연상케 하는 다산의 반문들은, 주희의 용어 인플레가 초래한 심각한 사실 왜곡들을 적시하고 있다. 다산에 의하면 주희는 스스로 건 이(理)의 마법에 도취되어, 심지어 사람과 짐승 사이의 엄연한 차이마저 보지 못하는 잘못을 저지르고 있는 것이다.[31]

그렇다면 다산은 주희의 팽창주의에서 거품을 제거하는 수축주의적 비판 이외에 자신만의 고유한 대안을 준비하고 있는가? 그리고 그 계기는 어떻게 마련되는가? 다산의 대안은 고경(古經)으로 돌아가 그 본의(本義)를 돌이켜보는 원시반본(原始返本)의 방법에 의해 준비된다. 앞서 우리는 주희가 맹자의 성선설을 문자적으로 해석해, 인간의 본성이 선한 것으로 간주함을 보았다. 주희의 이러한 해석은 "인성(人性)의 선함이 물이 아래로 내려가는 것과 같다"[32]는 맹자의 명제에 근거를 둔 것이다. 그러나 다산은 맹자의 명제에서 사용된 성(性) 개념을 태극의 원리와 같은 본체나 실체가 아니라, 성향(性向)으로 새겨야 한다고 본다.[33] 맹자의 명제에서 물이 인성의 상징으로, 아래가 선(善)의 상징으로 사용되고 있다는 점에서 다산의 이러한 해석은 타당성이 있다. 물이 아래로 내려가는 것처럼, 인성도 선(善)을 선호한다는 것으로 읽을 수 있기 때문이다. 이 경우 선(善)은 성(性) 자체가 아니라 성(性)의 성향에 귀속되게 된다. 다산은《서경》,《예기》,《맹자》등의 고경(古經)에서 성(性)의 용례를 근거로 자신의 독법을 정당화한다.[34]

---

31 주희의 기획에 대한 다산의 비판은, 인간의 완성태로서의 전지전선(全知全善)이라는 신(神) 개념에 대한 죽음을 선고하는 니체의 인간중심주의 비판과 꽤를 같이한다.

32 《孟子》,〈告子 上〉, 人性之善 猶水之就下也

33 다산의 원어는 기호(嗜好)였으며 따라서 그의 성론(性論)은 흔히 성기호설(性嗜好說)로 알려져 있다. 그러나 즐기고 좋아함을 의미하는 기호보다는, 성질에 따른 경향성을 의미하는 성향이 다산의 원의(原義)를 더 잘 살릴 수 있는 적절한 용어라고 생각한다. 무엇보다도 성향은 기호와는 달리 성(性) 개념을 자신 안에 내포하고 있다는 점에서 태생적으로 성(性)과 친족관계를 형성하고 있다.

성(性)을 성향으로 해석한다는 것은 단지 성(性)에 글자를 한 자 더 얹는 것을 의미하지 않는다. 성향론적 해석에 의하면, 성(性)은 어떤 형이상학적 본체나 실체가 아니라 지향성, 혹은 경향성을 의미한다. 이 해석은 성(性) 자체에 대한 본질주의적 물음에서, 성(性)이 무엇을 향해 있는지에 대한 관계론적 물음으로 우리를 이끈다. 이처럼 다산은 맹자의 명제를 인성이 선(善)을 지향한다는 것으로 해석해낸다. 물론 인간에게는 선(善)에의 의지 말고도 우리의 몸이 요구하는 식욕, 성욕 등 갖가지 욕구가 있다. 그러나 이 욕구들은 동물에게서도 발견되는 것인 반면, 선(善)을 좋아하는 성향은 인간을 여타의 동물들과 확연히 구별 짓는 인간 고유의 성향이다. 이 점에서도 다산은 주희와 다른 길을 걷는다. 주희는 이일분수(理一分殊)에 입각해 인간과 동물의 본연지성(이(理))이 같다고 보아, 인간과 동물의 차이를 기질지성에서 찾을 수밖에 없었기 때문이다.

인간이 선(善)을 지향한다는 다산의 성향론적 인성론이, 본체로서의 인간의 본성이 선하다는 주희의 본질주의적 인성론과 대조되는 지점은, 이처럼 인성론에 국한되지 않는다. 인성론에서의 차이는 선(善)이 무엇인지, 그리고 선(善)을 어떻게 성취할 수 있는지에 대한 도덕철학과 실천론에서의 차이로 확산된다. 다산에 있어서 선(善)은 주어진 것이 아니라 우리가 실천을 통해 성취하는 것이다. 즉, 선과 악이 행위의 출발점에 대해서가 아니라 행위의 결과에 귀속된다는 점에서, 다산의 도덕철학은 동기주의보다는 결과주의에 가깝다.[35]

지금까지 살펴본 주희와 다산의 차이를 도표로 정리해보면 다음과 같다.

---

34 《心經密驗》, 2:25-26.
35 이로부터 다산이 결과주의의 패러다임에 해당하는 공리주의자라는 결론이 도출되는 것은 아니다. 다산의 도덕철학이 일종의 결과주의라는 우리의 판단은 선악의 개념이 행위의 근거가 아닌 결과에 적용된다는 점에서만 유효하다.

	주희	다산
성(性)	본질	성향
선(善)	주어진 선천적 본성	행위를 통해 성취되는 것
선(善)의 소재	성(性)	인간 행위의 결과
성(性)과 선(善)	성(性) = 선(善)	성(性)은 선(善)을 지향함
인간과 동물의 같은 점	본연지성	몸이 요구하는 욕구
인간과 동물의 다른 점	기질기성	선(善)을 좋아하는 성향

11. 단서와 단시

주희와 다산의 차이는 《맹자》의 해석에서 첨예하게 드러난다. 《맹자》를 독해하는 과정에서 주희는 인의예지(仁義禮智)와 같은 사덕(四德)이 발현되어 측은지심(惻隱之心)을 비롯한 사단(四端)이 드러난다고 보는 반면, 다산은 역으로 사단(四端)에서 출발한 행위를 통해 사덕(四德)이 성취된다고 본다. 요컨대 사덕(四德)은 주희에게 있어서는 주어진 것인 반면 다산에 있어서는 성취되는 것이다. 그리고 주희는 드러난 사단(四端)을 사덕(四德)을 확인할 수 있는 단서(端緖)로 보고 있는 데 반해, 다산은 사단(四端)의 '단(端)'을 사덕(四德) 확인의 단서(端緖)가 아니라 사덕(四德) 실현의 단초(端初)나 시작을 의미하는 단시(端始)로 보고 있다. 맹자의 단(端) 개념에 대한 해석에 있어 주희와 다산의 견해는 이처럼 단서설(端緖設)과 단시설(端始設)로 갈라진다. 주희를 따라 단서설(端緖設)을 취하면 우리는 발현된 사단(四端)을 단서로 내성적 성찰을 통해 그 발현의 근거가 되는 사덕(四德)을 소급 확인하는 반면, 다산을 따라 단시설(端始設)을 취하면 우리는 사단(四端)을 발판으로 도덕적 행위를 통해 사덕(四德)을 실현하게 된다.[36]

---

36 주희의 단서설(端緖設)은 발현된 사단(四端)으로부터 그것을 발현시킨 사덕(四德)을 소급한다는 점에

이처럼 단서설(端緒設)과 단시설(端始設)에서 주희와 다산의 도덕철학은 각각 성찰과 실천으로 갈린다.[37]

지금까지 살펴본 주희와 다산의 차이를 도표로 정리해보면 다음과 같다.

	주희	다산
사덕(四德)	주어진 선천적 본성	행위를 통해 성취되는 것
사단(四端)	사덕이 발현된 마음	사덕 실현의 단초(端初)
단(端)의 의미	(사덕 확인의) 단서(端緒)	(사덕 실현의) 단시(端始)
사덕과 사단의 관계	사덕-발현 → 사단	사덕-실현 ← 사단
	사단-성찰 → 사덕	사단-실천 → 사덕

다산은 주희의 사유에서 어떠한 문제점을 발견했으며 다산의 대안은 어떠한 설득력을 갖는 것일까? 맹자의 예를 다소 변형해, 어린이가 우물에 빠지려고 할 때, 어떤 사람이 측은해하면서도 가서 어린이를 구해주지 않는다고 가정해보자. 이 경우 우리는 그 사람에 대해, 그 측은해하는 마음의 근원만을 살펴서 인(仁)하다고 말할 수는 없을 것이라고 다산은 주희를 비판한다.[38] 다산은 다음과 같이 말한다.

서 논증의 결론으로부터 그 전제를 역추론하는 파푸스(Pappus)의 분석을 닮았고, 다산의 단시설(端始設)은 사단(四端)에서 출발해 도덕적 실천을 통해 사덕(四德)을 실현한다는 점에서 논증의 전제로부터 그 결론을 도출하는 파푸스의 종합을 닮았다. 그러나 파푸스의 분석과 종합은 논리적 추론의 과정이라는 점에서, 내성적 반성으로 이끄는 주희의 단서설이나 도덕적 실천으로 이끄는 다산의 단시설과는 다른 층위에 놓여 있다.

37 주희와 다산의 차이는 《맹자》의 단(端)을 어떻게 번역하느냐에서 비롯되는 것으로도 볼 수 있다. 단(端)에 대해 주희와 다산이 제시하는 상이한 번역을 가지고, 우리는 콰인이 논증한 바 있는 번역의 불확정성, 의미의 불확정성, 지시체의 불가투시성(inscrutability), 존재론적 상대성 논제들을 재차 확인해볼 수 있다(Quine 1960; 1968). 주희를 따라 단(端)을 단서(端緒)로 번역하면 그에 맞물려 사덕(四德)이 주어진 상태의 존재론을 수용하게 되고, 다산을 따라 단(端)을 단시(端始)로 번역하면 그에 맞물려 사단(四端)이 주어진 상태의 존재론을 수용하게 되는 존재론적 상대성이 발생한다. 그리고 이 불확정적 번역의 과정에서 단(端)의 의미와 지시체는 각각 불확정성과 불가투시성을 허용하게 된다. 아울러 콰인의 경우와는 달리 주희와 다산의 경우, 단(端)에 대한 번역의 불확정성은 언어철학과 존재론의 영역에서뿐 아니라 도덕철학의 영역에까지 영향을 미친다.

인의예지라는 명칭은 일을 행한 후에 성립한다. 그러므로 남을 사랑한 뒤에 인(仁)이라 한다. 남을 사랑하기에 앞서 인(仁)이란 명칭은 아직 세워지지 않는다. […] 어찌 인의예지라는 네 개의 낱알이 주렁주렁 매달려 마치 사람 마음속에 복숭아씨와 살구씨가 숨어 있는 듯하겠는가? 안연이 인(仁)을 물을 때 공자는 "자기를 닦아 예(禮)로 돌아가는 것이 인(仁)이다"라고 하셨으니, 분명 인(仁)이란 것은 사람의 일(功)로 성립하는 것이지, 태어날 때 하늘이 하나의 낱알로 인(仁)의 덩어리를 만들어 사람 마음에 끼워 넣은 것이 아니다. 자기를 닦아 예(禮)로 돌아갈 때 어찌 사람의 노력이 많이 필요하지 않겠는가?[39]

인간의 본성이 선하고 인의예지의 덕목이 마음속에 선천적으로 주어져 있다면, 우리의 노력은 그 본성을 드러내는 데 국한될 것이다. 부여받은 기(氣)가 맑고 깨끗하다는 요임금이나 순임금의 경우에는 심지어 아무 노력조차 필요하지 않을 것이다.[40] 그렇다면 우리는 그들을 존경할 이유를 상실하게 된다. 예쁘게 태어난 사람, 부잣집 자식으로 태어난 사람을 존경할 이유가 없는 것처럼, 아무 노력도 하지 않는 사람을 존경할 이유는 없기 때문이다. 엄밀히 말해 어떤 사람이 성인으로 불릴 때, 그가 그러한 존경을 받는 이유도 다름 아닌 그의 선행에서 찾는 것이 사리에 맞는 처사일 것이다.[41]

---

38 《孟子要義》, 2:23, 若其仁義禮智之名 必成於行事之後 赤子入井 惻隱而不往救 則不可原其心而曰仁也

39 《孟子要義》, 1:22-23, 仁義禮智之名 成於行事之後 故愛人而後謂之仁 愛人之先 仁之名未立也 […] 豈有仁義禮智四顆 磊磊落落 如桃仁杏仁 伏於人心之中者乎 顏淵問仁 子曰克己復禮爲仁 明仁之爲物 成於人功 非賦生之初 天造一顆仁塊 挿于人心也 克己復禮之時 豈不費許多人力乎

40 주희의 해석이다.

41 주희의 본질주의에 대한 다산의 경험주의적 비판이기도 하지만, 다른 한편으로는 다산에게서 기존의 화석화된 신분질서를 부정하는 실마리를 발견할 수 있는 대목이기도 하다.

12. 디지털과 아날로그

주희와 다산의 차이는 여러 층위에서 다양한 범주로 구분 지을 수 있다. 주희가 인간과 자연 만물을 이일분수(理一分殊)라는 하나의 원리로 환원하여 해명하려 한 환원주의적 전체론자(holist)라면, 다산은 인간과 자연 만물 사이의 환원 불가능한 차이에 주목하면서 한편으로는 자연을 탈도덕화하고, 다른 한편으로는 인간의 도덕적 지위를 강조한 비환원주의적 인본주의자(humanist)이다.[42] 주희가 통일과 패권을 지향해온 한족(漢族)의 기질에 부합하는 조화(和)와 위계질서의 닫힌 철학자라면, 다산은 인간을 그러한 체계에 편입되는 부품이 아니라 스스로의 의지와 선택(權衡)을 통해 삶을 살아가는 도덕적 주체로 이해한 열린 철학자이다.[43] 주희의 인성론(人性論)이 본연지성과 기질지성의 이원론이라면, 다산의 인성론은 인성(人性)을 성향으로 단일화시키고 있는 일원론이다.[44] 다산은 선(善)을 지향하는 성향과 신체적 욕구에서 비롯된 성향을 대별하지만, 양

---

42 이 점에서 우리는 주희가 아닌 다산이야말로 공자에서 비롯되는 유학의 정통이라고 본다. 그러나 다산은 인본주의라기보다는 근대적 개인주의자에 더 가까우며, 도덕 형이상학을 건립한 주희야말로 인본주의자라는 취지의 다른 독법도 생각해볼 수 있다. 이 독법에 따르자면 다산이 자연을 탈도덕화, 탈형이상학화할 수 있었던 것은, 그가 주체와 대상의 대립이라는 근대적 구도하에 자연과 인간을 분리시켜 이해했기 때문이다. 반면 주희가 지향하는 형이상학의 보편성은 개인을 넘어서는 것이지 결코 인간을 넘어서는 이념이 아니다. 형이상학의 보편성이 인간에 의해서만 성취될 수 있다는 점에서, 주희의 형이상학이 오히려 더 인본주의적이라는 것이다. 그러나 이러한 독법은 다산의 인본주의를 인간중심주의로 잘못 해석하는 오류를 범하고 있다. 인간의 도덕적 지위를 강조하는 다산의 수축주의적 인본주의는, 도덕이 인간과 자연 만물에 무차별적으로 적용된다는 주희의 팽창주의적 인간중심주의와는 구별되어야 한다.

43 황병기 교수의 다음과 같은 평가는 이런 점에서 주목할 만하다.

인의예지의 도덕이 인성 내에 본질적으로 주어져 있다면, 그 도덕의 내용은 언제나 일정할 것이며 인간의 현실 속에 나타나는 시공간적 변화의 추이를 감당하지 못할 것이다. 교조적이고 이념적인 사상의 주입이 인간 사유의 목적이 아닌 이상, 자유로운 인간의 위상에 걸맞은 도덕이 정립되어야 한다. 주희가 시도하듯 자연법칙을 의인화하여 인간의 도덕에 적용한다면, 인간은 자연법칙에 따를 수밖에 없고 인간적 자유의 보장은 힘들어진다. (황병기 2004, 245쪽)

44 《心經密驗》, 2:26, 人無二性

자는 성향이라는 점에서 하나의 범주로 묶인다. 이는 다산의 인성론을 일원론으로 간주할 수 있는 강력한 근거가 된다.

주희와 다산이 어느 정도 일치를 볼 수 있는 영역은 마음에 관한 담론(心論)일 것이다. 양자 모두 《서경》 등의 고경(古經)에 근거해 인심도심(人心道心)의 이원론을 견지하고 있기 때문이다. 하지만 이 경우에도 주희의 인심도심론과 다산의 인심도심론은 이원론이라는 외형적 일치에도 불구하고 중요한 차이를 내포하고 있다. 도심을 주희는 인의예지의 본성(天理)으로 인해 생기는 마음으로, 다산은 선(善)을 지향하는 마음으로 간주하고 있기 때문이다. 다만 인심만큼은 양자 모두 육체의 욕구로 인해 생기는 마음으로 간주한다.

인심이나 도심과 같은 용어가 주희와 다산의 사유를 잘 표현하는 적합한 어휘인지에 대해서는 이론의 여지가 있다. 예컨대 다산의 관점에서 볼 때, 인간과는 달리 도덕성을 결여하고 있는 동물들은[그들은 부도덕한(immoral) 것이 아니라 무도덕하다(amoral)] 육체의 욕구로 인해 생기는 마음만을 가질 뿐인데, 그렇다면 동물들도 인간의 마음(人心)을 갖는다는 형용모순을 범하게 된다. 그리고 주희의 관점에서 볼 때, 인간과 동물 모두 동일한 본성(性)을 부여받기 때문에, 동물도 부여받은 기(氣)가 맑을 경우에는 도덕적 마음(道心)을 갖는다는 어색한 결론에 이르게 된다. 앞으로 자세히 보겠지만 주희와 다산의 진정한 차이는 그들이 의미상의 차이를 나타내는 인심도심론에 대해서가 아니라, 선과 악의 연원에 대한 이해로부터 비롯된다.

주희의 경우 이원론적 인성론을 구성하고 있는 본연지성과 기질지성은 이원론적 심론을 구성하고 있는 도심과 인심에 정확히 대응한다.[45] 요

---

45 본연지성과 도심 사이의 대응 양상이 기질지성과 인심 사이의 대응 양상과 똑같지만은 않다. 본연지성은 이념태에, 기질지성은 현실태에 각각 귀속되어 있기 때문이다. 양자가 서로 다른 층위에 놓

컨대 본연지성의 발현이 도심이고 기질지성의 발현이 인심이다. 양자 사이의 이러한 분절적인 연계성을 디지털적(digital)이라고 부르고자 한다. 요컨대 디지털적이라는 표현은 본연지성이 도심에, 기질지성이 인심에 분절적으로 일대일 대응함을 의미한다.

다산의 체계에 있어서도 그 내포는 다르지만 인성과 마음 사이에 디지털적 연계성이 존재한다. 요컨대 다산에 있어서 인성론은 인간의 성향이라는 가능태에 관한 담론이고, 심론은 마음이라는 현실태에 관한 담론이라는 층위상의 차이만 지닐 뿐 인성과 마음은 디지털적으로 대응한다. 다산의 인성론이 인성을 성향으로 일원화하는 일원론이라 해도, 그 성향 중에서 선(善)을 좋아하는 성향은 도심에서, 육체적 욕구에서 비롯되는 성향은 인심에서 각각 분절적으로 발현되고 있기 때문이다.

한편 주희의 체계에서 인성론과 선악 사이의 관계에서는 다른 양상을 발견한다. 본연지성은 선(善)과 디지털적으로 대응하지만, 기질지성은 그 구성요소인 기(氣)의 맑고 탁함, 혹은 순수하고 뒤섞임(淸濁粹駁)의 정도에 따라 악할 수도 있고 아닐 수도 있기 때문이다. 요컨대 기질지성과 악의 관계는 디지털적인 것이 아니라 아날로그적(analog)이다. 아날로그적이라는 표현은 기(氣)의 상태와 그 정도의 차이에 따라 기질지성과 악이 비분절적으로 관계맺음을 의미한다.

이는 까닭은, 이념태에 속하는 본연지성(理)이 기(氣)를 통해 실현된 현실태가 곧 기질지성이기 때문이다. 기질지성과 인심이 동일한 현실태에서 대응되고 있는 반면, 본연지성과 도심 사이의 대응은 이념태와 현실태 사이의 대응이다. 현실태에 속하는 개체화된 도심, 인심, 기질지성과는 달리, 본연지성은 이념태에 속하는 보편적인 본질로서 아직 개체화되지 않은 익명적인 것임에 유의할 필요가 있다.

13. 무법칙성

다산은 기질지성을 악에 연계시키는 주희의 구도를 비판한다. 디지털적이든 아날로그적이든 기질이 선이나 악으로 연결되는 것도 아니요, 악의 근원이 모두 기질로 환원되는 것도 아니라는 것이다. 다산은 다음과 같이 말한다.

기질이 사람으로 하여금 지혜롭게도 하고 어리석게도 하지만, 사람들을 선하거나 악하게 만들 수 없는 것에 이와 같은 점이 있다. [⋯] 기질이 선악에 대하여 서로 관련이 없는 것이 이와 같다면, 기질에 대한 설명은 없애도 될 것이다.[46]

지금 마을의 미천한 백성들 중에서 소처럼 우둔하면서도 효자의 덕행을 이룰 수 있는 사람이 헤아릴 수 없이 많다. 또 부인들 중에 맑은 소리로 노래를 잘하고 기묘한 동작으로 춤을 잘 추고 말 잘하고 지혜로우며 눈치 빠른 여자치고 음탕한 짓을 하지 않는 사람이 드문 데 비해, 누런 머리 검은 얼굴을 한 어리석고 비루한 부인 가운데 열녀의 절개를 지키는 사람이 많다. 선악이 타고난 기(氣)의 맑고 탁함에 관련되지 않음이 이와 같다.[47]

그런데 사람의 죄악은 대개 식색과 안일의 욕구에서 유래하는 것으로 진정 형기(形氣)가 시킨 것이나, 혹 커다란 악은 자기 마음에서 일어나되 식색이나 안일과는 전혀 관련이 없는 경우도 있다. 이와 같다면 어찌 형기를

---

46 《論語古今註》, 9:13, 氣質能使人慧鈍 不能使人善惡 有如是矣 [⋯] 氣質之於善惡 其不相關如此 則氣質之說 雖廢之可也
47 《孟子要義》, 2:23, 今間巷卑微之民 椎鹵如牛 而能成孝子之行者不可勝數 婦人淸歌妙舞 辯慧機警者 鮮不爲淫 而黃首黑面 恂愁陋劣者 多辦烈女之節 善惡之不係乎淸濁也如此

탓할 수 있겠는가? […] 또한 교만하고 오만스러운 병도 형기에서 나오는 것은 아니다. 내가 형조(刑曹)에 있을 때 여러 도의 살인죄에 관한 문서들을 살펴보니, 모든 살인죄는 재물, 술, 성관계, 기분 등 네 가지로부터 유래한 것이었다. 기분 때문에 남을 죽인 자들은 어떤 경우는 음식, 성관계, 그리고 안일함과는 전혀 상관이 없었다. 가령 '이놈', '저놈'이라고 말하는 경우 갑자기 화가 나서 바로 남을 죽이는 경우가 매우 많았다. 이와 같은 경우는 육체와 전혀 관계가 없으니, 어찌 매번 육체를 탓할 수 있겠는가?[48]

세 인용문을 차례로 요약하자면 다음과 같다.

(9) 기질은 선악과 관련이 없다.
(10) 선악은 타고난 기(氣)의 맑고 탁함에 관련이 없다.
(11) 사람의 죄악은 대개 육체(형기)와 관계가 있으나, 언제나 그러한
    것은 아니다.

다산은 육체, 기질, 그리고 거기에서 비롯되는 욕구에 일정한 도덕적 면죄부를 주고 있는 것이다.[49]
주희의 경우와 달리 다산의 일원론적 인성은 디지털적이든 아날로그

---

48 《心經密驗》, 2:27, 槩由於食色安逸之慾 斯固形氣之所使 亦或有大惡巨愆 起於自心 而與食色安逸 絶不相涉者 若是者 將焉咎之 […] 且凡驕傲之病 不出於形氣 余於刑曹 閱諸道殺獄檢案 諸凡殺獄 悉由於財酒色氣四者 其由氣殺人者 或於食色安逸 皆無所當 若言語爾汝之類 倉卒發怒 當下殺人者甚多 若是者却與形軀無涉 安得每以形軀爲咎哉

49 기질과 선악의 관계에 관한 주희와 다산의 대립은 한유(韓愈)의 성삼품설(性三品說)에 대한 그들의 태도에서도 엿볼 수 있다. 한유는 사람의 등급을, 타고나면서부터 선한 부류와 타고나면서부터 악한 부류, 그리고 그 중간의 부류, 이렇게 셋으로 나눈 바 있다. 주희는 이와 같은 유전학적 결정론을 긍정하면서, 등급의 세분화가 필요하다고 했다(《朱子語類》, 1:49). 반면 다산은 한유의 결정론을 부정하면서, 선한 사람과 악한 사람의 차이는 인성의 선천적 차이가 아니라 수양과 실천의 결과로 나타나는 차이일 뿐이라고 강조한다(《論語古今註》, 9:10-11).

적이든 선악과 어떠한 법칙적(nomological) 연결성을 갖지 않는다. 그런 점
에서 우리는 다산의 경우 인성이 선악의 문제에 대해 갖는 관계를 무법
칙적(anomalous)이라 할 수 있을 것이다. 선과 악은 인간의 성향이 아니라
성향에서 유래하는 행위의 결과에 귀속되는 속성이며, 선(善)을 좋아하
는 성향이 반드시 실현되어 선(善)이 성취되는 것도 아니고, 육체적 욕구
에서 비롯되는 성향의 실현이 반드시 악을 야기하는 것도 아니기 때문
이다.

마음과 선악의 관계에 대해서는 주희와 다산 모두 무법칙성을 어느
정도 인정하는 것 같다. 예컨대 주희와 다산은 각각 다음과 같이 말한다.

만약 오로지 인심만을 사용하고 도심을 알지 못한다면, 진실로 방탕하
고 사치스러운 [욕망의] 영역으로 들어가게 될 것이다. 반면 만약 단지 도심
만을 지키고 인심을 물리쳐서 제거하려고 한다면, 이것은 성(性)과 명(命)
을 둘로 나누는 것이다. 그렇게 되면 이른바 도심이라는 것이 공허하여 존
재하지 않게 되어, 결국 불교나 도교의 학문에 빠져들고 말 것이다.[50]

《중용》서문에 "사람마다 형구(形軀)를 소유하지 않은 이가 없기 때문에
상지인(上智人)이라 하더라도 인심은 없을 수 없다"고 하였습니다. 상성(上
聖)도 없지 않은 인심을 악이라고 말할 수 있겠습니까?[51]

---

50 《朱子語類》, 62:41, 若專用人心而不知道心 則固流入於放僻邪侈之域 若只守道心 而欲屛去人心
則是判性命爲二物 而所謂道心者 空虛無有 將流於釋老之學 주희의 다음과 같은 언명도 참조할
만하다.

"인심이 곧 인욕"이라는 말은 옳지 않은 부분이 있는 것 같다. 상지인(上智人)이라 하더라도 인심
은 없을 수 없으니, 어찌 전적으로 인심을 옳지 않은 것이라고 하겠는가?
人心 人欲也 此語有病 雖上智不能無此 豈可謂全不是 《朱子語類》, 78:193)

51 《中庸講義補》, 1:66, 序曰人莫不有是形 故雖上智不能無人心 今以上聖之所不能無者 直謂之惡
可乎

주희와 다산은 모두, 인심 그 자체를 무조건 악이라고 단정해 전적으로 부정해서는 안 됨을 역설하고 있는 것이다. 반면 도심과 선(善) 사이의 연계성에 대해서 양자는 의견을 달리한다. 주희의 경우 도심은 그 자체로 선하지만, 다산의 경우 선한 것은 도심 그 자체가 아니라 도심을 현실에서 실현하는 인간의 행위이다. 따라서 마음과 선악 사이의 관계는 주희에 있어서는 부분적으로만 무법칙적인 반면, 다산에 있어서는 전적으로 무법칙적이다. 다산에 있어서 도심은 행위 여하에 따라 선(善)의 실현에 이를 수도 있고 아닐 수도 있기 때문이다.

지금까지 살펴본 주희와 다산의 차이를 도표로 정리해보면 다음과 같다.

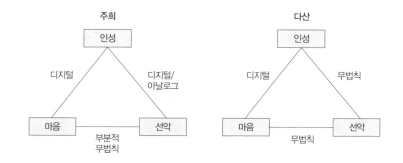

다산이 선악이 마음이나 인성에 대해서 맺는 관계를 불연속적 무법칙성이라는 미결정의 상태로 비워둔 것은, 거기에 개입되는 인간 행위의 중요성을 부각시키기 위한 것이다. 이러한 조처는 연속적 법칙성에 경도된 주희의 과다한 사변적 합리주의로 말미암아 동맥경화와 화석화의 위기에 처한 유학에, 원시 유학이 지녔던 본래의 활력과 유연성을 다시금 불어넣는 긍정적인 발상으로 평가된다.[52] 다산은 법칙성, 결정성, 규정

---

52 다산의 무법칙성 이론은, 가능태의 현실화를 측정이라는 인간 행위에 의한 파동함수의 붕괴라는 단절적 사건을 통해 설명하는 붕괴 동역학적 양자역학 해석과도 궤를 같이한다. 차이가 있다면 전자

성, 필연성, 연속성, 운명 등을 가능한 지양하고, 그 대신 무법칙성, 미결정성, 무규정성, 우연성, 불연속성, 자유의지 등을 부각시킴으로써 주희의 합리주의적 도덕 형이상학을 행위자 중심의 도덕 행위주의(moral activism)로 대체하려 한 것이다(Setton 1997, 69쪽).

14. 3중원

지금까지 우리는 다산이 원시 유가의 텍스트에 대한 본래적 독법에 의거해 주희의 신유학을 어떻게 비판하고 극복하려 했는지를 살펴보았다. 그과정에서 우리는 다산의 사유가 주자의 그것에 대해 갖는 설득력의 비교우위를 가늠해보았다.[53] 유학의 가능성을 독특한 방식으로 극대화하여실현한 다산이었지만, 그는 불가(佛家)나 선가(仙家)와 같은 동아시아 사유의 다른 저류들에 대해서는 철저히 외면했다. 원시 유가에서 다시 찾아낸 상제 사상의 상고사적 원류에 대해, 유가 경전을 넘어서까지 탐침한 흔적도 발견되지 않는다. 다산 사유의 출발점과 종착점은 유가의 텍스트와 경학이었던 것이다. '유학의 조선'에서 그 이외의 여지는, 특히 일찍부터 왕의 총애를 받으며 (적어도 정조의 생전까지는) 탄탄대로를 달려온

───────

와 달리 후자의 경우에는, 행위에 의한 붕괴 이전의 상태도 확률이라는 미결정적 법칙(보른의 규칙)에 의해 포섭된다는 점이다.

53 한형조 교수는 유학에 대한 주희와 다산의 공헌에 대해, 고전 해석의 신빙성 면에서는 다산에, 독창성 면에는 주희에 더 높은 점수를 주고 있다(한형조 1996, 244-245쪽). 온고이지신(溫故而知新)에 적용하자면 다산은 고(故)에, 주희는 신(新)에 가깝다는 것이다. 그러나 우리는 신빙성(溫故)과 독창성(知新)이 양립 불가능한 이념이라고 보지 않는다. 우리는 다산의 사유를 신빙성 있는 고전 해석에 바탕을 둔 독창적인 것으로 평가한다. 이 장에서 재구성해본 다산 사유의 면이 다 이에 해당되겠지만, 한 가지 예를 들자면 맹자의 권(權) 개념에 대한 다산의 해석이 그 좋은 본보기일 것이다. 맹자의 텍스트에서 상충되는 도덕법칙들 사이의 선택에 국한해 사용된 권(權)을, 다산은 도덕적 성향과 신체적 욕구에서 비롯된 성향 사이의 선택에 관련해 사용되는 권형(權衡)으로 재해석해냄으로써 온고이지신의 정신을 실천하고 있다(Setton 1997, 85쪽). 《孟子》, 〈離婁 上〉, 17; 《論語古今註》, 9:11-13 참조.

다산과 같은 당대의 대표적 유학자에게는 허용되기 어려운 점도 있다. 다산의 위상을 형성한 세 겹주름의 역운을 고려한다면 이는 다산 한 개인의 한계라고 보기 어려운, 시대적 운명과 같은 것이었다. 따라서 다산의 철학은 일차적으로 그가 놓여 있는 세 겹주름의 역운 내에서 평가받아야 할 것이다.

그러나 지금까지 다산에 대한 평가는 그러한 기본 원칙에서 어긋난 것이었다. 외세의 압력에 의한 문호 개방과 그에 따른 조선 왕조의 붕괴라는 뚜렷한 특이점이 초래한 한국 근대사의 단절로 말미암아, 우리는 서구에 의한 근대화의 격류에 휘말리게 되었다. 이 와중에 우리는 다산의 철학을 근대성의 단초를 잉태하고 있는 진보적인 실학으로, 혹은 근대성의 문턱을 넘지 못한 복고적인 수사학(洙泗學)으로 규정해왔다. 이는 우리의 근대사관을 양분해온 내재적 발전론과 근대화론의 연장선상에 놓여 있는 것으로 보인다. 근대성의 단초를 각각 우리의 안과 밖에서 찾고 있는 차이가 있을 뿐, 양자는 근대성을 평가의 절대적 척도로 따르고 있다. 아울러 양자는 근대성이 전근대성보다 진보된 이념이요 체제라는 발전사관을 전제하고 있다. 그러나 이러한 진보와 발전의 전제가 정말 그토록 당연한 것인지에 대해서 우리는 쉽게 동의하기 어렵다. 다산을 시류에 편승해 이 시대의 잣대로만 평가하려는 것에 대해서도 마찬가지이다(이정우 1999b, 148쪽).[54] 근대성이 지상의 유일한 척도가 아닐진대 설

---

[54] 한형조 교수는 시대의 변화하는 잣대로 평가된 다산의 곤혹스러운 모습을 다음과 같이 재치 있게 요약하고 있다.

다산이 마테오 리치의 결정적 영향을 받았다는 것은 익히 알려진 사실이다. 최근 한자경 교수는 '바로 그렇기 때문에' 다산이 서학의 '수입'에 불과하며, 그런 점에서 유교라고 할 수 없다는 과격한 주장을 펼쳤다. […] 가히 격세지감을 느끼게 하지 않는가. 20세기 실학의 시대에는 "유교를 넘어서야" 혁신의 이름으로 칭양되었는데, 21세기에는 "유학이 아니므로 별 가치가 없다"는 소리를 듣게 되었으니 말이다. (한형조 2008, 135쪽)

인용문에서 언급된 한자경 교수의 주장에 대해서는 다음을 참조. 한자경 2005. 베토벤의 음악이, 그

령 그것을 하나의 기준으로 다산을 평가한다 해도, 근대성을 뛰어넘는 대안적 사유의 실마리를 다산에게서 찾는 것이, 우리의 자생적 근대화에 다산이 일조한 게 무엇인지를 찾는 근대 지상주의적 노력보다 더 가치 있고 생산적인 시도라고 생각한다(노영찬 2004 참조).[55]

다산과 그의 시대에 대한 위상학적 성찰을 우리 시대와 우리 자신에 적용시켜볼 때, 우리 역시 시대의 역운이 형성해놓은 세 겹주름 운동의 위상하에 놓여 있음을 알게 된다. 소범위로 좁혀보자면 우리는 세계화라는 흐름에 놓여 있고, 중범위로 넓혀 보자면 자본주의에, 대범위로 확장해보자면 근대성에 의해 윤곽 잡혀 있다. 이 모두는 다산에게 낯선, 서구에서부터 불어 닥친 역운들이다. 다산의 사유를 윤곽 잡던 유교적 세계관(대범위), 주자학(중범위), 정조와 그 이후의 정치상황(소범위)은 이제 과거의 일이 되어버렸다. 내성외왕(內聖外王)의 이념하에 수양과 정치를 사실상 독점해온 양반 중심의 신분제는 자본 중심의 새로운 신분제에 의해 대체되었다. 과거에 중시되어온 도덕성과 수양의 무거운 아우라도 인문학의 영역에서 사라지고, 그 자리에 기능적 매뉴얼에 가까운 근대의 경쾌한 과학주의적 학문들이 발 빠르게 들어서고 있다.

인류에 대한 도덕적 담론이었던 원시 유학을, 자연에 대한 형이상학적 담론으로 확장시킨 주희의 팽창주의에 대한 다산의 수축주의적 비판 정신을 근대에 적용한다면, 근대 이후에 팽창일로에 있는 과학주의적 세계관은 계산적 이성의 내적 표상에 불과하다는 수축주의적 비판이 가능할 것이다. 이를 칸트의 용어로 표현해보자면, 전자는 도덕적 위계화를

것이 현대 음악에 미친 영향의 관점에서보다 그 음악 자체의 탁월성 면에서 평가받아야 하는 것과 마찬가지로, 다산의 사유도 그것이 현대에 미친 영향의 관점에서보다 그 사유 자체의 탁월성 면에서 평가받아야 할 것이다. 그렇지 않을 경우 그는, 시대의 눈치를 보아가며 내려진 편의주의적 판단에 의해 천덕꾸러기가 될 수 있는 것이다.

55 한형조 교수는 "유교의 핵심적 가치는 근대에의 적용이 아니라, 근대를 반성하고 비판하는 지평에 있다"고 말한다(한형조 2000, 217쪽).

지향하는 동양의 실천이성에 대한 비판이고, 후자는 평균적 대상화를 지향하는 근대 서양의 순수이성에 대한 비판에 해당하는 작업일 것이다. 이 비판은 양대 이성의 원천인 인간중심적 팽창주의의 기획에 대한 근원적 반성을 촉구하고 있다. 다산이 원시 유학에서 길어온 상제는 이러한 기획이 초래한 동맥경화를 신앙이라는 초월성으로 치유하려는 의도에서 도입된 것으로 이해할 수 있다. 청년 비트겐슈타인이 그랬던 것처럼, 다산도 신앙과 도덕을 동근원적(同根源的)인 것으로 자리매김하려 했던 것이다.

다산의 시대는 지나갔는가. 그러나 그의 시대를 구성했던 세 겹주름의 전제에 깔려 있는 중국이라는 이념은 아직도 우리의 과거와 현실 속에서 도도히 작동하고 있다. 우리의 역사와 사유의 원류는 여전히 중국의 그늘하에 놓여 있으며, 중국에 대한 우리의 콤플렉스와 트라우마는 아직도 치유되지 않고 있다. 이 장에서 우리가 현대적인 방법을 동원해 재구성하고 재해석해본 다산의 설득력 있는 주자학 비판과 그 극복의 노력 역시, 국내의 다산 연구자들에 의해서조차 평가절하되고 있다. 근대주의자 다산보다는 주희의 사유가 오히려 생태 환경적 세계관의 시대에 더 부합한다는 예언조의 주장이 회자되기도 한다.[56] 현재 한국철학의 시계는 다산 이전의 조선으로 거꾸로 가고 있는 듯하다.[57] 조선왕조 500년

---

[56] 2003년 하버드 다산학 국제학술회의에서 발표된 몇몇 논문들은 다산에 대해 이상한 이분법을 암시하고 있다. 다산은 근대주의자인가? 그렇다면 그는 이제 탈근대적 관점에서 비판받아야 한다 (Kalton 2004; 한형조 2004). 아니라면 그는 전통주의자에 불과하다(김영식 2004). 잔혹극에 가까운 이 가공할 도식성이야말로 앞으로의 다산 연구가 극복해야 할 장애이다.

[57] 국내의 대표적인 다산 연구자인 한형조 교수는 다음과 같이 술회하고 있다.

나는 박사학위 논문 〈주희에서 정약용으로의 철학적 전환〉 이후, 10여 년 주자학 연구에 몰두해왔다. […] 나는 [주자학의] 비전과 프로그램이 낡은 것이 아니라 '영원의 가치'를 갖고 있다고 믿고 있다. […] 중국의 현대 신유가도 이런 생각을 했고 구미권에서도 이 같은 발상 위에서의 논의가 활발해졌다. (한형조 2008, 145쪽)

결국 〈주희에서 정약용으로의 철학적 전환〉의 저자는 그 전환을 스스로 무효화하며 정약용에서 주희로 재전환을 한 것이다.

도 모자라 여전히 주희의 조선을 동경하고 있다는 사실이 그저 놀랍기
만 하다.

언제부터인가 무반성적으로 중국과 동치의 개념으로 설정되어온 동
양, 그리고 근대에 와서 우리에게 성큼 다가온 서양은 우리를 양방향에
서 강한 힘으로 옥죄고 있다. 서세동점(西勢東漸)이라는 기존의 용어를 변
형하자면 서세한점(西勢韓漸), 중세한점(中勢韓漸), 거기에 근대 이후 한때
우리를 강점하기까지 했던 일본이 가세한 일세한점(日勢韓漸)의 3중원 속
에 우리의 역운이 자리하고 있는 것이다. 서양중심주의, 사대주의, 식민
사관 등과 같은 드러난 왜곡된 형태로뿐 아니라, 우리 삶의 구석구석에
파상적으로 뿌리내려 있는 역운의 정체와 원류에 대해 원시반본(原始返
本)해야 하는 역사현상학적 과제가 우리 앞에 놓여 있다. 비록 다른 시대
다른 위상에 놓여 있었지만, 당시 자신의 세기를 방향 잡아온 역운에 대
해서 다산이 수행한 원시반본(原始返本)의 작업은 아직도 우리가 벤치마
킹해야 할 빼어난 모범적 사례로 여겨진다. 그의 사유가 우리 시대에도
창의적으로 계승되고 확충되어야 하는 까닭이 여기에 있다. 우리는 다산
을 좇아 다산을 넘어, 이 시대의 동양과 서양이라는 역운을 원시반본(原始
返本)하여, 그 이데올기적 정체를 적시하고 해체하는 작업을 수행해야 할
것이다.

8장 정약용,《대학》을 다시 읽다

자신을 속이지 않는 것보다 어려운 일은 없다.

-비트겐슈타인[1]

1.《대학》의 이념

원시 유가를 대표하는 경전 중에서도 맨 앞머리에 놓이는[2]《대학》은 다음과 같은 구절로 시작한다.

큰 학문의 도(道)는 밝은 덕을 밝히는 데 있으며, 백성을 친하게 하는 데 있으며, 지극한 선(善)에 머무는 데 있다.[3]

---

1 CV, 34쪽. 이 구절은 비트겐슈타인이 암송했다는 도스토예프스키의 소설《카라마조프가(家)의 형제들》에서 원용한 것으로 짐작된다.* 영생을 얻기 위해 해야 할 일이 무엇인지를 물은 표도르 카라마조프에게, 조시마 장로는 자신을 속이지 않는 것이라고 답한다(Dostoevsky 1880, 44쪽). 비트겐슈타인이 언급한 어려움은, 그가 특히 애송했던 조시마의 언명이 함축하는 이러한 종교적 맥락을 염두에 두었을 때 온전히 이해될 수 있다.

  * 1차 대전 당시, 살아 돌아오기를 기대하지 않는 자세로 최전선으로 자원해 떠나는 비트겐슈타인이 배낭에 챙겼던 것이《카라마조프가(家)의 형제들》이었다. Monk 1990, 136쪽 참조.

2 이는 주희가《대학장구》에서 원용한 정호(程顥)와 정이(程頤)의 다음과 같은 언명에 근거한 판단이다.

  《대학》은 공자가 남긴 글이니, 처음 배우는 사람이 덕으로 들어갈 수 있는 문이다. 오늘날 옛 사람들이 학문하였던 차례는 오직 이 편이 남아 있는 데에 힘입었고,《논어》와《맹자》는 그다음으로 배웠음을 볼 수 있으니, 배우는 이가 반드시 이를 따라 배워나가면 거의 학문하는 차례에 어긋나지 않을 것이다.

  大學 孔氏之遺書 而初學入德之門也 於今可見古人爲學次第者 獨賴此篇之存 而論孟次之 學者必由是而學焉 則庶乎其不差矣 (《程氏遺書》, 2卷 上; 24卷)

3 《大學》, 00-01, 大學之道 在明明德 在親民 在止於至善

요컨대 이것이 원시 유가가 생각했던 학문의 이념이다. 현대인이 생각하는 학문의 이념과는 엄청난 차이가 있음을 알게 된다. 이 시대에 학문을 하는 사람들 중에, 심지어 철학을 하는 사람들 중에 학문이 밝은 덕을 밝히고 백성을 친하게 하고 지극한 선(善)에 머물게 한다고 믿는 사람은 과연 몇이나 될까. 그것이 사실이라고 믿는 사람은 고사하고 그것이 가능하다고 믿거나 그렇게 되기를 바라는 사람조차 얼마 되지 않을 것이다. 이 경전의 제목을 자신의 명칭으로 차용한 교육기관인 대학을, 경전이 말하는 큰 학문의 전당으로 생각하는 교수나 대학생은 더더욱 적을 것이다.

경전의 메시지와 그에 대한 현대인의 태도 사이에 이러한 엄청난 간극이 있는 까닭이 무엇인지에 대해서는 여러 가지 추론이 가능하다. 첫째로, 현대인은 더 이상 학문과 덕의 상관관계를 믿지 않는다. 현대의 학문은 도덕규범보다는 매뉴얼에 더 가깝다. 현대인은 던져진 문제에 대해 합리적인 해법을 제시하는 역할을 하는 것이 학문이라고 생각한다. 현대의 학문 분류에서 덕이 윤리학에 귀속되는 주제라면, 그에 대한 현대인의 태도도 마찬가지이다. 그는 윤리학으로부터 당면한 도덕적 문제에 대한 합리적인 해법을 기대한다. 학문은 학자들의 소관사항이고 현대의 학자는 직업인이므로 (예컨대 교수), 학자들에 있어 학문의 연구와 교육을 통한 전수는 직업의 관점에서는 기업인들의 경제활동과 구별되지 않는다.

둘째로, 현대인은 더 이상 경전의 권위를 신봉하지 않는다. 그에게 경전은 고전이기는 하지만, 현대에는 통용되기 어려운 지나간 이야기일 뿐이다. 현대인의 관점에서는 사실 경전의 말들이, 그것이 쓰인 당대나 그것에 영향 받은 과거에 정말 실천되었는지도 의심스럽다. 앞서 인용한 대학의 구절도 현대인에게는 통치자의 덕을 칭송하는 어용 이데올로기인 것처럼 보인다. 경전을 온고이지신(溫故而知新)하기에는 시대가 너무 많이 너무 빠르게 변하고 있으며, 경전은 그 변화를 도저히 감당할 수 없는 지경에 이른 것이다.

그러나 현대인이 감당해온 그 변화는 바람직한 쪽으로 방향 잡혀 있는 것일까. 현대의 사유는 과연 경전을 조롱해도 좋을 만큼 뛰어난 경지를 개척하고 있는가. 매뉴얼로서의 학문은《대학》이 그려 보인 학문보다 탁월한 것인가. 이러한 질문이 명확히 답변되기 힘든 것이라면, 다음의 질문을 숙고해보자. 현대인은《대학》에 영향 받던 과거의 사람들보다 더 유덕한가. 이에 대해 현대인은《대학》에 영향 받던 과거의 사람들이 정말 유덕했는지를 반문할 것이다. 현대인의 이러한 응수에서 우리는 그가, 덕을 척도로 과거와 현대를 비교하려는 것 자체를 불편해하고 있다는 속내를 읽을 수 있다. 현대인은, 현대에나 과거에나 덕은 허구적 이데올로기에 불과하다고 말하고 싶은 것이다. 요컨대 그는 덕을 믿지 않는다.

2. 현대의 이념

그렇다면 현대인은 무엇을 믿는가. 그의 주된 관심사로 돈, 직업, 이성(異性) 등을 열거할 수 있겠지만, 이는 결국 자본 혹은 자기 이익으로 귀착된다. 시대의 상징적 리더인 대통령도 경제만을 말하는 시대가 현대이다. 자본의 본질은 수(數)이고 수는 외적인 것이다. 예컨대 우리는 만 원으로 피자, 시집(詩集), 놀이기구 이용권, 음악회 입장권 등을 살 수 있다. 피자의 맛, 시집의 운치, 놀이기구의 스릴, 음악의 아름다움과 같이 비교나 호환이 불가능한 상호 이질적인 것들을 만 원만큼의 자본과 등가로 간주하는 것은 놀라운 편의주의적 발상이다. 내용을 묻지 않는 무차별적 양화(量化)는 양화사(quantifier)의 도입을 골자로 하는 프레게의 수리논리학,

내용이나 내포와 동의어인 의미나 명제의 독립적 위상을 부정하는 콰인의 외연주의적 논리철학과도 궤를 같이한다.[4]

상대에 대한(심지어 자신에 대한) 현대인의 이해 역시 양화된 외적 기준으로 이루어진다. 그가 (혹은 자신이) 어느 대학을 나왔는가, 어디에 있는 어떤 평수의 주거 공간에서 살고 있는가, 어느 직장에서 얼마의 연봉을 받고 있는가 하는 것으로 상대(혹은 자신)에 대한 청사진을 뽑는다. 그는 각 기준이 전제하는 서열이나 수열상의 일정한 눈금에 놓이게 되는 익명적 존재자이다. 취업을 준비하는 학생들은 이러한 눈금자의 상층부에 편입되기 위해 스펙 쌓기에 전념한다. 스펙의 원어인 'specification'은 상품의 내역을 의미한다. 교육인적자원부나 스펙이라는 말이 함축하듯이, 현대는 교육에서 취업까지 인간을 효용성 있는 자원이나 상품으로 규정하고 있는 시대이다. 상품(goods), 이익(good), 효용(good)이 바로 선(善; good)과 동의어가 되어버린 것이다. 그런 점에서 현대인의 또 다른 이름인 소비자는 이중적 의미를 갖는다. 그는 소비하는 자이자 소비되는 자이다.

현대인에 대한 지금까지의 논의가 편중되고 지나친 것이라는 반론이 있을 수 있다. 현대인은 좀비가 아니라 인간이며, 그에게도 생각과 윤리가 있다고 말이다. 맞는 말이다. 현대인은 어떤 생각을 하는가? 하이데거는 그것을 계산으로 본다(Heidegger 1954b; 1959). 현대인에게 있어 계산과 생각은 호환 가능한 말이다. 문자적으로는 계산기를 의미하는 컴퓨터가 과연 생각하는가 하는 문제가 현대 인지과학철학의 주된 논쟁거리가 되어온 이유도 우연이 아니다.[5] 심리철학을 주도해온 기능주의, 계산주의, 연결주의 등도 인간과 컴퓨터의 유비, 생각과 계산의 호환 가능성에서

---

4 이는 콰인이 자신의 대표작에 《말과 사물》이라는 이름을 붙였다는 데에서도 알 수 있다. 제3의 영역에 독립적으로 존재하면서 말과 사물을 매개한다는 프레게적 의미란 없는 것이다. Frege 1918; Quine 1960 참조.
5 튜링 테스트와 썰의 중국어방 논증이 그 대표적인 예이다. 이승종 1994 참조.

비롯된 이론들이다.

현대인의 윤리는 무엇인가? 현대 윤리학을 주도해온 공리주의, 계약론, 의무론과 심지어 덕 윤리조차 자기 이익을 중시하는 서양의 전통적 개인주의에서 크게 벗어나 있지 않은 것처럼 보인다. 사정은 현대에 윤리학과 동반관계에 있는 정치철학에서도 다르지 않다. 현대 정치철학을 주도해온 자유주의는 물론이고, 그에 맞서는 공동체주의도 서구적 전통 밖에 있는 사람이 보기에는 서양의 전통적 개인주의의 테두리 내에 놓여 있는 이론들이다. 헤겔(Hegel 1821)이 《법철학》에서 구분한 바 있는 윤리(Sittlichkeit)와 도덕(Moralität)은 현대에 와서 각각 공적 영역과 사적 영역에 배속되는 것으로 재해석된다.[6] 공적 영역에서의 윤리는 절차적 합리성을 소지하는 것으로 재해석되어 법과의 구분이 모호해지며, 사적 영역에서의 도덕은 개인적 실천의 문제로 재해석되어 취미와의 구분이 모호해진다(Rawls 1993 참조).

현대인의 생각과 윤리를 조합하면, 법을 어기지 않는 범위 안에서 윤리의 허점을 요리조리 이용해 자신의 이익을 극대화하는 계산적 인간을 비난하거나 징벌할 어떠한 근거도 존재하지 않게 된다. 공(公)과 사(私)로 각각 달리 배속된 윤리와 도덕의 구분을 따르자면, 그는 부도덕한 인간일지언정 반윤리적 인간은 아니며, 법을 어긴 범죄자는 더더욱 아니기 때문이다. 설령 그가 부도덕한 인간이라 해도 우리는 그를 그렇게 비난할 권리가 없다. 그것은 그의 프라이버시를 침해하는 행위이기 때문이다.

현대가 처한 이러한 상황은 도처에서 목도하듯 도덕의 실종으로 귀착된다. 동방예의지국이라 칭송되었던 우리나라도 불과 100여 년 사이에, 어쩌면 세상에서 가장 파렴치한지도 모를 사람들의 나라로 빠르게

---

6 맥락은 좀 다르지만 체계와 생활세계에 대한 하버마스의 구분, 그리고 그가 제창하는 담론윤리의 자리도 이에 연관 지어볼 수 있다. Habermas 1981; 1991 참조.

변모하고 있다. 도덕의 붕괴로 요약되는 현대의 문제는, 그 뿌리를 헤아릴 때 비로소 해결될 수 있다고 생각한다. 밝은 덕을 밝히는 것에서 큰 학문의 도를 찾은《대학》을 다시 읽는 까닭도 바로 이러한 문제의식에서이다.

3. 《대학》의 성립

《대학》은《중용》과 함께《예기》49편 중 한 편이었던 작품이다. 현존하는《예기》는 동한(東漢)의 정현(鄭玄)이 주석한 것인데, 각 편의 내용과 성격이 서로 다르고 언제 쓰였는지도 알 수 없는 것들이 대부분이다. 이는《대학》과《중용》도 마찬가지여서, 청(淸)대의 고증학자들, 그리고 호적(胡適), 전목(錢穆) 등 현대의 학자들은 이 텍스트들이 진(秦), 한(漢)대에 나온 것으로 의견을 모으고 있다(김학주 2006, 11쪽).《대학》과《중용》을《예기》로부터 떼어내 독립적인 위상을 부여하고 더 나아가 사서(四書)로 승격시킨 정호, 정이, 주희는《대학》을, 공자의 말에 증자가 주석을 붙인 것으로 보고 있지만, 만일《대학》이 진, 한 대의 텍스트라면, 그것은 공자와 증자의 권위를 도용한 위서(僞書)인 셈이다.

소위 말하는 중국[7]문명을 건립한 유교의 중심인 사서(四書)의 절반이 위서일 가능성에 대해 당사국은 침묵하고 있다. 위서의 기준에 과도하게 민감하고 엄격한 국내학자들의 동반 침묵에서, 우리는 한국에 미치는 중국의 저력을 실감한다. 위서의 혐의가 있다는 자국의 텍스트에 대해서는 스스로 엄격히 내치고, 비슷한 혐의가 걸려 있는 중국의 텍스트에 대해

---

7 우리는 중국이라는 명칭에 동의하지는 않지만, 이 장에서는 편의상 이 명칭을 사용하기로 한다. 이승종 2013 참조.

서는 무한한 존숭(尊崇)을 보이는 국내의 학자들에게서, 우리는 사대주의의 노예적 이중 잣대를 본다.

《대학》을 사서(四書)로 승격시킨 주희는《대학》에 적지 않은 손을 댔다. 영어나 우리말로 번역된《대학》은 열에 아홉의 경우가《예기》에 속해 있던《대학》이 아니라 주희의 손을 탄《대학》이다.[8] 논의의 편의를 위해 전자를《예기》본 대학, 후자를 주희본《대학》이라 부르기로 하자. 주희본《대학》보다 무려 1000년 가량이 앞서는《예기》본《대학》이 엄존함에도, 마치 주희본《대학》이 정본인 것처럼 여겨지는 까닭은 무엇일까. 우리의 경우 조선왕조 500여 년을 주희의 철학이 지배해왔고, 그것이 현재까지 영향력을 행사하고 있다는 철학 외적 이유 말고는 다른 이유를 찾기 어렵다. 별다른 근거도 없이 아직까지도 주희를 무작정 따르고 있는 우리의 자발적 종속 의지가 서글프기까지 하다.

여기서 우리가 물어야 할 사항은 두 가지이다. 첫째로는 주희가《대학》의 어느 부분을 어떻게 고쳤는가 하는 것이고, 둘째로는 그가 왜 그러한 수정을 가했는가 하는 것이다. 첫째 물음에 대한 답은 이미 널리 알려져 있지만, 그에 반해 둘째 물음에 대해서는 충분한 숙고가 이루어지지 않았다는 것이 우리의 판단이다. 부족했던 이 숙고를 떠맡으려는 것이 우리의 일차적 과제이다.

주희에 의하면《대학》은 증자가 기록했다는 공자의 말로 이루어진 경(經)과, 증자의 제자들이 기록했다는 증자의 주석으로 이루어진 전(傳)으로 구성되어 있다.[9] 그런데 주희는 경(經)의 말미에 속해 있는, "이를 근본을 안다고 한다"[10]라는 명제와 "이를 앎의 지극함이라 한다"[11]라는 명

---

8 김용옥 선생의 다음 책은 탁월한 예외이다(김용옥 2009).
9 《大學章句》, 00-07, 右經一章 蓋孔子之言而曾子述之 其傳十章則曾子之意 而門人記之也
10 《大學章句》, 04-02, 此謂知本
11 《大學章句》, 05-01, 此謂知之至也

제를 떼어내 각각 전(傳)의 넷째 장 말미와[12] 다섯째 장 말미에 붙이고, 전(傳)의 순서는 다음과 같이 재정렬했다. 《예기》본에 구절의 순서가 뒤바뀐 것이 있어서 그랬다는 석연치 않은 이유를 대면서 말이다.[13]

《예기》본 《대학》의 전(傳)[14]	주희본 《대학》의 전(傳)
1. 성의(誠意)에 대한 주석	1. 명명덕(明明德)에 대한 주석
2. 수신(修身)《詩經》	2. 신민(新民)[15]에 대한 주석
3. 명명덕(明明德)에 대한 주석	3. 지어지선(止於至善)에 대한 주석 수신(修身)《詩經》
4. 친민(親民)에 대한 주석	4. 청송(聽訟) "이를 근본을 안다고 한다(此謂知本)."
5. 지어지선(止於至善)에 대한 주석	5. 격물치지(格物致知)에 대한 주희의 주석(補亡章) "이를 앎의 지극함이라 한다(此謂知之至也)."
6. 청송(聽訟)	6. 성의(誠意)에 대한 주석
7. 수신(修身)에 대한 주석	7. 수신(修身)에 대한 주석
8. 제가(齊家)에 대한 주석	8. 제가(齊家)에 대한 주석
9. 치국(治國)에 대한 주석	9. 치국(治國)에 대한 주석
10. 평천하(平天下)에 대한 주석	10. 평천하(平天下)에 대한 주석

애초에 경(經)의 말미에 놓여 있던 두 명제는 주희의 편집으로 말미암아 전(傳)으로 강등됨으로써, 공자의 말에서 증자의 말로 둔갑하게 된다. 그리고 전에 재배치된 두 명제 사이에 주희는 격물치지에 관한 자신의 주석인 소위 보망장(補亡章)을 슬쩍 끼워 넣었다. 그렇다면 주희는 결국 보

---

12 "이를 근본을 안다고 한다"라는 명제를 주희가 다섯째 장 맨 앞에 붙인 것으로 간주하기도 한다. 앞으로 보겠지만 주희는 정호와 정이를 좇아 이 명제를 군더더기(衍文)로 간주했으므로, 그가 이 명제를 넷째 장 말미에 붙였는지 다섯째 장 맨 앞에 붙였는지는 문제가 되지 않는다.

13 《大學章句》, 00-07, 舊本頗有錯簡

14 《예기》본 《대학》에는 원래 경(經)과 전(傳)의 구분도 장(章)의 구분도 없지만, 주희본 《대학》과의 대조를 위해 편의상 경(經)과 전(傳)을 나누고 장을 구분하였다.

15 정호와 정이를 좇아 주희는 《예기》본 《대학》의 '친민(親民)'을 '신민(新民)'으로 고쳤다.'
    *《大學章句》, 00-01, 程子曰 親當作新

망장을 끼워 넣을 자리를 마련하기 위해 이러한 무리수를 둔 것이라는 추론이 가능하다. 그리고 이는 앞으로 보겠지만《예기》본에서 전(傳)의 맨 첫머리를 차지하던 성의(誠意)에 대한 주석을 자신의 주석 다음으로 끌어내린 것과도 관련이 있다.

4. 공정의 선조

주희가 그냥 자신의 이야기를 하면 됐지 왜 군이《대학》을 공정(工程)하려 드는지를 이해하기 위해서는 동양 지성사의 독특한 전개양식을 살펴볼 필요가 있다. 동양의 사상은 어느 경우에나 경전이라는 텍스트를 자신의 정체성의 근거로 삼는다. 동아시아의 사유를 주도한 유학의 경우에도 경전에 대한 연구와 주석을 뜻하는 경학(經學)이 근간을 이루어 왔다. 이러한 전통하에서는 그 어느 누구도 감히 경전의 권위를 넘어설 수 없으므로, 어떤 사상의 진리성은 반드시 경전에 의거해 검증되어야 한다. 즉, 경전은 검증의 대상이 아니라 척도인 것이다. 같은 맥락에서 주희는 자신의 사상을 경전에 맞추려다, 거꾸로 경전을 자신의 사상에 맞게 변조하는 공정을 감행하게 된 것이다.

《대학》에 대한 주희의 입장을 알기 위해서는 그의 주석을 읽어야 한다.《대학》의 첫머리에 나오는 밝은 덕(明德)을 그는 다음과 같이 풀이하고 있다.

밝은 덕은 사람이 하늘에서 얻은 바로서, 비어 있고 신령하여 어둡지 않음으로써 뭇 이(理)가 갖추어져 있고 모든 일에 응할 수 있으니, 다만 기품(氣稟)에 얽매인 바와 인욕에 가린 바 있어 때로 어두워지기도 한다. 그러나 본체의 밝음은 일찍이 쉼이 없다. 그러므로 배우는 자는 마땅히 그 본체에서 발(發)하는 바로 인하여 마침내 이를 밝혀서 그 본초(本初)의 밝음을 회복해야 한다.[16]

주희는 밝은 덕을 밝힘을 기(氣)를 맑게 하여 갖추어진 이(理)를 밝힘으로 새기고 있다.[17] 그는《대학장구》의 서문에서부터 이러한 독법을 일관되게 고수하고 있다.[18] 그런데 정작《대학》 원문에는 이(理)나 기(氣)에 대한 언급이 아예 없다. 본체니 인욕이니 하는 말도 보이지 않는다.

다산은 밝은 덕을 효도, 공손, 자애로 읽는다.[19] 밝은 덕을 밝힌다는 것은 효도, 공손, 자애와 같은 바른 인간관계의 실천에 있는 것이지[20] 이러

---

16 《大學章句》, 00-01, 明德者人之所得乎天而虛靈不昧 以具衆理而應萬事者也 但爲氣稟所拘 人欲所蔽 則有時而昏 然其本體之明 則有未嘗息者 故學者當因其所發而遂明之 以復其初也 《대학장구》의 번역은 대체로 다음을 따랐다. 박완식 2005.

17 하늘에서 얻은 밝은 덕을 주희가 이(理)로 보았다는 것은《중용》에 대한 그의 주석서인《중용장구》를 함께 참조하여 추론할 수 있다. "하늘이 사람에게 내려준 것을 본성이라 한다(天命之謂性)"는《중용》의 첫 구절에 대해 주희는, "본성은 곧 이(性卽理)"라고 주석하고 있다(《中庸章句》, 01-01). 이를《대학》의 첫 구절에 대한 주희의 주석에 적용하면, 밝은 덕이 곧 이(理)라는 결론이 도출된다. 이 추론의 과정을 하나의 알고리듬으로 형식화하면 다음과 같다.

{(天命 = 性)《中庸》 = 理}《中庸章句》 = (人之所得乎天 = 明德)《大學章句》 = 理

18 《大學章句》,〈序〉, 蓋自天降生民 則旣莫不與之以仁義禮智之性矣 然其氣質之稟或不能齊 是以不能皆有以知其性之所有而全之也

19 《大學公議》, 1:7, 明德者 孝弟慈 반면 주희는 효도와 자애를 밝은 덕이 아닌 지극한 선의 일부로 간주한다.*

　　* 故姑以至善目之 而傳所謂君之仁 臣之敬 子之孝 父之慈 與人交之信 (《大學或問》, 0-2)

20 다산의 이러한 해석의 근거로 우리는 다음의 구절들을《대학》에서 찾을 수 있다.

　　그러므로 군자란 가정교육에서 벗어나지 않고 국가의 교육을 이루는 것이니, 효도는 임금을 섬기는 것이며, 공손함은 어른을 섬기는 것이며, 자애는 뭇 백성을 부리는 것이다.

　　故君子 不出家而成敎於國 孝者 所以事君也 弟者 所以事長也 慈者 所以使衆也 (《大學》, 09-01)

　　윗사람이 늙은이를 늙은이로 대접하면 백성에게 효의 기풍이 일어나며, 윗사람이 어른을 어른으로 대접하면 백성에게 공경의 기풍이 일어나며, 윗사람이 외로운 아이들을 불쌍히 여기면 백성이 배반하지 않는다.

　　上老老而 民興孝 上長長而 民興弟 上恤孤而 民不倍 (《大學》, 10-01)

한 사회적 관계에서 유리된 채 기(氣)를 맑게 하는 것이 아니라는 말이다. 주희의 주석은 그런 면에서 유가의 정통이라기보다 불교적 면벽참선(面壁參禪)이나 도교적 양생(養生) 수양의 이단에 가깝다.

이(理)에 대한 주희의 집착은 다음 구절에 대한 그의 주석에서도 볼 수 있다.

사물(物)이 헤아려진 다음에 앎이 지극하게 되고, 앎이 지극하게 된 다음에 뜻이 정성스럽게 되고, 뜻이 정성스럽게 된 다음에 마음이 바르게 되고, 마음이 바르게 된 다음에 몸이 닦이고, 몸이 닦인 다음에 집안이 가지런하게 되고, 집안이 가지런하게 된 다음에 나라가 다스려지고, 나라가 다스려진 다음에 천하가 평안해진다.[21]

주희는 사물(物)을 헤아림을 사물의 이(理)를 헤아림으로, 앎의 지극함을 사물의 이(理)에 대한 앎의 지극함으로 각각 풀이한다.[22] 그리고 이 구절과 그에 앞선 구절을 바탕으로 격물(格物), 치지(致知), 성의(誠意), 정심(正心), 수신(修身), 제가(齊家), 치국(治國), 평천하(平天下)를 8조목으로 간주하고, 전(傳)도 8조목의 순서대로 이해하려 했다.

그런데 《예기》본 《대학》에는 격물과 치지에 대한 주석이 보이지 않고, 성의에 대한 주석이 전(傳)의 맨 앞에 배치되어 있다. 이(理)에 대한 격물과 치지를 《대학》의 하이라이트로 간주하는 주희로서는 문제 상황이 아닐 수 없다. 주희는 이 난국을 전화위복으로 활용하는 방안을 마련한

---

21 《大學》, 00-05, 物格而后知至 知至而后意誠 意誠而后心正 心正而后身修 身修而后家齊 家齊而后國治 國治而后天下平
22 《大學章句》, 00-05, 物格者物理之極處無不到也
《大學章句》, 00-04, 窮至事物之理
《大學或問》, 0-6, 若夫知則心之神明 妙衆理而宰萬物者也

다. 애초에는 격물과 치지에 대한 주석이《대학》의 전(傳)에 있었는데, 그것이 전수의 과정에서 유실되었다는 것이다. 격물치지에 대한 주석은 전(傳)의 어디에 있었는가? 그리고 주희는 그것을 어떻게 알아냈는가? 당연히 제기될 이러한 물음들에 답하기 위해 그는 공정에 착수한다. 앞서 보았듯이 경(經)의 말미에 있던 "이를 근본을 안다고 한다"라는 명제와 "이를 앎의 지극함이라 한다"라는 명제를 각각 전(傳)의 넷째 장(聽訟章) 말미와 다섯째 장 말미에 재배치한 것이다.

《예기》본《대학》에서 청송(聽訟)으로 통칭되는 장(章)은 "이를 근본을 안다고 한다"라는 명제로 끝난다.[23] 주희는《예기》본《대학》에서 경(經)의 말미에 있던 "이를 근본을 안다고 한다"라는 명제의 자리는 전(傳)에 속하는 청송장의 말미가 바른 자리라고 주장한다. 그리고 이 명제와 함께 경(經)의 말미에 있던 "이를 앎의 지극함이라 한다"라는 명제도 청송장 다음 장에 배속되어야 한다고 본다. 그렇다면 "이를 앎의 지극함이라 한다"라는 명제에서 대명사 '이'가 지시하는 것이 있어야 하는데, 그것이 바로 지금은 유실된 격물치지에 대한 주석이라는 것이다. 이어서 그는 이 명제의 바로 앞자리에 유실되었다는 그 주석을 복원하는 소위 보망장을 창작해 끼워 넣는다.

5. 보충대리

돌이켜보면 주희는 청송장 말미의 명제가, 경(經)의 말미에서 두 번째 명제와 동일하다는 점, 그리고 경(經)의 맨 마지막 명제가 '앎의 지극함'을

---

23 이 장은 주희본《대학》에서는 넷째 장이지만 원래《예기》본《대학》에서는 여섯째 장이었다.

언급하고 있다는 점을 이용해 이를 격물치지에 대한 주석이 원래는 청송장 다음에 있었다는 근거로 삼은 것이다. 물론 이는 자신의 보망장을 《대학》에 끼워 넣기 위한 사전 포석이다. 그렇다면 주희는 보망장에서 무슨 말을 했던 것일까? 그의 보망장은 《대학》을 어떻게 변모시켰는가?

주희의 보망장은 다음과 같은 내용으로 이루어져 있다.

이른바 "앎을 미루어 다하는 것이 사물(物)을 헤아리는 데 있다"라고 한 것은, 나의 앎을 다하고자 하면 사물에 나아가 그 이(理)를 궁구함에 있음을 말한다. 사람 마음의 신령함에는 앎이 있지 않음이 없고 천하의 사물에는 이(理)가 있지 않음이 없건만, 사물의 이(理)를 궁구하지 못한 까닭으로 그 앎에 극진하지 못함이 있기 마련이다. 그러므로 《대학》에서의 첫 가르침은 반드시 배우는 사람으로 하여금 천하의 사물에 나아가 이미 알고 있는 그 이(理)로 인하여 더욱 궁구하여 그 지극한 데 이르기를 추구하는 것이니, 오랫동안 힘쓰다가 어느 날 하루아침에 훤히 툭 트여 관통함에 이르면 모든 사물의 겉과 속, 정밀함과 거친 것이 이르러 오지 아니함이 없고, 내 마음의 온전한 본체와 큰 작용이 밝혀지지 않음이 없을 것이다. 이를 사물(物)을 헤아림이라 하며, 이를 앎의 지극함이라 한다.[24]

불교의 돈오(頓悟)를 연상케 하는 활연관통(豁然貫通)이라는 비(非)유교적 용어의 도입도 문제이지만, 그보다 더 심각한 것은 《대학》 원문에는 없는 이(理)를 격물치지의 주제로 삼으면서, 덕 윤리의 텍스트인 《대학》을 이성적 학문 방법론의 텍스트로 바꾸어놓고 있다는 것이다. 보망장에

---

24 《大學章句》, 05-01, 曰所謂致知在格物者 言欲致吾之知 在卽物而窮其理也 蓋人心之靈 莫不有知 而天下之物 莫不有理 惟於理有未窮 故其知有不盡也 是以大學始教 必使學者 卽凡天下之物 莫不因其已知之理而益窮之 以求乎其極 至於用力之久而一旦豁然貫通焉 則衆物之表裏精粗 無不到 而吾心之全體大用 無不明矣 此謂物格 此謂知之至也

의하면,《대학》은 주자의 이(理)철학을 선취하여 정당화하고 있는 고전이다. 사실 이것이 주희가《대학》으로부터 얻어내고자 했던 것이다.

그러나《대학》을 근거로 자신의 이(理)철학을 정당화하려는 시도에는 단순한 절차상의 오류가 있다. 주희가 정당화의 근거로 삼을 수 있는 것은《대학》자체가 아니라, 그것에 대해 자신이 덧붙인 글들, 즉 주석과 보망장이기 때문이다. 이에 대해 주희는, 격물치지는 분명《대학》에 언급된 아주 중요한 논제이고, 이를 주석하는 보망장도 이 논제의 정신에 입각해 쓰였다고 응수할 것이다. 그런데 그는 보망장이 보충이자 대리의 역할을 하기를 바랐던 것 같다.[25] 보망장의 입지를 공고히 하기 위해 주희는 이 장을《예기》본《대학》에서는 맨 앞에 놓였던 성의에 대한 주석을 제치고, 그가 3강령이라 이름붙인 명명덕(明明德), 신민(新民), 지어지선(止於至善)에 대한 주석(1, 2, 3장), 그리고 청송장에 이어 5장에 배치시킨다.[26] 이에 대해서도 주희는, 전(傳)에 등장하는 주석의 순서를《대학》원문에 등장하는 8조목의 순서에 맞추려 했을 뿐이라고 응수할 것이다.

그런데 격물치지는 과연 8조목 중에서도 맨 앞에 놓이는 조목일까? 격물치지에 대한 주석은 정말 원래 있었는데《대학》이 전수되는 과정에서 유실된 것일까? 다산은 이러한 질문에 대해서 주희와는 전혀 다른 답변을 제출한다. 격물치지는 8조목 중 맨 앞에 놓이는 조목이기는커녕, 아예 조목이 아니라는 것이다. 따라서 유실되었다는 주석은 애초부터 없었고 있을 필요도 없었다는 것이다. 이러한 놀라운 주장의 근거는 무엇인가? 다산은 주희의 독법 중 어디에서 문제점을 찾았고, 이를 어떻게 발전시켜 대안적 독법을 지어낸 것일까?

---

25 보충대리는 데리다에게서 빌려온 용어이다. Derrida 1967a 참조.
26 청송장이 주희본《대학》의 전(傳)에서 순서의 상위에 놓이게 된 까닭은 순전히 그 말미에 위치한 "이를 근본을 안다고 한다"라는 명제 때문인 것으로 여겨진다.

6. 무(無)대리

《대학》의 경(經)은 3강령에 이어 다음과 같은 구절로 전개된다.

> 사물(物)에는 근본과 말단이 있고 일(事)에는 끝과 시작이 있다. 먼저 할
> 것과 나중에 할 것을 알면 도(道)에 가까울 것이다.[27]

주희는 자신의 주석에서 사물과 일을 같은 것으로 보고 있다.[28] 안이
한 해석이다.《대학》의 본문은 분명 양자를 갈라서 서술하고 있기 때문이
다. 주희는 또 이 구절에서의 근본이 명덕(明德)을 지칭한다고 해석한다.[29]
그러나 다음에서 보듯 이어지는《대학》의 본문은 그의 풀이와는 다르다.

> 천자로부터 서민에 이르기까지 모두가 한가지로 몸을 닦는 것(修身)을
> 근본으로 삼아야 한다. 그 근본이 어지러우면서 말단이 다스려지는 경우
> 는 없으며, 두텁게 할 것에 박하게 하고서 박하게 할 것에 두텁게 하는 자
> 는 있지 않다. 이를 근본을 안다고 하고, 이를 앎의 지극함이라 한다.[30]

근본은 주희의 해석과는 달리 명덕(明德)이 아니라 수신(修身)인 것
이다.

주희의 주석에서 발견되는 오류는 일견 사소해 보이지만 사실은 심
각한 것이다. 사물의 근본이 몸을 닦는 것이라면,《대학》에서 말하는 사

---

27 《大學》, 00-03, 物有本末 事有終始 知所先後 則近道矣
28 《大學章句》, 00-04, 物猶事也
29 《大學章句》, 00-03, 明德爲本
30 《大學》, 00-06, 自天子以至於庶人 壹是皆以修身爲本
　《大學》, 00-07, 其本亂而末治者否矣 其所厚者薄 而其所薄者厚 未之有也 此謂知本 此謂知之至也

물은 주희가 생각했던 그런 사물이 아니라는 추론이 가능하다. 그렇다면 《대학》에서 말하는 사물은 어떤 사물일까? 우리는 앞의 구절에서 두텁게 함과 박하게 함이 《맹자》에서도 나타나는 표현임에 주목할 필요가 있다.[31] 그런데 《맹자》에는 또 근본에 관한 다음과 같은 구절이 있다.

> 천하의 근본은 나라에 있고, 나라의 근본은 집안에 있고, 집안의 근본은 자신에 있다.[32]

주희가 말한 소위 8조목 중 세 조목의 목적어인 나라(國), 집안(家), 자신(身)이 근본이라는 개념을 매개로 순차적으로 배열되고 있는 것이다.[33] 논의의 편의를 위해 조목들을 성(誠), 정(正), 수(修), 제(齊), 치(治), 평(平) 등의 술어 계열과, 의(意), 심(心), 신(身), 가(家), 국(國), 천하(天下) 등의 목적어 계열로 구분하기로 하자. 그렇다면 "사물에 근본과 말단이 있다"고 할 때의 사물은 일반 사물들이 아니라 바로 조목들의 목적어들이라는 추론이 가능해진다.[34]

이제 《대학》에서 사물(物)과 구별되는 일(事)이 무엇인지를 살펴볼 차례이다. 우리는 《대학》의 본문에서, 사물과 일이 서로 구별되지만 또한 밀접한 관련하에 서술되고 있음에 유의할 필요가 있다. 한 문장 안에서 사물의 근본과 말단이 일의 끝과 시작과 함께 언급되고 있는 것이다. 사

---

31 《孟子》, 7A:44, 於所厚者薄 無所不薄也
32 《孟子》, 4A:5, 天下之本在國 國之本在家 家之本在身
33 《대학》이 공자와 맹자의 혈맥을 파악하지 못한 작품이라는 이토오 진사이(伊藤仁齋)의 해석은* 이런 점에서 받아들이기 어렵다.
　*《語孟子義》, 〈大學非孔氏之遺書辨〉, 而未知孔孟之血脈者所撰也
34 이공(李恭),* 권철신(權哲身),** 다산*** 등의 해석이다.
　*《大學辨業》, 2.8.
　**《墓誌銘》, 34b.《與猶堂全書》, 1:15.
　***《大學公儀》, 1:15, 物者 意心身家國天下也

물이《대학》에서 언급되고 있는 조목들의 목적어들을 지칭한다면, 일은 그 조목들을 각각 서술하는 정성스럽게 함(誠), 바르게 함(正), 닦음(修), 가지런하게 함(齊), 다스림(治), 평안하게 함(平)을 지칭하는 것으로 볼 수 있다.[35]

지금까지의 논의를 도표로 정리하면 다음과 같다.

	시작	끝
일(事)	성(誠) 정(正) 수(修) 제(齊) 치(治) 평(平)	
사물(物)	의(意) 심(心) 신(身) 가(家) 국(國) 천하(天下)	
	근본	말단

"몸을 닦는 것(修身)이 근본"이라는《대학》의 언명을 기준으로 일과 사물의 순서를 분류하면, 처음의 세 조목이 시작이요 근본이며 나중의 세 조목이 끝이요 말단임을 알 수 있다. 성의(誠意)와 정심(正心)이 수신(修身)과 함께 근본이요 시작의 범주에 배속되는 까닭은, 그들이 수신의 전제 조건이기 때문이다.[36] 물론 이러한 분류는 상대적인 것으로서, 시작과 근본, 끝과 말단의 범주에 속하는 조목들 사이에도 다시 시작과 끝, 근본과 말단의 서열과 순서가 존재한다.[37]

이렇게 보았을 때 사물을 헤아림(格物)이란 일반 사물들의 이(理)를 헤아림이 아니라,《대학》의 경(經)에 등장하는 조목들의 목적어들의 순서, 즉 근본에서 말단까지의 순서를 헤아림으로 풀어야 한다. 그리고 치지(致知),

---

35 다산의 해석이다.'
  *《大學公儀》, 1:15, 事者 誠正修齊治平也
36 다산의 해석이다.'
  *《大學公儀》, 1:15, 意心身本也 家國天下末也 […] 誠正修始也 齊治平終也
37 다산의 해석이다.'
  *《大學公儀》, 1:15, 又各有本末也 故下文六事 相銜相聯 層層爲本 其文如貫珠綴璧 斯皆'能慮'
    之所得也 […] 其終始之中 又各有終始 如本末之例也

즉 앎의 지극함에서의 앎의 대상은 일반 사물들의 이(理)가 아니라, 조목
들의 술어들의 순서, 즉 먼저 할 바와 나중에 할 바의 순서인 것이다.[38] 다산
은 온 세상 만물(物)의 이치를 다 헤아리는 것은 불가능한 일이며, 따라서
그에 대한 앎이 지극해지기를 기다린 다음에 비로소 뜻을 정성스럽게 하
고 비로소 몸을 닦아야 한다는 주희의 해석은 말이 되지 않는다고 본다.[39]

그렇다면 격물치지에 대한 주석이《예기》본《대학》의 전(傳)에 왜 보
이지 않는지에 대한 의문도 해소된다. 격물과 치지는 주석을 필요로 하
는 별도의 조목이 아니기 때문이다. 격물과 치지는 뒤따르는 조목들의
순서에 대한 문법적 고찰(grammatical reminders)[40]인 것이다.

7. 의지와 표상으로서의 의(意)와 이(理)

격물치지를《대학》의 하이라이트로 보는 주희의 해석을 배격하는 다산
은,《예기》본《대학》에서 성의에 대한 주석이 전(傳)의 첫머리를 차지하
고 있음에 주목한다. 주희의 주장대로 격물치지가《대학》의 하이라이트
라면, 그 핵심은 격물치지의 대상인 이(理)가 된다. 반면 성의가《대학》의

---

38 권철신,* 다산** 등의 해석이다.
  * 〈墓誌銘〉, 34b.《與猶堂全書》, 1:15.
  **《大學公儀》, 1:17, 意心身家國天下 明見其有本末則物格也 誠正修齊治平 明認其所先後則
    知之也《大學公儀》, 1:16, 致 至之也 格 量度也 極知其所先後 則致知也 度物之有本末 則格
    物也
39 《大學公儀》, 1:20~21, 天下之物 浩穰汗漫 巧歷不能窮其數 博物不能通其理 […] 欲待此物之格
    此知之至 而后始乃誠意 始乃修身 則亦已晚矣
40 비트겐슈타인에게서 빌려온 용어이다. PI 참조.《대학》의 대표적 영어 번역자인 진영첩(陳榮捷; Chan
    1963), 레그(Legge, 1893), 가드너(Gardner 1986, 92쪽), 드 베리(De Bary 1999, 727쪽), 반 노든(van Norden
    2006, 5쪽)은 모두 치지(致知)의 치(致)를 'extension'으로 번역하고 있다. 이들은 치지의 대상을 각
    사물들의 이(理)로 간주하는 주희의 잘못된 해석을 따르고 있는 것으로 보인다. 그러나 문법적 고찰
    로서의 치지로 말미암아 우리의 앎은 확장(extension)되지 않는다. 치지의 대상은 경험이 아니라 조
    목들의 문법적 서열(질서)이기 때문이다.

하이라이트라면 그 핵심은 성(誠)의 대상인 의(意)가 된다.

주희는, 하나의 달이 천 개의 강에 비치는(月印千江) 것처럼 하나의 이(理)가 사람을 비롯한 만물에 분수(理一分殊)되어 있음을 역설한 바 있다.[41] 하나의 이(理)가 만물을 표상하고 있다는 것이다. 사람의 경우 그것은 본연지성(本然之性)으로 표상되며, 그 내용이 곧 밝은 덕(明德), 선(善)인 것이다. 앞서 보았듯이 주희는 《대학》 첫 구절의 밝은 덕을 이(理)로 풀이한다. 그렇다면 밝은 덕을 밝힌다는 것은, 이(理)의 표상작용에 방해가 되는 요인들을 제거하여 그것이 온전히 자신을 표상할 수 있도록 도모함을 의미한다.

반면 다산은 하늘로부터 부여받은 인간의 본성을, 선(善)을 좋아하고 실천하려는 성향을 의미하는 선(善)에의 의지로 간주한다.[42] 여기서 의지(意志)로 풀이한 의(意)가 바로 성의(誠意)의 의(意)에 닿아 있다(Cua 1996, 179쪽).[43] 다산은 의(意)를 명사적으로는 "마음속의 숨겨진 생각"[44]으로, 동사적으로는 (마음속에서) 은밀히 헤아림[45]으로 본다. 결국 《대학》의 하이라이트가 격물치지인가 성의인가에 대해 주희와 다산이 저마다의 해석을 고집하고 있는 데에는, 《대학》을 통해 각각 자신들의 심성론을 확인받고 싶은 동기가 저변에 깔려 있는 것이다.

의(意)의 우리말인 뜻이 그러하듯 "마음속의 숨겨진 생각"도 의지(意志)와 의미(意味)로 풀이할 수 있다. 두 용어에는 모두 의(意)가 새겨져 있기도 하다. 그렇다면 의지와 의미로서의 뜻을 정성스럽게 함(誠意)이란 무엇일까? 이에 대한 《대학》의 답변은 다음과 같다.

---

41 《朱子語類》, 60:45, 有這氣 道理便隨在裏面 無此氣 則道理無安頓處 如水中月 須是有此水 方映得那天上月 若無此水 終無此月也

42 《心經密驗》, 2:25~26.

43 陳淳, 《北溪字義》, 7-1, 運用商量 要喜那人 要怒那人 是意 心向那所喜所怒之人 是志

44 《大學公儀》, 1:22, 意者 中心之隱念也

45 《大學公儀》, 1:23, 意者 心中之所隱度運用者也 故凡隱度者謂之意

이른바 "그 뜻을 정성스럽게 한다"는 것은 자신을 속이지 않는 것이다. 악을 미워하기를 악취를 싫어하는 것과 같이하며, 선(善)을 좋아하기를 아름다운 여인을 좋아하는 것과 같이하니, 이것을 '스스로 만족함'이라 부른다.[46]

"그 뜻을 정성스럽게 한다"는 말을 "선(善)을 좋아하기를 아름다운 여인을 좋아하는 것과 같이하는" 것에 견주는 데서, 우리는 성의(誠意)의 의(意)가 다산 심성론의 핵심인 선(善)에의 의지와 연결되어 있음을 확인할 수 있다. 아름다운 여인을 좋아함이 사람은 누구나 갖고 있는 자연스러운 성향인 것처럼, 선(善)에의 의지도 사람이면 누구나 하늘로부터 내려받은 천부적(天賦的)인 성향인 것이다. 그렇다고 해서 이 의지를 실천하는 것도 그렇게 절로 되는 것은 아니다. 다산은 다음과 같이 말한다.

[인간의] 본성에 대해 말하자면 선(善)을 즐거워하고 악을 부끄러워한다. 이것이 맹자가 말한 성선(性善)이다. […] 실천(行事)에 대해 말하자면 선(善)을 행하기가 어렵고 악을 행하기는 쉽다. 이것이 순자의 성악설이 나오게 된 원인이다.[47]

8. 성의(誠意)로서의 도덕과 윤리

성의(誠意)의 성(誠)은 이처럼 행하기 어려운 선(善)을 실천하는 방법이다.

---

46 《大學》, 06-01, 所謂誠其意者 毋自欺也 如惡惡臭 如好好色 此之謂自謙
47 《心經密驗》, 2:28, 言乎其性則樂善而恥惡 此孟子所謂性善也 […] 言乎其行事則難善而易惡 行
荀卿性惡之說所由作也

그러나 그것은 별도의 일이 아니라, 언제나 구체적 삶의 문맥에서 행위를 통해 구현되는 것이다. 다산의 말을 들어보자.

　　이른바 성의·정심(正心)에도 자리를 펼쳐놓고서 시각 알리는 소리를 들으며 공부할 필요가 없다. 오직 닭이 울면 일어나 뜻을 정성스럽게 하여 잠자리의 문안을 여쭈면, 어버이에게 효도하는 것이다. 동이 트면 조회에 나가 뜻을 정성스럽게 하여 바로잡고 도와주면, 임금에게 충성하는 것이다. 길에서 머리가 희끗한 노인을 따라갈 때에, 뜻을 정성스럽게 하여 짐을 나누어 들면 웃어른을 공경하는 것이다. 죽은 사람이 남긴 고아를 위로하며 뜻을 정성스럽게 하여 불쌍히 여겨 도와주면, 어린 사람을 사랑하는 것이다. 옛 성인이나 옛 임금의 도가 본래 이와 같은데 오늘날의 학자들은 텅 비고 아득한 곳에서 그 뜻을 정성스럽게 하려고 하고, 텅 비고 아득한 곳에서 그 마음을 바르게 하려고 하니, 깊고 넓어서 눈이 침침하고 어지러우며 텅 비어 깊고 고요하여서 머리도 만질 수 없고 꼬리도 잡을 수 없다.[48]

　　성의는 어떻게 실천할 수 있는가? 앞서 보았듯이 그것은 자신을 속이지 않는 데서 출발한다. 성의(誠意)의 의(意)를 의지(意志)로 풀이할 경우, 자신을 속인다는 것은 의지박약을 함축할 수 있으며, 의미(意味)로 풀이할 경우, 그것은 애매모호함을 함축할 수 있다. 요컨대 의지박약뿐 아니라 불분명함도 성의에 어긋나는 것이다. 거짓이 없는 확실한 말, 혹은 말과 행동의 일치가 언(言)과 성(成)의 합성어인 성(誠)의 의미라는 점에서, 《대학》의 성의(誠意)는 《논어》의 정명(正名)과도 통한다. 인(人)과 언(言)이

---

48 《大學公儀》, 1:21, 卽其所謂誠意正心 亦不須肆筵設席 聽漏課功 惟是鷄鳴而起 誠意以問寢 則孝於親者也 辨色而朝 誠意以匡拂 則忠於君者也 隨班白於行路 誠意以分任 則弟於長者也 撫死者之遺孤 誠意以字恤 則慈於幼者也 先聖先王之道 本自如此 而今之學者 於空蕩蕩地 欲誠其意 於空蕩蕩地 欲正其心 混濛眩督 虛廓幽寂 沒頭可摸 沒尾可捉

합해져 믿을 신(信)자가 되었다면, 이 신(信)을 다시금 마음속의 문제로서 생각한 것이 성(誠)이다.

성의의 유무(有無)는 군자와 소인을 가르는 척도이기도 하다. 이에 관한《대학》의 구절을 읽어보자.

그러므로 군자는 반드시 그 홀로 있을 때조차 삼가는 것이다. 소인은 한가하게 거처할 적에 못된 짓 하는 것이 끝이 없다가, 군자를 본 뒤에 겸연쩍게 그 못된 짓을 가리고 선함을 드러낸다. 남들이 나를 보기를 자신의 폐와 간을 들여다보듯 할 것이니, 무슨 유익함이 있겠는가? 이것을 일러 "안이 정성스러우면 밖으로 드러난다"고 하는 것이다. 그러므로 군자는 반드시 그 홀로 있을 때조차 삼가는 것이다. 증자가 말하기를 "열 눈이 보고, 열 손가락이 가리키니 무섭구나!"라고 했다. 부유함은 집을 윤택하게 하고 덕은 몸을 윤택하게 하니, (덕이 있으면) 마음이 넓어지고 몸이 펴진다. 그러므로 군자는 그 뜻을 정성스럽게 하는 것이다.[49]

"홀로 있을 때조차 삼가는 것"으로 옮긴 신독(愼獨)은, 보거나 듣는 사람이 없는 곳에 혼자 있는 때에도 도리에 어긋나는 행동이나 생각을 하지 않는 마음과 태도를 의미한다. 군자의 신독은, 같은 상황에서는 못된 짓을 하다가 남이 보는 곳에서는 이를 가리고 선한 척 하는 소인의 표리부동한 자기기만(自欺)과 대비된다. "안이 정성스러우면 밖으로 드러난다"는 말에서, 우리는 성의가 내적 도덕과 외적 윤리를 무모순적으로 관통하는 일관성을 지닌 행위의 격률임을 알 수 있다. 이 격률을 관철하여 자

---

49 《大學》, 06, 故君子必愼其獨也 小人閒居 爲不善 無所不至 見君子而后 厭然揜其不善 而著其善 人之視己 如見其肺肝 然則何益矣 此謂 誠於中 形於外 故 君子必愼其獨也 曾子曰 十目所視 十手所指 其嚴乎 富潤屋 德潤身 心廣體胖 故君子必誠其意

신의 안과 밖이 도덕적으로 투명한 사람이 바로 군자이고, 그렇지 못한 사람이 곧 소인이다. 소인의 불투명성은 자신을 속이는 데서 비롯된다.

한 걸음 더 나아가 다산은 성(誠)이 사물의 마침과 시작이라는《중용》의 명제에 주목한다.[50] 그는 이 명제를 다음과 같이 해석한다.

> '시작'이란 것은 자신을 이루는 것이고, '마침'이라는 것은 남을 이루는 것이다. "자신을 이룬다"는 것은 몸을 닦는 것이고, "남을 이룬다"는 것은 백성들을 교화하는 것이다. 그렇다면 몸을 닦는 것은 원래 뜻을 정성스럽게 하는 것을 으뜸가는 공으로 삼고, 이를 따라 들어가고 이를 따라 착수하는 것이다.[51]

성(誠)의 실천으로 말미암아, 사람은 이익에 대한 관심에 함몰된 소인[52]을 벗어나 성인(聖人)으로 건너갈 수 있다. 그 건너감이 니체의 위버멘쉬(Übermensch)에 새겨져 있는 'über'의 한 의미이기도 하다. 후설의 지향성이 인식론적 관계 개념이고, 하이데거의 염려(Sorge)가 존재론적 관계 개념이라면,《대학》의 성(誠)은 이처럼 성기성물(成己成物)을 구현하는 실천론적 관계 개념이라고 볼 수 있다.

그런 점에서 성의는 기의와 기표의 불일치, 기의 없는 기표의 범람, 회의주의, 탈정체화된 다중 자아 등으로 묘사될 수 있는 근대, 혹은 탈근대의 사태와 대립되는 정신이다.《대학》의 관점에서 보았을 때, 근대와 탈근대는 물질적 풍요에도 불구하고 도덕적으로는 비할 데 없이 황폐해진

---

50 《中庸》, 25-02, 誠者 物之終始
51 《大學公儀》, 1:16, 始者 成己也 終者 成物也 成己者 修身也 成物者 化民也 然則修身原以誠意爲首功
52 《大學》, 03-05, 小人樂其樂而利其利
   《大學》, 10-23, 長國家而務財用者 必自小人矣

시대이다. 성인은 그 자취를 찾기 어려운 반면, 성의 없는 소인들이 넘쳐나는 시대이기 때문이다.

9. 이론에서 전통으로

《대학》을 자신의 도덕 형이상학을 정당화하는 근거로 재편성한 주희의 팽창주의(inflationism)적《대학》해석과, 이에 맞서 원전의 의미에 충실하려는 다산의 수축주의(deflationism)적《대학》해석 간의 차이는 근대 이후의 서구 윤리학에 견주었을 때 미미한 것에 불과하다. 그들은 모두 전통의 진정성을 굳게 믿고 있는 전통주의자들이기 때문이다. 전통주의에 의하면 윤리와 도덕은 개인의 어떤 이론에 의해 정당화되는 것이 아니라, 전통으로부터 자연스레 우러나오는 것이다. 그것의 성문화된 토대가 경전이며, 철학이란 곧 이 경전에 대한 탐구인 경학(經學)이다.

　이에 반해 서구의 근대는, 모든 전통을 회의하는 생각하는 자아를 독립적 주체로 정립한 데카르트에 의해 시작된 기획이다(이승종 2010a 참조). 전통으로부터의 독립선언이 초래한 근대 과학혁명의 눈부신 성공을 목도한 칸트는, 근대 과학의 법칙 정립을 모방한 듯한 정언명법을 근간으로 하는 과학적 윤리학 방법론을 구성했다(Kant 1788). 과학에서나 윤리학에서나 법칙은, 그 보편적 적용 가능성이라는 단일한 척도에 의해 정립되어야 한다는 것이다. 칸트에 와서 데카르트의 생각하는 자아는, 법칙을 정립하는 입법자로 자리매김된 것이다. 이러한 입법의 과정에서 중요한 것은 객관성의 다른 표현인 불편부당성(impartiality)이다.

　롤즈는 불편부당한 입법(혹은 계약)에 필요한 방법론적 가정을 무지의 베일(veil of ignorance)로 표현한 바 있다(Rawls 1971). 무지의 베일은 타자에 대한 철저한 무지와 무관심의 다른 표현이다. 이는 타자의 고통에 대한 공감의 감수성을 전제로 하는 유학의 전통과 상반된다.[53] 무지가 아닌 지(智)를 중요한 덕목으로 꼽는 유학의 입장에서 보자면, 무지의 베일(veil)은 악(evil)의 원천일 수 있다. 그 베일에 의해 마련되는 원초적 입장은 과학의 법칙 정립 과정에서 도입되는 전제인, 다른 조건이 일정하다는(ceteris paribus) 반(反)사실적 상황을 본뜬 것이다. 원초적 입장에서 협상의 테이블에 둘러앉아, 냉철히 머리를 굴려 저마다의 자기 이익을 극대화하는 계약을 도출해 체결하는 딜러가 롤즈가 묘사하는 인간이라면, 측은해하는 마음(惻隱之心), 악을 부끄러워하고 미워하는 마음(羞惡之心), 사양하는 마음(辭讓之心), 선악을 구별하는 마음(是非之心)의 유무(有無)가 유학을 대표하는 맹자가 묘사하는 인간의 척도이다.[54]

윤리와 도덕이 전통으로부터 탈구되어 이론적 탐구의 대상으로 화하면서 윤리는 공적 영역의 절차적 합리성으로, 도덕은 사적 영역의 이론 취미나 명상 수양으로 변모되었다(Rorty 2004 참조). 그러나 이는 윤리와 도덕이 본래 지녔던 규범적 역할과 역량의 축소(윤리의 경우)나 말소(도덕의 경우)를 함축한다. 법을 제외한 모든 규범이 본래적 의미와 힘을 잃게 되는 탈도덕적 사회가 도래한 것이다. 유구한 전통에서 단 한 번도 벗어난 적이 없던 동아시아인들에게, 근대화와 계몽은 이로부터 한 걸음 더 나아가 자신의 전통을 전근대적인 미몽(迷夢)으로 간주할 것을 강요했다. 윤리와 도덕의 보고(寶庫)였던 과거의 전통이 하루아침에 온고이지신의 대상에서 빨리 잊고 떨쳐내야 할 치욕으로 화한 것이다.

현대의 윤리와 논리는 수(數)로 계량화될 수 있는 자기 이익의 증대로

---

53 《孟子》, 2A:6, 人皆有不忍人之心
54 《孟子》, 2A:6, 由是觀之 無惻隱之心 非人也 無羞惡之心 非人也 無辭讓之心 非人也 無是非之心 非人也

환원된다. 그것을 타당한 이유 없이 침해하거나 제한하는 것이 윤리의 위반이고, 그것을 극대화하는 것이 합리성이다. 그 이상의 어떠한 규범도 강제력을 지닐 수 없는 것이다. 행복과 성공도 오로지 자기 이익 극대화의 메커니즘이 얼마나 효율적으로 작동하고 있는지(혹은 해왔는지)를 척도로 가늠된다. 그러나 여기에는 용어 재정의의 오류가 개재되어 있다. 현대의 척도로 행복해야 할 사람들이 실제로는 불행한 경우, 혹은 그 역의 경우를 목도하기는 그리 어려운 일이 아니다. 세계 최상위 수준의 물질적 풍요와 번영을 구가하는 우리 사회의 자살률이 세계 최상위 수준으로 치솟고 있다는 사실이 그 한 예이다. 이는 행복이라는 용어에 대한 현대의 재정의가 오류임을 시사한다.

근대성이 일관되게 추구해온 개인주의와 물질주의는, 물질적 풍요를 대가로 윤리와 도덕의 실종과 그로 말미암은 인간성의 파괴를 초래했다. 윤리와 도덕의 관점에서 보자면 근대성이 밟아온, 전통과의 결별이라는 실험은 재앙에 가까운 것이다. 그렇다고 이제 와서 시대를 역행해 과거의 전통으로 되돌아갈 수는 없는 노릇이다. 우리에게 주어진 과제는 시대를 아우르는 새로운 전통의 확립일 것이다. 확립되어야 할 새로운 전통의 심장부에는, 근대성이 이론으로 왜곡시켜 놓은 윤리와 도덕이 본래적인 방식으로 자리매김되어야 할 것이다. 이러한 작업의 초석은 동아시아에 속하는 우리에게는, 패자의 치욕감에 서둘러 덮어버린 과거의 전통의 심장부에 놓여 있던 경전들을 되돌아보는 데서 실마리를 찾을 수 있을 것이다.

우리는 이 장을 통해《대학》에서 우리가 재발견한 성의가 그러한 실마리의 하나라고 진단한다. 성의는 인간의 인간됨(修身)이 진정성(誠)에 있음을 환기시킴으로써, 사이비(simulations)가 범람하는 이 시대를 준열히 비판한다. 성의의 윤리와 도덕은 진정성이 누락된 행위나 시도가 병들거나 비인간적인 것일 수밖에 없으며, 이로부터 소외와 불행이 유래함을 적시한다. 우리가 성실히 해야 할 뜻은 근대성에 의한 하향평준화가 추구해온 자기 이익보다 높은 본래적 가치를 지향해야 한다. 몸을 닦음(修身)이 성의가 추구하던 궁극의 가치였다면, 우리는 그보다 더 구체적으로 실천 가능한 과제인 자신을 속이지 않는 것을 하나의 출발점으로 삼을 수 있을 것이다. 자신을 속이지 않는 것은 진정성으로서의 성(誠)을 실현하는 데 있어 소극적이지만 반드시 필요한 조건이기 때문이다.[55] 자신에 비추어 떳떳한 사람이 타자의 상징인 하늘을 우러러도 부끄럼 없을 자격을 갖춘 사람이다. 자신과 하늘(타자)을 대칭점으로 놓고, 그 사이를 성(誠)으로 채워가는 것이 성의의 윤리와 도덕의 정립을 위한 의미 있는 발걸음이다.

---

55 내적 도덕과 외적 윤리의 일치가 성의의 충분조건임에 비해, 자신을 속이지 않음이 함축하는 일관성은 성의의 필요조건에 머문다. 내적으로는 도덕을 어기고 외적으로는 윤리를 어김으로써 성취되는 일관성은 성의의 예로 볼 수 없기 때문이다.

2부

현대철학자들과의 토론

5편 유가로부터

9장 《논어》새로 읽기[1]

1. 삶에의 태도[2]

1979년 겨울, 고등학교 졸업식을 마치고 저는 충청도의 공주, 대천 등으로 친구와 배낭여행을 떠났습니다. 한편으로는 졸업의 해방감을, 또 한편으로는 지원한 연세대학교에서 합격통지서가 올까 하는 설레는 마음을 안고서 떠났던 겨울여행이었는데, 그때 챙겨간 책은 쇼펜하우어의 《의지와 표상으로서의 세계》였습니다. 그 책은 이성이 파악하는 표상된 세계 너머에 의지의 세계가 있음을 역설하고 있었습니다. 인간의 의지를 강조하는 쇼펜하우어의 철학은 제가 성장한 1960~1970년대 한국사회에서는 낯선 세계관이었습니다. 동아시아의 전통적인 구도에서는 그런 생각을 하기가 어렵습니다. 푸코에 의하면 주체에 대한 자각, 내가 중심이 되어서 세상을 본다는 관점은 서양에서도 근대에 와서야 비로소 생겨난 개념이라고 합니다.

저는 고등학교 때 일찌감치 철학과 진학을 마음먹었습니다. 학교 공

---

1   이 장은 1장의 초고를 주제로 각종 학술모임에서 토론한 내용을 옮긴 것이다.
2   이 절은 2000년 11월 29일 연세대학교 JSC 제3차 외부세미나에서 발표한 발제문을 옮긴 것이다. JSC는 Junior Scholar Club의 약자로 연세대의 학술동아리이다.

부도 재미있기는 했지만, 세상에 대한 저의 호기심을 충족시키기에는 부족했습니다. 저는 학교에 가기보다는 집에서 자유로이 독서하는 것을 더 좋아하는 이방인이었는데 책들을 읽으면서 철학에 뜻을 품게 되었습니다. 철학책보다는 소설을 주로 읽었지만, 당시 읽은 철학의 고전 중에는 데카르트의《방법서설》이 기억납니다. "나는 생각한다. 그러므로 나는 존재한다"라는 명제를 담고 있는 그 책도 생각하는 나의 주체성을 강조하고 있었습니다. 존재의 핵심은 나의 생각에 있다는 것, 인간의 의식 주관이 모든 학문의 확실한 토대가 된다는 것이었습니다. 이를 바탕으로 형이상학을 건립한 사람이 쇼펜하우어입니다.

졸업여행에서 돌아와서 연세대학교로부터 합격통지서를 받았습니다. 그 당시에는 과별 모집이 아니라 계열별 모집이었기에 2학년이 되어서야 철학과 학생이 되었습니다. JSC의 기반인 사회과학과 저의 인연을 말씀드리겠습니다. 제가 대학을 다니던 시절은 국내의 정치적 상황 때문에 마르크스주의를 위시한 사회과학 서적들이 많이 읽혔습니다. 저도 이런 서적들을 읽다가 그 토대를 익히려 친구로부터 추천받은 김학은 교수님(연세대 경제학과)의 경제학 강의를 1년간 수강했습니다. 선별된 주제들을 차근차근 깊게 다루는 강의였는데, 학문에 대한 과학적 태도가 어떤 것인지를 충실히 배울 수 있었습니다. 그중에서도 케인스의 유동성 모형(IS-LM)이 인상적이었습니다. 네 개의 도표가 주어지고 그중 하나가 움직이면, 그에 연동된 다른 세 도표가 그에 따라 움직이도록 설계된 그의 이론을 공부하면서, 학문에 대한 새로운 안목이 열리는 느낌을 받았습니다. 김학은 교수님께서는 학문은 결코 뜬구름 잡는 일이 되어서는 안 되며, 질문에 대한 답이 있고, 그 답은 합당한 방식에 의해서 증명된다는 것을 강의를 통해 선명하게 보여주셨는데, 그 과학정신에 큰 영향을 받았습니다.

제가 이 이야기를 꺼낸 이유는 오늘의 주제와 밀접한 연관이 있기 때문입니다. 쇼펜하우어와 데카르트는 모두 '나'(혹은 '우리')라는 1인칭 주체의 관점에서 세상을 바라보고 있습니다. 1인칭 시점은 소설에서 흔히 쓰이는 용어로서, 내가 주인(主)이 되어서 세상을 보는(觀) 소설의 서술양식을 1인칭 시점 소설이라고 합니다. 예를 들어서 이상의 《날개》, 은희경의 《새의 선물》에서는 주관적 관점에서 내게 투영된 세상이 묘사되고 있습니다. 철학에서도 1인칭이 중요하게 부각되는 경우가 있습니다. 인식론에서 그렇습니다. 예를 들어 칸트, 후설 등이 1인칭 시점의 중요성을 역설한 철학자들입니다. 그게 제가 만난 철학의 첫 번째 형태였습니다.

반면 케인스의 경제학은 세상을 초연한 관점에서 객관적으로 양화(量化)해서 보여주는 3인칭적 관점을 견지하고 있습니다. 경제학을 포함해 서양의 과학은 모두 3인칭일 겁니다. 탐구하고자 하는 사건이나 현상과 일정한 거리를 취해야 어떤 타자(客)가 보아도(觀) 인정할 수 있는 객관성이 성립됩니다. 3인칭 시점은 원래 객관적인 관점에서 묘사되는 소설양식으로서 조정래의 《태백산맥》이나 신경숙의 《깊은 슬픔》이 이에 해당됩니다. 이 작품들에서 작가는 3인칭 시점에서 해당 작품에 나오는 인물들의 안과 밖을 묘사해주고 있습니다.

철학에서도 3인칭적 형태가 발견됩니다. 특히 과학의 영향을 많이 받은 현대 영미철학의 과학주의, 물리주의 등 물리적 실재성을 인정하는 3인칭 시점이 주류를 이루고 있습니다. 저의 성장과정에서, 그리고 동아시아 지성사에서 1인칭이나 3인칭의 관점들은 비교적 낯선 외래적인 것이었기에 저는 이들의 신선한 탐구 방법에 매료되었습니다.

비트겐슈타인의 대표작 《논리-철학논고》는 쇼펜하우어의 영향하에 집필된 작품으로 그의 1인칭적인 관점이 반영되어 있습니다. "내가 나의 세계이다", "나의 언어의 한계는 나의 세계의 한계를 의미한다"와 같은 명제들이 그에 해당합니다. 다른 한편으로 그 작품은 세계를 객관적인 3인칭의 관점에서 그려내고 있습니다. 예를 들면 세계의 구조가 있고, 세계의 구조는 언어의 구조를 닮았습니다. 언어와 세계는 동일한 형식을 공유하고 있고, 케인스가 거시 경제 현상을 분석할 때 동원한 기법을 방불케 하는 엄밀한 논리가 그 안에 담겨 있습니다. 이런 점에서 비트겐슈타인의 《논리-철학논고》는 쇼펜하우어의 1인칭과 케인스의 3인칭의 합작품이라고 할 수 있습니다.

그런데 제가 주장하고자 하는 바는 그게 다가 아니라는 것입니다. 저는 주목해야 할 또 하나의 인칭으로 2인칭을 소개하고자 합니다. 1인칭이 '나' 혹은 '우리'이고, 3인칭이 '그' 혹은 '그(것)들'이라면, 2인칭은 '너'입니다. 3인칭이 나로부터 거리를 두고 떨어져 있는 반면, 2인칭인 '너'는 나와 직접 접해 있는 직대면의 관계에 있습니다. 저는 서양의 학문에서 간과되어온 2인칭의 중요성을 역설하고자 합니다.

저는 2인칭 시점을, 그다지 눈여겨보지 않았던, 혹은 서양과 대비해서 콤플렉스를 가지고 보았던, 동양의 문헌에서 찾아냈습니다. 동양의 문헌은 학창시절에 제 눈길을 끌지 못했습니다. 서양의 1인칭적인 표현력이나 3인칭적인 엄밀성이 부족해 보였습니다. 도가(道家)나 선불교와 같이 전통을 부정하는 텍스트들만이 호소력이 있었습니다. 가장 재미가 없던 게 유가(儒家)의 경전이었습니다. 예컨대 《논어》의 〈향당〉 편에 나오는 공자에 대한 다음과 같은 구절들, "밥은 고운 쌀일수록 싫어하지 않으시고, 회는 가늘게 썬 것일수록 싫어하지 않으셨다. 밥이 쉬어 맛이 변한 것과 생선 상한 것과 고기 썩은 것은 드시지 않으셨다"라든가, "주무실 적에는 시체처럼 눕지 않으시고, 댁에 계실 적에는 엄숙한 얼굴을 짓지 않으셨다" 등등은 답답해 보였습니다. 이와 같이 형용된 공자의 모습이 《장자(莊子)》에 나옵니다. 《장자》 속의 공자는 장자의 천재성 앞에서 난도질

되는 바보로 묘사되곤 합니다.

한편으로 저는 2인칭의 부재가 심각한 문제라는 자각을, 서양의 학문에서보다는 일상생활에서 갖게 되었습니다. 현대사회에서 인간관계가 메말라버린 이유가 2인칭, 즉 '너'에 대한 배려를 배우지 못해서라고 생각합니다. 1인칭과 3인칭만 강조되어온 시대의 풍토에서 이는 어쩌면 당연한 귀결일 것입니다.

제가 전공한 비트겐슈타인의《철학적 탐구》와 오늘 여러분과 같이 읽고자 하는 공자의《논어》는 대화의 형식을 차용하곤 합니다. 대화는 너와 나 사이의 이야기입니다. 비트겐슈타인의《철학적 탐구》는 허구적인 대화로서 익명의 대화 파트너가 나옵니다. 그것이 비트겐슈타인의 한계이기도 하고 서양철학의 한계이기도 합니다. 물론 서양철학사에 대화체로 쓰인 작품들이 있기는 합니다만 다 허구적으로 창작된 대화입니다. 대화만을 남긴 플라톤도 예외는 아니어서, 일정한 의도하에 자신의 이론을 전개하기 위해 대화라는 형식을 빌려 썼다는 혐의가 짙습니다. 버클리의《하일라스와 필로누스가 나눈 대화 세 마당》도 마찬가지입니다.

《논어》는 스승과 제자와의 대화를 옮겨 적은 것이라고 합니다. 공자에게 불리한 증언들도 여과 없이 실려 있는 것을 보면 제자들이 실제의 대화들을 있는 그대로 옮기려 했던 것 같습니다. 공자는 철학의 그리스어 어원인 '지혜를 사랑'하는 사람의 모습은 아닙니다. 그는 자신에 대해 배우는 것을 좋아하는 사람이라고 했습니다. 이 둘은 차이가 있습니다. 서양에서 철학자는 보통 자신만의 철학 이론이나 학설을 가지고 있는 사람으로 정의되는데, 공자는 철학자에 대한 이러한 정의와는 썩 어울리지 않습니다. 그러나 제가 볼 때 그는 철학자보다 더 위대한 사람입니다. 위대한 사람은 다른 사람에게 빛과 소금이 되는, 다른 사람을 자기를 사랑하는 것 이상으로 헤아릴 줄 아는 사람일 것입니다. 위대한 철학자가 위

대한 이론가라는 통념은 동양에서는 낯선 전통입니다. 반면 우리 시대의 철학자는 위대한 사람 같지는 않습니다. 지금은 철학자도 직업인이 되어 버렸습니다.

공자의 위대성은 1인칭의 주관성이나 3인칭의 객관성이 아닌 2인칭의 강조에서 찾아집니다. 그는 자신과 대화하는 상대가 누구인지를 잘 헤아려 그 사람에게 맞는 조언을 주었습니다. 그로 말미암아 자기를 살찌우고 '나'와 '너'가 공존하는 작업을 실천하였습니다.

《논어》의 1장, 〈학이〉 편은 "배워서 때에 맞추어 익히니 또한 기쁘지 아니한가? 벗이 있어 먼 곳으로부터 찾아오니 또한 즐겁지 아니한가? 남이 알아주지 않아도 섭섭해하지 않으니 또한 군자가 아니겠는가?"라는 세 명제로 시작합니다. 각 명제가 하나씩 각각의 시점을 반영하고 있습니다. "배워서 때에 맞추어 익히니 또한 기쁘지 아니한가?"라는 첫 명제는 내가 배운 것을 때에 맞춰 익히는 1인칭 시점의 기쁨에 대해 말하고 있습니다. 두 번째 명제인 "벗이 있어 먼 곳으로부터 찾아오니"는 2인칭 시점의 벗이 찾아오는 즐거움에 대해 말하고 있습니다. "남이 알아주지 않아도 섭섭해하지 않으니 또한 군자가 아니겠는가?"라는 세 번째 명제에는 남이라는 3인칭과의 관계가 설정되어 있습니다. 남이 알아주지 않는 것에 대한 대응을 중요시 하지 않는다는 점에서, 부챗살로 펼쳐지는 세 가지 시점에 중요성의 경중이 있음을 짐작하게 합니다. 가장 중요한 게 맨 앞에 나오는 동아시아 텍스트 편찬의 전통을 감안할 때 〈학이〉 편은 《논어》의 서문이자 가장 중요한 장으로 볼 수 있습니다.

〈학이〉 편 4절에서 증자는 "나는 날마다 자신에 대하여 세 가지를 반성한다. 남을 위해 일을 함에 있어 충실하지 못하지는 않았는가? 벗을 사귐에 신의를 잃은 일은 없는가? 배운 것을 익히지 못하지는 않았는가?"라고 말하고 있습니다. 앞서 살펴본 구절에서 공자가 1, 2, 3인칭의 순서로 기쁨, 즐거움, 섭섭해하지 않음에 대해 말하고 있다면, 증자는 매일 점검하는 세 가지 사항을 3, 2, 1인칭의 순으로 소개하고 있습니다. 유의할 것은 3인칭이라고 해서 남을 떨어뜨려 놓고 객관적인 시점에서 보는 것이 아니라, 남과의 관계가 올바로 설정되어 있는가를 반성하고 있다는 점입니다. 요컨대 인칭만 다를 뿐 3, 2, 1인칭에 대한 관계의 진정성은 동일합니다.

〈안연〉편 2절에서 중궁이 인(仁)에 대해 묻자 공자는 "문을 나서면 귀한 손님을 맞는 듯 행동하고, 백성에게 일을 시킬 때에는 큰 제사를 올리는 것처럼 할 것이며, 자기가 하고자 하지 않는 바를 남에게 베풀지 말라"고 답합니다. 문을 나서면 귀한 손님을 맞는 듯 행동하라는 것은 2인칭에, 백성에게 일을 시킬 때에는 큰 제사를 올리는 것처럼 하라는 것은 3인칭에 지향되어 있습니다. 자기가 하고자 하지 않는 바를 남에게 베풀지 말라는 1인칭과 3인칭에 걸쳐 있으며, 다른 사람의 입장에 서서 3인칭을 이해하고 존중하는 서(恕)라는 원리로 발전하게 됩니다.

그런데 2인칭적인 태도는 상대가 누구냐에 영향을 받게 됩니다. 그 한 예로 인(仁)이 무엇이냐는 물음에 대해 공자는 질문자에 따라 상이한 답변을 합니다. 안연이 물을 때는 "자기를 닦아 예로 돌아가는 것(克己復禮)"이라고 답했고, 건지가 물을 때는 "사람을 사랑하는 것(愛)"이라고 답했습니다. 심지어 공자는 들으면 바로 행해야 하는지와 같은 비교적 간단한 물음에 대해서도 질문자에 따라 다른 답변을 합니다. 왜 같은 물음에 달리 답을 하느냐는 제자의 물음에 공자는 소극적인 사람의 물음에는 바로 행하라고 답함으로써 그를 나아가도록 해준 것이고, 남을 이기려 하는 사람의 물음에는 반대로 답함으로써 그를 물러서도록 해준 것이라고 설명합니다. 그것이 2인칭적인 배려입니다. 그렇기 때문에 공자의 말은 단편적이고 일관되지 못한 것으로 여겨질 수도 있습니다.

공자는 경청의 중요성을 강조한 바 있습니다. 그는 성숙의 단계를 이야기하면서 육십이 되어서야 귀가 순해졌다(耳順)고 말했는데, 이는 타인의 상황을 잘 이해하고 필요에 맞게 조언을 해줄 수 있다는 뜻입니다. 지휘를 할 때 눈을 감고 자신이 지휘하는 오케스트라의 음에 귀 기울이는 카라얀처럼, 공자도 경청을 통해 상대와 교감하려 했습니다. "내가 서려면 서기 이전에 다른 사람을 먼저 세우고, 내가 바라지 않는 것을 다른 사람에게 바라는 것을 금하라"는 공자의 서(恕) 개념은 상대에게 피해를 주지 않고 그를 잘 헤아리면서 살아가는 방안을 제시하고 있습니다. 이는 '나'라는 악기와 '너'라는 악기가 서로 간에 소리를 잘 들으면서 서로 교감할 수 있게 귀가 순해지는 경지를 지향합니다. 중국의 역사상 가장 험난했던 춘추시대를 그렇게 조심하면서 예의를 갖춰 살아가려 했던 공자의 모습은 우리에게 하나의 모델이 될 수가 있다고 생각합니다.

공자는 또한 예(禮)를 강조했습니다. 안연이 인(仁)을 물었을 때 그는 "나를 극복하고 예로 돌아가는 것"이라고 대답한 바 있습니다. 예는 제례(祭禮)에서 연원하며 종교적인 함의를 담고 있습니다. 공자 당시만 해도 이미 성(聖)과 속(俗)이 구별되어 있었지만, 그는 예가 원래 가지고 있었던 의미를 복원하여 세속의 세계에다 실천하려고 했습니다. 공자는 과거의 문물과 예를 존중하는 보수주의자였습니다. 그래서 전통을 뜯어고치려 하기보다는 예의 혼을 끊임없이 불러일으키려 했습니다. 성스러운 마음으로 백성을 부리고, 사람을 만나고, 인간적인 사회를 위해 애썼습니다. 그런데 그가 살다간 시대뿐 아니라 지금 이 시대에도 그러한 태도는 실종되어 있습니다. 우리의 시대는 2인칭의 메시지가 실종되고 1인칭과 3인칭이 주도하는 시대입니다.

공자는 세상에 빛과 소금이 되고자 한 사람이었습니다. 그는 자신이 세상에 나간다면 제일 먼저 하고 싶은 일이 이름을 바로잡는 것(正名)이라고 했습니다. '정명(正名)'은 정의(定意)나 올바른 의의(意義)로 해석될수 있습니다. 그의 의도는 우리 시대에도 적용해볼 수 있을 것입니다. 우리 시대는 얼마나 기의 없는 기표가 범람하는 광고의 과잉시대입니까? 공자의 언어철학은 이처럼 그의 사회철학과 밀접한 관련이 있습니다.

공자는 동양의 다른 사상가들과는 달리 자신이 해탈했다거나 득도했다는 주장을 하지 않았습니다. 증자의 표현을 빌면 선비의 갈 길은 멀고멀어 죽은 뒤에야 그만두는 것입니다.

2. JSC에서의 토론[3]

질문 선생님께서는 우리 시대에 2인칭에 대한 배려가 사라져가고 있고그래서 서로가 멀어져가고 있다고 말씀을 하셨는데, 제가 보기엔 과학기술의 영향으로 컴퓨터를 통해 직대면하는 계기가 오히려 많아진 게 아닌가 합니다.

이승종 물론 거리가 좁혀졌습니다. 어쩌면 거리가 없다고 볼 수도 있습니다. 기술 공학 시대의 이념은 모든 거리를 지우는 겁니다. 아침은 우리나라에서, 점심은 일본에서, 그리고 저녁은 중국에서 먹을 수 있으며, 세계 방방곡곡의 사람들과 화상으로 대화가 가능합니다. 이렇듯 사람들 사이의 물리적 거리는 사라지고 있습니다. 하지만 2인칭적인 관점에서 보자면 마음의 거리는 오히려 멀어지고 있다고 할 수 있습니다. 여러분들이 살고 있는 아파트에서 이웃과의 관계를 생각해보십시오. 불과 몇 센

---

3 이 절은 2000년 11월 29일 연세대학교 JSC 제3차 외부세미나에서의 토론을 옮긴 것이다.

티밖에 안 되는 상하좌우의 벽과 층의 두께만큼만 거리를 두고 있지만, 심지어 이웃이 누구인지도 모르고 사는 경우가 허다합니다.

질문 2인칭의 필요성에 대해서 말씀하실 때 예(禮)를 언급하셨는데 예(禮)에는 형식적인 측면이 많기 때문에, 선생님이 예(禮)와 2인칭의 중요성을 동시에 강조하는 것에 대해서 의구심이 듭니다. 예(禮)는 한편으로는 사람들을 소외시키는 측면도 있지 않습니까?

이승종 예(禮)에 대한 강조가 나타나는 문맥을 잘 보아야 합니다. 2인칭에 대한 공자의 태도는 단편적으로 여겨져 일관성이 결여된 것처럼 보일 수가 있습니다. 그의 시대에도 당장 왜 같은 상황에 대해서 어떤 이에게는 A라는 처방을, 그리고 또 다른 이에게는 −A라는 처방을 내리느냐는 반론이 나오지 않았습니까? 잘못 보면 기회주의처럼 여겨질 수도 있습니다. 예(禮)에 대해서는 무조건 따르라는 것이 아니라, 시대와 상황에 맞게 그 정신을 살려 지키라는 것이 공자의 메시지입니다.

질문 저희가 공부하고 있는 경제학은 3인칭 관점에서 다루는 학문이라고 볼 수 있는데, 2인칭의 관점을 불어넣는다면 어떻게 경제학을 그릴 수가 있을까요?

이승종 얼마 전에 경제학의 주류에 반대하면서 경제학의 인간성을 주장해온 센(Amartya Sen)이 노벨상을 수상했을 때, 서구의 언론은 '센'세이셔널한 사건이라는 표현을 썼습니다. 학문을 하면서 2인칭적인 요소가 어떻게 반영될 수 있는가하는 문제는 여러분 각자의 몫이라 생각합니다. 서양의 지적 전통이 보여주는 미덕의 하나는 이단자의 목소리를 다수가 짓밟으려 하지 않는다는 것입니다. 동양에서는 오히려 그런 관용이 부족한 편입니다. 특히 조선에서는 전통의 근본주의적 계승이 강조되는 바람에 이단자의 설 자리가 없었습니다.

질문 연세대 조혜정 교수님이 수업 중에 헛도는 삶, 겉도는 모습을 자주 말씀하시는데, 그와 마찬가지로 선생님이 우리 시대를 기의 없는 기표의 시대라고 진단하시는 데 대해서 공감합니다. 인간은 환경과 교육에 적응하여 살게 마련이라고 생각합니다. 그래서 앞으로 우리 시대가 2인칭에 대한 배려가 좀 더 어려워지지 않을까 생각하는데요.

이승종 자신이 속한 시대에 관하여 비트겐슈타인과는 달리 공자는 회의적이지 않았습니다. 그의 시대에 도(道)가 행해지지 않는 것을 공자도 알고 있었지만, 그는 도(道)를 실천하려 했습니다. 《논어》에도 공자를 일컬어 안 되는 줄 알면서도 하는 사람이라는 구절이 나오는데, 공자는 그러한 비판에 대해서 일일이 답하지 않았습니다. 그저 길이 다를 뿐이라고 생각했던 것 같습니다. 특히 도가(道家)의 비판에 대해서 그렇습니다. 어려운 문제에 봉착했을 때, 두 가지의 안 좋은 길을 생각해볼 수 있을 것입니다. 그 하나는 은자(隱者)가 되는 것이고, 다른 하나는 현실과 이상을 구분하고 현실을 추종하는 삶을 사는 것입니다. 그러나 이상적이지 않은 현실만을 추종하며 살기엔 인생이 너무 아깝지 않을까요? 세상과 현실에 대한 너무 이른 단정보다는, 유보와 성찰이 더 나은 태도라고 생각합니다. 공자는 도(道)가 행해지지 않더라도 계속 노력을 행하는 삶을 살려고 했습니다.

질문 선생님이 말씀하신 2인칭적 인간관계가 성립하기 위해선 대화가 필요하다고 보는데, 우리 시대엔 운송과 통신 수단의 발전으로 오히려 역설적이게도 영혼의 대화가 부족한 상황으로 치닫고 있지는 않나 생각되는데요?

이승종 기계를 통한 만남은 기능적인 측면이 강합니다. 충분하고도 온전한 대화를 하기가 어렵습니다. 공자가 중요하게 생각한 것은 몸가짐입니다. 공자는 말보다는 몸가짐을 보고 사람을 대했습니다. 그래서 그는 수신(修身)과 극기(克己)를 강조했습니다. 그런데 우리 시대는 그 역으로 가고 있는 느낌입니다.

질문 객관적인 3인칭적인 관점이 지금하고 있는 학문뿐만 아니라 우리의 삶까지도 지배하고 있는 것 같습니다. 공자의 경우 삶에의 태도에 따른 삶의 목적은 무엇이라고 할 수 있습니까?

이승종 사람됨의 지향이라고 할 수 있을 것입니다. 사람이 되어가는 것은 평생의 작업입니다. 공자는 이를 위해 사태와 상황에 맞게 사는 삶을 추구했습니다.

3. 논평[4] (김영건)[5]

1. 이승종 교수의 글은 참으로 아름답고 깔끔하다. 그런데 모든 아름

---

4 이 절은 2003년 11월 1일 원주 토지문화관에서 있었던 한국이론사회학회 가을 학술회의에서 발표한 김영건 선생의 논평을 옮긴 것이다.

5 서강대 철학과 강사.

다운 글이 그런 것처럼, 그것이 정확하게 무엇을 주장하고 있는지 다소 명료하지 못하다. 이 글이 주장하고자 하는 것이 (1)공자와 비트겐슈타인이 사유의 상동성(相同性)을 보여주고 있다는 것인지, (2)따라서 적어도 관계라는 측면, 혹은 2인칭의 영혼의 철학이라는 점에서 공자나 비트겐슈타인, 혹은 동서양의 인간관은 별 차이가 없다는 주장인지 명백하지 않다. 게다가 그는 도입부에서 김동리의 소설을 인용함으로써, 마치 무속의 세계와 기독교의 세계, 동양적 세계와 서양적 세계가 갈등하고 대립하고 있는 것처럼 묘사하고 있다. 이런 의미에서 (3)이러한 갈등과 대립이 적어도 공자나 비트겐슈타인의 철학을 통해 극복될 수 있다는 것을 암시하는 것인지 그것도 분명하지 않다. 또한 (4)공자나 비트겐슈타인을 "내면에서 솟구쳐 나오는 삶에 대한 부단한 탐구 정신과 강렬한 도덕의식"을 지닌 인문주의자로 묘사함으로써, 인간과 학문에 대한 이러한 인문주의적 접근이 지니는 의미와 가치를 보이려고 하는 것인지도 그렇게 명확하지 않다.

2. 이승종 교수는 비트겐슈타인과 공자의 친근성, 상동성(相同性)을 2인칭 철학이라고 주장하면서, 주로 공자에게서 발견되는 이런 2인칭 철학의 특성과 비트겐슈타인이 말하는 '영혼에 대한 태도'가 공자에게서 어떠한 양상으로 나타나는가를 세밀하게 보여주고 있다.

공자의 2인칭 철학은 인간들 사이의 관계를 충(忠), 신(信), 습(習)을 통해서 좁히고 있으며, 2인칭 철학의 문체적 표현으로서 나타나는 공자의 대화는 상대방에 대한 깊은 이해를 전제로 하고 있다. 또한 공자는 일반적 원칙을 연역하여 무차별적으로 적용하는 것이 아니라, 구체적인 문맥에 맞게 적용될 수 있는 굴신(屈伸)의 방식을 보여주고 있다. 또한 공자는 그의 정명론(正名論)을 통해 인간과 인간 사이를 매개해주는 언어에 주목하고 있으며, 일이관지(一以貫之)의 정신을 보여주고 있다. 특히 이러한 정신에 있어서 중요한 것은 통합원리로서 하나가 아니라, 바로 '이어주기'의 관(貫)이다. 또한 공자는 쓸데없는 형이상학적 담론을 즐기기보다는 침묵과 행동의 '청빈주의'를 보여준다.

이러한 공자의 2인칭 철학 혹은 영혼의 철학을 해명하면서, 이승종 교수는 그러한 특성을 비트겐슈타인에게서도 마찬가지로 발견하고 있다. 아마도 이것은 공자와 비트겐슈타인의 상동성을 보여주는 의도도 있지만, 동시에 비트겐슈타인의 철학을 통해 공자의 철학을 옹호하는 역할도 하고 있는 것처럼 보인다.

따라서 인간들 사이의 거리를 좁히며 상대편에 대한 깊은 이해를 전제로 하고 있는 대화는 비트겐슈타인의 후기 철학, 즉《철학적 탐구》에서도 발견되며, 그러한 대화에서 엿볼 수 있는 '굴신(屈伸)의 감수성'은 비트겐슈타인의 경우 철학적 질병에 대한 다양한 처방과 진단의 감수성과 같다. 또 공자가 보여주는 '바텀 업(Bottom Up)'의 방식은 그가 비트겐슈타인에 대한 다른 글(이승종 1995)에서 보여준 것처럼, 선험주의자가 아니라 자연주의자로서 비트겐슈타인이 보여주는 측면과도 같다. 동어반복처럼 보이는 공자의 정명론은 비트겐슈타인이 주장하는 "언어의 규칙인 논리와 문법이 지니는 동어반복적 성격"과 유사한 특성을 가지며, 나아가 이러한 동어반복이 지켜지지 않는 상황을 본래의 상태와 질서로 되돌려 놓는다는 점에서 비트겐슈타인의 언어철학과 동일한 구조 속에 있다. 더 나아가 이승종 교수는 공자의 일이관지(一以貫之)에서 나타나는 '이어주기'라는 개념을 비트겐슈타인의 가족 유사성의 개념을 통해 옹호하고 있기도 하다. 형이상학적 담론에 대한 침묵이라는 언어적 청빈주의와 치열한 삶에 대한 의식은 공자와 마찬가지로 비트겐슈타인에게서 나타나는 매력적인 두드러진 특성이기도 하다.

3. 몇 가지의 세부적 문제들이 있음에도 불구하고, 전혀 상관이 없을 것처럼 보이는 두 철학자, 즉 공자와 비트겐슈타인을 이러한 상동적 구조에 놓는다는 것은 이승종 교수가 지닌 뛰어난 능력처럼 보인다. 그런데 아쉬운 것은 이러한 2인칭의 철학, 혹은 영혼의 철학이 도대체 지금의 문맥에서 어떠한 의미와 가치, 또는 한계를 갖는가 하는 점을 그는 전혀 보여주고 있지 않다는 점이다. 이 영혼의 철학, 2인칭의 철학, 관계의 철학, 인문주의적 철학이 도대체 전통과 현대, 혹은 동양과 서양의 간극 속에서 어떠한 의미를 갖는가?

4. 이승종 교수가 주장하는 1인칭 철학과 3인칭 철학의 대조가 그렇게 분명한 것처럼 보이지 않는다. 그는 1인칭 철학과 3인칭 철학에 각각 주관성/객관성, 이론과 설명/표현과 기술, 과학과 철학의 연속성/과학과 철학의 단절성 등을 귀속시키지만, 그러나 그가 1인칭 철학자로 인정한 데카르트만 보더라도 표현이나 기술의 형태로서 자신의 철학을 전개하는 것이 아니라, 철학적 이론의 형태로 전개하고 있다. 나아가 네이글이나 퍼트남의 경우에도 비록 이들이 과학과 구분되는 철학의 고유한 역할을 인정하고 있지만, 그러나 이들의 철학적 작업이 주관적 표현과 기술이라고 말할 수는 없을 것처럼 보인다. 비록 그가 경험적 실재론이라고 부른 콰인, 처치랜드, 필드 등에서 3인칭 철학의 특성을 발견할 수 있지만, 그러나 플라톤의 경우에도 단순히 과학과 철학의 구분을 무의미하게 만드는 3인칭 철학자는 아니다.

5. 1인칭 철학과 3인칭 철학의 대조가 분명치 않다면, 그것은 바로 이승종 교수가 주장하는 2인칭 철학의 개념이 그렇게 분명하지 않다는 것을 함축한다. 그는 2인칭 철학의 예로서 비트겐슈타인의《논리-철학논

고》를 들고 있다. 거기에서는 유아론과 실재론의 화해가 이루어지고 있다. 그러나 이러한 화해는 아마도 그가 1인칭 철학자의 예로 든 퍼트남의 경우에서도 발견될 수 있을 것처럼 보인다. 또 전혀 대화록과는 거리가 먼 칸트의 경우에도 이런 2인칭 철학의 발단을 엿볼 수 있을 것이다.

이승종 교수는 보다 분명한 2인칭 철학의 예로 비트겐슈타인의《철학적 탐구》를 들고 있다. 거기에서 주어진 것은 삶의 평범한 사실들이며, 우리가 타인들과 더불어 있다는 것이다. 나는 이러한 평범한 사실을 1인칭 철학자뿐만 아니라 3인칭 철학자도 모두 인정할 것이라고 생각한다. 그러나 진정한 철학적 문제는 이들조차 모두 인정하는 이러한 사실이 지니고 있는 철학적 함축을 해석하고, 그러한 해석이 또한 우리가 인정할 수밖에 없는 다른 사실이 함축하는 것과 서로 충돌이 일어나지 않게 조정하는 것이라고 할 수 있다.

6. 이승종 교수가 주장하는 2인칭 철학에서 말하는 관계는 주로 인간들 사이의 관계이다. 거기에는 인간과 자연 사이의 관계가 누락되어 있는 것처럼 보인다. 아마도 2인칭 철학에서 발견되는 인간적 관계를 자연사물 전체에까지 확장한다면, 적어도 비트겐슈타인의 경우는 그렇지 않겠지만, 무당 모화의 세계, 즉 '님의 세계'가 될 것처럼 보인다. 이승종 교수가 이러한 세계관을 옹호할 것처럼 보이지 않지만, 그러나 서구 근대에서 보이는 철학과 학문에 대한 이성주의적 접근은 바로 이러한 세계를 비판하고 있다. 이승종 교수의 말처럼 이성주의적 접근과 인문주의적 접근이 서로 상이한 접근임을 인정하는 것이 바람직한 태도일 것이지만, 그러나 이러한 접근법이 서로 충돌을 일으키고 갈등한다는 데에 철학적 문제의 실재성이 있다. 따라서 한쪽에서는 도덕과 인간 자연사에 대한 근원적 사실이 주어진 것으로 바라보겠지만, 다른 쪽에서는 오히려 도덕

은 구성되거나 인간 자연사에 대한 근원적 사실은 한 철학자의 주관성의 산물로서 간주되어, 주어진 것은 이러한 인간적 관계가 아니라 인과적 관계가 될 것이다. 바로 여기에서 동양과 서양, 전통과 현대의 갈등이 놓여 있는 것은 아닌가? 이러한 갈등이 데리다의 섣부른 한마디로 해소될 수는 없는 것처럼 보인다.

7. 이 점은 공자나 비트겐슈타인에게서 발견되는 인간적 관계의 철학, 2인칭의 철학에도 마찬가지로 적용될 수 있다. 2인칭 철학이 지니고 있는 따스함, 도덕적이고 실천적인 지침, 그리고 굴신(屈伸)의 감수성에서 볼 수 있는 것과 같은 융통성과 개방성, 청빈주의의 매력, 치열한 삶의 자세와 도덕의식 등이 지니고 있는 인문주의적 가치를 부정할 사람은 그렇게 많지 않은 것처럼 생각된다. 그러나 우리의 문제는 바로 이러한 가치가 모든 곳에서 파국을 맞고 있는 험난한 상황에서 비롯되는 것은 아닌가? 인간적 관계 혹은 대화적 관계는 사물적 관계, 명령과 통제의 관계로 변화하고 있고, 1인칭과 3인칭은 2인칭을 중심으로 그 올바른 위상이 규정되기보다는 오히려 1인칭과 3인칭이 서로 분리되어 있지는 아니한가? 배움은 기쁨의 대상이라기보다는 의무와 필요의 대상이 되었고, 벗은 즐거움과 믿음의 대상이 아니라 오히려 무덤덤한 대상으로 변질되거나 이익의 대상이 되었으며, 남이 알아주지 않는다면 일부러 자기 자신을 선전하는 곳이 바로 우리가 살고 있는 곳은 아닌가? 굴신(屈伸)의 감수성은 개방성을 보여주기보다는 오히려 단편화되고 상대주의적인 흔적에 지나지 않으며, 청빈주의적 삶의 자세는 아마도 생존경쟁에서 뒤처진 자들의 넋두리에 지나지 않을까? 이러한 곳에서 저 공자와 비트겐슈타인에게서 보이는 영혼의 철학, 2인칭의 철학은 과연 어떻게 살아남을 수 있단 말인가?

4. 한국이론사회학회에서의 토론[6]

이승환 이승종 교수님의 글을 받고 보니 아득했습니다. 이 교수님의 글이 동서고금을 망라하고, 2500여 년의 시간과 동양과 서양, 문학과 철학을 왕래하기 때문이었습니다. 참으로 참신하다는 생각을 했습니다. 오랜 세월에 걸쳐 이루어진 여러 전통의 철학들을 1, 2, 3인칭으로 정리한 것은 아주 흥미로웠습니다. 1인칭 철학은 데카르트식 합리주의로서 이성에 대한 맹신과 주체 철학의 경향을 띠지만, 결과적으로 보편을 추구한다고 하면서도 독단과 유아론에 빠지는 서양 근대철학의 전통을 지칭합니다. 3인칭 철학은 객관과 과학을 표방하면서 실험과 관찰로 또 다른 보편성을 추구하는 과학주의적 실증주의적 태도를 뜻합니다. 그러나 이러한 3인칭 과학주의에서는 우리가 추구하는 의미의 세계를 묻어버리고, 의미, 상징, 가치를 물질과 기계로 환원시켜버리는 우를 범하고 있는 것으로 비판됩니다.

이승종 교수님이 바람직하게 보는 것은 2인칭 철학입니다. 공자와 비트겐슈타인으로 대변되는 2인칭 철학은 관습과 상징과 도덕을 공유하는 공동체 안에서 서로 간의 대화와 협상을 통해 합의에 도달하고, 비록 그것이 보편적 초월적 진리는 아닐지라도 우리 생활의 체험과 맞닿아 있고 우리의 구체적인 경험과 감성을 대변할 수 있다는 점에서 그렇습니다. 대화와 합의를 통해 간주관적 의사소통을 이룩하려는 시도들은 로티나 하버마스에서도 발견됩니다.

2인칭 철학에서 주어진 언어공동체(언어게임을 수행하는 공동체)가 있다

---

6 이 절은 2003년 11월 1일 원주 토지문화관에서 있었던 한국이론사회학회 가을 학술회의에서의 토론을 옮긴 것이다. 토론 참가자는 다음과 같다. 김영건(서강대 철학과 강사), 이승환(고려대 철학과 교수), 박영도(한국정신문화연구원 사회교육연구실 연구교수), 윤정로(KAIST 인문사회과학부 교수), 배동인(강원대 사회학과 교수), 이병혁(서울시립대 도시사회학과 교수).

면, 그 언어공동체와 다른 언어공동체 사이의 의사소통은 어떻게 가능한지요? 이는 오늘 발표문에서 이승종 교수님이 인용하고 있는《논어》에 대해서 던질 수 있는 질문이기도 합니다. 양을 훔친 아버지를 고발하는 섭공의 법문화적 공동체와 그 아버지를 숨기는 공자의 언어공동체 사이에 어떻게 의사소통이 이루어질 수 있는지요? 다수의 언어게임이 있을 때 이를 통약할 수 있고, 번역할 수 있는 보편문법이 가능할 수 있는지요?

박영도　이승종 교수님의 발표는 새로운 느낌을 주며, 내용적으로도 새로운 지평을 넓히고 있습니다. 그리고 대단히 시적(詩的)으로 철학을 하고 있는데, 저는 산문적 방식으로 질문을 하겠습니다. 전통과 현대가 화해 가능한가 하는 질문은 서구에서는 시간이라는 하나의 축만으로 충분히 다루어질 수 있으나, 우리에게는 동서의 횡축이 보태져 복잡한 양상을 띠게 됩니다. 공자와 비트겐슈타인을 비교하는 데도 두 축이 필요합니다. 전통과 현대, 동양과 서양의 비교이기 때문입니다. 우리는 동양의 전통은 자신에게서 찾지만, 서양의 현대는 자신 밖에서 찾곤 합니다. 이와 관련해 저는 동서의 비교, 전통과 현대의 비교에 대해 각각 질문하고자 합니다.

　1. 동서의 사상을 비교할 때 왜 꼭 동양의 고전사상과 서양의 현대사상을 비교하는지요. 양자 사이에는 엄청난 시차가 있는데 말입니다. 차라리 시대별 비교가 더 생산적이리라고 생각합니다. 이승종 교수님은 인식의 나무를 그리면서 동서양이 다르다고 보았습니다. 서양의 학문은 바탕에 물리학이 있는데, 동양에서는 도덕적 실천이 있다고 하였습니다. 저는 이것도 합당치 않다고 봅니다. 동양의 경우와 마찬가지로 서양에서도 전통사상의 바탕은 물리학이 아니라 실천의 문제였습니다. 그러다가

근대로 오게 되면서 양자가 분리되거나 그 중요성이 역전되는 국면에 접어들게 된 것입니다. 동양에서도 전통사상의 바탕은 도덕적 실천이었지만, 오늘날에는 달라졌다고 볼 수 있습니다. 이를 감안한다면 오히려 서양의 물리학적 사고와 동양의 생물학적 사고를 비교하는 것이 더 근본적이고 적절하지 않을까 생각합니다. 서양에서도 전통사상에서는 실천을 강조하지만, 그 바탕에는 신학적인 제작의 관점이 자리하고 있습니다. 반면에 동양에는 이러한 제작자, 창조자의 관점이 없습니다. 대신 제작자 없는 생겨남의 문제가 있을 따름입니다. 이런 생물학적 사고가 동양의 토대가 됩니다. 이처럼 동서 모두 실천을 강조했지만, 그 바탕은 달랐습니다. 오늘날의 관점에서 비트겐슈타인은 물리학적 사고를 넘는 것이 과제였고, 그러다 보니 의미론의 관점에서 언어게임으로, 화용론으로 이행하면서 실천 중심으로 나아갔습니다. 반면 동양에서는 생물학적 사유에서 어떻게 도덕적 실천을 간접적으로 끌어내느냐의 가능성 문제로 나아갔습니다.

2. 전통과 현대의 문제를, 이승종 교수님은 공자와 비트겐슈타인을 대비시켜 접근했는데, 저도 이 둘 사이 친화성은 인정합니다. 특히 프래그머티즘 측면에서 유사성이 있다고 봅니다. 이승종 교수님은 공자의 일이관지(一以貫之)에서 일(一)보다는 관(貫)을 더 중요하게 생각하고 있는데, 이에 대해서도 전적으로 동의합니다. 문제는 어떻게 엮어나가느냐하는 것인데 이승종 교수님은 비트겐슈타인의 화용론의 맥락에서 실마리를 찾고 있습니다. 그러나 상이한 언어공동체 간의 관계가 갈등이나 충돌 없이 유지될 수 있을지 의문입니다. 공자와 비트겐슈타인의 화용론으로 어떻게 전쟁을 막을 수 있는지요. 전쟁을 막기 위해서는 하나(一)가 필요한데, 이 하나가 지닌 억압성 때문에 다시 내전이 일어날 수 있습니

다. 이승종 교수님은 하나로 인한 내전을 막는 대가로 전쟁을 어떻게 막을 것인가에 대한 대답은 제시하지 못하고 있습니다.

이승종 이승환 교수님은 2인칭 철학의 언어공동체(언어게임을 수행하는 상이한 공동체)들 간의 의사소통이 어떻게 가능한지, 예컨대 섭공과 공자가 속한 두 공동체 사이의 가치관의 차이를 어떻게 해석할 수 있는지를 질문하셨습니다.

비트겐슈타인은 자신이 관심을 갖는 것은 사람들 사이의 의견의 일치가 아니라, 삶의 형식의 일치라고 말한 적이 있습니다(PI, §241). 지구상에 수많은 종족과 상이한 문화권과 언어공동체가 있음에도 불구하고, 그들의 언어와 문화는 그들이 모두 인간이라는 동일한 종에 속해 있다는 것, 즉 그들이 인간이라는 점을 전제하고 있습니다. 인간에게 공유된 삶의 형식은 개나 고양이의 삶의 형식과 다릅니다. 그래서 우리는 그들과의 대화는 불가능하지만, 다른 사람들하고는 언어와 문화가 달라도 대화가 원리적으로 가능합니다.

그럼에도 불구하고 의견의 불일치는 어떤 방식으로든 해결되어야 대화가 가능하다고 주장한다면, 저는 이에 대해 윌슨(Neil Wilson), 콰인, 데이빗슨 같은 해석론자들이 거론하는 자비의 원리를 말씀드리고 싶습니다. 이는 꼭 그럴 만한 이유가 있는 경우 외에는 대화 상대자가 거짓말을 하고 있다고 전제해서는 안 된다는 원리입니다. 설령 상대를 잘 모르더라도 그가 진실을 말하고 있다고 전제하고 해석하는 것이 의사소통을 위한 첫 단추라는 것입니다. 저는 거기에 덧붙여서 관용의 원리를 제안하고자 합니다. 상대와 의견이 서로 달라도 어느 한쪽이 반드시 부정·제압되어야 한다고 보아서는 안 된다는 것입니다.

박영도 교수님은 상이한 언어공동체 사이의 전쟁을 어떻게 막을 수 있는가를 질문하셨습니다. 자비와 관용은 힘을 바탕으로 합니다. 힘이 없는 상태에서 상대에게 무제한으로 자비와 관용을 베풀다가는 오히려 해를 입을 수 있습니다. 공동체 간의 의사소통을 넘어 공존과 평화를 문제시한다면, 상대와 힘이 균등하거나 상대보다 강해야만 자비와 관용이 성립 가능하다고 봅니다(이승종 2005).

박영도 교수님은 공자는 동양의 고전인데 비해 비트겐슈타인은 서양의 현전(現典)이므로, 이러한 시공의 차이를 뛰어넘는 비교에는 무리가 있다고 지적하셨습니다. 비교철학은 이러한 문제 때문에 늘 실패의 가능성이 많습니다. 그럼에도 제가 무모한 시도를 한 것은 비트겐슈타인의 지적, 즉 우리가 모두 한 지구촌에 살고 있는 사람이라는 소박한 믿음에 서였습니다. 공자와 비트겐슈타인이 살았던 시간과 공간은 다를지언정 그들도 사람인지라, 그들의 메시지가 어디에선가는 만날 수 있으리라고 보았습니다. 제 글을 통해 만남이 이루어질 수 있다면 더 바랄 나위가 없겠지만, 다른 분들의 글을 통해서라도 좋습니다. 사람은 서로 만나야 하는 존재자입니다. 그것이 제가 글의 앞머리에서 인용한 정현종 선생님의 시에서 배운 바입니다. 지금 우리 시대의 현실은 대학의 같은 과, 같은 전공 내에서도 대화가 부재합니다. 소통의 장벽이 더욱 높아만 갑니다. 비록 제 시도가 무모하고 실패 가능해도, 인문학자는 늘 대화의 장을 만들어야 한다고 생각했습니다.

김영건 선생님은 제 글이 의도하는 바가, 선생님이 논평문의 앞머리에서 열거하신 네 가지 중 어느 것인지 불분명하다고 지적하셨습니다. 첫 번째와 네 번째가 제 의도에 합당합니다. 즉, 공자와 비트겐슈타인 간의 사유의 상동성(相同性)을 부각시키고, 두 사람이 취하고 있는 인간과 학문에 대한 인문주의적 접근이 지니는 의미와 가치를 보이려고 하는 것이 제 의도였습니다.

김영건 선생님은 저의 2인칭 철학이 한국 현대사회에서 가질 수 있는 의미와 가치를 찾기 어렵다고 질정하셨습니다. 제 글의 한계이자 제 철학의 한계임을 실토할 수밖에 없습니다. 선생님은 2인칭 철학이 우리 시대에 파국을 맞는 험난한 상황에 처해 있지 않은가 반문하셨습니다. 2인칭적 대화와 상호이해의 노력은 멸종위기에 처해 있습니다. 저도 이에 좌절하고 절망합니다. 그런 절망감에서 이 글을 썼습니다. 저는 "철학자의 모든 근본적인 물음은 반시대적일 수밖에 없다"는 하이데거의 말(Heidegger 1953, 10쪽)을 기억하고 싶습니다. 그가 보기에 시대에 영합하는 철학자는 철학자가 아닙니다. 멸종되어가는 가치가, 설령 그것이 현금가치가 없어도 경청할 만한 것이라면, 철학자는 수호해야 할 의무가 있습니다. 그럼에도 불구하고 그 가치가 고사된다면, 이것 역시 철학자의 운명이겠습니다.

윤정로 자비와 관용이 힘을 전제로 한다고 하셨는데, 그렇다면 힘의 관계에서 열악한 위치의 다수에게 이 철학은 어떤 의미를 주는 것인지요?

배동인 러셀은 비트겐슈타인의 스승이었으나 나중에 그와 결별했습니다. 러셀은 1인칭적 주제(명료한 사유, 진리 추구)와 2인칭적 지향(친절한 감정)을 동시에 추구했습니다. 이승종 교수의 글에서는 결론에 이르러 2인칭적 주제를 강조합니다. 그러나 2인칭적 주제가 살아남기 위해서는 1인칭적 진리에 대한 인식이 뒷받침된 연후에 가능하다고 봅니다.

이승종 윤정로 교수님은 힘없는 자에게 자비와 관용의 원리가 무슨 도움이 되겠는가를 반문하셨습니다. 사실 철학자가 힘없는 자입니다. 소크라테스가 독배를 마실 때부터 철학이 출발했는데, 그에게 독배를 강요한 분위기가 2500년간 지속되어왔다고 할 수 있고, 공자가 관직에 오르지 못한 사건이 동양 사회에서의 철학의 위치를 보여줍니다. 《슈피겔 (Spiegel)》지와의 인터뷰에서 하이데거는 사유가 곧 실천임을 역설합니다. 자신의 사유가 어떠한 반향을 일으킬지에 상관없이 반시대적 사유를 전개하는 것이 철학자의 길입니다. 윤정로 교수님의 비판에 대해 철학자의 입장에서는 그 이상을 말하기 힘듭니다. 그래서 철학은 자칫 탁상공론, 이상론으로 비칠 수 있겠습니다.

러셀은 비트겐슈타인에게 큰 영향을 미친 스승입니다. 러셀의 인정을 받지 못했다면, 비트겐슈타인은 자신의 역량을 만개하지 못했을 겁니다. 비트겐슈타인은 자신이 젊은 날에 품었던 1인칭 철학과 3인칭 철학을 극복하면서, 영혼에 대한 태도로 요약되는 성숙한 2인칭 철학을 남겼습니다. 러셀에게서 그의 1, 3인칭 철학을 수련했기 때문에, 청년 비트겐슈타인의 철학은 가능했던 것입니다. 논리적 원자론을 위시해 청년 비트겐슈타인의 철학에는 러셀의 영향이 서려 있습니다. 이를 넘어서는 과정에서 후기 비트겐슈타인의 2인칭 철학이 형성되었다고 할 수 있습니다.

이승환 몇 년 전 로티가 한국에 와서 강연했을 때 토론했던 생각이 납니다. 로티에 따르면 철학은 인류 간의 대화라고 합니다. 그런데 그 날 민노총 사람들이 시위하느라 길이 막혀서 아슬아슬하게 회의장에 도착했습니다. 저는 로티에게 "지금 자본가들 간에 대화가 안 되어서 한국의 노동자들이 길로 나왔다. 미국은 자신들이 힘이 있다고 WMD 만들고 맘대로 하는데 당신의 대화철학이 뭐냐?"고 물었습니다. 로티는 "그래도 대화는 지속되어야 한다"고 말하더군요. 하버마스도 의사소통을 위해 전제조건이 필요하다고 보았습니다. 자비와 관용의 원리도 좋습니다. 그러나 그 원리를 안 지키면 어떻게 합니까? 그때는 저항과 분노가 필요합니다. 강자가 대화의 원칙을 안 지킬 때, 약자에게는 '분노의 원칙'이 필요합니다.

이병혁 인간관 중심으로 보면 동서양 간에 차이가 있습니다. 인간에 사이 간(間)자가 각인되어 있듯이 동양에서는 일찍이 연결망 개념이 있었습니다. 반면 서양은 인간을 존재론적 대상으로만 보았습니다. 오늘 토론 사회자로서의 수확은, 왜 콩트(Comte)가 사회학을 '사회물리학'이라 칭했나 하는 오랜 의문에 대한 해답을 얻은 것입니다. 이승종 교수님의 발표를 통해 서양 학문의 줄기가 물리학임을 알게 되었습니다.

5. 논평[7] (이상익)[8]

평자(評者)는 우선 이승종 교수의 논지를 정리해보고자 한다. 이승종 교수에 의하면, '백 년 동안의 고독'으로 인해 오늘날 우리가 접하는 '철학적 갈등'을, '동·서 문화의 충돌'이나 '신(新)·구(舊) 정신의 대립'이라는 관점에서 해명하는 것은 너무 힘든 과업이다. 보다 근본적으로는 동양과 서양, 또는 신(新)과 구(舊)라는 '고유문화의 원형'을 상정하는 것 자체가 인위적이고 반사실적(反事實的)이라는 것이다. 그리하여 이승종 교수는 '생각의 나무'를 데카르트로 대표되는 '이성주의적 계통수'와 비트겐슈타인과 공자 등으로 대표되는 '인문주의적 계통수'로 구분하고, 각각의 특성을 제시했다. 이승종 교수에 의하면, 이성주의적 접근법은 허전하고도 의심스러운 것인 바, 그것은 도덕에 대한 성찰과 실천이 지엽적인 것

---

7 이 절은 2000년 12월 23일 한국학중앙연구원에서 있었던 학술발표회에서 이상익 교수가 발표한 논평을 옮긴 것이다.
8 부산교육대 윤리교육과 교수.

으로 밀려났기 때문이며, 그들의 형이상학의 확실성을 공감할 수 없기 때문이다. "도덕적 성찰과 실천이라는 몸통이 없다면 인간은 여타의 생물과 구별되지 않게 될 것이고, 그가 탐구하는 개별 학문들은 초점을 잃게 될 것이다"라는 것이 이승종 교수의 문제의식이었다.

이 같은 인식하에, 이승종 교수는 공자와 비트겐슈타인의 인문주의적 접근법을 텍스트를 중심으로 차근차근 해명해주었다. 이승종 교수는 우선 '1인칭 시점'의 철학과 '3인칭 시점'의 철학의 문제점을 들고, 그 지양의 노선으로서 '2인칭 시점'의 철학함을 소개하였다. 공자와 비트겐슈타인의 철학함은 2인칭 시점의 철학함으로서, 그것은 내가 상대방을 '영혼에 대한 태도'나 '예(禮)' 등으로 대하는 것이었다. 이승종 교수는 자신의 이러한 관점을 성공적으로 설명하기 위하여, '영혼에 대한 태도', '탑다운(Top Down)과 바텀 업(Bottom Up)', '말과 사물', '아리아드네의 실' 등의 논제를 논의했다. 요컨대 공자의 2인칭 정신과 예(禮)는 상보적 관계에 있다는 것, 공자의 정신은 일관성이 있다는 것, 그러면서도 공자는 자신이 '가지 않은 길'에 대해서도 그 의의를 정중하게 인정하는 여유 있는 인격자였다는 것이다.

이 논문은 '근대의 지식'에서 도덕의 위상이 '지엽'으로 밀려난 점을 비판하고, 도덕은 본래 '근간'의 위상을 차지해야 함을 역설한 다음, 그러한 관점에서 공자와 비트겐슈타인의 철학을 해명한 것이다. 이 논문의 의의는 무엇보다도 공자(《논어》)에 대한 새로운 해석의 지평, 또는 새로운 해석의 가능성을 열어주었다는 데 있다. 이승종 교수의 《논어》 해석은 '전혀 새로운' 것이다(평자(評者)가 식견이 좁기 때문에, 이승종 교수식의 해석이 선례가 있는 것인지도 모르겠다). 이승종 교수는 '전통적 맥락'의 해석에 전혀 의존하지 않으면서도, 《논어》를 자신의 관점에서 수미일관하게 해석해냈다. 그러면서도 공자의 근본정신을 매우 정확하게 해명했다. 우리 사회에서 얼마 전에 죽은 공자가《공자가 죽어야 나라가 산다》) 위대하게 부활했다는 생각을 갖게 한다. 평자(評者)는 이 논문에 대하여 대체적으로 수긍하면서도, 나름대로 느끼는 몇 가지의 문제점을 지적해보고자 한다.

1) 이승종 교수에 의하면, 공자는 "철학자들이 빠져들기 쉬운 난삽한 용어 사용이나 화려한 수사학에 이끌리지 않은" '청빈'한 사람이었다. 그런데 이 논문에는 난삽한 용어나 현란한 수사학이 제법 보인다. 공자는 그저 공자이고, 이승종 교수는 '철학자'이기 때문인가?

2) 이승종 교수는 동양과 서양 또는 신(新)과 구(舊)라는 '고유문화의 원형'을 상정하는 것 자체가 인위적이고 반사실적(反事實的)이라고 했다. 그렇다면 이성주의적 접근과 인문주의적 접근으로 가르는 것은 인위적이고 반사실적(反事實的)인 것이 아닌가? 또한 '문을 나서면 귀한 손님을 맞는 듯 행동하는 것'은 2인칭 관점이요, '백성에게 일을 시킬 때에는 큰 제사를 올리는 것처럼 하는 것'은 3인칭 관점이라는 구분도 매우 인위적인 것으로 보여진다.

3) 이승종 교수는《논어》의 몇 가지 구절들을 1인칭, 2인칭, 3인칭 관점의 언설들이라고 분석했다. 그러고는 결과적으로는 공자의 철학함을 2인칭 관점의 철학함으로 귀결시키고 있다. 그렇다면 공자에게 있어서 1인칭과 3인칭은 결과적으로 방기되고 마는 것인가? 1인칭과 3인칭 관점의 언설들을 결국 기각시킨 이유는 무엇인가? 이승종 교수는 이 논문의 마지막에서 "영혼에 대한 태도로 2인칭을 섬기고, 삶을 기쁜 마음으로 알아 나가는 배움의 길은 끝이 없는 길이다. 거기에 해탈이라는 황홀한 완성은 없다. 갈 길은 멀고 멀어 죽은 뒤에야 그만두는 것이다. 이것이 공자라는 최초의 인문주의자와 비트겐슈타인이라는 최후의 인문주의자가 갔던 길이다"라고 기술했다. 이 주장은 영혼에 대한 태도로 2인칭을 섬기고 쉬지

않고 배움의 길을 가는 것이 우리에게 요청되는 '덕'이라는 것으로 이해되는데, 그렇다면 1인칭 관점에서 제기된 기쁨(說) · 익힘(習) 등과, 3인칭 관점에서 제기된 섭섭해하지 않음(不慍) · 충실함(忠) · 큰 제사를 올리는 것처럼 함(如承大祭) 등은 우리에게 요청되는 덕 (德)의 목록에서 제외되는 것인가? 이러한 질문은 이승종 교수가 공자의 철학함을 2인칭 관점으로 귀결시키고 있기 때문에 제기하는 것이다.

4) 공자와 장자가 같은 인문주의 계열로 분류되는 것은 어색하지 않은가? 이 논문에서 서양의 경우, 데카르트는 이성주의자로, 그 이성주의를 해체한 니체 · 하이데거 · 데리다 등은 인문주의자로 분류되었다. 그런데 동양의 경우, 공자도 인문주의자로 분류되고, 공자를 해체한 장자도 인문주의자로 분류되었다.

5) 이승종 교수는 '정명(正名)'을 "이름을 동어반복으로 바로 세우는 것"이라고 규정했다. 그러고는 "군군 신신 부부 자자(君君 臣臣 父父 子子)"를 "임금은 임금답고, 신하는 신하다우며, 아버지는 아버지답고, 자식은 자식다워야 한다"라고 해석했다. 물론 이 해석 자체는 전통적인 해석과 일치한다. 문제는 "임금은 임금다워야 한다"는 명제가 동어반복인가 하는 점이다. 평자(評者)가 생각하기에 "임금은 임금이다"라는 명제는 동어반복인 것이지만, "임금은 임금다워야 한다"는 명제는 동어반복이 아니다. 거기에는 '다움'이라는 새로운 의미 요소가 부가되어 있기 때문이다. 모든 (사회적) 존재들에게는 이름(고유명사는 제외하고 일반명사로서의 이름, 즉 군인 · 선생 · 국회의원 · 상인 등)이 있고, 그 이름에는 그에 해당하는 사회적 역할(分, 몫)이 있다. 전통적으로 유학자들은 각각의 사회적 존재들이 자신의 이름에 할당된 사회적 역할을 다하였을 때, 즉 '명(名)'과 '분(分)'이

합치되었을 때, 이것을 '다움'이라고 규정하고, 그것이 '정명(正名)'이라고 해석해왔다. 물론 "군군 신신(君君臣臣)"이라는 원문 자체는 동어반복으로서 '다움'을 충분히 표현해주지 못한다. 그러나 그에 대한 주석이나 우리말 해석은 항상 '다움'이라는 관점에서 이루어졌고, 이승종 교수의 우리말 해석 역시 이러한 관점에서 이루어진 것이다. 따라서 정명(正名)을 '다움'이요 동시에 '동어반복'으로 규정하는 이승종 교수의 설명은 적당치 않으며, 동어반복이라는 논점이 기각되어야 할 것 같다. "아는 것을 안다 하고, 모르는 것을 모른다 한다"는 것도 동어반복은 아닌 것 같다. 이것은 '진실'을 요구하는 것이지 '동어반복'을 요구하는 것은 아닌 것 같다. "사과를 사과라고 부르고, 배를 배라고 불러라"라는 명제가 요구하는 바도 역시 진실이요 동어반복이 아니다. 경우에 따라 동어반복이야말로 진실의 조건이라고 주장할 수도 있겠지만, 꼭 그런 것은 아니다(이른바 분석명제와 종합명제의 차이). 예를 들어

"이승종은 연세대학교 전임교수이다."
"이승종은 정신문화연구원 전임교수이다."

라는 각각의 명제의 진위는 동어반복 여부에 의해서 결정되지 않는다.

6) 이승종 교수의 일이관지(一以貫之)에 대한 해석도 흥미롭다. '일(一)'에 초점을 맞출 수도 있고, '관(貫)'에 초점을 맞출 수도 있다고 본다. 그런데 이승종 교수는 '관(貫)'에 초점을 맞출 것을 제안했다. 그런데 여기에도 두 가지의 문제가 있다고 본다. 첫째, '관(貫)'에 초점을 맞추어야 한다는 이승종 교수의 주장과, 이승종 교수의 실제

우리말 해석("나는 하나로써 모든 것을 꿰고 있다")이 부합되지 않는 것 같다는 점이다. 이승종 교수는 "이음에 꼭 필요하지도 않은 일(一)", 그리고 "일(一)이 무엇인지에 대한 물음이 꼭 필요하지 않다"는 말을 했다. 그런데 우리말 해석에는 '하나로써'가 '꿰고 있다'는 말 앞에 놓여 있다. 이 해석은 원문에 충실한 해석인 바, 그렇기 때문에 '일(一)'도 여전히 중요한 것이 아닌가 하는 질문이다. 둘째, 공자가 '일이관지(一以貫之)'의 인물이라면, 그는 과연 '탑 다운(Top Down)'에 가까운가, '바텀 업(Bottom Up)'에 가까운가 하는 의문이다. 평자(評者)가 생각하기에 '일이관지(一以貫之)'는 아무래도 '탑 다운(Top Down)'에 가까운 것 같다.

7) 마지막으로, 그렇다면 과연 《논어》의 전편(全篇)이 일관성이 있는가 하는 점이다. 최진덕 교수는 공자 사상의 일관성을 의심했고, 이승종 교수는 그에 반대하여 공자 사상을 일관성 있게 해석해내었다. 여기서 중심적 소재가 된 것은 '방외(方外)의 자연주의·자유주의'에 관한 것이었다. 평자(評者)는 관련된 구절들에 대한 이승종 교수의 면밀한 재해석에 일단 동의한다. 그러나 다음의 구절은 어떻게 해석되어야 하는가?

危邦不入 亂邦不居 天下有道則見 天下無道則隱 《論語》, 〈泰伯〉, 13)

앞의 구절은 "위태로운 나라에는 들어가지 말고, 혼란한 나라에는 살지 말라. 천하에 도(道)가 있으면(정의가 실현되면) 자신의 재주를 드러내고, 도(道)가 없으면 자신의 재주를 숨겨라"라는 내용으로 해석된다. 평자(評者)가 생각하기에, 이 구절은 혼란을 적극적으로 해결하려는 의지보다는 방외(方外)로 은둔하려는 경향이 더 강한 것이 분명하다. 그렇다면 공자의 사상은 과연 적극적 현실참여 일변도로 해석될 수 있을까?

아울러 최진덕 교수에게 드리고 싶은 말씀은, 공자에게 있어서의 불일관성(不一貫性)은 '대부분'이 이른바 '이일분수(理一分殊)'로 해석될 수 있지 않을까 하는 점이다. 강(綱)(도(道)를 구현한다는 대강령)에 있어서는 일관성이 있으나(理一), 목(目)(구체적인 대응책)에 있어서는 경우에 따라 다른 방식을 취하고 있다(分殊)는 관점이다. 물론 앞에서 든 예와 같이 그래도 끝내 포섭되지 않는 측면도 있다고 본다.

이상의 문제 제기는 평자(評者)가 억지로 옥의 티를 찾은 것은 아니었을지? 그런 것이었다면 이승종 교수께는 매우 다행이겠다.

10장 성리학 새로 읽기[1]

1. 논평 (김우형)[2]

이승종 교수의 논문을 읽고 저는 개인적으로 많은 영감과 아이디어를 얻었습니다. 특히 "이일분수(理一分殊)"나 "이통기국(理通氣局)", 그리고 "기발이승(氣發理乘)" 같은 성리학의 명제들을 명쾌하게 분석하고 새롭게 해석한 것과, 이상익 선생의 논지를 예리하고 논리적으로 비판한 부분 등은 동양철학을 공부하는 사람들에게 시사 하는 바가 많다고 생각합니다. 다만 제 기준에 비추어 아쉽다고 느껴지는 것과, 의문 나는 점 몇 가지를 밝히고자 합니다.

　1. 먼저 논문의 전체적인 흐름이나 논증방식은 이상익 선생을 비판하는 데 사용했던 논리와 맞지 않는 것 같습니다. 즉, 논문의 서두에서 비트겐슈타인과 하이데거의 철학을 반박하는 "단순명료한 논증들"은 그들 철학자들이 의도하지 않은 방식으로 추려내어 재구성한 것이므로, 그들 철학자들을 깊이 있게 다루고 반박한 것으로 볼 수 없다고 전제했습니

1 　이 장은 2장의 초고를 주제로 각종 학술모임에서 토론한 내용을 옮긴 것이다.
2 　연세대 원주캠퍼스 근대한국학연구소 HK 연구교수.

부 현대철학자들과의 토론

다. 그리고 이어서 이상익 선생의 연구서 역시 앞서와 같은 "단순명료한 논증"의 예처럼, 주희나 율곡의 철학을 제대로 다루지 못했다고 비판했습니다. 그러나 논문의 전체적 흐름은 제가 보기에 정도의 차이일 뿐 이상익 선생의 논술방식과 크게 다르지 않다고 생각됩니다. 과연 주희나 율곡이 당위가 필연의 충분조건이라고 생각했는지, 그들이 과연 '다수실현'이나 '역(逆)다수실현', 그리고 '반(反)결정'과 '중첩결정', '미결정'과 같은 개념들을 의식했었는지, 그리고 결론적으로 주희나 율곡이 말한 '이(理)'가 참으로 '문맥적 이(理)'인지 등등의 의문들이 계속 남습니다. 물론 이상익 선생의 논증은 논리적으로 잘못된 것이 많은 데 비해, 이승종 교수의 논증들은 논리적으로 오류가 없어 보입니다. 그럼에도 불구하고 이상익 선생의 논증과 마찬가지로 이승종 교수의 논증 역시 주희나 율곡의 철학에는 낯선 것처럼 보입니다. 제가 생각하기에 그 이유는 바로 논문의 주제가 뚜렷하지 않기 때문입니다. 이승종 교수의 논문이 주희와 율곡의 철학을 정확히 해석하기 위한 것인지, 아니면 그들의 용어를 빌려서 새로운 '이치의 철학'을 구성하려는 것인지 묻고 싶습니다. 논문의 제목으로 보아서는 후자의 것으로 생각되지만, 본문의 내용은 다분히 주희와 율곡 철학을 해석하려는 글로 읽혀집니다. 만약 그러하다면 이상익 선생의 논증을 비판하는 논증은 다시 역으로 이승종 교수의 논증에도 적용될 수 있을 것입니다. 따라서 이상익 선생을 비판하는 부분은 글의 주제에 어울리지 않는다고 생각합니다. 저는 글을 읽으면서 논문의 전체적인 주제를 '새로운 철학'에의 시도에 맞춰서 그 점을 좀 더 분명히 했으면 좋았을 것이라는 아쉬움이 들었습니다. 이승종 교수가 제시한 설명들의 명료성과 창의성, 그리고 현대적인 기법 등은 주희나 율곡 같은 단순한 과거의 철학을 전공하는 동양학도들보다는 오늘날의 '한국철학'에 대해서 고심하는, 그리고 '철학하기'를 희구하는 철학도들에게 보다 유익할 것으로 생각됩니다.

2. 동양철학사의 '문맥'에서 주희와 율곡이 말한 '이(理)'가 과연 이승종 교수가 설명한 것과 같은 "문맥으로서의 문리(文理)"인지 의심스럽습니다. 물론 주희는 '이(理)'에 대해서 설명할 때 무늬결을 의미하는 '문리(文理)'와, 맥의 흐름을 의미하는 '맥리(脈理)'라는 말을 사용하기는 했습니다. 그것은 하나의 이어진 '맥락'이나 '흐름' 등을 의미하는 것으로, 지금도 '문맥'이나 '맥락'이라는 낱말은 '컨텍스트(context)'라는 뜻으로 쓰인다고 할 수 있습니다. 이는 달리 말하면 '이(理)'의 본래의 의미가 개별적이고, 다른 것과 구별되는 어떤 '패턴'이나 '원리'를 나타낸다고 할 수 있습니다. 그러나 주희에 있어 그러한 무수한 개별적인 '이(理)'들은 하나의 '이(理)'의 다른 발현으로 생각되었기 때문에, 이른바 "다수실현된 것"으로서 파악되어야 한다고 봅니다. 그런데 이승종 교수가 주장하는 '문리(文理)'는 그러한 '일리(一理)'를 부정하는, 즉 단지 이미 존재하는 여러 개별적인 '이(理)'들 중의 한 가지가 "사태에 등록"되어 사태와 마음에 실현되는 것으로서 설명한 것으로 볼 수 있습니다. 이것은 "이일분수(理一分殊)"에 대한 새로운 해석과도 관계된다고 할 수 있습니다. 그러나 주희나 그 밖의 성리학자들에게 있어서 인식의 최종 목적은, 단순한 개별적인 문맥을 파악하는 데에 그친다고는 할 수 없습니다. 그들은 여러 개별적인 원리들, 즉 이미 다수실현된 '분수리(分殊理)'들에 대한 인식을 통해서 "하나의 이(理)"를 궁극적으로 인식하고자 했기 때문입니다. 그리고 그들은 **그러한 "하나의 이(理)"를 '이(理)'로 지칭했던 것**입니다. 따라서 주희와 율곡의 '이(理)'를 '문리' 혹은 "문맥의 이"로 말할 수 없습니다. 이것은 철학사를 통해서 입증이 되는 것입니다. 주희 이후 중국에서는 대진(戴震)을 대표로 하는 많은 사람들이, 그리고 한국에서는 정약용을 대표로 하는

일단의 사람들이, 주희가 주장한 이 "하나의 이(理)"의 존재에 대해서 가혹하리만큼 비판을 퍼부었습니다. 그들의 비판 내용을 보면 이승종 교수의 주장과 마찬가지로, '이(理)'는 단지 여러 개별적인 '조리(條理)'(저는 이것을 문리(文理)와 유사한 것으로 생각합니다)일 뿐이지 "하나의 이(理)"가 될 수 없다는 것이며, 따라서 "이일분수(理一分殊)"는 성립할 수 없다는 것입니다. 그리고 제 생각에 좀 더 중요한 점은 주희의 '일리(一理)'를 비판하는 철학자들 대다수가 **존재론 혹은 실재론적 입장에서** 주희의 '일리'에 대한 **인식**을 비판하고 있다는 점입니다.

3. 이승종 교수는 주희-율곡과 비트겐슈타인과의 차이점을 논하면서, 그들에게 있어 "사태와 인간에는 그에 선행하는 일리(一理)의 **담지자로서의** 유교적 사회질서가 짙게 투영되어 있다(29쪽)"고 했습니다. 물론 여기서 이승종 교수가 언급한 '일리(一理)'란 윤리적-실천적 차원에서의 '문리(文理)'를 의미할 것입니다. 그리고 그 '문리(文理)'는 "궁극적으로 유교적 사회구성체의 원리"라고 설명했습니다. 그러나 저는 그들이 "유교적 사회질서"만을 위해서 철학을 했다고는 생각하지 않습니다. "유교적 사회구성체의 원리"라는 말은 너무도 애매하며, 심지어 이데올로기의 이미지를 풍기는 것으로 느껴집니다. 우리가 보통 생각하는 "유교적 사회질서"라는 말은 왕정(王政), 덕치(德治), 효(孝), 부부유별(夫婦有別), 경로사상(敬老思想) 같은 것들을 지칭한다고 할 수 있습니다. 그러나 주희나 율곡 같은 철학자들은 그러한 사회적 질서를 그들의 철학에서 가장 선행되는 전제로서 생각하지 않았습니다. 주희는 효도를 자식들이 부모에게 "마땅히 해야 하는" 행동 규범으로 믿었지만, 단순히 어떠한 사태에서 효도의 '문리(文理)'를 인식하고 실천할 것만을 주장하지는 않았습니다. 그는 '대학(大學)' 공부를 한 사람이라면 효도의 '문리(文理)'를 알아서 실천

하는 것보다도, 오히려 "왜 효도해야 하는가", 즉 "효도해야 하는 까닭(所以爲孝)"을 탐구하고 사색하는 일이 무엇보다도 중요하다고 말했습니다. 그리고 그는 "유학이란 인간답게 되려는 학일 뿐"이라고도 말했습니다. 결국 주희에게 있어 유학이란 하나의 정해진 사회적 질서나 규범을 위한 학문은 아니었던 것입니다. 그리고 그는 그 자신이 진지하게 실행했던 학문 행위 자체가 바로 공자와 맹자의 정신이 전수된 진정한 유학이라고 믿었습니다. 그리고 이러한 주희의 학문 행위는 그 이후 많은 학자들에 의해 모범으로 여겨졌던 것입니다.

만약 '조선 사람', 더 나아가서 '동아시아인'들의 지나간 역사의 체험에서 우리가 철학적으로 혹은 학문적으로 물려받을 만한 가치가 있는 것이 있다면, 그것은 아마도 그들이 말한 철학적 내용이 아니라, 바로 그들이 실천했던 학문하는 방식과 실현하려 했던 이상이라고 저는 생각합니다. 그리고 그 방식과 이상은 지금까지 인류 역사에 자취를 남긴 비트겐슈타인이나 하이데거 같은 학자들의 그것과 다르지 않다고 저는 믿습니다.

2. 반론[3] (이상익)[4]

이승종 교수는 필자의 《기호성리학연구》에 대해 다각도로 분석하면서 여러 비판적 의견을 제시해주었다. 필자는 이승종 교수가 제기한 논점들의 순서에 따라 조목별로 답변하고자 한다.

---

3 이 절은 1999년 5월 28일 한국학중앙연구원에서 있었던 금요강좌와 2007년 6월 2일 성균관대학교에서 있었던 아시아철학자대회에서 발표한 이상익 교수의 반론을 합본한 것이다.

4 부산교육대 윤리교육과 교수.

① "진리와 윤리, 혹은 사실과 당위의 구분이 결여되었기 때문에, 주희와 율곡의 철학이 오류에 빠져 있다는 이상익 교수의 평가가 공정하지 못하다는 것"(이 책, 76쪽)에 대하여.

답: 필자는 "주희와 율곡의 철학이 진리와 윤리, 혹은 사실과 당위의 구분이 결여되었기 때문에 오류에 빠져 있다"고 주장하지 않았다. 필자의 주장은 '소이연(所以然)·소연(所然)'은 '필연적 관계'요 '본(本)·구(具)'는 '우연적 관계'로서 서로 범주가 다르다는 것인데, 주희가 '이(理)·기(氣)'를 '소이연(所以然)·소연(所然)'으로 설명하기도 하고 '본(本)·구(具)'로 설명하기도 했기 때문에 범주착오의 오류를 범했다는 것이다.

② "'도리(道理)의 바꿀 수 없는 것'으로서의 소이연(所以然)은 필연일 뿐 당위와는 아무런 상관이 없는가?"(이 책, 77쪽)에 대하여.

답: 필자는 소이연(所以然)은 당위와는 아무런 상관이 없다고 말하지 않았다. 필자는 오히려 "본(本)은 일정한 범위에서 소이연으로 이해될 수도 있다"(이상익 1998, 50쪽)고 했다.

③ 필자가 문제 삼은 《대학혹문(大學或問)》의 두 구절, 즉

[인용문 B] 심신성정(心身性情)의 덕(德)과 인륜일용(人倫日用)의 상(常)으로부터 천지귀신(天地鬼神)의 변(變)과 조수초목(鳥獸草木)의 의(宜)에 이르기까지, 하나의 사물 가운데는 모두 "마땅히 그러해야 하는 것으로서 그만둘 수 없는 것(所當然而不容已)"과 "그러한 바의 까닭으로서 바꿀 수 없는 것(所以然而不可易者)"이 있다.[5]

[인용문 C] 천도(天道)가 유행(流行)하고 조화(造化)가 발육(發育)하는 데 있어서, 무릇 성색(聲色)과 모상(貌相)을 지니고 천지(天地)의 사이에 가득 찬 것은 모두 사물(事物)이다. 이미 이 사물(事物)이 있으면 이 사물(事物)이 되게 하는 소이(所以)로서 "스스로 그만둘 수 없는 당연지칙(當然之則)"이 있다.[6]

에 대해서 이승종 교수는 이렇게 말하고 있다.

이상익 교수는 인용문 C는 소이연(所以然)·소연(所然)의 필연적 관계와 본(本)·구(具)의 우연적 관계를 혼동하고 있는 구절로 보고 있는 반면, 인용문 B에 대해서는 우주만사에 모두 소당연(所當然)과 소이연(所以然)이 있다는 취지로 별 비판 없이 쉽게 넘어가고 있다(이상익 1998, 51쪽). 그러나 이상익 교수가 자신의 견해의 일관성을 유지하려면, 인용문 B에 대해서도 범주 오류의 혐의를 걸어야 할 것이다. 이 교수는 앞서 소이연(所以然)의 관점과 소당연(所當然)의 관점을 각각 형이상학적 차원과 윤리적 차원으로 그 범주를 구별했는데, 첫 번째 인용문은 이를 자연 세계의 원리 및 인간 심리에 무차별적으로 적용하고 있기 때문이다. (이 책, 77-78쪽)

답: 필자의 주장은 인용문 C가 '소이연(所以然)·소연(所然)의 필연적 관계'와 '본(本)·구(具)의 우연적 관계'를 혼동하고 있다는 것이 아니었다. 《기호성리학연구》의 해당 부분을 그대로 소개하면 다음과 같다.

우선 소이연(所以然)·소연(所然)을 본(本)·구(具)와 혼동하게 되는 연유

---

5 《大學或問》, 〈補亡章〉, 身心性情之德 人倫日用之常 以至天地鬼神之變 鳥獸草木之宜 自其一物之中 莫不有以見其所當然而不容已 與其所以然而不可易者
6 《大學或問》, 〈補亡章〉, 天道流行 造化發育 凡有聲色貌象 而盈於天地之間者 皆物也 既有是物則其所以爲是物者 莫不各有當然之則 而自不容已

를 살펴보자. 앞에서 지적하였듯이, 소이연(所以然)·소연(所然)과 본(本)·
구(具)는 모두 각각 형이상자(形而上者)·형이하자(形而下者)로서 공통성이
있기 때문에, 쉽게 혼동할 소지가 다분하다. 또한 본(本)은 일정한 범위에
서 소이연(所以然)으로 이해될 수도 있다. 예를 들어 주자는 다음과 같이 말
한다.

> 음양(陰陽)은 기(氣)이지 도(道)가 아니다. 음양(陰陽)이 되게 하는 소이(所
> 以)가 바로 도(道)이다.[7]

[인용문C] 중략(中略)

"스스로 그만둘 수 없는 당연지칙(當然之則)"이란 본(本) 또는 도(道)를 말
하는 것이다. 앞의 인용문은 모두 본(本) 또는 도(道)를 '소이(所以)'로 규정
한 것이다. 그러나 이때의 소이(所以)란 불가역(不可易)한 필연적 원리(법칙)
로서의 소이가 아니라, 어떠한 사물로 하여금 다른 사물이 아닌 바로 그 사
물이 되게 하는 근거로서의 소이(所以)이다. 주희는 소이연(所以然)을 말함
에 있어서 불가역(不可易)임을 강조했지만, 본(本)은 필연적 근거는 될 수
없는 것이다. 따라서 본(本)이 소이(所以)라고 하여도, 그것은 소연(所然)을
필연적으로 규정하는 소이연(所以然)으로 볼 수는 없다. 또한 구(具)와 소연
(所然)은 모두 형이하자(形而下者)이지만, 그러나 구(具)가 그 자체 소연이라
기보다는 구(具)가 본(本)을 표준으로 삼아 작용(운동)한 결과가 소연(所然)
인 것이다. 이와 같이 소이연(所以然)·소연(所然)은 본(本)·구(具)와 일상적
인 어법에 있어서나 논리적인 맥락에 있어서 차이가 있다. 그러나 각각 형
이상자(形而上者)·형이하자(形而下者)라는 관점에서는 공통성이 있기 때문

7　《朱子語類》, 卷74(5: 1896), 陰陽是氣 不是道 所以爲陰陽者 乃道也

에 쉽게 혼동하게 되는 것이다. (이상익 1998, 50-51쪽)

요컨대 필자의 주장은 인용문 C에서 말하는 '소이(所以)'는, '소연(所然)을 필연적으로 규정하는 소이연(所以然)'과는 다른 맥락의 '소이(所以)'라는 것이었다.

이승종 교수는 "(주희는 사실과 당위를) 접속시키는 사유를 전개하고 있는 것"으로 보아야 할 것이라고 제안했다(이 책, 78쪽). 필자는 이에 대해 전적으로 공감한다. 필자는 주자학에서 '사실과 당위를 접속시키는 것'에 대하여 매우 긍정적으로 수용하는 입장이다. 필자는《기호성리학연구》의 300쪽에서 이 점을 분명히 서술한 바 있다. 또 필자는 최근의 저서《주자학의 길》에서도 이 점을 분명히 했다. 필자는 더 나아가 주희에 대해 "사실과 당위를 혼동했다"거나 "사실로부터 당위를 도출함은 오류이다"라는 비판을 적용할 수 없음도 해명한 바 있다(이상익 2007, 161-169쪽).

이러한 맥락에서, 필자가 인용문 B에 대해서 '범주 오류의 혐의'를 걸지 않은 까닭을 두 가지로 설명하겠다. 첫째는 사실과 당위는 일정한 범위 안에서는 중첩(접속)될 수 있기 때문이요, 둘째는 필자의 초점이 '사실과 당위'에 있는 것이 아니라, '필연적 관계와 우연적 관계'에 있기 때문이다.

이승종 교수의 지론은 '당위성과 필연성은 접속된다'는 것에 있는 것 같다. 필자는 이 점을 부인하는 것이 아니다. 다시 말해 필자의 주장은 '당위성 자체가 우연적인 것'이라는 것이 아니다. 필자의 논지는 '소이연(所以然)과 소연(所然)'은 소이연(所以然)이 반드시 소연(所然)을 규정하기 때문에 '필연적 관계'임에 반하여, '본(本)과 구(具)'는 구(具)가 본(本)을 제대로 실현하는 경우도 있지만, 구(具)가 본(本)을 제대로 실현하지 못하는 경우도 있기 때문에 '우연적 관계'라는 것이다.

④ '소당연이불용이(所當然而不容已)'에서 '소당연(所當然)'을 '그러함에 직면함'으로 해석하고, '당위'는 '소당연' 뒤에 나오는 '그만둘 수 없음(不容已)'에서 찾아진다고 한 것(이 책, 78-79쪽)에 대하여.

답: '소당연이불용이(所當然而不容已)'에서의 '소당연(所當然)'은 '그러함에 직면함'으로 해석할 수도 있겠다. 그러나 이러한 해석은 '소당연지칙(所當然之則)'에 대한 해석에서는 곤란에 직면한다. '소당연(所當然)'은 '그러함에 직면함'이요, '당위'는 '그만둘 수 없음(不容已)'에서 찾아진다고 한다면, '소당연지칙(所當然之則)'은 어떻게 해석할 것인가? 이러한 설명 방식에 따른다면 '소당연지칙'에서는 '당위'를 찾을 수 없는 것이 아닌가?

⑤ "주희의 철학에서 사태와 당위는 하나의 끈으로 이어져 있다"(이 책, 79쪽)에 대하여.

답: 주자학, 더 근원적으로 유학은 천도(天道)(자연 세계의 존재원리)에 근거하여 인도(人道)(인간세계의 당위원리)를 정립하고자 하는 학문이다. 따라서 "사태와 당위는 하나의 끈으로 이어져 있다"는 주장은 일단 지당하다고 하겠다. 또한 필자도 기본적으로 인간의 당위 원리의 근거를 천도(天道)에서 찾고자 하는 주자학(유학)의 입장을 매우 높이 평가하는 입장이다. 그런데 문제는 모든 사실이 그 자체 모두 당위일 수는 없다는 것이다. (예를 들어 '사람을 총으로 쏘면 죽는다'와 '사람을 총으로 쏘아 죽여야 한다'의 차이.) 다시 말하면 사실과 당위는 합치되는 지점도 있고, 어긋나는 지점도 있다는 것이다. 주자학의 이상은 사실과 당위를 궁극적으로 합치시키려고 하는 것이요, 따라서 사실세계에 대한 '교정'

이 필요한 것이다. 필자는 주자학의 이러한 문제의식에 대하여 깊이 공감한다.

따라서 필자는 이승종 교수가 우려하듯이 사실과 당위를 무조건 적으로 '갈라놓으려는 것'(이 책, 78쪽)이 아니다. 다만 사실 명제가 당위 명제에 무제약적으로 적용될 수는 없는 것이요, 따라서 양자는 개념적으로 구분되어야 한다는 것이다.

⑥ "소이연(所以然)의 문제도 소당연(所當然)·당위와 하나로 이어져 있다. 주희는 "그러한 사태에 직면해서 그만둘 수 없는 것"을 언급한 뒤에, "그 이와 같이 되는 소이(所以)는 무엇인가?"를 묻는다. 그리고 이어서 "반드시 도리(道理)의 바꿀 수 없는 것이 있기 때문"이라고 답한다. 정리하자면, 우리는 사태에 직면해서 그만둘 수 없는(당위적인) 어떤 것을 마음에 품는다. 그것(당위)의 소이(所以; 이유)가 바로 바꿀 수 없는(필연적인) 도리(道理)이다. 이처럼 사태와 당위뿐 아니라 당위와 필연도 하나의 끈으로 이어져 있다"(이 책, 79쪽)는 것에 대하여.

답: 필자는 '사태와 당위' 또는 '당위와 필연'은 '하나의 끈으로 이어져 있는 경우'도 있고, '괴리되는 경우'도 있다고 본다. 주희의 이상은 '사태와 당위' 또는 '당위와 필연'을 '하나의 끈으로 연결시킴'에 있다고 본다. 필자는 주희의 이러한 입장에 깊이 공감한다. 그러나 '사태와 당위', 또는 '당위와 필연'은 '괴리되는 경우'도 있기 때문에, 양자를 항상 '동일한 범주'로 논할 수는 없다고 본다. 예컨대, "모든 사람은 숨을 쉬지 못하면 죽는다"는 것은 '사태의 필연성'에 대한 설명일 것이다. 그런데 "갑이 을의 호흡을 막아 죽였다"고 하는 것은 '당위적으로 용납될 수 없는 사태'일 것이요, 여기에서 당위와 사태는 괴리되고 있는 것이다.

㉠ "주희에게 있어서 필연성이란, 사태와 직면해서 우리 마음에 발현하는 당위성의 이유인 도리(道理)의 필연성이다. 따라서 사태와 무관한 것으로 간주되는 논리적 필연성은 사실 주희가 염두에 두는 필연의 외연에 들어오지 못한다"(이 책, 81쪽)는 것에 대하여.

답: 이승종 교수는 '도리의 필연성'과 '논리적 필연성'을 구분하였다. 필자는 이에 대해서 '사리(事理)의 필연성'을 추가해야 한다고 생각한다. 예컨대 주희의 다음과 같은 문장을 보자.

무릇 천하의 다스림은 진실로 반드시 일인(一人)에서 나오지만, 천하의 일은 일인(一人)이 홀로 감당할 수 없는 것입니다. 그러므로 인군(人君)은 정무(政務)에 임하든, 깊은 곳에서 쉬든, 항상 마음을 바루고 뜻을 참되게 하며, 반드시 천하의 돈후성실(敦厚誠實)하고 강명공정(剛明公正)한 현자를 깊이 찾아 보상(輔相)으로 삼는 것입니다. 보상(輔相)으로 하여금 사대부 가운데 총명달리(聰明達理)하고, 직량감언(直諒敢言)하며, 충신염절(忠信廉節)하여, 일을 추진하고 뜻을 지키기에 충분한 사람을 널리 뽑아, 그의 그릇과 재능에 따라 여러 직위에 배치하도록 하고, 그들로 하여금 중직(衆職)을 두루 닦아, 위로는 군덕(君德)을 보좌하고, 아래로는 방본(邦本)을 튼튼히 하게 하는 것이요, 좌우의 비천한 사설(私藝)이나 사령(使令)이 그 사이에서 농간하지 못하게 하는 것입니다. 공(功)이 있으면 그 직위를 오래 맡기고, 어울리지 않으면 다시 현자를 구해 바꾸는 것입니다. 대개 그 사람은 물러나게 할 수 있으나, 그 직위는 구차하게 채워서는 안 되며, 그 사람은 버릴 수 있으나, 그 임무는 가볍게 빼앗을 수 없는 것이니, 이것은 '천리(天理)의 당연'으로서 바꿀 수 없는 것입니다. 인군(人君)이 이러한 이(理)를 살펴서 감히 그 사이에 추호도 사의(私意)를 관철시키지 않는다면, 그 마음이 확연대공(廓然大公)하고 엄연지정(儼然至正)하여, 태연히 그 일없는 바를 행하고 앉아서 백관중직(百官衆職)의 성공을 거두어들일 수 있습니다. 하나라도 혹시 이와 반대로 한다면, 인욕(人欲)과 사의(私意)에 병들게 되니, 편당(偏黨)이 생겨 어둠 속에서 시기함으로써 진실로 날마다 방촌(方寸)을 어지럽힐 것이요, 간사하고, 거짓되고, 참소하고, 사특한 무리들이 자질구레한 일로 현기증이 나게 할 것임은 장차 이루 말할 수 없을 것입니다. 이것 또한 '이(理)의 필연'입니다.[8]

앞의 인용문에서는 '천리(天理)의 당연'과 '이(理)의 필연'을 대비시키고 있다. '천리(天理)의 당연'에 대해서는 '바꿀 수 없는 것'임을 부연했으니(天理之當然而不可易者), 이는 '도리(道理)의 필연성'에 해당된다고 하겠다. 그렇다면 그다음의 '이(理)의 필연'은 '도리(道理)의 필연성'과 '논리적 필연성' 가운데 어디에 해당되는가? 여기서 말하는 '이(理)의 필연'은 아마도 '사리(事理)의 필연성'에 해당시켜야 할 것이다. 필자의 주장은 '천리(天理)의 당연'과 '이(理)의 필연'을 구분해 보아야 한다는 것이다. 앞의 인용문에서의 '천리(天理)의 당연'은 '본(本)' 또는 '도심(道心)'에 해당되는 것이며, '이(理)의 필연'은 '소이연(所以然)'에 해당되는 것으로서, 양자는 때때로 일치하지 않는다는 것이 필자의 견해이다. 요컨대 '이(理)의 필연'에서의 '이(理)'는 '선(善)의 표준'으로 간주할 수 없다는 것이다.

---

8 《朱子大全》, 卷13 頁9-10, 〈辛丑延和奏箚二〉, 夫天下之治 固必出於一人 而天下之事 則有非一人所能獨任者 是以 人君旣正其心誠其意於堂陛之上 突奧之中 而必深求天下敦厚誠實剛明公正之賢 以爲輔相 使之博選士大夫之聰明達理直諒敢言忠信廉節足以有爲有守者 隨其器能 寘之列位 使之交修衆職 以上輔君德 下固邦本 而左右私褻使令之賤 無得以奸其間者 有功則久其任 不稱則更求賢者而易之 蓋其人可退而其位不可以苟充 其人可廢而其任不可以輕奪 此天理之當然而不可易者也 人君察於此理 而不敢以一毫私意 黙於其間 則其心廓然大公 儼然至正 泰然行其所無事 而坐收百官衆職之成功 一或反是 則爲人欲私意之病 其偏黨反側 豐闇猜嫌 固日擾擾乎方寸之間 而姦僞讒慝叢胜眩瞀 又將有不可勝言者 此亦理之必然也

⑧ "이상익 교수는 소이연(所以然)과 소연(所然) 사이의 관계를 필연적 인과 관계로 본다"(이 책, 82쪽)에 대하여.

답: 우선 필자는 "인과 관계는 필연적이지 않다", 또는 "필연적 인과 관계라는 말은 성립할 수 없다"는 이승종 교수의 비판을 수용한다. 또한 "원리와 현상 사이의 관계는 인과 관계가 아니라 법칙 정립적 관계이다"라는 비판도 수용한다. 필자 스스로도 인과 관계라는 말이 적합하지 못함을 느끼고 있었던 터라 괄호 안에 "소이연(所以然)이 소연(所然)을 규정하는 관계"라고 덧붙였던 것이다(이상익 1998, 39쪽). 필자도 앞으로는 '법칙 정립적 관계'라는 표현을 활용하겠다.

이승종 교수는 현대 과학철학의 성과에 근거하여 자연과학에서는 필연적 원리가 존재하지 않는다는 것을 상기시키면서, "소이연(所以然)의 필연성을 당연시하는 이상익 교수의 주장에도 제한이 필요하다"(이 책, 83쪽)고 비판한다. 이 점도 필자는 아울러 수용하기로 한다. 그러나 소이연(所以然)의 필연성을 주장하는 것은, 필자가 주장하기 이전에 주자학에서의 일반적인 전제였다. 특히 노사(蘆沙) 기정진(奇正鎭) 같은 경우는 '소이연(所以然)'과 '필연'을 같은 의미로 쓰고 있음을 볼 수 있다(이상익 1998, 362쪽). 또한 이승종 교수 자신도 "필연성은 이(理)의 속성이다", 또는 "필연성으로서의 이(理)"(이 책, 84쪽)라고 서술하고 있는 만큼, 소이연(所以然)의 필연성에 관한 필자의 서술에 대해서도 같은 선상에서 이해해줄 것을 바란다.

⑨ "이상익 교수처럼, 필연성으로서의 소이연(所以然)과 우연성으로서의 소당연(所當然)의 구분을 전제로 했을 때에만, 이 주장은 혼동을 범하고 있는 것으로 읽힌다"(이 책, 86쪽)에 대하여.

답: 필자는 '소당연(所當然)은 우연성'이라는 주장을 전혀 하지 않았

다. 다만 이승종 교수는 필자가 말하는 본(本)을 소당연(所當然)으로 단정하고, '본(本)과 구(具)의 관계가 우연적'이라는 필자의 주장에 근거하여, 필자가 소당연(所當然)을 우연성으로 규정한 것으로 이해한 것같다.

필자는 당연지칙(當然之則)을 본(本)으로 해석한 적이 있다(이상익 1998, 51쪽). 그러나 모든 본(本)이 다 당연지칙(當然之則)이라는 것은 아니다. 왜냐하면 본(本)은 당위세계에 대한 설명에도 적용될 수 있지만, 사실세계에도 적용될 수 있기 때문이다. 필자는 주희나 율곡이 말하는 '본(本)'은 그야말로 그리스 철학에서 말하는 '이데아'나 '형상(形相)'에 비견된다고 본다. 본(本)은 완전무결한 통일자(通一者)인데, 구(具)의 다양성과 결합으로 인해 본(本)이 다양하게 또는 불완전하게 구현된다는 것이다. 이러한 사고방식은 인간의 성(性)과 기질(氣質)의 관계를 설명하는 데도 적용될 수 있고, 대상세계의 자연적 사물에도 적용될 수 있다. 요컨대 필자의 주장은 "사실세계는 필연적이요, 당위세계는 우연적이다"라는 것이 아니다.

한 가지 더 언급하고자 하는 것은, 이승종 교수는 논의의 초점을 '사실과 당위'에 맞추고 있는데, 필자의 논의의 초점은 사실과 당위에 있는 것이 아니라, '소이연(所以然)과 본(本)'에 있는 것이다. 따라서 필자의 주희나 율곡에 대한 비판은, 그들이 사실과 당위를 혼동하고 있다는 비판이 아니라, '소이연(所以然)·소연(所然)'과 '본(本)·구(具)'를 혼동하고 있다는 비판이다.

⑩ 주희의 두 구절, 즉

[인용문 F] 문(問): 이(理)에는 불선(不善)함이 없다면, 어찌하여 기(氣)는

청탁(淸濁)의 차이가 있게 되는가?

　답(答): 기(氣)에 대해 말하자면, 문득 스스로 차갑고 뜨거운 것과 향내

　나고 구린내 나는 것이 있는 것이다.[9]

　기(氣)는 능히 응결조작(凝結造作)하지만, 이(理)는 정의(情意)도 없고, 계

　탁(計度)도 없고, 조작(造作)도 없다. 다만 이 기(氣)가 응결(凝結)하는 곳에

　이(理)가 문득 그 가운데 있다.[10]

를 바탕으로, "주희도 참치부제(參差不齊)의 이유를 이(理)로 규정한 것"(이

책, 92쪽)이라고 해석한 것에 대하여.

　답: 필자는 이승종 교수의 이러한 해석에 동의하지 않는다. 그 이유는

다음과 같다. 첫째, 주자학에서의 이(理)는 '선(善: 바름)의 표준'이다.[11]

그런데 "참치부제(參差不齊)의 이유"로서의 '이(理)'는 '선(善)의 표준'

이라고 볼 수 없기 때문이다. 둘째, '이일분수(理一分殊)'에 대한 주희의

일관된 설명방식은 '기(氣)의 참치부제(參差不齊)(분수(分殊))로 인해 이

(理)에 분수(分殊)가 있게 된다'는 것이요,[12] '이(理)가 기(氣)의 분수(分

殊)(참치부제(參差不齊))의 이유가 된다'는 것이 아니었기 때문이다.[13]

9　《朱子語類》, 卷4(1: 68), 問 理無不善 則氣胡爲有淸濁之殊 曰 才說着氣 便自有寒有熱 有香有臭
10　《朱子語類》, 卷1(1: 3), 蓋氣則能凝結造作 理却無情意 無計度 無造作 只此氣凝聚處 理便在其中
11　《朱子大全》, 卷72 頁14,〈皇極辨〉, (태극의) '극(極)'이란 '지극(至極)'의 뜻이며, '표준'의 이름이다. (태극은) 항상 사물의 중앙에 있어서 사방에서 바라보고, '바름(正)'을 취하는 것이다. (極者 至極之義 標準之名 常在物之中央 而四外望之 以取正焉者也)
12　《朱子大全》, 卷59 頁54,〈答趙致道〉, 만약 본원을 논한다면, 이(理)가 있은 다음에 기(氣)가 있다. 그러므로 이(理)는 편(偏)·전(全)으로 논할 수 없다. 그러나 만약 품부(稟賦)를 논한다면, 기(氣)가 있은 다음에 이(理)가 그에 따라 갖추어지게 된다. 그러므로 이 기(氣)가 있으면 이 이(理)가 있고, 이 기(氣)가 없으면 이 이(理)가 없으며, 이 기(氣)가 많으면 이 이(理)도 많고, 이 기(氣)가 적으면 이 이(理)도 적으니, 어찌 편(偏)·전(全)으로 논할 수 없겠는가? (若論本原 則有理然後有氣 故理不可以偏全論 若論稟賦 則有是氣而後 理隨以具 故有是氣則有是理 無是氣則無是理 是氣多卽是理多 是氣少卽是理少 又豈不可以偏全論耶)
13　《朱子語類》, 卷4(71쪽), 이(理)는 진실로 불선(不善)이 없다. 다만 기질에 부여되면, 문득 청탁(淸濁),

⑪ "기(氣)가 개별화되는 원인은 기(氣)이고, 그 이유는 이(理)이다. 이 상익 교수가 상호 모순을 일으키는 것으로 간주했던 인용문 E와 G에도 사실은 아무런 문제가 없다. 인용문 E는 기(氣)의 개별화 원인에 대해, G 는 그 이유에 대해 말하고 있을 뿐이다"(이 책, 93쪽)에 대하여.

[인용문 E] 이(理)는 하나일 뿐으로서, 본래 편정통색(偏正通塞) 청탁수박 (淸濁粹駁)의 차이가 없다. 그런데 이(理)가 탈 바의 기(氣)는 끊임없이 승강 비양(升降飛揚)하여 잡되게 섞이고 고르지 못하다. [⋯] 이(理)는 비록 하나 이나, 이미 기(氣)를 타면 그 나뉨이 만 가지로 다르다.[14]

[인용문 G] 참치부제(參差不齊)한 것은 기(氣)의 소위(所爲)이다. 비록 기 (氣)의 소위(所爲)라 하더라도, 반드시 이(理)가 주재함이 있는 것이니, 그 참 치부제(參差不齊)한 까닭은 또한 이(理)가 마땅히 그러한 것이요, 이(理)가 그렇지 않은데 기(氣)가 홀로 그런 것이 아니다.[15]

답: 필자는 일단 원인과 이유를 구별해야 한다는 이승종 교수의 지적 을 수용한다. 그러나 인용문 E에서 말하는 이(理)와, 인용문 G에서 말 하는 이(理)는 서로 그 내용이 어긋난다. E에서는 이(理)가 본래 '통일 (通一)'적 존재임을 주장했고, G에서는 이(理) 자체가 본래 '참치부제 (參差不齊)'함(비통일(非通一))을 말했기 때문이다. 율곡은 E의 맥락에서

편정(偏正), 강유(剛柔), 완급(緩急)의 부동(不同)이 생기게 된다. 기(氣)는 강하고 이(理)는 약하다. 그러 므로 이(理)는 기(氣)를 관섭(管攝)할 수 없다. (理固無不善 纔賦於氣質 便有淸濁偏正剛柔緩急之不同 蓋氣 强而理弱 理管攝他不得)

14 《栗谷全書》, 卷10 頁2, 夫理一而已矣 本無偏正通塞淸濁粹駁之異 而所乘之氣 升降飛揚 未嘗止 息 雜糅參差 [⋯] 理雖一 而旣乘於氣 則其分萬殊

15 《栗谷全書》, 卷10 頁2, 參差不齊者 氣之所爲也 雖曰氣之所爲而必有理爲之主宰 則其所以參差 不齊者 亦是理當如此 非理不如此而氣獨如此也

이(理)의 순선(純善)함과 완전무결함을 말하고, G의 맥락에서 모든 현
상(선악이 혼재하고 완전성과 불완전성이 혼재하는 현상, 소연(所然))의 까닭을
이(理)로 돌리는 것이다. 과연 "이(理)는 통일(通一)적이고, 순선(純善)
하며, 완전무결하다"는 주장과 "이(理)는 참치부제(參差不齊)하다"는
주장이 그 자체로 양립할 수 있는가? 필자는 결코 양립할 수 없다고
본다. 다음과 같은 예문을 보자.

　　갑돌이가 총탄에 맞아서 죽었다.⇐소연(所然)
　　총탄에 맞으면 죽는 것이 이치이다.⇐소이연(所以然)

　　앞의 예문에서 '총탄에 맞으면 죽는다'는 소이연(所以然)은 과연
순수지선(純粹至善)하다고 할 수 있는가? 여기서의 소이연(所以然)은
'법칙을 설명해줄 뿐' 선악과는 무관한 것이 아닌가?
　　그리하여 필자는 인용문 E에서 말하는 이(理)는 '본(本)'이요, 인용
문 G에서 말하는 이(理)는 '소이연(所以然)'이라고 해석하여, 양자를
구분해 볼 것을 주장하는 것이다. 필자는 이러한 맥락에서 "소이연(所
以然)은 순수지선(純粹至善)하다고 말할 수 없다"는 창계(滄溪) 임영(林
泳)의 주장을 주목하는 것이며(이상익 1998, 34쪽), 소이연(所以然)의 순
선(純善)과 필연적 주재성(主宰性)(순선(純善)한 소이연(所以然)이 선악이 혼재
하는 소연(所然)을 필연적으로 주재(主宰)한다)을 동시에 관철시키고자 하는
노사(蘆沙) 기정진(奇正鎭)의 입장을 비판하는 것이다(이상익 1998, 366
쪽). 그런데 기정진의 문제의식은 바로 기독교 신학에서의 신정론(神
正論)이나 변신론(辨神論)에 해당되는 것이다. 그러므로 필자는 "이러
한 질문(순수지선(純粹至善)하고 전지전능한 신(神)이 주재(主宰)하는 세계에 왜 악
이 횡행하는가 하는 질문, 순수지선(純粹至善)한 이(理)가 필연적으로 주재(主宰)하는

현실 세계에 왜 악이 횡행하는가 하는 질문)에 대한 납득할 수 있는 질문은 어느 누구도 할 수 없다"고 보는 것이다.

⑫ "이(理)는 기(氣)에 의해 국소화(局所化)되는 과정에서 자신을 실현시킨다. 이(理)를 국소화(局所化)하는 기(氣)에는 편정통색(偏正通塞)과 청탁수박(淸濁粹駁)이 있으며, 이로 말미암아 이(理)의 실현에는 편차가 생긴다. 그런데 이(理)를 실현하는 기(氣)에 청탁수박(淸濁粹駁)이 있는 이유도 바로 이(理) 때문이다. 그렇다면 기(氣)는 그것에 의해 실현되는 이(理)$_1$과, 그 실현에 장애가 될 수 있는 편정통색(偏正通塞)과 청탁수박(淸濁粹駁)의 이유로서의 이(理)$_2$, 이렇게 상이한 두 이(理)에 이중으로 의존되어 있는 셈이다. 기(氣)에 적재되어 있는 이 두 이(理)의 실현은 서로 반비례적 조절 관계에 놓여 있다. 이(理)$_1$이 강하게 실현된다 함은, 이(理)$_2$가 그만큼 약하게 실현됨을 의미하고, 이(理)$_1$이 약하게 실현된다 함은, 이(理)$_2$가 그만큼 강하게 실현됨을 의미한다"(이 책, 94쪽)는 것에 대하여.

답: 필자는 "이(理)는 기(氣)에 의해 국소화(局所化)되는 과정에서 자신을 실현시킨다. 이(理)를 국소화(局所化)하는 기(氣)에는 편정통색(偏正通塞)과 청탁수박(淸濁粹駁)이 있으며, 이로 말미암아 이(理)의 실현에는 편차가 생긴다"는 것에 대해서는 주희와 율곡의 입장을 잘 해명한 것으로 생각한다. 그러나 그 이하의 내용에 대해서는 동의할 수 없는 바, 다음과 같은 두 가지를 질문하고자 한다. 첫째, 주자학의 이일분수론(理一分殊論)에 입각하면, 다양한 분수의 이(理)는 하나의 이(理)로 수렴되는 것이다. 그렇다면, '이(理)$_1$과 이(理)$_2$'가 '하나의 이(理)'로 수렴될 수 있는 것인가? 둘째, 주자학의 대전제는 "이(理)는 선(善)하다"는 것이다. 그렇다면 '이(理)$_2$'도 선(善)하다고 할 수 있는가?

여기에서 유의해야 할 것은 '이일분수(理一分殊)'의 문제이다. 주희는 이일분수(理─分殊)를 논하면서, 이일지리(理─之理)는 순선(純善)하지만, 분수지리(分殊之理)에는 '선악이 섞여 있다'고 보았다. 그런데 분수지리(分殊之理)에 선악이 있는 까닭은 기(氣)의 참치부제(參差不齊) 때문이라는 것이다. 다시 말해 "본래 선(善)한 이(理)"(이일지리(理─之理))가 '선악이 뒤섞인 다양한 양상'으로 드러나는 까닭은 '이(理)'에 있는 것이 아니라 '기(氣)'에 있다는 것이다.[16]

요컨대 주희의 경우 '이(理)$_2$'의 이(理)를 애초에 상정(想定)하지 않은 것이다. 다만 이(理)는 '만유(萬有)의 존재 이유(所以然)'라는 생각을 확대시켜 나가면 '이(理)$_2$'를 상정할 수 있으니, 노사(蘆沙) 기정진(奇正鎭)의 경우가 그러했다. 그러나 이것은 주희 이기론(理氣論)의 중심적 논리인 본구론(本具論)의 체계와는 부합하지 않는 것이다. 필자는 바로 이 지점에서 주희의 이기론(理氣論)에는 서로 다른 범주들이 착종(錯綜)되고 있다고 보는 것이다.

율곡은 기(氣)의 참치부제(參差不齊)의 이유를 이(理)로 설명한 바 있으니, 율곡은 '이(理)$_2$'의 이(理)를 상정했던 것이다. 이에 대한 필자의 견해는 다음과 같다. 율곡은 이(理)는 주재자(主宰者)라는 관점에서 '이(理)$_2$'에 대해서도 이(理)라고 한 경우가 있으나, 이는 율곡의 아언(雅言)이 아니다. '이(理)의 주재'에 대한 율곡의 지론은 '이(理)'는 기(氣)의 운동(일음일양(一陰一陽)이라는 순환적·법칙적 운동)의 표준이 된다는 것이었다.[17] 그런데 '기(氣)의 참치부제(參差不齊)함' 자체에 대해서도 '이(理)의 주재'를 적용시킨 것은 율곡의 실언이요, 이것은 '소연(所然)에는 소이연(所以然)이 있다'는 논리로부터 야기된 것이다.

필자가 생각하기에, 주희와 율곡의 아언(雅言)은 '이(理)와 기(氣)'

---

16 이에 대한 자세한 논의는 다음을 참조. 이상익 2007, 91-100쪽.
17 이에 대한 자세한 논의는 다음을 참조. 이상익 2005, 169-175쪽.

를 '이미 주어진 사실'로 전제하는 것이다. 기(氣)에 편정통색(偏正通塞)이나 청탁수박(淸濁粹駁)이 존재하는 것은 이(理)와 관계되기 이전에 그저 주어진 사실인 것이다. 기(氣)의 정동(動靜)(운동)을 논할 때, 비로소 그 표준(標準)(법칙)으로서의 이(理)가 문제되는 것이다.

⑬ "이 교수는 인심(人心)을 설명하는 과정에서, '인심(人心)은 형기(形氣)가 본성을 엄폐하고 육체적 욕망에 따른 것'이기에, 그 발현되는 바(所發)와 발현하는 바(能發)가 모두 형기(形氣)라고 주장했다. 그러나 이 교수의 이러한 주장은 그 자신이 주희와 율곡에게 종종 덮어씌우던 범주 오류를 범하고 있다"(이 책, 95쪽)에 대하여.

답:《기호성리학연구》, 71쪽에서의 필자의 주장은 "인심은 소발(所發)과 능발(能發)이 모두 형기(形氣)라는 것" 자체가 아니다. 필자의 주장은 '본(本)과 구(具)' 즉 '형상과 질료'의 관계는 소발(所發)과 능발(能發)의 관계에 해당되는 바, 율곡의 인심도심론(人心道心論)에는 '소발(所發)·능발(能發)'의 관계가 적용될 수 없다는 것, 따라서 '본(本)·구(具)'의 관계와 '인심(人心)·도심(道心)'의 관계는 구별되어야 한다는 것이다. 필자는 율곡의 인심도심론(人心道心論)에 '소발(所發)·능발(能發)'의 관계를 적용시킬 수 없는 이유를 설명하고자, '소발(所發)·능발(能發)'의 관계를 율곡의 인심론(人心論)에 적용시켜 본 것이요, 그 결과는 율곡의 인심(人心)은 능발(能發)도 형기(形氣)이고, 소발(所發)도 형기(形氣)라는 것이 되기 때문에, 적용시켜서는 안 된다는 것을 말한 것이다.

따라서 "이 교수의 이러한 주장은 그 자신이 주희와 율곡에게 종종 덮어씌우던 범주 오류를 범하고 있다"는 비판은 필자의 전후 문맥을 고려하지 않고 단장취의(斷章取義)한 결과가 아닌가 한다.

이승종 교수는 필자가 "인심(人心)을 형기(形氣)가 본성을 엄폐하고 육체적 욕망을 따른 것으로 간주"(이 책, 95쪽)했다고 하는데 '인심(人心)'에 대한 이러한 정의는 필자의 정의가 아니라 《기호성리학연구》의 70-71쪽 및 91-92쪽에 인용된 율곡의 원문에 보이듯이 율곡의 정의이다.

⑭ "이에 대해 이상익 교수는, 그렇다면 인심(人心)은 항상 악으로 규정될 수밖에 없다고 반박한다. 그는 "분명 성인(聖人)도 인심(人心)이 있다고 하였는데, 그러면 성인의 경우도 과(過)·불급(不及)을 면할 수 없다는 의미"인지 반문한다. 그러나 이 교수의 반문은 그릇된 것이다. 인심(人心)이 자신이 품고 있는 이(理)의 조절 여부에 따라서 선(善)으로 흐를 수도 있고 악(惡)으로 흐를 수도 있기 때문이다. 이 교수의 반문은 인심(人心)과 인욕(人欲)을 혼동하고 있다"(이 책, 96쪽)에 대하여.

답: 《기호성리학연구》, 89-92쪽에 여러 율곡의 원문들을 인용하고 있듯이, 인심(人心)에 대한 율곡의 정의는 일정하지 않다. 그 가운데 율곡은 "인심(人心)은 본연지성(本然之性)이 형기(形氣)에 의해 가려져서 제대로 발현되지 못한 것(情之掩乎形氣 而不能直遂其性命之本然者 目之以人心)"이라고 정의하고, "그 과(過)·불급(不及)을 살펴야 한다"고 했다. 필자가 말하는 바는 인심(人心)을 이렇게 정의한다면, 인심(人心)은 항상 악(惡)으로 규정될 수밖에 없다는 것이다. 본연지성(本然之性)이 제대로 구현되지 못한 것, 또는 과(過)·불급(不及)이 있는 것은 악(惡)이 아닌가? 그리하여 율곡은 "그것(인심(人心)의 과(過)·불급(不及))을 도심(道心)이 절제하여야 한다"고 한 것이 아닌가?(情之掩乎形氣 而不能直遂其性命之本然者 目之以人心 使人審其過不及而節制之 節制之者 道心之所爲也)

따라서 필자가 인심(人心)과 인욕(人欲)을 혼동한 것이라는 이승종 교수의 비판은 수용하기 곤란하다. '인심(人心)과 인욕(人欲)의 혼동'

이라는 비판을 꼭 하고 싶다면, 그 비판은 보다 먼저 율곡의 앞서와 같은 인심(人心)의 정의에 가해져야 할 것이다.

⑮ "이상익 교수는 '본래 인심(人心)과 도심(道心)은 서로 대립시켜 명의를 내세운 것인데, 인심(人心)·도심(道心)이 모두 기발이승(氣發理乘)이라고 한다면, 상대명립(相對立名)한 인심(人心)·도심(道心)의 원의가 퇴색된다'고 비판한다. 그러나 율곡에 있어서 인심(人心)과 도심(道心)의 구분은 절대적인 것이 아니라 조절 여부에 의거한 정도의 차에서 비롯되는 것이다. 이 사실을 상기할 때 퇴색되는 것은 인심(人心)·도심(道心)의 원의가 아니라, 구분의 절대성을 무비판적으로 전제하고 있는 이 교수의 해석의 타당성일 뿐이다"(이 책, 96쪽)에 대하여.

답: 필자는 결코 "인심(人心)·도심(道心)의 구분의 절대성을 무비판적으로 전제"하고 있지 않았다. 다만, 인심(人心)과 도심(道心)은 본래 상대해서 명의를 세운 것이라는 점이요, 이것은 필자의 견해이기 이전에 율곡 자신의 말이다.[18] 또한 율곡에 있어서의 인심(人心)과 도심(道心)의 구분은 절대적인 것이 아니라는 점은 필자도 익히 유의하고 있다.

그러나 율곡처럼 인심(人心)·도심(道心)이 모두 기발이승(氣發理乘)이라고 한다면, 상대명립(相對立名)한 인심(人心)·도심(道心)의 원의가 퇴색된다는 필자의 생각은 지금도 변함이 없다.

이승종 교수가 필자에게 제기한 논점에 대해, 필자는 앞서와 같이 장황하게 답변했다. 이상의 논점은 대략 둘로 정리된다.

첫째는 사실과 당위의 문제이다. 이승종 교수의 논지를 요약하자

---

18 《栗谷全書》, 卷10 頁7, 蓋人心道心 相對立名 旣曰道心則非人心 旣曰人心則非道心 故可作兩邊說下矣

면, "주자학에서는 사실과 당위가 하나의 끈으로 연결되어 있는데, 이 것을 충분히 이해하지 못하는 이상익 교수의 비판은 잘못된 것"이라는 내용이다. 이에 대해서는 다음과 같이 필자의 입장을 정리하겠다. 필자가 주희·율곡의 이기론(理氣論)에 범주착오라는 비판을 가하는 초점은 '사실과 당위의 연계'에 있는 것이 아니다. 필자의 초점은 '소이연(所以然)·소연(所然)'의 관점과 '본(本)·구(具)'의 관점을 중첩시킨 데 있는 것이었다. 필자는 '본(本)·구(具)'의 관계와 '소이연(所以然)·소연(所然)'의 관계가 항상 일치하는 것인지에 대해 이승종 교수의 견해를 듣고 싶다. 이에 대한 필자의 견해는 '본(本)·구(具)'와 '소이연(所以然)·소연(所然)'은 일정 부분 중첩되기도 하지만 어긋나기도 하기 때문에, 양자를 구별해야 한다는 것이다.

둘째는 주자학의 '이(理)'를 '이(理)$_1$과 이(理)$_2$'로 구분하는 문제이다. 필자는 '이(理)$_2$'는 '이(理)는 소이연(所以然)'이라는 관점에서 상정할 수는 있으나, 주희 이기론(理氣論)의 전반적 체계와는 부합하지 않는다고 본다. 다만 율곡은 '이(理)$_2$'를 말한 경우가 있으나, 이것 역시 율곡 이기론(理氣論)의 전반적 체계와는 부합되지 않는다는 것이 필자의 견해이다. 이승종 교수와 마찬가지로, 필자 역시 율곡의 이기론(理氣論)은 주희의 이기론(理氣論)과 대강(大綱)을 같이한다고 본다. 필자는 또한 주희와 율곡이 '이(理)·기(氣)'를 논하는 중심적 맥락은 '본(本)·구(具)'에 있다고 본다. 본구론(本具論)의 관점에서는 '이(理)는 순선(純善)한 통일자(通一者)'로 규정되기 때문에, 필자는 율곡이 '이(理)$_2$'를 인정한 것을 실언(失言)이라고 보는 것이다. 이에 대한 이승종 교수의 견해를 듣고 싶다.

3. 답론[19]

① 이상익 교수는 자신의 관심사가 진리와 윤리, 혹은 사실과 당위의 구분 문제가 아니라, 소이연(所以然)과 소연(所然), 본(本)과 구(具)의 구분 문제였다고 말한다. 그러나 이러한 주장이 이 교수에 대한 나의 해석과 얼마나 차이가 있는지 잘 모르겠다. 이 교수의《기호성리학연구》34쪽에는 "소이연(所以然)이란 이 사실 세계의 필연법칙"이라는 구절이 나온다. 소이연(所以然)이 사실과 연관되는 개념이라는 것이다. 같은 책 40쪽에서는 "본(本)이 인륜세계의 당위적 근거"라고 말하고 있다. 본(本)이 당위와 연관되는 개념이라는 것이다. 진리와 윤리, 사실과 당위의 구분이, 소이연(所以然)과 소연(所然), 본(本)과 구(具)의 구분과 밀접하게 연관되어 있음을 이 교수 본인도 인정하고 있는 것이다.

③ 이상익 교수는 자신의 주장이 "인용문 C가 '소이연(所以然)·소연(所然)의 필연적 관계'와 '본(本)·구(具)의 우연적 관계'를 혼동하고 있다는 것이 아니"라 "인용문 C에서 말하는 '소이(所以)'는 '소연(所然)을 필연적으로 규정하는 소이연(所以然)'과는 다른 맥락의 '소이(所以)'라는 것이었다"고 말한다. 그러면서 자신이《기호성리학연구》에서 인용문 C를 인용하는 전체 맥락을 인용하고 있다. 그런데 이 교수가 인용한 전체 맥락은 "소이연(所以然)·소연(所然)을 본(本)·구(具)와 혼동하게 되는 연유를 살펴보자"는 문장으로 시작한 뒤, 그 혼동의 예로써 인용문 C를 인용하고 있다.

---

19 이 절은 1999년 5월 28일 한국학중앙연구원에서 있었던 금요강좌와 2007년 6월 2일 성균관대학교에서 있었던 아시아철학자대회에서 발표한 이상익 교수의 반론에 대한 답론을 합본한 것이다.

④ 이상익 교수는 '소당연지칙(所當然之則)'에서의 '소당연(所當然)'을 '그러함에 직면함'으로 해석해서는 곤란하다고 주장한다. 동의한다. 그러나 우리는 '소당연지칙(所當然之則)'에서의 '소당연(所當然)'을 '그러함에 직면함'으로 해석하지 않았다.

⑤ 이상익 교수는 "사람은 총으로 쏘면 죽는다"와 "사람은 총으로 쏴 죽여야 한다"가 사실과 당위의 구분이라고 했는데, 그 예는 주희적이지 않아 보인다. 아울러 이상익 교수는 "모든 사실이 그 자체로 모두 당위일 수는 없다"고 했는데, 주희도 그렇게 주장하지는 않았다. 당위가 사실과의 직면을 통해서 발현한다는 것이 주희에 대한 우리의 해석의 골자였다.

⑥ 이상익 교수는 사태와 당위, 당위와 필연이 하나의 끈으로 이어져 있다는 우리의 주장에 대해, '사태와 당위' 또는 '당위와 필연'은 '괴리되는 경우'도 있다면서, "'갑(甲)이 을(乙)의 호흡을 막아 죽였다'고 하는 것은 '당위적으로 용납될 수 없는 사태'일 것이요, 여기에서 당위와 사태는 괴리되고 있는 것이다"라고 말한다. 그러나 이 교수의 예가 정말 '당위적으로 용납될 수 없는 사태'인지는 자명하지 않다. 예에서의 행위가 파렴치한 살인자에 대한 적법한 처벌이거나 말기 암 환자의 간청에 따른 안락사일 수도 있기 때문이다.

⑦ 이상익 교수는 '도리(道理)의 필연성'과 '논리적 필연성'에 대한 우리의 구분에 대해, 이에 덧붙여 '사리(事理)의 필연성'도 구분해야 한다고 주장한다. 이 교수가 말하는 '사리의 필연성'이란 그가 스스로 밝혔듯이 "'소이연(所以然)'에 해당되는 것"이다. 그러나 우리는 이 '소이연(所以然)'이 필연적이라는 주장에 동의하지 않는다. 사리(事理)에 어긋나는 일도

일어나는 것이 세상사 아닌가.

⑧ 이상익 교수는 '소이연(所以然)·소연(所然)'을 '필연적 인과 관계'로 규정함은 잘못이라는 우리의 비판을 수용한다. 그러나 그 과정에서 이 교수는 '소이연(所以然)·소연(所然)' 관계의 성격과 소이연(所以然)의 성격을 혼동하고 있다. 우리의 비판은 전자를 필연적 인과 관계로 규정하는 것이 잘못이라는 것이지, 후자가 필연적이지 않다는 것은 아니었다. 소이연(所以然)의 경우에는 필연적일 수도 있고 우연적일 수도 있기 때문이다. 예컨대 피타고라스 정리의 소이연(所以然)은 필연적이고, 사리(事理)의 소이연(所以然)은 그렇지 못하다.

⑩ 이상익 교수는 주희가 참치부제(參差不齊)의 이유를 이(理)로 규정했다는 우리의 해석을 거부하면서, "주자학에서의 이(理)는 '선(善: 바름)의 표준'"이라고 주장한다. 우리는 이 교수의 이러한 주장이 소이연으로서의 이(理)에도 해당되는지 되묻고 싶다. 이 교수에 따르면 소이연은 이 사실 세계의 필연법칙인데, 이 법칙을 '선(善: 바름)의 표준'으로만 해석한다면, 사실 세계를 도덕의 관점으로만 바라보는 결과를 낳기 때문이다. 아울러 이 교수의 주장대로 주희에 있어서 참치부제(參差不齊)의 이유가 이(理)가 아니라면, "기(氣)가 응결(凝結)하는 곳에 이(理)가 문득 그 가운데 있다(氣凝聚處 理便在其中)"는 주희의 명제는 어떻게 해석해야 하는가?

⑫ 이상익 교수는, 기(氣)가 그것에 의해 실현되는 이(理)$_1$과 그 실현에 장애가 될 수 있는 편정통색(偏正通塞)과 청탁수박(淸濁粹駁)의 이유로서의 이(理)$_2$, 이렇게 상이한 두 이(理)에 이중으로 의존되어 있다는 우리의 해석(이승종 2012 참조)을 거부하면서 다음과 같이 반문한다. "첫째, '이(理)$_1$

과 이(理)₂'가 주자학의 이일분수론(理一分殊論)에 입각하면, 다양한 분수의 이(理)는 하나의 이(理)로 수렴되는 것이다. 그렇다면, '이(理)₁과 이(理)₂'가 '하나의 이(理)'로 수렴될 수 있는 것인가? 둘째, 주자학의 대전제는 '이(理)는 선(善)하다'는 것이다. 그렇다면 '이(理)₂'도 선(善)하다고 할 수 있는가?" 우리는 두 질문의 각 전제들을 부정한다. 우리는 이일분수론(理一分殊論)에 대해 이상익 교수와는 다른 이해를 가지고 있다. "이(理)는 선(善)하다"는 것을 주자학의 대전제로 보지 않는 이유에 대해서는 앞 단락에서 밝힌 바 있다.

⑬ 우리는 이상익 교수가 인심(人心)을 설명하는 과정에서, "인심(人心)은 형기(形氣)가 본성(本性)을 엄폐하고 육체적 욕망에 따른 것"이기에, 그 발현되는 바(所發)와 발현하는 바(能發)가 모두 형기(形氣)라고 주장했다고 보았다. 그리고 이러한 주장이 이 교수 자신이 주희와 율곡에게 종종 덮어씌우던 범주 오류를 범하고 있다고 비판했다. 이에 대해 이상익 교수는 자신의 주장이 "인심은 소발(所發)과 능발(能發)이 모두 형기(形氣)라는 것" 자체가 아니라, "'본(本)과 구(具)' 즉 '형상(形相)과 질료(質料)'의 관계는 소발(所發)과 능발(能發)의 관계에 해당되는 바, 율곡의 인심도심론(人心道心論)에는 '소발(所發)·능발(能發)'의 관계가 적용될 수 없다는 것, 따라서 '본(本)·구(具)'의 관계와 '인심(人心)·도심(道心)'의 관계는 구별되어야 한다는 것이다"라고 답변한다. 이상익 교수의 논증은 본(本)과 구(具), 형상과 질료의 관계가 소발(所發)·능발(能發)의 관계에 해당하는 데 반해, 인심(人心)·도심(道心)에는 소발(所發)·능발(能發)의 관계가 적용될 수 없다는 것을 보이는 귀류법으로 이루어져 있다. 우리는 그 귀류법의 추론 과정에 문제가 있다고 본다. 요컨대 소발(所發)·능발(能發)의 관계를 인심(人心)에다가 적용하게 되면, 인심(人心)은 소발(所發)도 형기(形氣)요

능발(能發)도 형기(形氣)가 된다는 추론이 문제라고 본다.

이상익 교수는 "인심(人心)을 형기(形氣)가 본성을 엄폐하고 육체적 욕망을 따른 것으로 간주하는 정의(定意)"는 자신의 정의(定意)가 아니라 율곡의 정의(定意)라고 말한다. 우리는 정의(定意) 자체를 문제 삼으려는 것이 아니라, 정의(定意)에 이미, 발현되는 바로서의 본성과 발현하는 바로서의 형기(形氣) 사이의 구분이 내재되어 있으며, 따라서 형기(形氣)가 발현하는 동시에 발현되는 바가 될 수는 없음을 보이려 했던 것이다.

⑭ 이상익 교수는 인심(人心)에 대한 율곡의 정의가 잘못되었다고 말한다. 이 교수의 논평을 읽고도 우리는 구체적으로 어디가 잘못되었는지 모르겠다. 이 교수와 달리 우리는 인심(人心)과 도심(道心)의 차이가 과불급의 정도 차이라고 본다.

⑮ 이상익 교수는 자신이 결코 "인심(人心)·도심(道心)의 구분의 절대성을 무비판적으로 전제하지 않았다"고 말한다. 우리는 이 교수의 이러한 반론을 수용한다. 그러나 율곡의 인심도심론(人心道心論) 자체에 문제가 있다는 이 교수의 주장은 여전히 납득할 수 없다.

4. 한국학중앙연구원에서의 토론[20]

이상익 제가《기호성리학연구》에서 단순하게 넘어간 것을 이승종 교수

20 이 절은 1999년 5월 28일 한국학중앙연구원에서 있었던 금요강좌에서의 토론을 옮긴 것이다. 토론 참가자는 다음과 같다. 이상익(부산교육대 윤리교육과 교수), 김형효(한국학중앙연구원 철학교수), 한형조(한국학중앙연구원 철학 교수), 김백희(한국학중앙연구원 한국학과 책임연구원), 최진덕(한국학중앙연구원 철학교수), 허탁(한국학중앙연구원 철학전공 대학원생).

가 꼼꼼히 논리적으로 분석해준 데 대해 감사하게 생각합니다. 우선 저는 인과 관계, 필연성 등의 문제에 관한 이승종 교수의 지적을 받아들입니다. 다만 몇 마디 보태려 합니다.

데카르트는 신의 존재를 증명하는 데 인과 관계의 법칙을 말하면서, 신을 원인이라고 하고 이 세계를 결과라고 말한 적이 있습니다. 그 인과 법칙에 의하면, 원인은 결과보다 커야 합니다. 내가 이 깡통에다 100원을 넣었다면, 깡통에서 나오는 것은 100원 이하면 이하지 200원이 될 수 없습니다. 이 세계가 이만큼 위대하니까, 이 세계를 만든 신은 더 위대할 것이라는 이야기입니다. 저는 이러한 의미의 인과 관계를 염두에 두면서, 소연(所然)과 소이연(所以然)의 관계를 인과 관계라고 본 것입니다. 아울러 저는 그것이, 규정하는 관계라는 점을 괄호 속에서 보충해서 설명했습니다.

필연성에 대해서도 몇 마디 덧붙이겠습니다. 저도 흄에서 양자역학에 이르기까지 현실 세계, 이 세계에 있어서 어떤 경험에 있어서 필연성이 보장되기 어렵다는 설이 널리 유포되어 왔음을 알고 있습니다. 그러나 만약에 필연성의 영역이 없다면, 우리가 컴퓨터를 가지고 무엇을 할 수 있을는지, 기계를 가지고 무엇을 할 수 있을는지 묻고 싶습니다. 미시세계, 또는 거시세계에 필연성은 없고 개연성뿐이라지만, 혹시 미시세계나 거시세계에서는 우리가 완전히 증명해내지 못했기 때문에, 개연적으로 보이는, 그런 현상을 다 포괄해서 설명할 수 있는 필연적 법칙을 찾아내지 못했기 때문에, 그것을 개연성이라고 하는 것이 아닐까요? 우리 현상세계에서는 모든 사건이 법칙과 필연적으로 맞지 않습니까? 우리 의지대로 세상이 돌아가는 것은 아니지 않습니까? 그런 차원에서 상식적인 의미에서의 필연성이라고 하는 개념을 썼다는 것을 말씀드립니다.

이승종 철학의 쟁점 중 논의가 종료된 것이 거의 없습니다. 대부분이 진행 중이죠. 필연성과 우연성에 대한 논의도 진행 중인 논의입니다. 그래서 단정적으로 말하기가 어렵습니다. 필연성과 우연성에 대한 논의가 벌어지는 물리학에서도 마찬가지입니다. 우리가 살고 있는 가시세계에서, 혹은 물리계에서 필연성이 담보되지 않는다면 필연성을 전제로 하는 제반의 작업들, 예컨대 인공위성을 발사한다는 것이 어떻게 과연 성립할 수 있겠는가라는 교수님의 질문은 유익한 문제 제기입니다.

그런데 필연성이나 우연성은 동양의 언어는 아닌 것 같습니다. 마치 불교가 중국에 왔을 때, 불교의 개념이 중국 철학의 언어로 번역되어서 겨우 불교로서 소개되었던 것처럼(격의 불교) 말입니다. 필연성 하면 'necessity'를, 우연성 하면 'contingency'를 떠올립니다. 그런데 'contingency'가 '우연성'으로 번역되면, 그것은 '아무렇게나 막 된다', 그러니까 'random하다', '운에 따르는 거다', '아무런 규칙성이 없다'는 함의를 가지게 됩니다. 그러나 필연성을 둘러싼 현대 과학철학과 물리학의 담론과 논쟁에서 우연성은 그런 의미가 아닙니다.

아원자 세계에서의 측정에서는, 우리의 능력을 총동원해도 플랑크 상수만큼의 오차는 어떻게 해도 줄일 수 없다는 것이 하이젠베르크의 불확정성 원리입니다. 이는 증명된 것은 아니지만, 많은 물리학자들이 타당한 것으로 간주해 널리 사용하고 있습니다. 아인슈타인이 거의 유일한 반대자였습니다. 여기서의 불확정성은 사실 아주 미미한 것에 불과합니다. 안심하고 살아도 상관없습니다. 우리가 살고 있는 가시세계는 아인슈타인이나 하이젠베르크도 필요도 없습니다. 뉴턴 역학으로도 충분히 설명이 됩니다. 다만 그것을 거시세계와 미시세계에 확대 적용하는 데서 문제가 생기기 때문에, 현재 상대성이론과 양자역학의 두 패러다임이 공존하는 것입니다.

아인슈타인은, 하이젠베르크가 말한 불확정성은 양자역학의 불완전성에서 기인한 것이지, 세계 자체가 그렇게 되어 있다는 근거는 없다고 일축했습니다. 아인슈타인은 이를 "신(神)은 주사위 놀이를 하지 않는다"는 말로 표현했습니다.

그 뒤 양자역학의 역사는 아인슈타인에게 불리하게 전개되었습니다. 양자역학의 불완전성을 실험을 통해 입증해보이려 했던 아인슈타인의 제안은 그가 작고한 뒤 1970년대 말에 실제로 이루어졌습니다. 아인슈타인은 이 사유실험이 이루어지면 양자역학이 언젠가 수정이 필요한 불완전한 학문임을 입증할 수 있다고 보았습니다만, 실제의 실험 결과는 아인슈타인이 아닌 양자역학의 손을 들어주었습니다. 결국 양자역학이 불완전한 학문이라는 아인슈타인의 신념은 잘못된 것임이 드러났습니다.

그러나 그렇다고 해서 양자역학이 완전한 학문이라는 것이 입증되는 것은 아닙니다. 어떤 이론 T가 어떤 사건 E를 예측하는데, 그 사건이 예측과 안 맞으면, 그 T는 부정됩니다. 그런데 어떤 이론이 어떤 사건을 예측하는데 그 사건이 예측대로 일어났다고 해서 T가 긍정되는 것은 아닙니다.

$$
\begin{array}{ccc}
T \supset E & \quad & T \supset E \\
\sim E & & E \\
\hline
\therefore \sim T & & \therefore T
\end{array}
$$

즉, 앞의 두 논증 형식에서 첫째 것은 후건 부정의 원리에 의거한 타당한 논증 형식이고, 둘째 것은 후건 긍정의 오류에 근거한 부당한 논증 형식입니다.

학자들은 이제 아원자 수준에서의 아주 근소한 것이긴 하지만, 불확정성은 불가피하다는 양자역학의 주장을 신뢰할 만한 것으로 받아들이게 되었습니다.

이 불확정성이 무시해도 좋은 작은 것이기 때문에, 일상생활에서는 고전 역학적 세계 설명이 별 문제가 없다고 교수님의 질문에 답변할 수 있습니다. 그러나 필연이라는 것이 100%라면, 엄밀히 말해 0.0001%라는 먼지만 들어가도 그 필연성은 깨지는 겁니다. 99.999%의 개연성도 우연성이며 따라서 필연성이 아닙니다. 그런 의미의 우연성이지 아무래도 좋다, 확률이 20%, 30%라는 건 아닙니다. 필연성과 우연성에 관한 문제는 계속 두고 봐야 할 철학의 영원한 과제입니다.

이상익 교수님의 반론에 대한 저의 답론에 몇 가지를 추가하고자 합니다.

②의 표적이 된 언명이 이상익 교수님을 염두에 두었던 것은 아니었습니다.

⑧에서 이상익 교수님은 저 자신도 필연성을 이(理)의 속성이라고 보았다고 했는데, 그 필연성은 당위의 이유로서의 도리(道理)의 필연성입니다.

⑨에서의 이상익 교수님의 지적은 받아들입니다. 그런데 본(本)을 이데아나 형상으로 보는 것은 납득이 가지 않습니다.

⑬에서 이상익 교수님은 저의 비판이 교수님의 의도를 단장취의(斷章取義)한 게 아니냐 했는데, 사실 제 책의 2장 1절에 교수님이 여기서 한 말이 원본 그대로 들어 있습니다. 교수님의 논증은 귀류법이나 간접증명입니다. 본(本)과 구(具), 형상과 질료의 관계가 소발(所發)·능발(能發) 관계에 해당하는 데 반해, 인심(人心)·도심(道心)에는 소발(所發)·능발(能發)의 관계가 적용될 수 없는 쪽으로 증명했습니다. 그런데 귀류법이나 간접증명에서도 그 논증의 과정에 문제가 있으면, 그 증명의 타당성에 문제

를 제기할 수 있습니다.

⑬에서의 정의가 이상익 교수님의 정의가 아니라 율곡의 정의라는 점은 저도 알고 있습니다. 제 책 95쪽에서도 밝히고 있습니다. 저는 정의에 문제가 있다는 게 아니라, 정의에 이미 소발(所發)·능발(能發)이 본성과 형기(形氣)로 나뉘어 있다는 것입니다. 소발(所發)·능발(能發)의 구분이 인심(人心)에는 적용이 안 된다는 이상익 교수님의 논증에 저는 수긍이 안 갑니다.

질문 필연, 우연, 가능, 불가능은 어떤 사태에 대한 양상을 이야기하는 것이 아닙니까? 이 논문을 보면 범주 오류라는 용어가 자주 등장하는데, 이 논문에서처럼 당위하고 필연을 같은 차원에서 논의하는 것이야말로 범주 오류를 범하는 것이 아닙니까? 여기서 논증하는 것을 보면, 당위적인 것은 x에 대입해보자, 그러면 당위와 필연이 연결된다는, 어떻게 보면 논리학의 형식성에 치우친 느낌을 받게 되는데, 당위는 행위에, 필연은 사태에 연결되는 것 아닙니까?

이승종 당위와 필연이라는 개념도 과연 주희나 율곡의 철학에 얼마나 적합한지에 대해서, 그리고 그들의 텍스트 안에서 발견되는 개념인지에 대해서 의심해볼 수 있습니다. 이상익 교수님의 번역에 따르면 소당연이불용이(所當然而不容已)가 당위와 연관되고, 소이연이불가역자(所以然而不可易者)가 필연에 연관됩니다. 불가역자(不可易者), 즉 바꿀 수 없는 것을 필연으로 교수님이 번역하였습니다. 저는 논리적으로 별 무리가 없는 좋은 번역이라 생각해서 그대로 따랐습니다. 논리학에서도 필연은 다른 것으로 바꿀 수 없다는 말과 거의 동치입니다.

당위와 필연을 같은 차원에서 논의하는 것이 범주 오류가 아니냐는 비판은, 흄과 같은 자연주의 윤리학을 비판하면서 무어가 처음 지적했던 자연주의적 오류를 연상케 합니다. 그러나 당위나 필연이라는 개념이 서양에서와 유사한 방식으로 주희의《대학혹문(大學或問)》에도 사용되었는가에 대해서 저는 의구심을 가지고 있습니다. 제가 여러 번 분석했던 인용문 A에 나와 있는 구절을, 이상익 교수님의 제안대로 소당연이불용이(所當然而不容已)를 당위로, 소이연이불가역자(所以然而不可易者)를 필연으로 재구성해보면, 주희의 철학에서는 사태와의 직면, 당위, 그 소이(所以)의 필연은 이어져 있습니다. 물론 질문하신 포인트, 즉 당위와 필연을 이어놓는 것이 과연 정당화될 수 있는 것인지의 문제는 여전히 주희에게 물어볼 수가 있겠습니다. 결국 질문은 주희의 철학이 타당성을 지닐 수 있느냐 하는 쪽으로 흐르게 될 터인데, 저는 제가 이해하는 원전에 맞춰서, 서양적인, 혹은 격의적 구분이나 개념 없이, 가급적이면 주희가 한 말을 가지고 왜 사태와의 직면, 당위의 필연이 하나로 이어져 있는지를, 그리고 주희는 왜 그렇게 믿는지를 재구성해본 것뿐입니다. 그러한 재구성이 타당성과 적실성을 지닐 수 있는가의 문제는 남아 있습니다.

그 적실성에 관한 논의는 2가지 각도에서 이루어질 수 있겠습니다. 하나는 서양적인 것으로, 서양의 윤리학에서는 당위와 필연의 구분이 당연시된 지가 오래인데 과연 저 당위와 필연의 끈 이론을 주희가 유지할 수 있느냐는 비판이 있을 수 있고, 또 하나는 동양어권 안에서 주희의 텍스트인《대학혹문(大學或問)》을 가지고 저 이론을 엮어내는 것이 과연 얼마나 동양 언어적인 논리 안에서 정당화될 수 있느냐는 비판이 가능할 겁니다.

김형효 이상익 교수님께 묻겠습니다. 본(本)과 구(具)를 우연적인 것이라 봅니까?

이상익 그렇습니다. 예컨대 사람의 본성은 기(氣)의 청탁수박(淸濁粹駁)에 의해서 제대로 구현되기도 하고 되지 못하기도 합니다. 그런 맥락에서 필연적으로 구현되는 것이 아니라, 구현되기도 하고 안 되는 경우도 있으며 따라서 우연적입니다.

김형효 그런데 사실세계의 관계가 다 우연이라는 것이 납득되지 않습니다.

이상익 그 관계는 이승종 교수님이 도표로 분류했는데, 발표문 3쪽의 그 도표를 보면 소이연(所以然)과 소연(所然)은 서로 결합되는 것으로 동그라미로 표시되어 있고, 본(本)·구(具)도 서로 결합이라고 되어 있습니다. 양자는 서로 결합되어 하나의 존재자를 이루는 관계임을 인정하고 있는 것입니다. 본(本)과 구(具)의 경우 그 존재자가 반드시 형상을 따라가는 건 아니고, 불완전할 수 있다는 뜻에서 우연성이라 보았습니다.

김형효 실현관계, 실현의 문제를 말하는 것입니까?

이상익 그렇습니다. 그게 완전하게 구현되는 게 있고, 불완전하게 구현되는 경우도 있습니다. 소이연(所以然)과 소연(所然)을 필연이라고 했을 때는, 그게 어긋나지 않는다는 뜻입니다.

김형효 이승종 교수님에게 묻겠습니다. 발표문 마지막에 이통기국(理通氣局)과 기발이승(氣發理乘)을 말하면서, 유교적인 사회구성체와 불가분의 관계가 있다고 했습니다. 그리고 이에 비해 비트겐슈타인이 말하고 있는 '문맥'이 보다 원초적인 사회구성과 관계가 있다고 했습니다. 그런데 율곡이 말한 이통기국(理通氣局)이나 기발이승(氣發理乘)이 단지 유학적인 사회구성체 내에서만 제한되는 것이 아니고, 인간의 보편적인 사실이 아닌지요. 기발이승(氣發理乘)은 사실과 의미가 분리된 것이 아니라는 것을 말하는 것이고, 이통기국(理通氣局)은 사실과 의미의 보편성과 다양한 실현을 말하는 것이기에, 그것들은 단지 유교사회에만 제한되는 것이 아니고 오히려 인간의 보편적인 사실에 적용될 수 있는 것이 아닌지요. 따라서 굳이 비트겐슈타인의 문맥과 나누어 볼 필요가 있겠는가라는 의문이 생깁니다. 막스 베버의 말처럼, 철학이나 사회학은 반드시 인간의 현실을 말해야 하며, 그렇지 않고 그 현실과 단절된 모든 논리가 가지는 모호성·추상성을 학자들이 경계해야 한다고 저는 생각합니다. 오늘 교수님의 논의를 들으면서 느껴지는 것은, 치밀한 논증에도 불구하고 그렇게 많은 말과 노력을 하면서도 결국 도대체 뭘 말하려 하는 것일까 하는 의문입니다.

이승종 이 글의 결론부에서 비트겐슈타인과 주희, 율곡을 비교하면서 주희와 율곡이 유교적인 사회구성체 안에서 철학을 하는 사람들이라는 저의 주장이 좀 성급하다는 지적, 주희와 율곡은 유교적인 사회구성체를 넘어서 보편적인 인류에 호소하는 철학자라는 지적은 저도 경청해야 한다고 생각합니다. 그런데 제가 여기서 재구성한 대로 사실과의 직면을 통해서 인간의 당위를 발견하게 되고, 당위의 필연적인 이치가 담겨 있다는 것이 주희의 입장이라면, 그것은 역시 윤리적인 세계 이해라고 보지 않을 수 없습니다. 어떠한 사실에도 우리가 해야만 하는 멈출 수 없는 도덕적인 과제가 있고, 그 과제의 근거는 필연적이어서 그걸 어떻게 달리 할 수가 없음을 보이려는 것은 이 세계를 정말로 진지하게 살아보려는 양심 있는 사람의 정치한 작업으로 여겨집니다. 저는 그렇게 주희와 율곡을 읽었습니다. 오늘의 발표문에서 저는 그들 논제의 형식논리적인 연관성을 주로 점검해보았습니다. 하지만 그들 사유의 내용을 열어보면, 유교적 윤리가 골간임을 바로 알게 됩니다. 예컨대 아이가 우물에 빠진 걸 보고 멈출 수 없는 측은지심(惻隱之心)을 갖게 되는 것에 대한 사유가 그렇습니다. 그들의 도덕 형이상학은, 내용면에서 그들이 속한 사회 문화적인 테두리에 한계 지어져 있다는 것을 부인할 수는 없을 겁니다. 물론 그러한 정신으로 살아가고, 그러한 정신으로 철학을 하는 사람들은 그것의 보편성을 신봉하고 자신의 철학이 인간 일반에 호소하는 것이라고 주장을 하겠지만, 그리고 제가 이러한 훌륭한 철학을 부인하는 건 아니지만, 지구촌 시대에 우리는 다른 여러 사회 문화들에 대해서 알게 되었습니다. 유교적인 사회질서 바깥의 세계를 접하게 된 지도 이미 오래되었습니다. 물론 우리의 몸과 마음의 구석구석에는 이러한 유교적인 윤리나 세계 이해가 많이 남겨져 있기는 하지만, 그것이 반드시 보편적인 것이 아님을 어느 정도 깨닫게 되었습니다. 그럼에도 불구하고 제가 이 논문에서 시도하려 했던 것은 이러한 훌륭한 철학이 지니고 있는 내용을 잠시 괄호 쳤을 때, 여전히 남게 되는 형이상학적인 원리들, 그리고 형이상학적인 원리로 구성된 그 놀라운 세계관의 현대성은 여전히 천착해야 할 가치가 있다는 점이었습니다. 그것이 기발이승(氣發理乘)이나 이통기국(理通氣局), 이일분수(理一分殊)에 대한 저의 이론적인 시도가 목적하고 있는 바입니다.

김형효 사실과 당위, 소이연(所以然)과 소당연(所當然)의 관계에서 볼 때, 주희가 생각하기로 이 우주는 거대한 인(仁)의 세계였습니다. 그래서 이 세계가 인(仁)의 세계이니까 인간도 그것에 따라 인(仁)해야 하지 않겠는가, 그리고 그렇게 보면 소이연(所以然)과 소당연(所當然)은 분리되는 것이 아닙니다. 그러나 동시에 그렇게 보지 않고 심(心)·신(身)의 관계, 몸과 마음의 관계로 볼 때, 몸과 마음의 관계가 메를로-퐁티(Maurice Merleau-Ponty)가 말하는 주체로서의 육체처럼 주희도 그렇게 해나가는데, 그때 그 사실, 내 마음과 몸은 그 자체가 완전히 사실이기 때문에 거기에는 무슨 당위니 뭐니 하는 것을 꺼낼 필요가 없습니다. 오직 사실만이 있을 뿐이기에 당위의 문제가 끼어들 여지가 없는 것입니다. 그러면 결국 이승종 교수님은 주희 철학의 당위적인 측면만을 이야기한 것이지, 사실적·현상학적 측면은 이야기하지 못한 것이 아닌가 합니다.

한형조 주희에게 있어서 당연은 사실과 당위의 측면을 동시에 지니고 있습니다. 주희는 도덕을 자연적 측면에서 봅니다. 그는 도덕을 당위의 측면이 아니라 사실의 당연성의 측면에서 말하고 있습니다. 아이가 우물에 빠진 것을 보면 측은지심(惻隱之心)이 일어남을 멈출 수 없다는 것은 사실입니다. 그것을 멈추어서는 안 된다는 것이 포인트가 아니라, 그것을 멈출 수 없다는 것이 사실이라는 것이 포인트입니다. 이 사실을 바탕으로 도덕을 정초하려 했던 것입니다.

이상익 사실과 당위는 일치하는 지점도 있고 그렇지 않은 지점도 있습니다. 따라서 한편으로 양자는 범주적으로 구분되어야 하고, 다른 한편으로 사실은 교정을 필요로 하기도 합니다. 물론 두 범주의 만남이 주자학이 추구하고자 하는 목표요 이상이기는 합니다.

김형효 주희가 가치를 이야기하는 맥락이 바로 그러한 이상적이고 예외적인 맥락입니다. 그러나 이상과 현상/현실/사실이 다르다는 것을 잊어서는 안 될 것입니다.

이승종 주희 자신은 그것을 예외적인 것으로 보지 않았습니다. 김형효 교수님이나 이상익 교수님과 저는, 서로 모순되는 입장은 아닐지라도 주희에 대한 접근법에 있어서 차이가 있는 것 같습니다. 제가 강조하고자 하는 바는 사실로부터 당위가 나온다는 것입니다. 당위의 이유가 이치의 필연성이라는 것입니다. 반면 김형효 교수님과 이상익 교수님은 사실과 당위가 안 맞는 경우가 있고, 이에 대한 주희의 설명에 틈새가 있다는 것을 강조하고 계십니다.

이상익 물론 이승종 교수님의 해석이 더욱 주희의 취지에 부합함을 인정합니다. 그러나 여전히 사실과 당위가 서로 안 맞는 부분이 있기 때문에 양자는 갈라서 보아야 한다고 생각합니다. 조선조 성리학자들은 저마다 이(理)와 기(氣)를 말하지만, 사실은 서로 다른 이(理)와 기(氣)의 개념을 지니고 있지 않았나 하는 의구심이 들 때가 많습니다.

김형효 주희는 대단히 애매하면서도 비옥한 사상을 지닌 철학자입니다. 따라서 이승종 교수님과 같은 방식으로 주희를 명확히 설명하기에는 많은 어려움이 있습니다. 조선조 유학자들 중에서 퇴계는 주희의 종교철학적 측면을, 율곡은 현상학적 측면을 부각시켰다고 봅니다. 사실과 당위가 겹치기도 하고 안 겹치기도 하는 양면성을 그대로 인정하는 것이 주희의 사상에 더 가깝다고 봅니다. 이 양면성을 하나로 좁혀서 정리하려는 시도는 주희의 취지에 부합하지 않습니다.

김백희 주희의 수양론적 측면이 이승종 교수님의 논문에 제대로 반영되어 있는지 의구심이 듭니다. 소위 "다른 이(理)의 간섭을 받는 이(理)"가 과연 주희의 이(理)라고 할 수 있는지 의심스럽습니다. 사과의 이(理), 과

일의 이(理)가 과연 주희가 말하는 이(理)인지에 대해서도 마찬가지입니다. 반(反)결정성과 조절이론은 다음과 같은 이유에서 주희의 수양론과 조화되기 어렵습니다. 주희에 의하면 기질 중에는 변화시킬 수 있는 것이 있고 없는 것이 있습니다. 소이연(所以然)이나 소당연(所當然)으로서의 이미 주어져 있는 이(理)는 변화시킬 수 없는 필연적이고 당위적인 사실입니다. 주희의 수양론은 변화시킬 수 있는 기(氣)를 대상으로 하고 있는데, 이승종 교수님의 글에서는 대상이 기(氣)에서 이(理)로 변화되고 있습니다. 주희의 목적은 기질을 변화시키는 것인데, 교수님의 글은 그것을 이(理)로 환원시켜 이(理)의 간섭성과 상호 의존성을 강조하고 있습니다. 또한 주희가 역설하는 이(理)의 절대성도 상대성으로 바꾸어놓고 있습니다. 간섭성과 상호 의존성은 이(理) 아닌 기(氣)에 적용되어야 할 것입니다.

이승종 저는 지금까지 형이상학적인 것과 윤리적인 것이 합쳐져 있다는 것을 강조했지만, 지금과 같은 질문에 답변을 할 때는 어쩔 수 없이 나누어야 할 것 같습니다. 김백희 선생님의 지적은, 저의 글에서 수양론이나 윤리와 연관된 이(理)에 대한 해석과 형이상학적인 혹은 이론적인 이(理)에 대한 해석이 서로 잘 어우러지지 않는다는 비판입니다. 그래서 예를 들어 사과의 이(理), 맥주의 이(理)가 정말 이(理)냐, 우리가 이(理)를 추구해야 한다고 할 때, 우리가 정말 그런 이(理)를 추구해야 하느냐고 질문한다면 그런 건 물론 아닙니다. 제가 여기서 하고 있는 이(理)와 기(氣)에 대한 작업은 거의 다 형이상학적인 차원에서 이루어지고 있는 이론적인 것입니다. 이론적인 것을 계속 밀어붙이면 이러한 결과에 도달하지 않을 수 없다는 생각이 들게 하는 구절들이 많이 있습니다. 예를 들면 원래 이(理)는 하나인데, 그것이 기(氣)와 만나서 자신을 충분히 실현하기도 하고 충분히 실현하지 못하기도 합니다. 그것은 기(氣)의 청탁수박(淸濁粹駁) 때문에 그렇습니다. 그런데 기(氣)의 청탁수박(淸濁粹駁)은 이유가 있는데 그 또한 이(理)라고 부름 직합니다. 그러한 구절이 10쪽에 흩어져서 나옵니다. 그러면 어떤 하나의 사건이 있을 때, 사건을 통해서 실현되는 이(理)가 있고, 그 이(理)의 실현의 양상을 조절하는 기(氣)가 있습니다. 그런데 그 기(氣)는 청탁수박(淸濁粹駁)이 있기 때문에 이(理)가 충분히 실현되기도 하고 안 되기도 합니다. 하나의 이(理)가 완전히 실현되는 사건은 이상적인 사건이므로 현실에서는 잠깐 논외로 하겠습니다. 몇 퍼센트가 실현되었는지의 경우를 1에서 99까지 잡을 때 이(理)가 예컨대 99퍼센트가 실현되었으면 나머지 1퍼센트는 실현되지 않은 것이고, 그 실현 안 된 것은 기(氣)의 탁박(濁駁) 때문입니다. 그런데 그 1퍼센트가 실현이 되지 않게 하는 기(氣)의 탁박(濁駁)의 이유로서의 이(理)가 있습니다. 이처럼 어느 사태를 설명함에 최소한 두 개의 이(理)가 있게 되는데, 이러한 근거에서 다수실현, 반(反)결정성, 조절이론 등 여러 논제와 이론을 시도해본 겁니다. 이들은 수양론과 거리가 먼 것처럼 보이기도 합니다. 오로지 이(理)와 기(氣)의 관계에 대한 이론적 가능성을 극대화하고 있는 것처럼 보입니다.

　　그러나 역시 수양론적인, 실천적인 측면을 간과할 수 없습니다. 어느 사태에서나 그 사태에 맞게 우리가 실천해야 할 그 최적의 이(理)를 찾아 이것이 최대한 실현되도록 기(氣)를 청수(淸粹)하게 닦아 실천하는 것이 우리의 과제이고, 이러한 실천을 통해 이론적인 거품은 다 걷히게 됩니다.

이상익　김백희 선생님의 질문의 요지를 다시 한번 부연하고 싶습니다. 주희의 수양론에서 수양의 대상은 이(理)가 아니고 기(氣)입니다. 이(理)

란 완벽한 것이기 때문입니다. 단지 기(氣)가 청탁수박(淸濁粹駁)이 있어서 이(理)가 제대로 구현되지 못하기 때문에, 수양의 대상, 교정의 대상은 기(氣)가 되는 것입니다. 그런데 이승종 교수님의 논문에서는 교정의 대상이 기(氣)가 아니라 오히려 이(理)인 것처럼 되어 있다는 것입니다.

이승종 교정의 대상은 물론 기(氣)가 맞습니다. 탁박(濁駁)의 매체가 기(氣)이기 때문입니다. 그런데 그게 다는 아닌 것 같습니다. 기(氣)는 이(理)에 의해 조정되기 때문입니다.

이상익 그러나 이승종 교수님의 논리를 따라가다 보면 교정의 대상이 이(理)로 되는 것 같습니다.

이승종 오히려 제 결론은 이렇습니다. 이론적인 차원에서는 주어진 사태에 여러 가지 이(理)들이 잠재해 있을 수 있습니다. 그런데 실천적인 차원에서는 주어진 사태에 맞는 최적의 이(理)를 찾아서 실천해야 하는 것이 우리의 과제이고 이는 기(氣)를 변화시킴으로써 가능합니다.

한형조 물론 기질의 작용에 이(理)가 있습니다. 그런데 그러한 이(理)들이 여러 가지이고 또 복합적으로 기질에 관여한다는 말은 주희나 율곡의 담론에서 본 적이 없습니다. 관점에 따라 상대적으로 이(理)들 간의 절충이 일어난다는 말은 그들의 주장과 정면으로 충돌합니다. 그들에게는 오직 하나의 인(仁)이라는 이(理)가 있기 때문입니다. 그 인(仁)의 발현이 다양할 뿐입니다.

이승종 한형조 교수님께서 우려하는 충돌은 없습니다. 그 까닭은 제가 제기한 다수실현, 역(逆)다수실현, 반(反)결정성 등 여러 논제들은 다 이론적 결과들일 뿐이기 때문입니다. 실제로는 주어진 문맥에 맞는 최적의 이(理)를 찾는 것에 주희와 율곡의 방점이 매겨져 있습니다. 문맥의 이(理)가 인(仁)이라는 일리(一理)입니다. 인(仁)은 우주론적인 혹은 형이상학적인 거대 원리가 아닙니다. 인(仁)의 실현이라는 윤리적인 차원이 주희나 율곡의 철학의 근저에 깔려 있습니다. 그런 점에서 제가 이(理)를 두고 전개한 이론적 확장은 상대적으로 덜 중요하게 여겨져 성리학의 텍스트에서는 나타나지도 않은 것입니다. 그러나 주희나 율곡의 사유를 한데 모아 재구성해보면, 논리적으로 저러한 논제들이 도출될 수 있다는 것이 저의 작업가설입니다. 그러나 이론적 문제들은 인(仁)의 실현이라는 대주제하에서 결국은 해소된다고 생각합니다.

이상익 저는 이일분수(理一分殊)를 이해할 때, 이(理)는 소이연(所以然)이 아닌 본(本)이라고 생각합니다. 그때 본(本)이라고 하는 것은 인(仁)입니다. 인(仁)이 관통하는데 각각의 경우에 따라서 다양하게 표현됩니다. 이승종 교수님의 표현에 의하면 다수실현, 역(逆)다수실현 등등으로 말입니다. 거기서 이(理)는 인(仁)입니다. 이 교수님은 이(理)가 기(氣)에 의해서 실현되며, 그때 기(氣)의 청탁수박(淸濁粹駁)에 따라서 다양하게 실현된다는 것을 다수실현, 역(逆)다수실현 등등의 방식으로 설명했습니다. 이승종 교수님은 기(氣)에 청탁수박(淸濁粹駁)이 있는 것 자체도 이(理)라고 했는데, 저는 그 이(理)를 소이연(所以然)으로 읽었습니다. 반면 이일분수(理一分殊)의 이(理)는 본(本)이므로 두 이(理)는 서로 구분해야 합니다. 그런데 이승종 교수님은 이 둘이 한 이름으로 수렴할 수 있다고 봅니다. 저는 그 부분이 이해가 안 됩니다.

최진덕 다양한 여러 이(理)를 하나의 이(理)로 환원하는 작업에 대해서 좀 더 말씀해주십시오.

이승종 그것은 지난한 작업이라고 생각합니다. 이(理)에 대한 추구가 학문이라면 학문과 학문 사이의 통합, 혹은 여러 학문적인 전제나 언어들을 하나의 학문의 언어나 전제로 통합하려는 시도가 더러 있었습니다. 열역학이 통계역학으로 환원되는 경우가 그 대표적인 예입니다. 그러나 대부분은 실패로 돌아갔습니다. 수학을 논리학으로 환원하려던 논리주의의 실패가 그 대표적인 예입니다. 주희가 그런 걸 의도했다고 생각하지 않습니다. 이상익 교수님의 언어를 빌리자면, 소이연(所以然)으로서의 이(理)들을 하나의 소이연(所以然)으로 환원하는 것은 불가능에 가깝습니다.

그래서 제가 시도하는 일리(一理)에 대한 해석은 문맥을 매개로 합니다. 각 문맥에서 최적의 이(理)를 찾으라는 것입니다. 모든 이(理)는 인(仁)으로 수렴됨을 강조하는 것도 하나의 방법입니다. 인(仁)을 실천하는 방식으로 살라는 것이 성리학의 명제입니다. 인(仁)은 어느 시대나 어느 문맥이나 다 내재하며, 또 여러 사태들과 직대면하는 나의 바탕입니다. 사태와 나 사이의 동질성도 인(仁)에 의해서 확보됩니다. 그것이 서로 최적의 상태로 만나는 게 성인군자의 모습이며, 일반인도 기(氣)를 다스리는 방식으로 그런 쪽으로 매진을 해야 한다는 것입니다. 거기에다가 형이상학적이고 우주론적인 함축을 장착할 수도 있겠지만, 역시 성리학의 근간은 실천 윤리에 더 기울어져 있다고 판단합니다.

한형조 이(理)의 복수성과 단수성의 문제를 어떻게 해결해야 하는지를 좀 더 말씀해 보십시오.

이승종 어떤 사람이 있는데 그 사람은 무얼 해도 이치에 다 맞습니다. 자연의 결에 맞게 잘 행동합니다. 어떤 이치에 맞게 행동했느냐 하는 것은 그 사람에게는 문제가 되지 않을 수 있습니다. 매 상황에서 다 맞게 행동합니다. 그게 군자의 시각으로 본 행동에 대한 서술입니다. 반면 그에 대한 학자의 시각은 이렇겠습니다. 군자가 무얼 해도 이치에 맞는다면, 그가 어느 이치에 맞췄느냐 하는 것에 대한 분석이 가능하겠습니다. 분석을 해보니 그는 아들에게는 아버지답게 행동했고, 부모에게는 아들답게 행동했으며, 임금에게는 신하답게 행동을 했음을 알게 됩니다. 각각의 경우를 충, 효 등과 같은 가치와 이념으로 코드화할 수 있겠습니다. 하지만 어떤 사람이 이치에 맞게 행동했는지는 결국 그가 문맥에 맞는 방식으로 행동했는지의 여부에 의해 판가름 납니다. 어떤 문맥에서 어느 이(理)가 실현됐느냐 하는 것도 중요합니다만, 군자의 입장에서 보자면 사실은 일이관지(一以貫之)입니다. 매 상황에 맞게 정확하게 그때그때 알아서 행동하는 것일 뿐 어떠한 인위도 없습니다. 그런 점에서 분수(分殊)나 다원성은 일이관지(一以貫之)와 결코 상호 모순되거나 양립 불가능한 게 아닙니다. 우리의 마음, 사람됨의 근거에도 우리가 직면하는 사태에도 이(理)가 박혀 있다는 것이 전제되어 있기 때문에 저러한 실천이 충분히 가능하다고 여겼습니다.

허탁 이승종 교수님께서 논문에서 논의하신 물리(物理), 심리(心理), 문리(文理)에 대해 질문하겠습니다. 주자학에서 이(理)로 표현되는 모든 것들은 대부분 관계 속에서 지칭됩니다. 그런데 마음의 이(理)가 따로 있고, 물(物)의 이(理)가 따로 있어, 그것이 합치되면 문리(文理)가 된다는 설정은 화이트헤드(Alfred North Whitehead)가 말하는 단순 정위(simple location) 같은 느낌이 듭니다. 고립된 사물들의 이치를 따로 설정해놓고, 거기서 관계적인 문리(文理)를 끌어내는 것은 동양철학의 구체성을 사장시키는 느낌입니다. 사태 속에서 관계에 즉해서 사유하고 실천하는 것이 주자학이지, 효의 이(理)가 따로 있고 무슨 이(理)가 따로 있는 것은 아니지 않습니까?

이승종 동의합니다. 인(仁)이 사물에 있고 마음에 있다는 것은 헬륨이나 양성자가 사물에 있다는 그런 의미는 아닙니다. 저 있음은 관계성 속에서 설명되어야 할 것이고, 그 관계성이 제가 강조하고자 하는 문맥의 핵심입니다. 문맥은 곧 관계(network)이기 때문입니다. 어떤 사람의 행위에 대한 평가는 관계의 네트워크가 전제되었을 때에만 내려질 수 있습니다.

최진덕 주희와 율곡에 있어서 인간이 직면해본 적이 없는 사태는 별 의미가 없다는 이승종 교수님의 해석은 지나친 감이 있습니다. 인간이 있기 이전부터 하늘과 땅이 있었는데, 인간이 사태와 직면한다는 것을 논의의 출발점으로 삼는 것은 주희와 맞지 않다고 여겨집니다. 인간은 하늘과 땅 사이의 작은 점에 불과하지 않습니까?

이승종 최진덕 교수님이 언급한 문장 바로 뒤에 나오는 다음과 같은 문장이 저의 답변입니다. "물론 그들이 그런 사태에 관해서도 언급하고 있기는 하지만 그것은 어디까지나 사태와의 직면을 토대로 추론한 것에 불과하다."

질문 한국 유학은 형이상학으로서의 사단칠정론(四端七情論) 중에서도 특히 사단(四端)에 치우쳐 있습니다. 칠정(七情)도 사단(四端) 속에 국한되어서만 논의되어온 실정입니다. 이승종 교수님의 논문은 이를 물리(物理), 심리(心理), 문리(文理)의 3각 구도로 표현하고 있는데, 역시 칠정(七情)

에 대한 논의가 아쉽습니다. 칠정(七情)은 심리적인 구도 속에서도 육체가 사물을 접할 때 나타납니다. 즉, 사물에 대해서 육체가 느끼고 있는 감각이 칠정(七情)입니다. 이처럼 인간의 육체가 갖는 인식 구조의 한 형태라는 점을 이승종 교수님은 충분히 고려하지 않은 것 같습니다.

이승종 옳은 지적입니다. 앞으로의 연구 과제로 삼겠습니다.

5. 논평[21] (문장수)[22]

1. 주희와 율곡의 사유를 재해석하는 본 연구는 거시적으로는 비트겐슈타인의 용어와 방법론에 의해 구조화되며, 미시적으로는 하이데거의 현존재 분석을 상기시키는 현란한 언어들로 채색되어 있다. […] 이승종 교수는 비트겐슈타인과 하이데거에 일생의 관심을 가지고 연구를 했다고 한다. 잘 알다시피, 전자는 매우 논리적인 철학자이고, 후자는 매우 반성적인 철학자이다. 어떤 점에서 양자는 거의 대척점을 구성한다고 생각한다. 그런데, 다시 주희와 율곡은 저 두 사람에 대하여 새로운 관점의 대척점, 즉 서양과 동양의 대립을 구성하고 있다. 이에 본 논평자는 '상반자들은 상호 침투한다'는 변증법의 원리의 실현을 이승종 교수의 글을 통해서 신체적으로 느낄 수 있었다. 그뿐만 아니라, 강원도의 산기슭으로 회귀하는 연어처럼, 오랫동안 서양적 사고의 바다에서 노닐다가 이제 고향으로 돌아오는 듯, 이승종 교수의 글 분위기는 자연의 순리를 강조하는 것

---

21 이 절은 2011년 12월 2일 경북대학교에서 있었던 동서사상연구소 학술대회에서 문장수 교수가 발표한 논평을 옮긴 것이다.
22 경북대학교 철학과 교수.

같아서, 잠시나마 언어의 유희와 그 무상함을 동시에 느낄 수 있었다.

2. 이승종 교수의 본 발표문을 처음 접하는 분들은 글의 전체적 구조를 포착하는 것이 그리 쉽지 않을 것이다. 분석철학, 특히 비트겐슈타인의 전문적 용어들에 친숙하지 못한 독자들에겐 그 고충이 더욱 더 클 것이다. 이에 통상적인 논평문이 하는 방식에 따라 본 글의 전체적인 스토리를 독자의 측면에서 재구성하여 청자들의 이해를 돕는 것이 유익할 것이다. 그러나 사실 분량 자체도 방대할 뿐만 아니라, 그렇게 할 능력도 내겐 없다. 또한 그렇게 할 지면도 시간도 나에게 허락되어 있지 않다.

이에 일종의 대안적인 방편으로 본 글을 독해하는 데 유익할 모종의 창(구조)을 소개하고자 한다. 즉, 본 글이 의존하고 있다고 판단되는 모종의 구조를 제시하고자 한다. 이승종 교수가 분석철학과 실존철학에 평생을 헌신했다면, 지금까지 대체적으로 구조주의 철학에 몰두한 나로서는 이것이 중요하고 이것밖에 할 수 없기 때문이다. 자기 목소리에 최대한 충실하는 것이 다른 사람에게도 다소간의 도움이 된다고 판단했기 때문이다.

본 글이 의존하는 일차적인 창은 서구의 심신이원론이다. 그런데 이와 유사한 이원론을 동양적 사유에서 발견할 수 있다. 바로 이기(理氣)이원론이다. 물론 서구사상에서의 마음(心)을 동양의 이(理)에, 서구사상에서의 물체 개념을 동양사상의 기(氣)에 직접 대응시키는 것은 무리라고 생각할 것이다. 그런데 물체와 정신이라는 서구의 이원론은 로고스라고 하는 제삼자의 개입으로 인해 3원론의 구조로 재편성된다. 이러한 3원론적 구조는, 논평자의 관점에서 볼 때 20세기를 전후로 전개된 언어학, 언어철학 그리고 분석철학 등을 통하여 확고한 구조로 정착된 듯하다. 물론 그 기원은 플라톤의 이데아 개념에까지 올라갈 수 있을 것이다. 소위 오늘날 해체주의 철학이 해체하고자 하는 것이 바로 로고스 중심주의라고 할 때, 그 로고스는 바로 논리적 보편자 외에 다른 것이 아니라고 생각한다. 그런데 이러한 논리적 보편자는 그 자체 독립적인 실재로 간주된다. 이제부터 개념, 이데아, 논리적 보편자 등을 간단히 언어라고 하자. 언어가 그 자체 자립적인 실재로 간주되면, 물체와 인간의 이원론은 물체, 인간 그리고 언어라는 3원론으로 변형된다. 이러한 3원론의 구조를 정착시키는 데 비트겐슈타인의 철학도 상당한 기여를 했다고 생각한다. 왜냐하면 그는 어떤 점에서 문법의 독자성과 자립성뿐만 아니라, 일체의 사건이나 사태들에 대한 문법의 우선성을 주장하는 듯하기 때문이다. 우리에게 의미 있는 물체란 오직 이미 언어적 구조에 의해 해석된 후에만 우리의 정신에 들어온다. 이런 차원에서 문장 또는 문법을 위반하면, 더 이상 세계도, 물체도, 사건도, 사태도 의미는 고사하고 아예 존립할 수조차 없게 된다. 다른 한편으로 우리의 마음이라는 것 자체가 이미 복합 개념이고, 그런 차원에서 언어의 산물이다. 그러나 그런 개념적 차원을 넘어서는 순수 정신적 실체가 있다고 하자. 이럴 경우에도 정신의 독자성은 언어의 독자성에 비해 거의 없는 것과 같다. 왜냐하면, 우리의 일체의 사유 활동은 오직 언어를 통해서만 진행되기 때문이다. 이런 차원에서 로고스는 최고의 절대자이다. 그러나 칸트의 물자체 개념이 함의하듯이, 서구의 사상에서 물체는 논리적 보편자에 완전히 포섭되지 않는 잉여를 가지고 있다고 생각한다. 다른 한편으로 언어는 그를 사용하는 사람(정신)이 없으면, 더 이상 어떠한 기능도 할 수 없다. 이런 차원에서 삼자는 상호의존성과 순환성을 갖는 구조적 전체이다. 바로 이러한 3원성의 구조적 전체성의 창을 소유할 때, 비로소 이승종 교수의 글을 독해할 수 있다고 생각한다. 본 논평자가 이해한 이승종 교수의 글은 바로 이러한 서구의 3원론적 세마(schema)를 그대로 동양의 주희와 율곡의 이기(理氣) 철학에 적용하여, 후자들의 철학을 3원론적 구조의 관점에서 해석한다. 이것이 이승종 교수가 말하는 바로 물리(物理), 심리(心理) 그리고 문리(文理)의 3원론이다. 여기서 중요한 것은 이(理)이다. 이(理)가 없으면, 물(物)도 심(心)도 그 존재론적 근거를 상실할 수 있다.

말하자면 이승종 교수는 동양의 이(理) 개념을 서구의 논리적 보편 개념으로 해석할 수 있다고 생각하는 것 같다. 이런 차원에서 우리가 접하는 물체는 그 자체로서의 물체가 아니라, 우리가 대면한 물체, 즉 이미 해석하고 언어화된 대상, 즉 물리(物理)이다. 반면에 우리의 마음이란 그 자체 독립적인 것이 아니라, 언제나 언어를 통해서만 드러난다. 즉, 후설이 의식의 지향성을 분석할 때 잘 논구했듯이, 의식은 오직 의식 대상을 소유할 때에만 의식으로 등장한다. 그런데 문제의 의식 대상은 의식 내적인 것이 아니라, 대부분 외적 세계 내용이다. 그런데 그 외적 세계는 오직 논리적 구성을 통해서만, 물리(物理)를 통해서만, 미다스(Midas)의 손을 통해서만, 즉 언어화의 세례를 통해서만 의식 대상이 된다. 이런 점에서 우리의 마음이란 이미 언어화된 마음, 즉 심리(心理)이다. 이렇게 하여 물리(物理), 심리(心理) 그리고 문리(文理) 삼자는 불가분의 전체성의 구조를 구성한다. 그러나 이 삼자 중에서 문리(文理)가 상대적으로 우선성을 갖는 것처럼 보인다. 다른 한편으로 논자가 강조한 구조(構造) 개념은 이승종 교수의 언어로 말하면, 문맥(文脈)일 터이다. 따라서 본 글의 의미는 이러한 전체성의 구조, 즉 문맥에 의존한다. 논평자가 구성한 이러한 구조를 소유하면 본 글을 어느 정도 독해할 수 있을 것이다. 이런 차원에서 본 논평자는 이승종 교수의 문법 우선주의, 문맥주의, 이일분수론(理一分殊論)을 잠정적으로 긍정한다. 왜냐하면 논평자는 궁극적으로 문법 우선주의에 대해 비판적이기 때문이다.

논평자의 이러한 독해의 근거는 이승종 교수가 102쪽에서 명시적으로 제시한 이일분수론(理一分殊論)의 도식이다. 그 외에도 이(理)와 기(氣)

에 대한 개별적 정의 및 양자 사이의 관계성을 논구하는 87쪽에서, 이승종 교수는 이(理)를 논리적 보편자로 해석하고 기(氣)와 심(心)에 대한 우선성을 명시적으로 주장한다.

> 사태는 발현하는 기(氣)에 이(理)가 타는 방식으로 한데 묶인 구조로 이루어져 있다. 발현하는 기(氣)를 그것에 탄 이(理)가 중심이 되어 묶는다. 사태를 이루는 기(氣)의 발현과 이(理)의 탐은 원심력과 구심력, 뛰쳐나감과 끌어모음의 긴장 속에 있다. 이 긴장은 미지(未知)의 것과 기지(旣知)의 것, **개별자와 보편자, 차이성과 동일성** 사이에서 형성된다. 각 쌍에서 전자가 기(氣)에 연관된 것이고, 후자가 이(理)에 연관된 것이다. 원심력으로 발산하는 개별적 차이성으로서의 기(氣)는 **보편적 동일성으로서의 이(理)**에 의한 **포섭을 거부하는 미지(未知)**의 잉여이다. 기(氣)에 타서 구심력으로 끌어모으는 이(理)는 그것이 포섭하는 여러 사태를 관통하는 **동일자와 보편자**의 흔적이다. (강조는 논평자가 한 것임)

사실 동양철학은 본인이 태어난 정신적 고향이기도 하지만, 그저 '공자 왈, 맹자 왈' 할 뿐이라고 생각하는 경향을 본 논평자는 가지고 있었다. 동양에는 철저한 경험적 확인에 근거한 실증적 종합명제의 과학이나 엄밀한 분석성에 근거하는 논리적 필연명제로 구성된 논리-수학이 없으며, 바로 이것 때문에 기술사적으로 서구의 과학 문명이 동양의 문명을 지배하는 계기가 되었다고 생각했다. 사실 은연중 서구에 대한 사대주의가 본 논평자의 정신에 자리 잡고 있었던 셈이다. 아마도 바로 이때문인지는 모르겠지만, 이승종 교수의 글은 내가 이해하지 못했던, 우리의 이기론(理氣論)에 새로운 생명을 불어넣은 것으로 보인다. 동양의 이기론(理氣論)을 이처럼 논리적으로 정합적이게 재구성한 글을 일찍이

평자는 본 적이 없기 때문이다. 사실 처음에는 독해하기 엄청 어려웠지만, 나중에는 흥미로운 글을 읽게 해준 이승종 교수에게 감사하는 마음을 갖게 되었다. 아마도 비트겐슈타인의 분석철학과 하이데거의 현존재 분석에 대한 이승종 교수의 긴 공부가 없었더라면 불가능했을 작업일 것이다.

그러나 동양학을 전공한 사람들의 관점에서 이러한 분석에 대해 얼마나 수긍할지는 알 수 없다. 본 논평자는 단지 의미 있게 이기(理氣) 개념을 독해할 수 있게 했다는 점에서, 본 글을 감히 높게 평가하고 싶지만, 본인의 사대주의적 정서를 감안한다면 이러한 평가가 얼마나 타당할 수 있는가는 숙제로 남을 것 같다. 말하자면 논평자는 주희와 율곡에 대한 지식이 거의 없어, 이(理) 개념을 논리적 보편자 개념으로, 기(氣) 개념을 물자체 개념으로 해석하는 것이 얼마나 설득력을 지닐지 판단하기 어렵다.

두 번째 문제는 '사태', '당위' 그리고 '필연'의 관계성에 대한 문제이다. 우선 이승종 교수의 다음 구절을 독해하자.

우리의 논증을 통해 얻게 된 결론을 함축적으로 정리해보자. 주희에게 있어서 필연성이란, 사태와 직면해 우리의 마음에 발현하는 당위성의 이유인 도리(道理)의 필연성이다. 따라서 사태와 무관한 것으로 간주되는 논리적 필연성은 사실 주희가 염두에 두는 필연의 외연에 들어오지 못한다. 그렇다면 주희의 문맥에서 역으로 필연은 당위의 충분조건인가? 이 질문에 대한 답변의 실마리는 주희에 있어서 필연의 용법에 내포되어 있다. 사태와 직면해서 우리 마음에 발현하는 당위성의 이유인 도리(道理)의 속성이 필연성이라면, 그 필연성이 다시 당위적일 수 있겠는가? 우리는 주희의 철학에서 당위성이 사태와의 직면에 연관되어 있음을, 그리고 필연성이 그 당위성에 연관되어 있음을 잊어서는 안 된다. 따라서 사태와 직면해서 우리 마음에 발현하는 당위성의 이유인 도리(道理)의 필연성이 다시 당위적일 수 있는지의 질문은 주희 철학에서 제기될 수 없다. 만일 이러한 질문이 허용된다면, 다시 그 당위성의 이유가 필연적인지, 만일 그렇다면 그 필연성이 다시 당위적인지의 방식으로 질문이 무한히 제기될 수 있을 것이다. 그러나 이러한 모든 메타적 질문들은 주희에게는 낯선 것이다. (이 책, 82쪽)

여기서도 이승종 교수의 글이 어렵다는 것을 독자들은 쉽게 직관할 것이다. '사태', '당위성' 그리고 '필연성' 삼자가 계속 반복적으로 등장하는 일련의 글을 보지만, 여기서 말하는 골격이 무엇인지를 명료하게 집어내기는 그렇게 쉽지 않을 것 같다.[23] 이에 우선 이해를 위해 다시 구조적 설명을 주고자 한다. 통상 '사태'란 직접적으로 주어진 소여로 간주한다. 이런 차원에서 물리적 존재에 가깝다고 할 수 있다. 물론 이러한 입장과 전혀 상반되는 해석도 얼마든지 있다.[24] 반면에 '당위'란 어떤 사태에 직면했을 때, 우리의 마음에 발현되는 모종의 '의무감'이다. 본고의 예를 들면, 물에 빠지는 아이를 보고 구하고자 하는 의무감의 발현이 바로 '당위'이다. 따라서 당위란 윤리학적 범주에 속하는 개념이다. 윤리학적 규범이란 행동규범이다. 이에 구체적 사태 없이 행동규범을 언급한다는 것은 불가능할 것이다. 물론 칸트처럼, 순수 형식주의 윤리학을 주장하는 사람은 순수 형식적인 규범을 주장하는 것이 가능하다고 생각할지 모르겠다. 그러나 이승종 교수의 해석에 따르면, 주희에겐 그러한 순수 형식적 당위는 없다. 그런데 다른 한편으로 당위란 어떤 행동을 함에 있어서 '반드시'(필연적으로) 그렇게 해야 한다는 명령이라면, 이러한 당위성의 근

---

23 어쩌면 본 논평자만 그렇게 생각하는지도 모르겠다.
24 일체의 사태는 이미 해석된 것이다. 본고도 이러한 입장을 지지하는 것 같다.

거는 필연성이다. 즉, 필연성의 조건 내지는 기준이 마련되지 않으면, '반드시 이렇게 행동해야 함'이라는 당위(마음의 내적 명령)는 존립할 수 없다. 그렇다면 필연성이란 무엇인가? 통상 논리학자들이 생각하는 필연성은 'A=A'라는 논리적 동일성 명제이다. 말하자면, "산은 산이요 물은 물이다"라는 주장이 필연성의 전형적인 예이다. 이런 차원에서 필연성은 논리학적 범주에 속한다. 당위는 사태에 직면한 인간의 마음에 발현된 의무감이라는 차원에서 행동적 차원의 필연성이지만, 우리가 먼저 필연성을 모르면 이러한 당위성을 생각할 수 없을 것이다. 이런 차원에서 도덕적인 범주인 당위는 논리학적 범주인 필연성 개념에 의존한다고 하겠다. 따라서 윤리학적 당위를 주장하기 위해서는 우선 논리학적 차원에서 필연성을 정당화해야 한다. 이러한 모든 논의는 결국 사실의 법칙(인과적 필연성)과 논리적 법칙(필연성)을 구분해야 한다는 라이프니츠의 이원론으로 환원된다. 그런데 이러한 이원론은 적어도 서구의 사상사에서는 논리적 필연성에 우선성 내지는 방점을 둔다는 것을 상기해야 한다. 만일 이승종 교수가 비트겐슈타인의 문법주의 또는 문법 우선성을 지지한다면, 논리적 필연성이 윤리적 당위에 앞서는 토대 개념이어야 한다는 것을 지지할 것이다. 그러나 주희의 당위이론은 당위와 필연의 이러한 범주적 차이를 구분하지 못하고 혼돈하고 있다고 평가하는 것 같다.

여기서 논평자가 묻고 싶은 질문은 이승종 교수 자신의 입장이다. 사태, 당위 그리고 필연의 주희적인 고리는 정당화될 수 없다. 따라서 서구의 이원론이 하듯이, 논리적 필연성에 근거하여 윤리적 당위를 정의해야 한다는 것을 지지하는지? 아니면, 주희의 사태 중심주의적 해석이 더 타당하다고 생각하는지? 내 개인적 입장은, 나중에 시간이 되면 더 토론을 하겠지만, 사태에서 당위에로, 다시 행동적 당위에서 논리적 필연에로 구성적으로 발전한다는 생각이다. 적어도 발생학적 인식론의 차원에서 볼 때, 우리는 처음부터 논리적 필연을 인식하고 태어나는 것은 아니며, 성공한 행동의 반복에서 당위가 출현하고, 이러한 당위의 반복에서 그 구체적 내용을 추상화하고 형식화할 때 논리적 필연성이 주어진다. 이에 논평자는 비트겐슈타인의 문법 중심주의는 플라톤의 로고스 중심주의의 다른 모습이라고 생각한다. 그런 차원에서 주희와 율곡의 이일분수론(理一分殊論)도 로고스 중심주의이며, 이는 성인(聖人)들의 의식 내용만 보고 아동들의 정신-발생적 차원을 보지 못한 일종의 내성법적 심리학의 결과라고 생각한다.

셋째로, 이승종 교수는 이처럼 서구의 3원론적 구조를 주희와 율곡의 이기(理氣)철학의 해석에 적용할 수 있다고 생각하고 나름대로 대응시키는 데 성공했다고 보인다. 즉, 이(理)를 논리적 보편자로, 기(氣)를 물자체로 해석하고, 물체, 인간 그리고 문법의 3원론적 구조는 기(氣), 인간 그리고 이(理)의 3원론적 구조에 대응한다. 그리고 이승종 교수는 후자들 사이의 필연적인 상호의존성을 물리(物理), 심리(心理) 그리고 문리(文理) 등의 개념들을 통해 정당화한다. 그뿐만 아니라 이승종 교수는 문법과 생활양식에 대한 비트겐슈타인적 연관성을 '문리(文理)'와 '유교사회질서' 사이의 연관성에 대비시킨다. 그러면서 한편에서는 문법의 정의에 대한 이론적 혼란을 피하기 위한 방법, 즉 문장의 규칙의 진정한 토대를 세우기 위해 실천에 의존해야 한다는 비트겐슈타인의 주장을 강조한다.

> 규칙의 의미는 일상적 현실 세계에서는 어떤 이론적 해석에 의해서가 아니라 "그때그때 적용의 경우들에서 우리가 '규칙 따르기'와 '규칙 위반하기'라고 부르는 것에서 드러난다." (이 책, 106쪽)

마찬가지로, 다른 한편에서는 이론적 차원에서 이(理)의 미결정성을 피하기 위해 실천에서 그것의 정의를 찾아야 한다는 것을 강조하는 것 같다.

> 이일분수(理一分殊)의 이일(理一)은 이처럼 실천적·윤리적 측면에서 이
> 해되어야 할 것이다. (이 책, 105쪽)

그러나 동시에 유학에서 말하는 '사회질서'와 비트겐슈타인이 말하는 '삶의 형식'은 매우 다르다는 것을 강조한다. 즉, 전자는 (정치적) 이데올로기에 근거한다면, 후자는 인간의 원초적 삶의 형식이라는 것이다.

따라서 이승종 교수의 결론은 명시적이지 않지만 이런 것 같다. 즉, 주희와 율곡의 이기론(理氣論)이 의존하는 3원론과 서구 사상이 의존하는 3원론 사이에는 유사성이 있지만, 그 토대는 근본적으로 다르다. 전자의 토대는 (정치적) 이데올로기라면, 후자의 토대는 상대적으로 실재 자체이다. 그렇다면 이 논문이 드러내고자 한 근본적인 의도는 무엇인가? 혹자에게는 기존의 이론에서 볼 수 없었던 생명력과 엄밀함과 복잡성을 보게 하는 본 글에서, 이승종 교수의 의도와는 다르게 서양 사상에 대한 모종의 사대주의를 보지 않을까 염려스럽다.

그리고 마지막으로 이승종 교수는 비트겐슈타인에게 있어 규칙이 혼란스럽지 않은 근거 내지는 정의를 삶의 형식에서 찾을 수 있듯이, 유학에 있어 문리(文理)의 토대는 사회질서라고 주장하는 듯하다. 그러나 여기서의 주장은 매우 소극적이다. 이승종 교수는 서구사상에서 문법 우선주의가 정당화될 수 있듯이, 유학에서 이일분수론(理一分殊論)이 정당화될 수 있는 것처럼 주장한다. 즉, 이들의 토대가 실천에 있다는 것을 그렇게 강조하지 않는다. 말하자면, 이승종 교수는 언어 우선주의 내지 로고스 우선주의를 수용하고 인정하는 것 같다. 즉, 언어나 논리보다는 행동이나 실천이 선행한다는 것, 말은 실천을 다 포섭할 수 없다는 것, 따라서

나에겐 이 말이 진리이고 더 중요하지만, 다른 사람에게는 저 말이 진리이고 더 중요할 수 있다는 것, 따라서 말보다는 차라리 침묵이 더 많은 것을 말할 수 있다는 것······.

6. 답론[25]

1. 우리가 서구의 이원론 혹은 삼원론을 주희와 율곡의 철학에 그대로 적용하고 있다는 논평자의 견해는 나름 흥미롭지만 받아들이기 어렵다. 철학은 비교나 적용이 아니기 때문이다. 비교철학, 응용철학은 형용모순을 범하고 있는 불가능한 용어들이다.

2. 사태, 당위, 필연에 대한 논평자의 발생론적 견해는 경청할 만하지만 발생론적 오류를 범할 위험이 있다. 이 세 개념을 어떤 순서로 배열하여 어떻게 이해해야 하는지에 대해서는 하나의 정답이 있는 것도, 여러 답안들 사이에 우열이 있는 것도 아니다.

3. 주희와 율곡은 비트겐슈타인과 다른 시공간, 다른 지평에서 다른 화두를 고민했던 사람들이므로 누가 더 본래적인 사유가였는가 하는 질문은 성립할 수 없다. 그럼에도 그들을 하나의 테이블에서 거론할 수 있다면, 그것은 그들이 실천을 강조했다는 점에서일 것이다.

---

25 이 절은 2011년 12월 2일 경북대학교에서 있었던 동서사상연구소 학술대회에서 발표한 문장수 교수의 논평에 대한 답론을 옮긴 것이다.

7. 타이완 중앙연구원에서의 토론[26]

종김종　이(理)가 기(氣)에 의해 실현되지 않을 경우, 그 이(理)의 위상에 대해 질문하고자 합니다. 여러 해석이 가능할 것입니다. 첫째, 그 경우 이(理)는 실재하지 않으며 존재하지도 않는다. 둘째, 그 경우 이(理)는 실재하지는 않지만, 나름의 방식으로 존재한다. 셋째, 이(理)는 오로지 기(氣)에 의해 실현되는 경우에 한해서만 그 존재를 확인받을 수 있다. 요컨대기(氣)에 의한 실현과 독립해서 이(理)의 존재 여부를 논하는 것 자체가 무의미하다. 이러한 세 가지 해석 중 발표자는 어느 편에 섭니까?

이승종　세 번째 해석에 가깝습니다. 그러나 약간의 변경을 요합니다. 즉, 이(理)가 기(氣)에 의해 실현되지 않는 경우에도 우리는 그 이(理)를 이해할 수 있다고 말입니다. 그 경우 이(理)는 모종의 가능태를 지칭하는 개념, 원리, 이념 등으로 이해됩니다.

질문　이(理)가 기(氣)에 의해 다수실현된다는 발표자의 논제는 컴퓨터의 소프트웨어가 다양한 하드웨어에서 다수실현된다는 기능주의의 이념을 연상케 합니다. 주희에 의하면 인간뿐 아니라 모든 생물과 무생물에도 이(理)가 구현되어 있습니다. 발표자는 이(理)의 다수실현에 있어 인간과 여타의 생물/무생물 간의 차이를 어떻게 보십니까?

이승종　인간과 여타의 생물/무생물 사이에는 이(理)를 실현하는 기(氣)의

26　이 절은 2012년 9월 7일 타이완의 타이페이에 소재한 타이완 중앙연구원(Academia Sinica)에서 있었던 동아시아철학 국제 학술대회에서의 토론을 옮긴 것이다. 토론 참가자는 다음과 같다. 종김종(莊錦章, 홍콩 과학기술대 인문학부 교수), 첸주팅(陳思廷, 타이완 국립칭화(淸華)대 철학연구소 교수), 정대현(이화여대 철학과 교수), 김명석(연세대 철학과 교수).

편정통색(偏正通塞)과 청탁수박(淸濁粹駁)에서 차이가 있습니다. 인간이 상대적으로 이(理)를 더 잘 구현할 수 있는 여건을 갖추고 있는 것입니다. 무생물은 물론이고 인간을 제외한 여타의 생물에 있어서도 기(氣)는 타고나면서 거의 고정되어 있어 후천적으로 변화할 소지가 극히 제한되어 있습니다. 반면 인간은 품수(禀受)한 기(氣)를 수양과 실천을 통해 정화하고 그로 말미암아 자신을 변화시킬 수 있는 존재자입니다.

첸주팅 이(理)나 기(氣)는 서양의 학문에서는 사용되지 않는 개념들입니다. 따라서 이(理)의 다수실현도 기능주의의 다수실현 논제에 바로 대응시켜 이해하기 어렵다고 봅니다.

이승종 이(理)를 법칙이나 원리로 이해하고 기(氣)를 그 법칙이나 원리가 실현되는 국소적 상황으로 해석한다면, 이를 법칙이나 원리의 실현에 대한 서양의 과학철학적 논의에 견주어 이해해봄 직합니다. 예컨대 갈릴레오가 피사의 사탑에서 행한 자유낙하의 법칙에 대한 실험은 그 법칙을 확증해주지 못했습니다. 공기의 저항을 간과했기 때문이지요. 쿨롱의 법칙의 경우도 중력을 간과하고 있기 때문에 실제로는 법칙이 예측한 바대로 결과가 얻어지지 않습니다. 따라서 모든 과학적 법칙이나 원리는 다른 모든 조건에 일정하다는 반(反)사실적 가정을 전제합니다. 이는 이(理)를 실현하는 기(氣)를 국소화하고 또 그것이 청수(淸粹)하다고 가정하는 것에 해당한다고 해석할 수 있습니다.

정대현 그렇다면 결국 이(理)의 다수실현은 법칙의 예화(instantiation)에 해당하는 것으로 풀이됩니다.

이승종 다른 점이 있다면 이(理)의 다수실현은 법칙의 예화와는 달리, 이 (理)가 실현되는 기(氣)의 상태가 인간의 의지와 노력에 의해 질적으로 변모될 수 있다는 것입니다.

김명석 '소당연(所當然)'을 "그러함에 직면함"으로 번역하는 것은 받아들이기 어렵습니다. "소(所)"는 이어지는 "당연이불용이(當然而不容已)"의 수식을 받는 대명사이기 때문입니다. 따라서 "당연이불용이(當然而不容已)"는 "마땅히 그러해야 하는 것으로서 그만둘 수 없는 것"으로 번역하는 것이 맞습니다. 그러나 종래대로 번역해도 발표문의 논지는 유효하므로 다음 질문으로 넘어가겠습니다.

발표자는 이(理)와 기(氣) 사이의 긴장을 구심력과 원심력 사이의 긴장으로 해석했습니다. 구심력과 원심력은 동일한 실체의 두 힘입니까? 그렇지 않다면 그들은 상호 긴장관계에 놓일 수 없습니다.

이승종 이(理)와 기(氣)가 동일한 사태의 양면이기는 합니다. 그러나 양자가 동등한 위상에 놓여 있는 것은 아닙니다. 예컨대 이(理)에 대해서 사용한 구심력이라는 표현은 기(氣)의 경우와는 달리 이(理)의 개념화 기능에 대한 은유로 사용하였습니다.

김명석 이(理)는 개념화의 주체입니까, 아니면 귀결입니까? 귀결이라고 할 때 그 주체는 인간입니까?

이승종 이(理)에 접근하는 관점에 따라서 양자 모두라고 볼 수 있습니다. 사태의 측면에서 보자면, 이(理)는 사태를 개념화하는 주체입니다. 인간의 측면에서 보자면, 이(理)는 마음이 품게 되는 당위적인 어떤 것의 필연적인 소이연(所以然)으로서 개념으로 볼 수 있습니다. 그러나 이 경우에도 개념의 주체는 인간이 아닙니다. 이(理)는 인간이 만드는 것이 아니라, 하늘이 인간에게 선사하는 것이기 때문입니다. 천명지위성(天命之謂性)과 성즉리(性卽理)의 명제를 연결 지을 때 이러한 해석이 가능합니다.

김명석 반비례적 조절 관계에 놓여 있는 이(理)$_1$과 이(理)$_2$를 각각 도덕적 원리와 과학적 원리로 놓을 수 있습니까? 양자가 한 지평에서 서로 길항하는 관계가 가능합니까?

이승종 가능할 것입니다. 물에 빠진 아이를 구하러 물로 뛰어들 때 나의 행동을 이끄는 도덕적 이(理)$_1$과 물살의 과학적 이(理)$_2$ 사이에 반비례적 조절과 길항의 관계가 생성될 것입니다. 그러나 발표문에서 제가 든 예들은 도덕적 지평에서 형성되는 반비례적 조절과 길항의 관계(천리(天理)와 인욕(人欲)), 사실적 지평에서 형성되는 반비례적 조절과 길항의 관계(맥주의 예)가 서로 구분지어 논의되고 있습니다. 자유낙하의 경우는 후자에 해당합니다.

김명석 저는 자유낙하의 경우를 반(反)결정성이 아닌 중첩결정성의 예로 이해하는 것이 합당하다고 봅니다. 자유낙하의 이(理)$_1$과 공기 저항의 이(理)$_2$가 중첩된 사태가 자유낙하이기 때문입니다.

이승종 자유낙하의 경우, 자유낙하의 이(理)$_1$과 공기 저항의 이(理)$_2$는 불간섭적 중첩이 아니라 간섭과 길항의 관계하에 있으므로, 반(反)결정성의 사례로 보아야 할 것입니다.

8. 말레이시아에서의 토론[27]

이세다 데수지   이승종 교수님께서 발표하신 신유학의 과학철학에서 말하는 과학은 우리가 알고 있는 서구의 과학과 같은 것입니까, 아니면 전혀 다른 것입니까?

이승종   이 학회의 대 주제는 지식의 토착화와 문명 간의 대화입니다. 저는 오늘 저의 발표가 이 대 주제에 걸맞는 것이었기를 바랍니다. 신유학자인 주희와 율곡은 넓은 의미의 과학철학에 필요한 존재론 혹은 형이상학의 개념적 토대 구축에 기여한 철학자들입니다. 문명 간의 대화를 위해서는 서구의 과학에는 낯선 신유학의 과학철학과도 대화할 수 있는 자비의 원리(the principle of charity)가 필요합니다.

푸다이위   이승종 교수님은 사과에 사과의 이(理)와 과일의 이(理), 식물의 이(理), 생물의 이(理)가 중첩되어 있다고 말했습니다. 생물의 이(理)는 생물학의 원리에, 식물의 이(理)는 식물학의 원리에 해당할 것입니다. 그런데 식물학의 원리는 생물학의 원리에 의해 설명됩니다. 사실 여러 이(理)들이 있는 것이 아닙니다. 소범위의 원리는 대범위의 원리에 의해 설명됩니다.

이승종   이론 간의 환원에 관한 흥미로운 문제를 제기하셨습니다. 소범위

---

27 이 절은 2014년 11월 5일 말레이시아의 라티한 이슬람 연구소(Institut Latihan Islam)에서 있었던 동남아시아 과학철학 국제 학술대회에서의 토론을 옮긴 것이다, 토론 참가자는 다음과 같다. 이세다 데수지(伊勢田哲治, 일본 교토(京都)대 문학연구과 교수), 푸다이위(傅大爲, 타이완 국립양밍(陽明)대 과학기술과 사회연구소 교수), 쳉카이유안(鄭凱元, 타이완 국립양밍(陽明)대 심지(心智; mind and cognition)철학연구소 교수), 이중원(서울시립대 철학과 교수), 이영의(강원대 인문과학연구소 HK교수).

의 원리들이 대범위의 원리들로 환원 가능한 경우들이 있습니다. 그러나 언제나 그러한 것은 아닙니다. 양자역학의 원리들은 상대성 이론의 원리들로 환원되지 않고 있습니다. 분자생물학이 진화론으로 환원 가능할까요? 이론 간의 환원 가능성은 각각의 사례들마다 개별적 연구가 필요한 문제라고 봅니다.

쳉카이유안 두 가지 말씀을 드리고자 합니다. 첫째, 중국에서 물리학(physics)은 대상(物)의 이(理), 즉 물리(物理)로 번역됩니다. 주희의 영향력을 느낄 수 있는 대목입니다. 중국인들은 신유학의 개념으로 외부 대상에 대한 서구의 물리학을 이해하고 있는 것입니다. 둘째, 원리로 이해할 수 있는 이(理)에 비해 기(氣)는 이해하기 쉽지 않은 개념입니다. 기(氣)는 어떤 능력인가요, 아니면 눈으로 볼 수는 없는 종류의 실체나 속성인가요?

이승종 기(氣)는 번역조차 어려운 개념입니다. 때로는 에너지로, 때로는 물질적인 재료(material stuff)로 번역되기도 합니다. 저는 기(氣)를 인과력으로 봅니다. 즉, "x가 인과력을 가질 경우, 그리고 오직 그 경우에 한해서 (if and only if), 그 x는 기(氣)이다"가 기(氣)에 대한 저의 정의입니다.

6편 불교로부터

11장 《싯다르타》새로 읽기

11장 《싯다르타》새로 읽기[1]

1. 연세철학연구회에서의 토론[2]

김원식   이승종 선생님은 "이야기의 관점에서 세상을 이해하는 종교나 문학은 이론의 관점에서 세상을 이해하는 과학과 뚜렷이 구별된다"고 했는데 철학, 종교, 과학 등을 어떻게 구분을 하시는지요?

이승종   철학에는 이야기와 이론의 두 갈래길이 있다고 생각합니다. 이와는 달리 종교와 문학은 주로 이야기에 의해, 과학은 이론에 의해 풀려나간다고 봅니다. 그것을 염두에 두시면 이야기와 이론의 두 가지 갈래길을 넘나드는 철학을 이해할 수 있습니다. 종교가 포섭하고 있는 형이상학은 종교의 또 한 축인 도덕과 함께 종교를 이야기로 풀어냅니다.

김원식   그렇다면 철학이 포섭하고 있는 형이상학의 경우는 어떻게 보십

---

1   이 장은 3장의 초고를 주제로 각종 학술모임에서 토론한 내용을 옮긴 것이다.

2   이 절은 2006년 4월 8일 연세대학교에서 있었던 연세철학연구회에서의 토론을 옮긴 것이다. 토론 참가자는 다음과 같다. 김원식(통일정책연구소 연구원), 조대호(연세대 철학과 교수), 홍사현(연세대 철학과 강사), 이정은(연세대 철학과 강사), 김진근(교원대 윤리교육과 교수), 최신한(한남대 철학과 교수), 선우환(연세대 철학과 교수), 윤병태(연세대 철학과 교수), 문창옥(연세대 철학과 교수).

니까?

이승종 철학이 그러하듯 그것은 이야기로 풀리기도 하고 이론으로 풀리기도 합니다.

조대호 이야기로서의 철학과 형이상학, 그리고 이론으로서의 철학과 형이상학의 구체적이고 역사적인 예를 각각 들어주시죠.

이승종 하이데거의 철학과 형이상학이 이야기로서의 철학과 형이상학의 대표적 예라고 봅니다. 그는 2500년의 철학사에 대한 나름의 철학 이야기를 전개하고 있으며, 이와 어우러지는 자신만의 이야기로서의 형이상학을 또한 전개하고 있습니다. 이론으로서의 철학과 형이상학의 한 예는 양상논리학과 분석형이상학을 들 수 있습니다. 형식 논리체계를 개발해서 거기에 의미론적 해석을 주고 그 과정에서 비롯되는 형이상학적 문제들에 대한 해법을 모색하는 것이 이러한 철학과 형이상학의 개괄적 모습이라고 할 수 있습니다. 통상 분석철학으로 불리는 철학이 이야기를 배제하고 이론을 지향하는 철학의 가장 대표적인 예가 되겠지요.

조대호 그럼 비트겐슈타인이 논의했던, 말할 수 있는 세계에 대한 철학과 말할 수 없는 세계에 대한 철학의 구분도 여기에 비추어 말할 수 있겠습니까?

이승종 그것은 좀 다른 문제 아니겠습니까? 우리는 지금 이론으로서의 철학과 형이상학을 이야기로서의 철학과 형이상학에 비교하고 있었으니까요.

조대호 종교나 도덕, 미학의 선(善)이나 미(美)는 신비로운 것이고 말할 수 없는 것이지 않습니까?

이승종 그렇다면 질문은 비트겐슈타인의 관점에서는 철학을 어떻게 볼 수 있는가 하는 것인가요?

조대호 바로 그렇습니다. 이승종 교수님이 비트겐슈타인을 전공하셨기 때문에 그 질문을 여쭙는 겁니다.

이승종 이제야 질문을 이해했습니다. 비트겐슈타인의 철학은 이야기와 이론 그 어느 범주에도 속하지 않습니다. 그가 생각하는 철학은 활동이고 치료입니다.

홍사현 이론하고 이야기가 구별될 수 없는 것은 아닌지요. 이론도 어찌 보면 이야기를 필요로 하고, 이야기도 나름대로의 이론을 필요로 한다고 생각합니다. 양자의 분명한 구분이 가능한가요?

이승종 이론과 이야기를 구분한 이유는 이러한 구분을 극단적으로 추구하는 사상가들이 있기 때문입니다. 이론을 배격한 하이데거와 이야기를 배격한 분석철학자들이 대표적인 사람들이겠지요. 그러나 인간의 사유에는 이론과 이야기의 경계가 분명하지 않습니다. 말씀하셨듯이 이론도 이야기를 필요로 하고, 이야기도 이론적인 연결을 필요로 하는 게 사실입니다. 그럼에도 불구하고 이를 구분하려 했던 이유는, 제 글의 주요 텍스트가 문학 작품인데 이 문학이 제가 구상하는 담론의 지형도의 어느 자리에 위치해 있는 것인지를 대략적으로나마 가늠해보려 했기 때문입니다.

이정은 발표문에서 해탈이 불(佛)·법(法)·승(僧)이나 율법에 걸리기 때문에 이로부터 다시 떠나는 이야기가 나오는데, 이것이 잠정적인 율법과 같은 성격을 갖는 것입니까?

이승종 율법이라는 표현이 정확해 보이지는 않지만 굳이 그 표현을 사용해보자면, 싯다르타가 부가하는 율법은 밖으로부터 부가되는 것이 아니라 자신이 입법자가 되는 율법이겠지요. 그런데 아직 질문을 제대로 이해하지 못했습니다.

이정은 싯다르타가 만년에 '발견'한 것이 잠정적인 율법이 아닌가 하는 질문입니다.

이승종 싯다르타에게 율법이 있다면 그 율법은 칸트의 정언명법처럼 다음과 같은 형식적 율법일 것입니다. "너 자신을 귀의처로 삼고, 너 자신을 믿어 무소의 뿔처럼 혼자서 가라."

이정은 인용하신 상대성 이론으로는 낯선 시간이나 새로움을 이야기할 수 없다고 생각하는데, 상대성 이론과 거듭남이나 새로움, 낯선 시간 등의 표현은 서로 충돌하는 게 아닙니까?

이승종 과거·현재·미래가 상대적인 개념이고 나의 현재가 타인의 과거가 될 수 있다는 것은 상대성 이론으로 설명됩니다. 그러나 이 상대성은 시간의 순서를 어떤 좌표계로 서술하는가에서 파생되는 문제일 뿐 여전히 과거·현재·미래의 순서를 인정한다는 점에서, 상대성 이론은 일종의 결정론입니다. 상대성 이론의 시간관은 텍스트 《싯다르타》의 시간관과 정확히 부합되지는 않습니다. 결정되지 않은 미래에 감응하면서 거듭나는 삶의 모습은 과학 이론인 상대성 이론에게는 분명 낯선 국면입니다. 그럼에도 불구하고 양자역학의 시간관과 함께 상대성 이론을 인용한 까닭은, 시간이 존재하지 않는다는 싯다르타의 시간론이 겉보기와는 다르게 이들 과학적 시간관과 어느 정도까지는 양립할 수 있는 설득력 있는 주장임을 보이기 위해서였습니다. 시간에 대한 현대 물리학의 이 두 패러다임이 서로 일치하는 것도 아닙니다. 결정론인 상대성 이론과 미결정론인 양자역학이 100년이 넘게 동거하고 있다는 사실 자체가 흥미로운 아이러니입니다.

김진근 이 논문에서 이야기하려는 게 무엇인지요. 왜 군이 싯다르타를 가지고 이야기했는지요? 동아시아에도 좋은 텍스트가 많이 있지 않습니까?

이승종 이 글에서 주장하는 바는 하나로 수렴되지 않습니다. 그것이 김진근 교수님이 이 글에 대해서 아쉬워하는 점일 것이라고 생각합니다. 논제를 내고 이를 논증하는 전통적인 분석철학적 글은 아니고, 텍스트 《싯다르타》를 통해 싯다르타가 살아간 삶의 여정과 더불어 그의 사유의 변화를 추적하는 글입니다. 글에 결론이 있는 것도 아닙니다. 그러나 우리의 삶과 일맥상통하는 게 있다고 생각합니다. 삶이 하나의 여정 아니겠습니까? 일찍이 자신의 이론을 내놓고 이를 평생 견지한 콰인 같은 철학자도 있지만, 사람이 변하고 시대가 변하기 때문에 상호 감응의 과정,

그 변모의 과정을《싯다르타》를 통해 추적하는 것도 의미 있다고 생각해 이 글을 썼습니다. 제가 이 텍스트를 고른 이유는 이 작품이 그로 말미암아 제가 철학을 제 인생의 목표로 설정하게 된 이정표이기 때문입니다. 고등학교 때 이 작품을 처음 읽고 싯다르타와 같은 사람이 되겠다는 다짐을 했던 기억이 납니다. 당시 저는 문학청년이 아닌 '철학 소년'이었습니다. 그로부터 20여 년 후 안식년으로 미국에 가서 이 작품을 다시 정독하고 이 글을 쓰게 되었습니다.

최신한　일관된 주제는 없다고는 하지만 이 글에선 수행이라는 주제가 있는 것 같은데, 교리적인 것과 수행적인 것이 과연 분리되는지요? 서로 연관되는 게 없는 것인지요? 교리에 대한 실천의 우위도 너무 일방적인 구도라는 생각이 듭니다. 이론으로서의 철학과 이야기로서의 철학을 분리하여 말씀하셨는데, 그 반대로 이를 합치려는 시도도 많았다고 볼 수 있지 않습니까? 저는 이승종 교수님과는 좀 다른 관점에서 칸트나 하이데거가 이론과 이야기, 이론과 실천을 통합하려는 시도를 했던 철학자라고 생각합니다. 이야기와 이론이 양립한다는 주장보다는 둘이 연관된다는 주장이 더 나은 주장이라고 생각합니다.

이승종　맞는 말씀입니다. 이야기와 이론을 나누는 것보다는 높은 경지에서 통합하려 했던 거장들의 시도가 우리에게 더 큰 울림을 주는 것도 사실입니다. 교리와 실천의 분리, 교리에 대한 실천의 우위가 너무 일방적인 구도 아니냐는 지적도 맞습니다. 제가 그 구도를 따른 이유는 텍스트에서의 구도가 그렇게 되어 있기 때문일 뿐입니다. 모든 교리를 그것이 자신의 것이 아니라는 이유로 배격하는 싯다르타의 혁명성, 투쟁정신을 있는 그대로 보이고 그 의미와 궤적을 따라간 것뿐이지, 그것이 옳다는 것은 아니었습니다. 옳고 그름에 대한 평가의 문제에 있어서는 최신한 교수님의 지적이 더 합당하다고 생각합니다. 무엇을 나누고 그중 어느 하나의 손을 들어주는 것보다는, 가능하다면 대승적 통합을 일구어내는 것이 더 바람직한 일이겠지요.

선우환 싯다르타의 시간관은 흔히 A 이론으로 알려진 현재론(presentism) 과 비슷하다고 여겨집니다. 현재가 과거나 미래와 대등하지 않다는 점에서 그렇습니다. 이러한 비대칭성을 강조하기 위해서 대개는 실체론적 시간관을 택하게 됩니다. 그것이 반드시 형이상학적 실체성이 아니더라도 적어도 "현재는 2006년 4월 8일이다"라는 문장이 나타내는 바에 어떤 실체성을 부여하게 되는 것입니다. 한편 싯다르타처럼 시간의 실체성을 부인하는 입장의 사람들은 현재론보다는 B 이론으로 불리는 관계론을 택하게 되는데, 이 글에서는 A 이론은 받아들이면서 동시에 시간의 실체성은 부인하고 있는 것처럼 보입니다. 그보다는 차라리 B 이론을 받아들이면서 시간의 실체성을 부인하는 게 더 나은 선택이 아니었나 싶습니다.

이승종 저는 시간에 대한 맥타가트(J. M. E. McTaggart)의 A 이론과 B 이론이 아니라 양자역학적 시간관에 의존해서, 그중에서도 특히 붕괴동역학적 양자역학의 관점에서 싯다르타의 시간관을 구성해보았습니다. 그 관점에 따르자면 파동함수가 붕괴되는 측정의 시제는 언제나 현재입니다. 그런데 우리는 측정에 의해서만 세계를 경험할 수 있습니다. 저는 이를 현재만이 있을 뿐이라는 싯다르타의 주장을 이해하는 데 원용했습니다. 더 생각해보아야 하겠지만 싯다르타의 시간관이 맥타가트의 두 시간 이론 중 어디에 속하는지의 문제는 답을 찾기 어렵다는 느낌이 듭니다.

조대호 도대체 왜 삶이 끊임없이 거듭나야 하는 것입니까? 카프카의 단편을 분석한 발표문의 첫머리에 보면, 머물러 있는 하인의 의식과 자신을 부인하고 부단히 떠나는 주인의 의식이 대비되고, 후자가 더 상위의 태도로 간주되고 있습니다. 싯다르타 역시 그러한 주인의 의식을 구현하고 있습니다. 그런데 바윗덩어리처럼 한곳에 머물러 있음보다 끊임없는 변화가 더 가치 있는 것이어야 할 이유가 무엇입니까?

이승종 두 가지 이유에서라고 생각합니다. 첫째로, 저는 《싯다르타》의 주인공들을 자연주의자들이라고 불렀습니다. 이들은 자연의 흐름, 그 차이와 반복을 강에서 보고 들으면서 만물이 유전(流轉)한다는 것을 깨닫습니다. 이들은 그런 점에서 헤라클레이토스와 그를 추종하는 니체의 동반자들입니다. 그 유전에 귀 기울이고 감응하면서 거기에 삶의 결을 맞추어 살아가는 것이 제가 말하는 자연주의의 요체입니다. 삶의 흐름이 자연의 흐름을 따라야 한다는 의미에서, 삶은 계속 변화해야 한다는 생각을 정당화할 수 있을 것 같습니다. 두 번째 이유는 첫 번째로부터 따라 나오는데, 그러므로 해탈, 최종적 진리, 그 진리를 표현하는 최종적 낱말, 궁극적 실재는 없다는 것입니다. 모든 것은 흘러가는 것이기 때문에 그 흐름에 대해 어떠한 최종적 단정도 내릴 수 없다고 생각합니다. 해탈을 추구하지 않는다는 헤세의 말도 이러한 맥락에서 새겨야 합니다. 현세의 삶에서 거듭남을 추구하는 것이 그의 목표인 것입니다.

윤병태 시간은 없지만 변화는 끊임없다는 논제에 대해 질문하겠습니다. 거듭남과 변화란 어떤 것에서 다른 것으로 가는 것이고 이는 일반적으로 시간을 전제하게 마련이라는 것이 전통적인 견해인데, 시간의 부정과 변화의 긍정이 어떻게 양립 가능한가요? 시간을 전제하지 않고 변화가 가능한가요?

이승종　시간이 존재하지 않는다는 말은 실체로서의 시간, 좌표축으로서의 시간이 존재하지 않는다는 말입니다. 아인슈타인 이래로 우리는 공간에 세 개의 축을, 시간에 한 개의 축을 부여해 모든 사건을 그 4차원적 시공간 안에 위치시키는 서술방식에 익숙해 있습니다. 저는 이것이 부당하다고 생각합니다. 저는 존재하는 것이 시공간 좌표 안의 점이 아니라 그 자체로 이미 시간과 공간이라고 봅니다. 그러므로 시간이 존재하지 않는다는 말은, 시간이 사건들의 생성소멸과 독립해서 그것들을 틀 짓는 좌표로서 존재하지 않는다는 말입니다. 삶이 지속된다, 거듭난다는 말도 주어인 삶을 지속이나 거듭남과 떼어내어서 실체로서 이해해서는 안 되고, 지속되는 삶, 거듭나는 삶이 있을 뿐이지 삶이 따로 있는데 그것이 지속과 거듭남의 속성을 갖게 된다는 뜻은 아닙니다. 모든 사건은 시간의 파노라마 선상에 있는 것이고, 시간은 그 위나 아래에 독립해 있는 것이 아니라는 뜻입니다.

홍사현　카프카의 〈돌연한 출발〉에서의 '나'의 관점으로 이 글을 쓰신 것 같은데, 이 글이 카프카의 의도에 부합되는지요. 나와 하인이 구분되지 않는 것은 아닌지요. 하인의 입장에서 나를 바라보는 것, 나와 하인이 자아 안에 공존하는 시각은 생각해볼 수 없는지요. 그렇게 봤을 때 카프카의 작품은 이 글에서의 주장과 맞지 않게 되는 것 같습니다.

이승종　그것이 어떤 해석일는지 자세히는 모르겠지만 흥미 있는 해석일 수 있을 것 같습니다. 그러나 돌연한 출발은 하인의 관점에서 봤을 때 돌연한 것이지 나의 관점에서는 돌연한 것이 아닙니다.

문창옥 차이 나는 반복으로서의 변화를 말씀하셨는데 싯다르타 자신은 있는 겁니까, 없는 겁니까? 싯다르타 자신을 말할 수 있어야 그의 변화를 말할 수 있다고 봅니다. 거듭남 이전의 싯다르타와 이후의 싯다르타가 같다면 변화가 아니고, 다르다면 둘은 서로 다르므로 하나가 다른 하나로 변화했다고 말할 수 없습니다.

이승종 어떤 존재자가 있고 그가 이러저러한 변화를 겪는다고 말할 수 있겠지만, 그보다는 여러 흐름들이 있는데 그중 어느 하나의 흐름에 대해 그것을 싯다르타의 흐름이라고 말할 수 있지 않겠습니까?

문창옥 그것은 임의의 기준이 아닙니까? 싯다르타 자신은 거듭남을 모르고 그냥 살고 있는 것 아닙니까?

이승종 의식의 흐름이 있지 않겠습니까?

문창옥 의식의 흐름도 앞뒤에 아무런 논리적 연관이 없습니다.

이승종 전혀 없지는 않습니다. 기억이나 예측 등이 변화 전후의 의식 간의 연결고리가 되기도 합니다. 물론 그것이 논리적 연역의 경우에서처럼 아무런 단절 없이, 인격 동일성을 한 번도 위반하지 않고 수미일관하게 흘러가는 것인지에 대해서는 의문의 여지가 많을 겁니다. 작품《싯다르타》에서는 꿈이나 상상 등 여러 가지 기법이 거듭남의 계기 때마다 등장합니다. 거듭남을 가능하게 하는 지속과 단절의 혼재 상태를 만들어주는 것입니다. 새가 알을 깨고 나오는데 요구되는 인격 동일성의 파격이 작품 속 여러 곳에 마련되어 있습니다.

2. 시공간대칭융합연구소에서의 토론[3]

김충선　미시적으로 접근했을 때 시간에는 방향성이 주어지지 않습니다. 거시적으로 접근했을 때 비로소 시간에 방향성이 정해지게 됩니다. 이처럼 서로 구분해 거론해야 할 양자역학의 시간과 상대성이론의 시간이 이승종 교수님의 글에서는 섞여서 논의되고 있다는 느낌입니다.

권영준　시간이 존재하지 않는다는 싯다르타의 말이 함축하는 바를 이해하기 어렵습니다. 철학적으로는 시간이 존재하지 않을지 모르지만, 일상에서 우리는 시간의 존재와 흐름을 인식하지 않습니까? 그럼 그것이 그림자에 불과한 건가요?

이승종　시간이 실체로서 존재하고, 다른 존재자들이 그 실체 안에 들어와 있고, 그 존재자들은 실체로서의 시간과 느슨하거나 독립적인 관계하에 놓여 있다는 생각에 대한 부정이, 시간이 존재하지 않는다는 싯다르타의 말에 함축되어 있다고 저는 보았습니다. 시공간이 다른 존재자들과 분리된 독자적 실재성을 갖는 것이 아니라는 말입니다. 그렇다면 무엇이 존재하는가? 하고 누군가 묻는다면 변화만이 존재한다는 것이 싯다르타의 답변일 것입니다.

김충선　시공간이 존재자들과 떨어져 있는 게 아니라 같이 있다는 말인가요?

3　이 절은 2015년 10월 31일 연세대학교에서 있었던 시공간대칭융합연구소 워크숍에서의 토론을 옮긴 것이다. 토론 참가자는 다음과 같다. 김충선(연세대 물리학과 교수), 권영준(연세대 물리학과 교수), 최유찬(연세대 국문과 교수), 이상오(연세대 교육대학원 교수).

이승종　네.

김충선　그래도 시간은 존재하는 것 아닌가요? 그렇다면 시간이 존재하지 않는다는 싯다르타의 말과 상충되는 것 아닌가요?

이승종　한 명제에 대한 해석은 그 명제를 풀어내기 위해 옷을 입히는 작업입니다. 그래서 해석은 종종 해석되는 명제에 조건절을 부가하곤 합니다. 예컨대 "시간은 존재하지 않는다"는 명제를 "이러이러한 의미의 시간은 존재하지 않는다"는 식으로 해석하는 경우가 이에 해당합니다. 저의 경우 "시간은 존재하지 않는다"는 명제를 "존재자들에 독립해 실체로서 존재하는 의미의 시간은 존재하지 않는다"라고 해석해본 것입니다.

김충선　그렇게 해석된 싯다르타의 말은, 물질과 에너지가 그와 독립된 시공간 안에서 존재한다고 보았던 뉴턴의 고전물리학적 시간관에 대한 부정인 것 같습니다. 그러나 아인슈타인에 의하면 시공간은 물질과 에너지에 독립해 존재하지 않습니다. 물질과 에너지가 주변에 시공간을 만들기 때문입니다. 물질과 에너지가 없다면 시공간도 없으며, 물질과 에너지가 있을 때 비로소 시공간도 생성됩니다. 이처럼 물질, 에너지, 시공간은 밀접하게 연관되어 있습니다. 빛으로 서로 연결 가능한 존재자들 사이에서만 시공간은 의미를 갖는 것입니다.

최유찬　김충선 교수님께서 사용하신 '만든다'라는 표현은 오해를 불러일으킬 수 있는 것 같습니다. 물질과 에너지가 존재함으로써 시공간도 함께 존재하게 된다는 것이 더 정확한 표현이 아닐까요?

이상오   물질과 에너지가 존재함으로써 시공간이 발생하게 된다는 뜻 아닌가요?

김충선   두 분의 지적이 맞습니다.

권영준   이승종 교수님은 "상대성 이론의 관점에서 보자면 과거와 미래는 현재와 동등한 위상에 놓여 있다. 어떤 사람에게 있어서 과거의 사건이 다른 사람에게 있어서는 현재나 미래의 사건일 수 있기 때문이다"라고 말씀하셨습니다. 그럼에도 불구하고 절대 과거, 절대 현재가 있을 수 있습니다. 두 사건이 원인과 결과로 연결될 때, 원인이 되는 사건은 결과가 되는 사건에 대해 절대 과거가 될 수 있습니다. 요컨대 인과의 순서는 상대성 이론에 의해서도 상대화되지 않습니다.

이승종   옳은 지적입니다.

7편 도가로부터

12장 《장자》 새로 읽기[1]

1. 테크네와 외생[2] (이지훈)[3]

뜻이란 무엇인가? 뜻함이자 뜻있음이다. 그렇다면 '뜻함'의 '뜻한 바'는 어디에 담겨 있는가? 어떤 이들은 문장의 내용 속에 들어있다고 말한다. 여기서 할 일은 문장을 잘 살펴보는 일이다. 반면에 어떤 이들은 문장 바깥에 뜻이 들어 있다고 말한다. 여기서 할 일은 삶의 연관, 또는 삶 전체의 체험으로부터 뜻을 해석하는 일이다. 뜻은 또한 '뜻있음'이다. 뜻은 어디에 있는가? 어떤 이는 실존의 영역에 있다고 말한다. 어떤 이들은 반면에 실존을 있도록 해준 그 무엇에 있다고 말한다. 도대체 '…이 뜻있다'는 평가는 어디서 일어나며, 지극한 뜻은 어디에 있는가?

    0. 무리가 술을 마시고는 그 금, 은, 동, 철, 목, 석으로 만든 신들을 찬양하니라. 그때에 사람의 손가락이 나타나서 왕궁 촛대 맞은편 분벽에 글자를 쓰는데 왕이 그 손가락을 본지라. 《다니엘》, 5:5)

---

1 이 장은 5장의 초고를 주제로 각종 학술모임에서 토론한 내용을 옮긴 것이다.
2 이 절은 1998년 11월 21일 성균관대학교에서 있었던 한국도가철학회 학술발표회에서 이지훈 선생이 발표한 논평을 옮긴 것이다.
3 부산대 철학과 강사.

데리다는 서양철학에서 '뜻함'이 결국 '말하고자 함(vouloire dire)'이었다고 한다. 그렇다면 이 '말하려는 바' 앞에는 실제로 무엇이 있는가? 원초적 '기록(archi-criture)[4]', 흔적(trace), 또는 차이(差移)(différance): 그래서 태초에 말씀(logos)이 아니라, 차이(差移)가 있었다. 기호들의 차이(差異)(체계)[5]를 비롯해서 모든 것의 씨앗이다. 형이상학을 유지시킨 이원대립쌍들 또한 여기서 나왔다. 차이(差移)가 만든 차이(差異)를 위계·대립시켜 놓은 것이다. 반면에 이런 위계·대립 앞에, 그것 대신 차이(差移)를 두면 이들의 독단에서 벗어날 수 있다는 생각이다. 즉, 고정된 관점, 일의적 의미론으로 세계를 가두지도 않고 "자기 말 자기가 듣기"의 동일자 논리를 넘어서 제법 타자의 논리도 들을 수 있게 된다.

그런데 차이(差移)가 엮어내는 차이(差異)의 그물을 데리다는 '텍스트'라고 불렀다. 그것은 활자화된 책뿐만이 아니라 모든 구조, 모든 가능한 준거대상들이다. 그리고 텍스트의 바깥은 없다. 이 철학자에게는 삶마저도 텍스트이며, 삶의 컨텍스트 또한 텍스트란 범주 속에 들어와 있기 때문이다. 따라서 인간이 텍스트 바깥으로 나가는 길은 끊어져 있다. 아니, 처음부터 길은 없었다.[6]

이승종 교수의 글을 논평자가 옳게 읽었다면, 데리다와 장자가 만났다가 데리다가 되돌아가는 곳은 바로 여기다. 되돌아간 까닭은 아직 해

---

4 역전(逆轉). 소리값이나 고정된 개념-기의 없이 쓰이는 기호가 꽤 많다. 대표적으로 도형-도상문자. 그래서 '쓰기'(=그림)란 표현이 내세워졌겠다. 그러나 말/글의 대립을 떠나서, 이런 '기의 없는 기표'야말로 원초적인 '기록'(=차이(差移))를 드러내준다. 오직 다른 기표와의 차이를 통해서 작동한다.

5 보충대리: 같은 것(是)은 다른 것(彼)에 의해 충당될 때만 같은 것이 된다. 가령 '같음은 다름의 타자', 또한 '다름은 같음의 타자'이다. 나아가 기연불연(其然不然): "다름은 같음의 타자의 …타자요, 같음은 다름의 타자의 …타자다"라는 식이 된다. 이렇게 차이(差移)는 차이(差異)체계를 생산한다.

6 억지로 말하면 차이(差移)가 바깥이 될까? 그러나 차이(差移) 자체를 가둘만한 개념은 없다. 차이(差移)는 기호-개념을 낳은 것으로서, 이들에 앞서기 때문이다. 그리고 기호 없는 사유란 없다. 따라서 차이(差移)는 그 자체로 표상될 수 없으며, 다만 텍스트로 드러난 차이(差異)의 세계에서 그 존재를 나타낼 뿐이다. 차이(差移)는 차이(差異)의 텍스트를 드러내고 낳으면서 자신을 뒤로 숨긴다.

체란 것을 다시 해체하지 못했기 때문이다. 반면에 장자는 계속 길을 간다. 그 길은 바로 '테크네(techne)'가 열어준다. 얼른 요약해보자. 장자, 데리다는 해체란 점에서 닮았다. 이이제이(以夷制夷): 둘은 모두 언어로써 언어를 해체했다. 그러나 장자는 그 언어마저 넘어가기, 즉 해체의 해체에 성공했다.

① 해체 → ② 해체의 해체 → ③ 대긍정(삶)

① 단계가 상대주의, 관점주의에 따르는 해체라고 한다면, 데리다는 ①만 있고 ②가 없다. 그래서 ①의 해체 뒤에 나오는 ③ 단계, 어떤 긍정의 세계에 들어가지 못했다.

조금 자세하게 말해보자. 둘이 닮은 점은,

ㄱ) 은유: 해체를 위한 철학적 방법으로서 은유를 펼친다.

ㄴ) 차이(差移) 도(道): 둘은 '차이성'을 존중해서, 동일성보다 차이성을 우위에 놓는 방식으로 담론을 펼친다.

ㄷ) 보충대리 방생(方生), 양행(兩行): 시비(是非)의 절대기준을 부정·해체한다.

그러나 둘이 만난 곳이 곧 헤어진 곳이다. 둘의 닮음은 여기에서 끝나며, 데리다의 사상도 끝난다. 그런데 장자는 해체의 해체를 통해서 차이성 너머 대긍정의 세계로 나아간다. 장자는 이때 아리스토텔레스의 테오리아(theoria)-테크네(techne)의 대립에서 테크네의 뜻을 되살려놓은 것으로 볼 수 있다. 그 결과 텍스트에서 삶으로, 앎에서 삶으로 나(아)갈 수 있었다. 그리고 삶의 대긍정에 이르는 길로서 '테크네'를 제시했다. 이 점에서는 후기 비트겐슈타인과 닮았다.

짧지만 풍성한 이 논문은 한 폭의 십우도(十牛圖) 같다. 우리는 고대 동아시아와 현대 서양, 그리고 서양에서도 유럽과 영미라는 갈라진 땅들이 내쉬는 숨결들을 한 아름 맞을 수 있다. 이 글은 말·씀의 구체적인 맥락을 몇 가지 죽은 개념들로 덮어씌우던 전통철학의 관성을 넘어섰다. 다양한 말·씀의 방식을 또렷하게 보여준다는 점에서, 이론의 철학이 아니라 실천의 철학하기가 무엇인지를 느낄 수 있는 드문 기쁨을 안겨주었다. 큰 문맥에서 볼 때, 이승종 교수가 밝혀주는 통찰에 동감하지 않을 사람은 드물 터이다. 논평자도 마찬가지다. 다만 테크네와 삶, 앎이란 세 마디를 놓고, 논평자가 모르는 몇 가지 세세한 점에 대해서 가르침을 구하고자 한다.

1. 노자(老子)에서 언뜻 보이는 '기술혐오'의 느낌들과는 달리, 장자에게는 '기술'의 중요성이 단순한 비유 이상임이 분명할 듯하다. 그럼에도 '장자 사상=테크네의 옹호=자연주의'라고 할 만큼 **테크네가 가장 중요한 열쇠말인지**, 얼른 확신할 수 없었다.[7]

한편 포정해우(庖丁解牛)의 한 구절 "臣之所好者道也, **進乎技矣**"를 본다면, 이 대목의 '기(技)'와 테크네가 어떻게 다른지, 또한 우리의 관습 행위나 현대기술과 테크네가 서로 같은지 다른지를 먼저 알고 싶어진다. 만약 어떻게든 구별된다 할 때, 외연적으로 차이 나기 어렵다면, 참된 도(道)-테크네는 **어떤 내포적인 차이 또는 태도의 차이**를 요구할까?

테크네가 가령 "언어로 표현될 수 없음"과 "텍스트 바깥의 삶"과 연결된다는 측면을 생각해보자. 먼저, 모든 테크네가 언어로 표현될 수 없지

---

7   가령 여우(女偊)(《莊子》, 〈大宗師〉)가 들려주는 길: 테크네가 아닌 길도 있음을 알 수 있다. 또한 여기서는 잊음(外)이 도드라진다.

는 않을 터이며,[8] 거꾸로 '언어로 죄다 표현될 수 없는 것'에는 여러 가지가 있을 듯하다. 일상적인 감각조차도 그렇다. 하지만 포정해우(庖丁解牛) "官知止而神欲行"에서는 어쨌든 감각지각(官知)마저 넘어서길 바란다.[9] 따라서 **"언어로 표현될 수 없음"이 곧 참된 도(道)−테크네의 지표가 되기에는 혹시 부족한 점은 없을까?** 하는 물음이 생긴다. 더구나, "우리가 살면서 익힌 것들"이 비록 말로 표현될 수 없고, '텍스트 바깥의 삶=실천'과 연결되어, "세계와 거리 좁히기"(이 책, 179쪽)라고 해도, '거리'가 남아있는 한, 그것들을 통해서 인식주관과 대상의 대립을 넘어선 도(道)에 이르기란 그리 쉬운 일이 아닐 듯하다.

그렇다면 문제는 어떤 테크네를 통해서 '거리 없어짐'의 경지로 들어갈 수 있을까이며, "우리가 살면서 익히는 많은 원초적인 것들"(이 책, 198쪽)을 어떻게 **얻음의 앎이 아니라 잃음(損)−잊음(外)의 앎으로 전환할 수 있을까** 하는 것이겠다. 이들에 대한 설명이 너무 압축적으로 기술되어 있었기에, **일상 테크네로서의 앎이 곧 도(道)(의 경지)인지, 아니면 테크네(의 특정한 운용 방식)를 통한 앎이 곧 도(道)에 닿아 있는지,** 논평자로서는 잘 알 수 없었다. 친절한 설명을 구하고자 한다.

2. 일체의 무상한 것은, 한낱 비유일 뿐. 미칠 수 없는 것, 여기선 실현되고, 말할 수 없는 것, 여기선 이룩되었네.(《파우스트》)

"텍스트 바깥의 삶": 여기서 데리다와 갈라지는 것은 분명하다. 그런

---

8 플라톤이 자신의 변증술을 테크네(dialektike techne)라고 불렀음을 기억해보자.
9 한편, 신(神)이 홀황(惚恍)(《道德經》, 14장)이라면 곧 장자의 혼돈(混沌)과 통할 듯하다. 그런데 혼돈(混沌)을 죽인 일곱 구멍은 곧 감관(感官)이다. 요컨대 언어로 표현될 수는 없는 감각이지만, 어쨌든 그걸로는 혼돈에 이를 수 없다. 《장자》, 〈천지〉(天地)편에서 황제(黃帝)가 현주(玄珠)(도(道))를 잃었을 때, 끽후(喫詬)(언변(言辯))와 지(知)는 물론이거니와, 이주(離朱)(지각(知覺), 시력(視力)) 또한 그것을 찾아낼 수 없었지 않은가?

데 **텍스트 바깥 삶의 긍정이 곧 장자의 도(道)인지,** 얼른 알 수 없었다.

비트겐슈타인을 따라 "우리 삶이 자연사(自然史)의 사실로 이루어졌"(이 책, 199쪽)으며, 이 때 자연사적 사실은 "삶의 형식"과 연결되었고, 이 형식은 뭐니 뭐니 해도 "인간이라는 종(種)에 고유한 특징들"과 연결되었다고 해보자. 자연과 인위라는 고전적 분류에서 볼 때,[10] 이런 자연주의가 대체로 인위 영역에 해당할 것이란 생각을 떨치기 힘들다.[11] 전형적인 물음에 닿아 있겠지만, 어쨌든 **장자의 자연사상을 과연 비트겐슈타인의 자연주의와 같은 것으로 볼 수 있을까** 하는 물음을 갖게 된다.

물론 회의도 정당화도 더 이상 불가능한 어떤 확실성(=대긍정)의 세계로서 삶을 말한다는 점에서 둘은 닮았을 것이다. 또한 삶의 형식은 텍스트를 바깥에서 틀 지우는 한계이기에, 어떤 개념-언어의 대상도 아니라는 점이 더욱 둘을 가깝게 만들어줄 것이다. 그럼에도 한 사람이 대긍정의 기초를 "자연사적 사실", 그러나 "인간의 언어게임에 연관된 자연"에서 찾는 반면, 다른 사람은 인위를 넘어선 주객무대(主客無對)의 **직관(神)이 열어주는 물화(物化)의 세계**(與物爲春)에서 대긍정을 찾는다는 점이 두 삶을 조금 다르게 만들지는 않을까?

이승종 교수는 한편 〈제물론〉을 풀이하면서 "대지가 내쉬는 숨결인 바람이 도(道)의 은유"(이 책, 188쪽)이며, "[과연 정말] 사나운 소리를 나게 하는 것은 바람, 즉 도(道)"(이 책, 188쪽)라고 썼다. (사실 앞의 바람은 지뢰(地籟)이며 뒤의 것은 천뢰(天籟)에 해당할 텐데, 둘이 모두 도(道)라고 되어 있다.) 이때 "사나운 소리를 나게 하는 것은 **바람, 즉 도(道)**"라는 풀이에는 조금 다른 해석을 덧붙여도 좋을 듯하다.

---

10 가령 "牛馬四足 是謂天, 絡馬首 穿牛鼻 是謂人"(《莊子》, 〈秋水〉)이라는 구절.

11 삶의 형식이 물론 자연사의 사실들이나 특정한 인류학적 사실들과 동일 차원은 아닐 게다. 그럼에도 삶의 형식이 어쨌든 인위 영역에 더 많이 기울었다는 인상을 지우기 어렵다.

지뢰(地籟)는 아마도 자연의 자발적인 기운(風=氣)일 것이다. 그럼에도 지뢰(地籟) 자체는 지극한 도(道)가 아니며, 그것은 천뢰(天籟)의 몫으로 돌려져 있다. 장자는 천뢰(天籟)를 직접 설명하지 않는다. 그리고 사실 소리와 바람에는 다만 인뢰(人籟)와 지뢰(地籟)만이 있을 뿐이다. 그렇다면 천뢰(天籟)는, 지뢰(地籟)와 인뢰(人籟) 바깥에 따로 있는 바람-소리가 아니라 오히려 인뢰(人籟)와 지뢰(地籟)의 자발적인 차이-표현 일체를 받아들이는 정신의 경지라고 볼 수는 없을까? 자발성 속에서 존재들이 뿜어내는 차이를 기꺼이 차이로 긍정하며, 무규정의 무궁한 변화를 향유하는 경지라고 말이다. 거꾸로 말하면 이때 천뢰(天籟)가 있는 덕분에 각각은 인뢰(人籟)와 지뢰(地籟)로서 제대로 자리 잡게 될 것이다. 그때 천뢰(天籟)는 주객이 융합하는 '소리 없는 소리'로서, 인뢰(人籟)와 지뢰(地籟)를 있는 그대로 드러내고 올바르게 현현하도록 해주는 경지(物化)가 아닐까?

3. 천하를 천하에 감추면 달아날 수 없게 된다. […] 성인은 사물이 빠져나갈 수 없는 경지에서 노닐면서 함께 존재한다.《莊子》,〈大宗師〉)

여기서 천인(天人), 주객(主客)의 조화, 또한 인식과 실재의 조화가 나올 듯하다. 그래서 인식(론)과 존재(론)의 균열도 없어질 듯하다. 만약 그렇다면 **자연, 즉 도(道)에서 삶과 앎의 대립 또한 없을 것이다.**

한편 "시비를 가리는 지식은 정당화와 논박에 연루되어 있는 반면, 확실성은 인간의 자연사의 사실들을 통해 얻어진다"(이 책, 195쪽)는 명제: **장자에게서 텍스트 바깥의 삶은 과연 앎의 범주와 다른 것일까?** 앎과 삶을 정의하기에 따라 달리 답할 수도 있을 것 같다. 이를테면 앞 명제에서 "시비가리는 지식"을 '작은 앎'이라고 국한시켜 보자. 의견(成心,〈齊物論〉)의 앎으로서 말이다. 그러면 데리다와 장자가 해체라는 방법으로 만난 곳은 바로 여기일 터이다. 장자에서는 그러나 모든 가치(시비)의 상대성이란 결국 깨어나지 못한 정신의 경지에만 적용되는 게 아닐까? 반면 인식(론)과 존재(론)가 둘이 아닌 경지에서 확실성은 앎에 대립한 "삶의 사실들"이라기보다는 오히려 **"크게 깨달은 삶"이라는 전체성**으로부터 솟아나오지 않을까? 인뢰와 지뢰가 주객융합의 천뢰 속에서 제소리를 내듯이 말이다. 요컨대 '해체의 해체'로 장자가 이른 곳은, 앎/삶의 대립에서 찾아오는 삶의 우위라기보다는, 전체로서의 큰 앎(大覺)의 삶이라고 볼 수는 없을까?

여기서 우리는 '외생(外生)'이라는 이상한 삶을 만난다. 장자의 삶은 외생(外生)을 겪은 뒤, 삶과 죽음을 넘어선 삶(不死不生)일 듯하다.[12] 그런데 언뜻 읽기에 이승종 교수의 글에서 장자는 다만 '텍스트로서의 삶(이론)' 바깥을 나가서 '비(非)텍스트적 삶(실천)'으로 들어간 듯하다. 물론 옳을 것이다. 그럼에도, 어쩌면 하나가 더 있을지 모른다. 혹시 장자는 텍스트의 바깥에서 다시 삶의 바깥으로 나가보았던 게 아닐까? 상아(喪我): 마른 나무(槁木)와 불꺼진 재(死灰). 그래서 삶과 죽음의 경계가 끊어진 곳을 말하지 않았을까?

'삶 바깥'을 나가기란 무슨 뜻일까? 논평자는 그것을 알지 못한다. 비트겐슈타인이 썼듯이 "삶의 한계"로서 죽음은 "삶의 한 사건이 아니며, 체험되지 않는 것"(TLP, 6.4311)이기 때문일 터이다. 그렇다면 산 사람이 삶 바깥(=죽음)을 본다는 건 모순이 된다. 그런데 이것을 모순으로만 보는 것이야말로 혹시 비트겐슈타인이 마지막으로 견지한 '논리성'이 아닐지 모르겠다. 아니, 사람의 마지막 논리일지도 모르겠다. 자연사(自然史)적 사실(삶·죽음)에 근거한 삶의 형식으로부터 말이다. 그러나 장자는 마지막

---

12 〈대종사〉에서 도(道)는 최소한 외생(外生)(外天下-外物-外生)을 겪은 뒤에 밝혀진 무대(無對)의 큰 긍정(獨)이었으며, 그런 긍정에서 겪는 "죽음도 삶도 없는 경지(不死不生)"로서 삶이 아니었던가?

이 논리마저 초월하고 위배한 게 아닐까? 그마저 해체한 다음, 삶도 죽음도 없는 지극한 사람의 삶으로 들어간 게 아닐까?

데리다는 투명한 논리 개념(logos)으로 쓰인 텍스트 아래 불투명한 타자(差移)가 깔려 있음을 보여주면서 이론 이성(theoria)의 삶을 해체했다. 그러나 그는 텍스트라는 것 자체, 텍스트로서의 삶을 넘어설 수 없었다. 데리다에게는 따라서 모든 게 인위이다. 어떤 것도 텍스트를 벗어날 수 없기 때문이다. 이때 뜻은 인위의 이 세계에 있을 것이다. 끝없이 미끌어지는 뜻의 세계, 그래서 (고정된) 뜻 없는 세계로서 말이다. 비트겐슈타인은 삶의 형식을 보임으로써 텍스트 바깥의 삶을 드러냈다. 삶의 형식은 다양한 말·씀을 그 바깥에서 틀 지우는 것으로서, 삶의 한계이다. 그런데 그는 삶의 형식 자체를 넘어서지는 않았다. 장자는 우언과 역설(弔詭)을 통해서 상식의 언어와 믿음(成心)을 해체했다. 그는 그러나 해체의 언어를 다시 해체했다. **이 경지는 삶의 차원에 그대로 머물러 삶을 긍정하고 받아들이기보다는, 삶을 넘어선 삶의 향유가 아니었을까?** 그렇다면 장자에게 삶은 자신의 한계(=죽음)을 자기 속으로 끌어들인 삶이 된다. 이런 삶에는 더 이상 바깥이 없으면서 '유한'하다. 모든 것을 안으로 품음으로써, 천하를 천하에 감추었기 때문이다. 뜻은 유한무외(有限无外)의 무한한 이 세계에 있다.

논평자가 내세운 이 모든 차이는 어쩌면 앎과 삶이란 말의 정의가 다르기 때문에 생긴 차이일지도 모른다. 세 사람의 비슷한 점은 '뜻밖'에 클 수 있다.

논평이 어지럽고 물음만 무성했다. 이승종 교수의 고견을 듣고 싶다.

2. 삶의 안팎[13]

1.1 이 글에서 테크네는 재주나 테크놀로지를 뜻하는 것이 아니다. 테크네의 의미는 우리의 삶을 이루고 있는 원초적 사실들의 문맥에서 이해되어야 한다. 테크네의 포인트는 그것을 익힘을 통해서 자신을 주어진 문맥의 자연스러운 결에 능동적으로 내어 맡기는 실천에 있다.

1.2 언어로 표현될 수 없음은 참된 도(道)에 대해 필요조건일 뿐 충분조건이 아니다. 반면 도(道)의 충분조건은 한마디로 단정적으로 규정할수 없다. 그것은 문맥 의존적이기 때문이다. 주어진 문맥에 대한 적확한 이해를 토대로 한 실천이 수양론적 관점에서 도(道)의 핵심일 것이다.

1.3 우리가 살면서 익히는 많은 원초적인 것들이 얻음의 앎이 아닌 잃음-잊음의 앎이라는 이지훈 선생의 견해는 우리의 견해와 다르지 않다. 테크네를 익히면서 우리는 테오리아로서의 앎, 구체성을 벗어난 추상을 잊는다. 따라서 테크네의 길과 잊음의 길은 다른 길이 아니다.

2.1 비트겐슈타인에 있어서 자연사의 사실을 토대로 하는 자연주의가 인위 영역에 해당한다는 이지훈 선생의 견해는 납득이 가지 않는다. 비트겐슈타인에 있어서 삶의 형식이 인위 영역에 기울었다는 주장은 더더욱 그러하다. 이지훈 선생이 가지고 있는 자연과 인위의 구분이 오히려 지나치게 엄격하고 또 인위적인 것 같다.

---

13 이 절은 1998년 11월 21일 성균관대학교에서 있었던 한국도가철학회 학술발표회에서 이지훈 선생
  이 발표한 논평에 대한 답론을 옮긴 것이다.

2.2 장자의 자연주의가 비트겐슈타인의 자연주의와 같다는 것은 우리의 견해가 아니다. 양자 사이에도 장자와 데리다의 경우가 그러한 것처럼 유사성과 차이성이 씨줄과 날줄로 얽힌 상동성이 존재한다.

2.3 마찬가지로 장자의 자연주의가 비트겐슈타인의 자연주의와 통약 불가능할 정도로 전혀 달라 양자 사이에 비교나 만남의 가능성이 전무하다는 것도 우리의 견해가 아니다. 그것은 비생산적인 오리엔탈리즘일 뿐이다.

3.1 우리가 전개하는 앎과 삶의 대립 구도와, 그에 대해 이지훈 선생이 전개하는 해체 작업은 동일선상에서 이루어지고 있지 않다. 우리의 앎의 개념이 테오리아로서의 앎에 국한되어 있는 반면에, 이지훈 선생의 앎의 개념은 그렇지 않기 때문이다. 이러한 의미상의 차이가 인정된다면 우리와 이지훈 선생 사이의 견해 차이는 해소될 수 있다.

3.2 이지훈 선생은 비트겐슈타인이 삶의 형식 자체를 넘어서지는 않은 데 반해, 장자의 경지는 삶의 차원에 그대로 머물러 삶을 긍정하고 받아들이기보다는 삶을 넘어선 삶의 향유가 아니었겠느냐고 반문한다. 그렇다면 비트겐슈타인과 달리 장자는 삶의 형식 자체를 넘어섰다는 말인가? 그러한 견해는 비트겐슈타인과 장자 모두를 왜곡할 소지를 안고 있다.

3.3 장자의 〈대종사〉를 토대로 이지훈 선생이 구성한, 삶과 죽음의 경계를 넘어선 삶으로서의 외생(外生)의 개념은 그 설득력에도 불구하고, 그것만을 강조했을 때 장자의 사상에서 우리가 강조했던 실천의 구체적 지평을 말소할 위험이 있다. 장자의 철학에는 초월과 합류의 두 양상이 공존

한다. 내편의 순서와 흐름도 이 두 양상을 교대로 엮어 짜는 방식으로 전개된다. 초월의 측면만을 인정하거나 강조할 때 장자는 그가 비판했던 관념적 관조, 즉 테오리아의 철학자로 오해될 수 있다. 삶과 죽음의 경계를 넘어섰다는 장자에게도 그가 살아야 할 삶의 몫이 엄연히 있었다. 그리고 그는 그것을 겸허하고 진지하게, 그리고 긍정적으로 살아내지 않았는가? 우리는 텍스트 《장자》를 인간 장자의 이러한 삶의 기록으로 읽었다.

3. 연세대학교 국제학연구소에서의 토론[14]

김혁래 테크네와 테오리아가 실제적인 앎과 이론적인 앎이라고 번역했을 때 일상적으로 사회과학에서 받아들이고 있는 이론이라는 것은 테오리아일텐데, 테크네와 테오리아의 관계는 어떻게 설정된다고 보는지요?

이승종 두 가지 측면으로 말할 수 있겠습니다. 첫째, 테오리아는 사물을 거리 띄워놓고 보는 것으로서 벌써 사물과 일정한 등거리를 두는 자세입니다. 반면 테크네는 거리를 좁히는 삶의 양상입니다. 즉, 거리를 좁히는 실천을 통해서 삶의 지혜를 얻는 것입니다.

둘째, 이론적 지식인 테오리아는 이론을 형성하는 언어, 특히 문자적인 지식에 의존합니다. 따라서 언어에 의해서 표현되지 않은 것은 이론적인 지식에 포함되지 않습니다. 테크네는 이렇게 언어로 담기지 못하는 삶의 지혜입니다.

---

14 이 절은 1998년 9월 24일 연세대학교에서 있었던 연세대 국제학연구소 세미나에서의 토론을 옮긴 것이다. 토론 참가자는 다음과 같다. 김혁래(연세대학교 국제학대학원 교수), 모종린(연세대학교 국제학대학원 교수).

김혁래 우리가 일상적으로 이론을 이야기할 때 이론은 테오리아처럼 항상 간격을 가지고 있습니다. 따라서 이론에 의한 인식의 현실성 문제가 발생합니다. 즉, 현실과 이론 간의 편차(discrepancy)의 문제가 발생합니다. 사회과학에서 타당성의 논의도 여기서 생겨납니다. 그런데 언어로 표현되지 않는 실제적인 앎과 우리가 취득하려고 하는 지식은 어쩔 수 없이 편차가 생길 수밖에 없습니다. 이는 사회과학의 업보입니다. 이러한 갈등구조에 대해서 철학은 어떤 말을 할 수 있습니까?

이승종 사회과학에서는 통계, 조사 방법론에 의거한 실증적인 패러다임이 주류입니다. 이에 대해서 그 한계와 역작용을 지적하는 여러 지류들이 있어왔습니다. 이 지류들이 복원하려고 하는 것이, 실증적인 이론, 소위 과학적인 이론들이 놓치고 있는 삶의 일상성, 구체성을 양화(量化)의 방법이 아닌 것으로 담아내려고 하는 것입니다. 이렇게 보면 이미 사회과학 내에도 테오리아와 테크네의 갈등구조, 보충대리의 구조가 있는 셈입니다.

모종린 이 논문이 가지는 위상에 대해서, 또 이 논문이 시도하고 있는 새로움에 대해서 스스로 어떻게 평가하는지요.

이승종 동서양의 사유를 비교하는 작업은 이전에도 많았습니다. 그런데 필요에 의해서 많은 지성인들이 이 주제에 도전한 반면, 그 결과는 동서양 양쪽 모두를 엉망으로 만드는 경우가 대부분이었습니다. 어느 한쪽을 다른 한쪽에 억지로 맞추는 경우가 많았기 때문입니다. 따라서 동서양의 비교 작업은 그 필요성이 인식됨에도 다른 한편으로 터부시 되어왔습니다. 저는 이 논문에서 특히 동양의 문헌이 오리엔탈리즘의 피해자임을 고려하면서, 양쪽 모두에 공평하게 균형 잡힌 시각을 가지고 그 둘을 아우르는 것을 중요한 목적으로 삼았습니다.

내용으로 들어가서는 상동성(相同性)을 새로운 카드로 잡았습니다. 상동(相同)은 생물학에서 상사(相似)와 함께 같음과 다름을 섞는 개념입니다. 동양과 서양은 같더라도 완전히 같을 수 없고, 다르더라도 완전히 다를 수 없다는 것입니다. 언어와 시간, 그리고 지역의 차이로 인해서 동양과 서양은 같은 이야기를 하더라도 완전히 같을 수 없습니다. 그러나 완전히 다르다고 하는 것도 과장입니다. 동서 간의 소통이 완벽하지 못하다고 할지라도 소통 자체가 불가능한 것은 아닙니다. 동서양의 사유작업이 다 인간의 사유작업이라는 점에서 둘 사이의 공유하는 바는 분명히 있습니다. 이러한 시각을 가지고서 데리다와 장자를 비교하려고 했습니다.

데리다와 장자의 같음은 은유의 강조, 차이성의 해석, 주류 철학에 대한 비판적인 태도에서 찾아집니다. 반면 데리다에게는 부재한, 자연주의와 테크네의 국면을 장자를 통해 부각시킴으로써, 둘 사이의 다름을 강조했습니다. 테오리아가 서양의 지성사를 독점했다는 점에 대해서 데리다는 해체 작업을 수행하지만, 테크네의 옹호로 나아가지는 않았습니다. 반면에 저는 장자의 텍스트에서 테크네의 중요성을 발굴했습니다.

연세대학교 국제학연구소 상임연구원 데리다가 철학이라는 학문에서 주장하는 것과 그의 위치는 무엇인지요?

이승종 데리다는 프랑스 철학자이지만 독일의 철학자 하이데거의 영향을 많이 받았습니다. 따라서 그의 철학에 대해서 이야기하려면 먼저 하이데거에 대해 이야기해야 합니다. 하이데거는 서양 문명사가 전적으로 그리스에 기초를 둔다고 보고 이를 화두로 삼습니다. 그에 의하면 서양 문명의 근원인 그리스에서부터 이성, 테오리아, 거리 띄우기가 강조되면서 이를 통해서 대상을 체계화하는 것을 첫 번째 세계 이해로 삼게 됩니다. 그리고 이로부터 과학 문명이 발달했습니다. 데리다는 이 관점을 수용하지만 문명이 그리스로부터 시작되었다는 주장은 유보합니다. 텍스트로서 전해지는 것이 그리스를 시작으로 보게 하는 것일 뿐 그 이전에도 이미 문명은 있었으며, 문명이 어느 시점에서 열린다고 보는 것은 신화에 불과하다는 것입니다. 따라서 그는 철학사의 시작보다 철학사에 등장하는 텍스트에 관심을 둡니다. 그리고 이 텍스트들에서 중요한 것은 2500년에 걸친 이성중심주의입니다. 그러면 이제 이 잘못된 이성중심주의의 문제를 진단하고 치료해야 하는데, 이에 대해서 하이데거는 고대(古代) 그리스로 돌아갈 것을 제안한다면 데리다는 텍스트에 나타나는 이성의 자기모순성과 분열성을 고발하고, 이성중심주의가 논증에 의해서가 아니라 자기중심주의에 의해서 뒷받침되었음을 보여주려고 합니다.

4. 트리니티대학교에서의 토론[15]

시게노리 나가토모 이승종 교수님이 장자와 비트겐슈타인을 논의하는 과정에서 강조한 테크네는 결국 머리가 아닌 몸으로 익히는 것, 숙련을 통해 몸에 배게 하는 것으로 정리됩니다. 그런데 《장자》에 나오는 포정과 윤편이 익힌 테크네에 해당하는 것이 비트겐슈타인에게는 무엇입니까?

---

15 이 절은 1999년 5월 14일 미국 코네티컷 주의 트리니티대학교(Trinity College)에서 있었던 세계철학과 문학 학술대회(IAPL)에서의 토론의 일부를 옮긴 것이다. 토론 참가자는 다음과 같다. 시게노리 나가토모(Shigenori Nagatomo, 미국 템플대(Temple University) 종교학과 교수), 정화열(미국 모라비안대 (Moravian College) 정치학과 교수), 제이 굴딩(Jay Goulding, 캐나다 요크대(York University) 사회과학과 교수).

비트겐슈타인의 텍스트에 테크네를 몸으로 익히는 과정에 대한 언급이
있습니까?

이승종 비트겐슈타인에게는 언어가 바로 그러한 테크네의 예에 해당합
니다. 그는 우리가 어떻게 언어를 몸으로 익히고 실천(사용)하는지를 실
천의 여러 양상에 걸쳐 기술해내고 있습니다. 언어를 이론화하려는 경향
에 그가 강력히 반발한 것도, 그의 관심이 언어의 테오리아가 아니라 언
어의 테크네에 있었음을 시사합니다.

5. 미국철학회에서의 토론[16]

케넷 이나다 장자는 세계를 거시적 관점에서 보고 있는 데 비해, 데리다는
미시적 관점에서 보고 있다고 생각합니다. 한편 비트겐슈타인과 장자에
공통적으로 귀속된 자연주의를 여타의 자연주의, 예컨대 현대 영미철학
에서의 자연주의와 구별하는 작업이 필요하다고 봅니다.

이승종 1969년에 발표된 콰인의 논문 〈인식론의 자연화〉(Quine 1969a)에
서 기원하는 현대 분석철학에서의 자연주의는 사실 자연과학주의입니
다. 철학을 자연과학에 귀화(naturalize)시키는 것을 목표로 하는 콰인의 자
연주의는 따라서 제 논문에서의 자연주의와 아무런 관련이 없습니다.

---

16 이 절은 2000년 4월 8일 미국 앨버커키(Albuquerque)에서 있던 미국철학회 태평양지부(APA
Pacific Division)에서의 토론을 옮긴 것이다. 토론 참가자는 다음과 같다. 케넷 이나다(Kenneth
Inada, 뉴욕주립대/버팔로(SUNY Buffalo) 철학과 교수), 리 슈뢰더(Li Schroeder, 캘리포니아주립대/노트리지
(California State University, Northridge) 철학과 강사), 데이빗 코(David Coe, 피닉스대(University of Phoenix)
강사), 알버트 샨스키(Albert Shansky, 노워크 지역사회대(Norwalk Community College) 겸임교수).

케넷 이나다 《장자》의 〈제물론〉 서두에 등장하는 구멍의 은유는 시사하는 바가 크다고 봅니다. 인간은 구멍, 즉 열림을 통해서 자연을 이해합니다. 그 구멍과 열림은 우리의 행위의 일부이지만 또한 자연에 속합니다. 그러므로 장자는 우리가 자연의 일부라는 사실을 시사하고 있습니다. 인간과 자연의 이러한 연관 관계에 대해 좀 더 논의해보기로 하죠.

이승종 앞서 언급한 두 종류의 자연주의의 대조에서부터 논의를 풀어보겠습니다. 콰인의 자연주의는 철학을 자연과학으로 귀화시키는 것을 목표로 합니다. 인식론을 인지과학으로 귀화시키는 것이 하나의 좋은 예일 것입니다. 이것이 콰인이 시도하는 자연화의 이념입니다. 반면 장자의 자연주의는, 우리 자신이 자연의 흐름에 귀화되어 우리가 자연의 일부라는 사실을 깨닫고 이를 실천하는 것이 목적입니다. 이를 위해 우리는 우리에게 남아있는 인위, 특히 우리의 삶과 자연을 이론화하려는 경향을 해체하고 비워내는 작업이 필요합니다. 이것이 장자가 시도하는 자연화의 이념이요 그가 구사하는 구멍과 열림의 은유의 핵심입니다.

케넷 이나다 그러한 작업은 지식의 영역에 속하는 것은 아니겠죠?

이승종 이론적 지식이 아닌 실천적 지혜의 영역에 속하는 문제입니다. 구멍과 열림은 자연에서 발견되는 물리적 사태이지만, 실천을 통해서 우리 자신 안에 형성되는 인간적 사태이기도 합니다. 나 자신을 잊었다는 남곽자기의 말이, 구멍을 통해 일어나는 바람의 소리에 관한 이야기와 맞물려 있다는 점을 상기할 필요가 있습니다. 도(道)가 열린 구멍을 통해 자유자재로 왕래함으로써 바람 소리를 내듯, 나는 자신을 열어 밝혀 잊어버림으로써 도, 즉 자연과 하나가 됩니다. 이것이 장자에 있어서 자연화일 것입니다.

질문   그러나 이승종 교수님은 지혜나 통찰보다는 테크네에 대해 언급하고 있습니다. 윤편이 자신의 아들에게 가르칠 수 없었던 것은 테크네라기보다는 통찰이 아니었을까요? 테크네는 가르칠 수 있는 것이라고 생각하는데요.

이승종   여기서 테크네는 기술이나 테크놀로지가 아니라 궁극적으로 양생의 도를 가리킵니다. 그런 의미에서 테크네는 지혜나 통찰처럼 가르칠 수 없는 것입니다.

케넷 이나다   자기 자신이 테크네와 하나가 되는 경지가 양생의 경지이고, 그것이 진정한 의미의 지혜의 경지이겠죠.

이승종   그렇습니다.

리 슈뢰더   테오리아에 대한 테크네의 강조는 길버트 라일(Gilbert Ryle)의 표현을 빌리자면 'know that'에 대한 'know how'의 강조로 볼 수 있습니다. 포정해우(庖丁解牛)에서 양생(養生)의 도(道)를 깨달았다는 문혜군의 말은 옳지 않습니다. 양생의 도는 포정의 예를 통해 알게 되는 것이 아니라, 스스로의 실천을 통해서 얻어지는 것이기 때문입니다. 환공이 책을 통해 양생의 도를 얻을 수 없음을 지적하는 윤편의 일침도 이와 궤를 같이합니다. 양생의 도를 깨닫기 위해서는 그 자신이 포정이 되어야 합니다.

질문   포정의 실천을 결여한 문혜군이 양생의 도를 깨달았다고 말할 수 없겠죠.

이승종 좋은 지적입니다. 그런데 양생의 도를 터득한 것으로 묘사되는 포정과 윤편의 경우에도 사실 도의 터득만으로 상황이 종료되는 것은 아닙니다. 그들 앞에도 살아야 할 삶이 놓여 있고, 그들이 깨달았다는 양생의 도가 그 삶을 대신해주는 것은 아니니까요. 요컨대 삶을 살아가는 일(실천)이 삶의 도를 깨닫는 것 이상으로 중요한 과제라는 것입니다.

질문 차이에 관한 데리다와 장자의 견해 차이에 대해 좀 더 논의해보기로 하죠.

이승종 차이가 지니는 철학적 구조를 해명했다는 점에서 차이에 대한 데리다와 장자의 논구는 그 가치를 인정받을 수 있습니다. 그러나 데리다와 달리 장자의 경우에 차이의 해명은 논의의 종착점이 아닙니다. 장자는 차이의 인식을 균형을 유지하는 발판으로 사용하고 있습니다. 《장자》의 핵심을 이루는 제물론(齊物論)은 차이들의 균형을 유지하기 위한 지침입니다. 텍스트에 교직된 차이의 그물망을 한데 아우르는 만물제동(萬物齊同)의 통찰(通察)적 관점(*Übersichtlichkeit*)에 도달하는 것이 제물론의 궁극적 목표입니다.

케넷 이나다 데리다는 해체의 지평에 대해 말합니다. 그것은 고정되어 있지 않고 해체 작업에 의해 계속 확장됩니다. 그러나 장자의 자연주의에서 그 지평은 해체 작업에 의해 확장될 필요가 없습니다. 그것은 처음부터 이미 주어져 있습니다. 데리다와 장자의 철학을 세계에 대한 미시적 관점과 거시적 관점으로 구분하는 저의 해석에서, 미시와 거시는 크기의 차이가 아니라 지평이 끝없이 확장되는 것인지, 아니면 자연의 이름으로 주어져 있는지의 차이입니다. 장자의 경우 온갖 구멍을 통해 다양한 소리를 내는 바람도 그 자연의 일부입니다. 우리는 자연의 활동을 바람의 은유를 통해 알 수 있을 뿐입니다. 바람은 구멍을 통해 자신을 드러냅니다. 이처럼 장자로 대변되는 동양의 자연주의는 자연을 주어진 것으로 받아들이고 있는 데 반해, 서양의 전통에 서 있는 데리다는 자연을 내적 경험을 통해 발견하고 확장하는 데 주력합니다.

이승종 그러나 데리다는 자연을 주어진 것으로 받아들이는 태도에 대해 비판적일 것입니다. 어떤 것을 해체를 거부하는 주어진 것으로 승화, 혹은 성역화 하는 태도는 그의 관점에서 보자면 철학적으로 불철저하고, 부정직하고, 불성실한 자세입니다. 해체에는 성역이 있을 수 없으니까요. 이에 대해 장자는 그 어느 것도 주어진 것으로 받아들이지 않는 상태에서 해체 작업이 과연 진행될 수 있는지를 의심할 것입니다. 그는 "걷지 않기란 쉽지만, 걸을 때 땅을 밟지 않기는 어렵다(絶迹易 無行地難)"《莊子》, 〈人間世〉)고 말합니다. 우리가 딛고 선 땅을 인정하지 않는 해체주의는 언어의 유희에 불과할 수 있습니다.

알버트 샨스키 이승종 교수님의 '테크네'는 철학을 비롯한 인문학과 자연과학을 함께 아우를 수 있는 중요한 개념입니다. 명상에 대해 말하면서 그것을 실천하지 않는 사람들이 많습니다. 그러나 명상의 결과를 실제로 체험하려면 명상을 실천해야 합니다. 실천 없이 배울 수 없기론 자연과학도 마찬가지입니다. 자연과학대학에 실험실이 있는 까닭이 바로 여기에 있습니다. 실험을 통한 실행이 자연과학의 연구나 교육에서 차지하는 비중은 아무리 강조해도 지나치지 않을 것입니다. 이승종 교수님의 논문서두에 나와 있듯이 자전거 타는 법을 배워 익히려면 실제 자전거를 타야 하는 것과 같은 이치죠. 이 실천과 실행이 바로 이승종 교수님이 말한 테크네입니다.

케넷 이나다 그런데도 이론과 실천, 테오리아와 테크네를 분리해 생각해 온 서양의 전통은 이러한 사실을 쉽게 잊곤 하죠. 장자는 이러한 망각을 일깨우고 있는 사상가입니다.

알버트 샨스키 그렇습니다. 수도원의 수도사들이 책을 읽고 토론하며 테오리아를 배우는 일보다 기도와 노동, 그리고 명상 등을 신앙 '생활'의 골자로 하고 있다는 점을 상기할 필요가 있습니다.

리 슈뢰더 이승종 교수님의 테크네는 기술(技術)로 해석되어서는 안 될 것입니다. 포정도 자신이 반기는 것은 도(道)이며 기술 따위보다야 우월한 것이라고 말했습니다. 기술을 넘어서 있는 것이 테크네입니다.

이승종 양생의 도를 터득하기 위해서 요구되는 어떤 특정한 실천이 있는 것은 아닙니다. 소를 잡거나 수레바퀴를 깎는 기술을 실천해야만 양생의 도를 얻을 수 있는 것은 아닙니다.

리 슈뢰더 그러나 무언가는 해야겠죠.

이승종 비트겐슈타인의 표현을 빌리자면 삶을 진지하게 받아들이는 것, 행복한 삶을 사는 것이 삶의 기술이라는 실천의 요체입니다. 그것은 물론 철학이나 윤리학 교과서를 통해 얻을 수 있는 것도, 소를 잡거나 수레를 깎아야 비로소 얻을 수 있는 것도 아닙니다. 삶의 기술에 대한 단일한 일반적 지침은 존재하지 않습니다. 자신이 놓여 있는 삶의 문맥의 흐름과 결에 맞는 실천을 각자가 찾아야 할 것입니다.

케넷 이나다 세계를 올바로 보라는 비트겐슈타인의 《논리-철학논고》의 마지막 구절이 생각납니다.

알버트 샨스키 그것을 위해서는 각자의 삶에 합당한 삶의 방식을 따르고 실천하는 삶의 테크네가 필요합니다.

이승종 장자와 비트겐슈타인은 다음과 같은 방식으로 우리의 상황에 연관된다고 봅니다. 자연과학의 시대인 현대를 살아가는 우리들은 어떠한 문제에 대해서도 일정한 해답이 주어질 수 있다고 생각하는 경향이 있습니다. 그리고 그 해답은 자기 자신에 의해서가 아니라 그 문제에 대한 전문가들에 의해서, 그리고 그들의 이론적 처방에 의해서 주어진다고 생각하곤 하죠. 그러나 삶의 문제에 대해서도 그러한 손쉬운 해답이 있으리라는 기대는 올바른 태도가 못됩니다. 그것은 궁극적으로 자신을 스스로의 삶에서 소외시키는 결과를 초래할 뿐입니다. 설령 우리가 삶의 기술(테크네)을 익혀 스스로 삶의 문제를 해결하거나 해소했다 해도 그것으로 삶이 모두 종결되는 것도 아닙니다. 살아야 할 자기 앞의 생은 깨달은 사람 앞에도 예외 없이 놓여 있습니다. 양생의 도의 실천은 꾸준히 지속되어야 합니다.

6. 뉴욕주립대학교/버팔로에서의 토론[17]

유지유완 동양의 도가(道家)와 같이 서양의 철학과는 판이하게 다른 전통의 사상을 과연 철학이라고 볼 수 있겠습니까?

장샹롱 저는 도가(道家)를 철학으로서보다는 도의 기술(技術)로서 이해합니다.

이승종 하이데거에 의하면 철학은 그리스에서 유래하는 특정 담론을 지칭합니다. 실제로 서양철학의 핵심 개념들은 거의가 그리스어에서 비롯되었습니다. 철학이라는 개념 자체가 그 대표적 예입니다. 따라서 하이데거의 입장에서 보자면 중국철학, 한국철학과 같은 표현은 범주 오류입니다. 사실 동양에서 '철학'은 서양의 'philosophy'라는 개념을 번역하기 위해 근대에 급조된 용어입니다. 그전에는 그러한 개념이 아예 존재하지 않았습니다.

그러나 이것이 전부라고 보지는 않습니다. 철학에 대한 하이데거식의 규정은 상이한 지적 전통 간의 대화를 어렵게 만듭니다. 어떤 특정한 지적 전통에 특권이 부여되어 여타의 전통을 압도하게 될 때, 상이한 전통 간의 진정한 대화는 어려워지기 때문입니다. 따라서 각 전통이 서로에 대해 평등하고 공정하게 자신을 표현하고 또 상대의 표현에 귀 기울이고 이해하는 작업이 필요합니다. 상이한 전통 간의 이러한 대화의 작업

---

17 이 절은 2000년 4월 9일 뉴욕주립대학교/버팔로(SUNY Buffalo)에서 있었던 철학 학술대회에서의 토론의 일부를 옮긴 것이다. 토론 참가자는 다음과 같다. 유지유완(余紀元, 뉴욕주립대/버팔로 철학과 교수), 장샹롱(張相龍, 북경대 서양철학 연구소 교수), 조가경(뉴욕주립대/버팔로 철학과 석좌교수), 뉴턴 가버(Newton Garver, 뉴욕주립대/버팔로 철학과 석좌교수), 호르헤 그라시아(Jorge Gracia, 뉴욕주립대 철학과/비교문학과 사뮤엘 케이펀(Samuel Kapen) 석좌교수), 조시모 리(Zosimo Lee, 필리핀대(University Of the Philippines) 철학과 교수).

은 언어에 의해 이루어지는 것이기 때문에, 대화의 해석학에서 핵심 주제는 전통과 언어가 됩니다.

영어라는 특정의 언어가 사이버 공간을 포함하는 전 세계의 공용어가 되어가고 있는 현대에서, 상이한 전통들은 과거에 비해 상호 대화의 가능성의 폭이 넓어진 것이 사실입니다. 그러나 영어권이라는 전통은 자신들의 언어가 공용어인 까닭에 대화를 필연적으로 주도하게 됩니다. 세계화가 곧 미국화를 의미하는 우리 시대의 환원주의적 경향도 이와 상관관계에 있습니다. 영어(=미국) 지상주의적 척도가 대화의 해석학에 일방적으로 적용될 때, 그것은 토착전통과 토착언어의 왜곡과 몰락, 그리고 말소를 초래할 수 있다는 점을 경계해야 합니다.

유지유완 묵가(墨家)나 명가(名家)와 같은 예외적 경우를 제외할 때 도가(道家)를 위시한 동양의 사상은 서양철학의 본령인 논증을 중요시하지 않고 있다는 점을 지적하고 싶습니다.

이승종 동양의 사상은 언어로 논증할 수 없는 국면에 이르러 은유와 우화, 그리고 침묵의 기법을 동원합니다. 그러나 언어로 논증할 수 있는 영역에서는 동양의 사상도 나름의 정밀한 논증을 전개합니다. 그러한 예는 제 논문의 주요 대상 텍스트인 《장자》에서도 쉽게 찾을 수 있습니다. 따라서 논증의 유무, 혹은 논증의 강조와 경시로 동서양의 사상을 비교하는 것에 대해 저는 부정적입니다.

유지유완 이승종 교수님은 장자의 자연주의를 삶의 테크네를 익히고 실천하는 사상으로 묘사하고 있습니다. 그러나 테크네의 익힘과 실천도 따지고 보면 인위와 유위(有爲)에 속하는 것입니다. 따라서 그것은 노장의 무위(無爲)자연사상과 어긋난다고 봅니다.

이승종　무위(無爲)란 아무것도 하지 않는다는 뜻이 아닙니다. 만일 그것이 무위(無爲)라면 무위(無爲)는 게으름, 혹은 무의식의 혼수상태와 구별되지 않을 것입니다. 저는 인위를 배격하고 자연과 삶의 흐름에 맞추어 자연스러운 삶을 영위하는 것이 무위(無爲)라고 봅니다. 삶의 테크네를 익히고 실천하는 작업은 자신을 이러한 흐름에 맡기는 작업에 다름이 아닙니다. 그러나 그것은 아무것도 하지 않음으로써 저절로 얻어지는 것은 아닙니다. 윤편도 평생이 걸려서야 그러한 경지에 이르렀다 하지 않았습니까.

7. 캘리포니아 어바인대학교에서의 토론[18]

필립 니클　철학이나 글을 어떤 특별한 기술(technique or craft)로 보아서는 안 되는 이유가 무엇입니까?

이승종　언어를 배우고 익히고 사용하는 것은 분명 기술을 배우고 익히고 사용하는 것에 비견됩니다. 많은 시간과 노력을 요하는 일이기도 하지요. 그 기술은 언어와 연관되는 자연사적 사실에 뿌리내려져 있습니다. 그러나 언어에 대한 체계적 이론은 이와는 구별되어야 합니다. 언어에

18　이 절은 2004년 12월 2일 캘리포니아 어바인대(University of California, Irvine)에서 있었던 철학과 콜로키움에서의 토론을 옮긴 것이다. 토론 참가자는 다음과 같다. 필립 니클(Philip Nickel, 네덜란드 아인트호벤 기술대(Eindhoven University of Technology) 철학/윤리학과 교수), 마틴 슈웝(Martin Schwab, 캘리포니아 어바인대 철학과 교수), 데이빗 스미스(David Woodruff Smith, 캘리포니아 어바인대 철학과 교수), 윌리엄 브리스토(William Bristow, 위스콘신대/밀워키(University of Wisconsin-Milwaukee) 철학과 교수), 베이야드 바틀리(Bayard Bartley, 서던 캘리포니아대(USC) 심리학자).

대한 이론은 그것이 이론인 한 데리다, 비트겐슈타인, 장자가 말하는 해체의 대상입니다.

필립 니클 이론화를 또 다른 종류의 기술로 보아서는 안 되는 이유는 무엇입니까? 이론을 기술로 보았을 때 발생하는 위험은 무엇입니까?

이승종 이론(*theoria*)과 기술(*techne*)의 차이는 옳고 그름의 차이가 아니라 시각의 차이로 보아야 합니다. 저는 모든 이론이 틀렸으며 반면 모든 기술이나 실천은 옳다고 주장하려는 것이 아닙니다. 모든 이론이 해체의 대상일 수 있다는 점, 그리고 이와 대척점에 있는 확실성이 서양의 지적 전통에서 제대로 이해되지 않았다는 점을 강조하려는 것일 뿐입니다.

필립 니클 이론 구성은 회화나 조각의 작업과 같은 것이라는 느낌을 지울 수 없습니다.

이승종 이론 구성은 질서와 조직화를 요합니다. 질서와 조직화는 다시 모종의 위계와 이분법, 그리고 사용된 개념들에 대한 평가를 수반합니다. 이론 구성에 수반되는 이들 장치 하나하나가 바로 해체주의가 겨냥하는 해체의 대상입니다. 여기서 해체주의자가 말하려는 것은 이론에 수반되는 이 장치들이 잘못되었다는 것이 아니라, 이들이 달리 재구성될 수 있다는 점, 전복될 수 있다는 점, 다른 대안이 얼마든지 가능하다는 점입니다. 이론 구성에 다른 장치가 아닌 반드시 이러한 장치만이 사용되어야 한다는 점을 확증할 수 없음을 보이려는 것입니다.

마틴 슈웝 장자의 방법이 철학함의 적합한 하나의 방법이라고 가정해보겠습니다. 장자가 사용하는 은유의 언어가 플라톤적 의미의 정통적 철학함의 방법인 이론화를 대체할 수 있는 철학의 방법이라고 가정해보겠습니다. 장자의 우화에 등장하는 포정과 윤편은 기술을 숙달한 사람이자 삶의 기술을 숙달한 사람이기도 합니다. 기술의 숙달이 있다면 기술을 숙달했는지 아닌지에 대한 기준이 있게 마련입니다. 철학을 한다는 것은 기준과 일관성과 개념의 올바른 사용을 요합니다. 물론 삶으로부터 거리를 두지 않는 장자의 은유적·해체적 철학함은 서양의 전통적 철학함과 구별됩니다. 그러나 기술 숙달에 대한 모종의 기준을 장자 자신도 인정하고 있는 것 아닙니까? 삶의 기술을 숙달하기 위해 요구되는 특정한 기술이 있는 것입니까? 삶에 연관되는 철학과 그렇지 못한 종류의 철학의 구분의 기준은 무엇입니까?

이승종 장자의 테크네는 기술자의 기술(skill)과는 구별되어야 합니다. 기술을 익혔다고 해서 기술자가 철학자가 되는 것은 아닙니다. 개개의 기술이 아니라 삶 자체를 숙달하는 것이 장자 철학의 목적입니다. 포정에게서 "양생(養生)의 도(道)(참된 삶을 누리는 방법)를 얻었다"는 문혜군의 말이 이를 뒷받침합니다. 장자는 양생의 도를 얻기 위해 어떤 기술을 숙달해야 하는지를 일러주지 않았습니다. 그러나 다양한 여러 기술의 숙달이 양생의 도를 얻는 데 유효할 수 있을 거라고 미루어 짐작해봅니다. 한 가지 분명한 것은 이론 구성은 거기에 포함되어 있지 않다는 점입니다. 그는 철학사에서 테크네에 대한 이론의 우위와 헤게모니를 폭로하고 해체하고자 했습니다.

삶의 기술의 숙달에 대한 기준의 문제는 명확하게 답변하기 어렵습니다. 삶의 기술을 숙달한 사람에게도 그렇지 못한 사람에게와 마찬가지로 살아야 할 삶이 꼭 같이 주어집니다. 우리는 주어지는 자신의 삶에 부단히 대처해야 합니다. 그 누구에게도, 심지어 삶의 기술을 숙달한 사람에게도 삶은 면제되지 않습니다. 그것이 삶이 우리에게 요구하는 바입니다. 장자의 텍스트에서 묘사되고 있는 테크네의 부단한 연마는 바로 이점을 강조하기 위한 것입니다.

데이빗 스미스 장자, 비트겐슈타인, 데리다의 차이에 대해 말해보고 싶습니다. 이승종 교수님의 글을 통해 간접적으로 장자를 읽으면서 저는 이승종 교수님이 말하는 전복(subversion)을 경험하지 못했습니다. 비트겐슈타인을 읽으면서도 전복을 경험하지 못했습니다. 많은 사람들은 데리다에서 전복을 경험한다고 말합니다. 저는 이에 대해서도 확신하지 못하겠습니다. 해체주의자들이 말하는 전복이란 무엇입니까? 전복은 이 세 철학자들의 경우에 같은 의미입니까?

이승종 거론된 세 철학자들의 전복의 대상은 각각 다르다고 할 수 있습니다. 데리다의 경우에는 후설의 현상학에서 절정을 이루는 이성중심주의가, 비트겐슈타인의 경우에는 청년 시절에 품었던 자신의 사상과 그에 영향을 준 러셀, 프레게의 철학이, 장자의 경우에는 유가 철학이 각각 주된 전복의 대상입니다. 그럼에도 불구하고 그들은 전복의 이념을 공유하고 있으며, 전복의 과정에 그들이 사용하는 해체의 방법은 똑같지는 않더라도 상당히 유사합니다. 그런 점에서 저는 그들을 해체주의자로 한데 묶어보았습니다.

질문 파르메니데스의 시(詩)에 나타난 존재론과 발표문에 인용된 장자의 방생설(方生說) 사이에 연관 관계가 있다고 봅니다. 두 사람의 형이상학에 대해 어떻게 생각하는지요. 아울러 장자의 호접몽(胡蝶夢)과 데카르트의 방법론적 회의주의 사이에도 어떤 연관 관계가 있다고 보는데 이에 대해서도 말씀해보시지요.

이승종 저는 장자를 형이상학자로 보지 않습니다. 그는 파르메니데스처럼 차이나 차연을 넘어서는 단일한 궁극적 실재가 있다는 주장을 펴지 않았습니다. 오히려 그는 세계를 존재론화하는 모든 경향을 해체하고, 우리의 관심을 주어진 삶의 구체적 사실과 테크네의 실행으로 되돌리려 했습니다. 발표문에 인용된 장자의 방생설(方生說)은 파르메니데스식의 일원론적 존재론과 무관합니다.

　장자의 호접몽(胡蝶夢)과 데카르트의 꿈에 대해서도 마찬가지입니다. 데카르트는 꿈을 인식론적 오류 가능성과 연관 지어 이야기하고 있습니다. 반면 장자의 호접몽에 대한 서술에서 우리는 데카르트식의 인식론적 방법론적 회의주의를 발견할 수 없습니다. 장자의 초점은 인식론적 토대주의에 대한 비판에 있다기보다, 세계를 이해하는 과정에서 우리가 사용하는 개념적 구분―예컨대 실재와 꿈, 나 장자와 너 나비 사이의 구분―의 해체에 있습니다. 따라서 데카르트의 인식론과 장자의 사유 사이의 직접적 비교는 불가능하다고 봅니다.

마틴 슈윕 철학을 삶에 통합시키려는 장자의 시도는 일종의 차이의 철학으로 전개되고 있다고 봅니다. 문제는 차이의 철학이 이것이 저것이고 저것 또한 이것이라는 방생의 설과 어울리지 않는다는 점입니다. 예컨대 훌륭한 요리사는 어떤 요리를 준비할 때 사용되는 재료를 어떤 비율로 어떻게 섞어야 하는지 정확히 알아야 합니다. 아울러 그는 자신이 준비하는 요리와 다른 요리 사이의 차이를, 여기에 사용되는 재료와 저기에 사용되는 재료의 차이를 정확히 알아야 합니다. 장자가 이를 바탕으로 일종의 차이의 존재론, 차이의 형이상학을 위한 근거를 마련하고 있다고 생각하지 않습니까? 그러나 다른 한편으로 장자는 차이를 넘어선 도추를 언급하고 있습니다. 도추의 경지는 차이 이전, 혹은 이후의 미분화된 경지인 것처럼 보입니다. 장자의 사유는 그런 경지와 하나 됨을 지향하는 쇼펜하우어와 니체의 사상을 상기시키며, 그런 점에서 종교적이고 신비적입니다. 그것은 장자가 강조하는 삶과 조화하지 않는, 삶을 넘어선 경지인 것 같습니다.

이승종 들뢰즈의 《차이와 반복》에 근거한 질문인 것 같습니다. 그러나 저는 들뢰즈의 현란한 차이의 언어를 사용하는 대신, 하나의 예를 가지고 이 문제에 답해보겠습니다. 어떤 사물에 대해 한 사람은 그것이 원이라 주장하고 다른 사람은 직사각형이라 주장하는 상황을 상상해보겠습니다. 두 주장이 저마다 일정한 근거에 의해 뒷받침되고 있다고 가정하겠습니다. 이러한 상황이 가능할까요? 어떤 것이 원이면서 직사각형일 수 있을까요? 다음과 같은 경우에 이러한 상황이 발생할 수 있습니다.

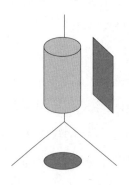

　　2차원적 담론의 상황에서 제기된 두 주장, 즉 주어진 대상이 원이라는 주장과 그것이 직사각형이라는 주장은 상호 양립 불가능한 모순처럼

보이지만, 3차원적 관점에서 보았을 때 두 주장은 모두 맞을뿐더러 상호 양립 가능합니다. 이것이 장자가 말하는 "자명한 차원에 비추어 봄"입니다. 사태를 올바로 봄으로써 그것에 대한 비생산적 논쟁을 일거에 해소하는 것은 장자와 비트겐슈타인이 강조하는 철학함의 한 모델입니다.

마틴 슈웝   장자의 철학함은 예컨대 원이 무엇이고 직사각형이 무엇인지를 이론적으로 정의함에 의해서가 아니라, 이 둘이 구별될 뿐 아니라 하나로 통합됨을 보는 실천에 의해 실현되는 것이겠군요. 이는 직사각형을 무한히 늘려 원이 되게 하는, 즉 하나를 다른 하나의 이행 단계로 보는 니콜라스 쿠자누스(Nicholas Cuzanus)의 철학과도 다른 형태의 철학입니다. 왜냐하면 쿠자누스의 시(詩)도 역시 이론적인 것이기 때문입니다.

이승종   동의합니다. 문제의 대상이 사실은 원기둥이었기에 그것이 원으로도 보였고 직사각형으로도 보였음을 아는 것은 통찰에 의해서이지 이론에 의해서가 아닙니다. 요구되는 것은 원기둥에 대한 이론이 아니라 그것이 원기둥임을 보는 것입니다.

윌리엄 브리스토   저는 문제를 다르게 봅니다. 2차원적 관점에서 원과 직사각형은 서로 다른 지시체를 지시하고 있었습니다. 차원이 3차원으로 바뀐 다음에야 두 개념의 지시체가 동일한 것임이 밝혀졌습니다. 여기에는 분명 개념이 연루되어 있고, 개념은 개념화·이론화를 내포하고 있습니다.

이승종   콰인의 작품을 처음 접했을 때 저를 혼란에 빠뜨린 것은 언어가 이론이라는 그의 주장이었습니다. 제가 보기에 그의 주장은 명백히 잘못되었기 때문이었습니다. 그는 이렇게 말합니다. 언어는 개념으로 이루어져 있고, 개념은 개념화를 전제하고, 개념화는 이론을 전제한다. 그러나 이는 언어의 본질에 대한 엄청난 왜곡입니다.

필립 니클 그렇지 않습니다. 하나의 예를 들어보겠습니다. 어린이들은 처음에는 올바로 셈하거나 계량하지 못합니다. 그들이 부피는 같지만 모양이 다른 병에 담긴 물의 양에 대한 토론을 벌이고 있다고 가정해보겠습니다. 한 아이는 가늘고 긴 병에 담긴 물이 더 많다고 생각하고, 다른 아이는 굵고 짧은 병에 담긴 물이 더 많다고 생각합니다. 괘념치 않고 그냥 물을 마셔버릴 수도 있습니다. 그러나 두 병에 담긴 물의 양을 비교하는 문제에 대한 올바른 해결은 부피를 비교하는 것이고, 이는 이론을 전제로 합니다. 이론을 테크네로 바꿔놓는 것은 위험한 발상입니다.

이승종 그러나 이 경우 이론의 도움 없이도 문제를 해결할 수 있다고 보지 않습니까? 이론을 통해서가 아니라 시행착오와 경험을 통해서 점진적으로 배워나가는 게 어린이의 배움의 본질 아닐까요? 문제 상황을 통째로 설명해주는 이론에 의해서가 아니라, 하나하나의 테크네를 배워 익힘으로써 문제를 점진적으로 해결해나간다고 볼 수는 없나요?

데이빗 스미스 병에 담긴 물의 양을 비교하는 것은 부피와 그 측정에 대한 이론의 전제 없이는 이루어질 수 없는 과제 아닙니까? 왜 그 명백한 사실을 부정하려는 것입니까?

이승종 물론 이론을 통해 그 과제를 훌륭하게 수행할 수 있습니다. 그러나 그로부터 그 과제의 수행에는 반드시 이론이 필요하다는 결론은 따라 나오지 않습니다.

데이빗 스미스 일상적 삶을 구성하는 여러 실행과 실천들은 소규모의 이론들에 의해 이끌어집니다. 모양은 다르지만 부피가 같은 병들에 담긴 물의 양이 같다는 이론으로부터 여러 실천적 함의를 이끌어낼 수 있습니다. 이론과 실천의 맞물림은 삶을 살아가는 데 매우 중요한 사건입니다. 그런데 왜 삶과 실천으로부터 이론을 제거하려는 것입니까?

이승종 결국 문제는 우리의 삶의 현장에서 늘 이루어지는 기초적인 수학적 실천들, 무게를 잰다거나 양을 비교한다거나 개수를 센다거나 하는 실천들이 이론을 요하는지의 여부로 귀착되는 것 같습니다. 저는 수학이 이론이 아닌 실천이라는 비트겐슈타인의 견해에 동의합니다. 수학적 실천은 이론이 아니라 테크네에 연관됩니다.

데이빗 스미스 수학이 이론이 아니라는 말이 무슨 뜻입니까?

이승종 여기서 제가 말하는 이론의 한 예는 페아노(Giuseppe Peano)의 공리 체계입니다. 하나에 하나를 더하는 데 페아노의 이론이 필요한가요? 러셀과 화이트헤드의 《프린키피아 마테마티카(*Principia Mathematica*)》를 알아야 덧셈을 할 수 있습니까?[19]

데이빗 스미스 그렇게까지 말할 수는 없지요.

이승종 맞습니다. 물론 이들의 업적과 가치를 부정하려는 것은 아닙니다. 이론이 필요할 때도 있겠지요. 그러나 앞에서 살펴본 일상생활의 간

---

19 《프린키피아 마테마티카》는 362쪽에 가서야 1 + 1 = 2임을 증명하고 있다(Whitehead and Russell 1910, 362쪽).

단한 수학적 실천들에 공리 체계나 자연연역 체계가 필요한 것은 아닙니다.

마틴 슈왑 일상생활에서 부피를 측정할 때 요구되는 것은 무엇인가의 문제를 콰인주의자들, 그리고 이론에 경도된 철학자들은 이론을 통해, 이승종 교수님은 비트겐슈타인을 빌려 이론이 아닌 테크네의 실행을 통해 해명하려 하고 있습니다. 그러나 우리는 이 논의의 출발점이 철학함에 관한 것이었음을 환기할 필요가 있습니다. 즉, 이승종 교수님은 이론이 아닌 철학함의 방식을 보여주려 했습니다. 그런데 거기서부터 계량의 행위가 이론을 요하는지의 문제로, 수학이 이론인지의 문제로 건너온 것입니다. 이 문제들에 관해서라면 그리고 모든 사람들이 이 문제들에 관해 이론을 원한다면, 이론의 의의와 가치를 굳이 부정할 필요가 없다고 봅니다. 보다 근원적인 문제는 이론이, 혹은 이론적 태도가 철학함의 올바른 방식인지에 관한 것입니다. 즉, 이론 자체가 문제가 아니라 철학적 이론이 문제인 것입니다.

베이야드 바틀리 필립 니클 교수님에게 묻겠습니다. 앞서 이론을 테크네로 바꿔놓는 것이 위험한 발상이라는 말은 무슨 뜻입니까?

필립 니클 이론은 테크네로 환치될 수 없는, 테크네에 앞서는 것이라는 뜻이었습니다.

질문 자명한 차원에 비추어 봄은 이론과 테크네를 모두 아우르는 행위입니까? 만일 그렇다면 그것은 어떻게 가능합니까?

이승종 앞서 필립 니클 교수님은 이론 구성이 일종의 기술이라고 말했습니다. 아울러 콰인은 언어도 일종의 이론이라고 주장했습니다. 저는 이에 동의하지는 않지만 이러한 견해가 영미철학계에 만연되어 있는 게 현실입니다. 자명한 차원에 비추어 봄의 이념과 방법은 테크네의 영역뿐 아니라 이론의 영역에도 빛을 던져줍니다. 빛이 입자인지 파동인지의 문제에 관한 물리학에서의 논쟁은 앞서 원기둥이 원인지 직사각형인지의 논쟁을 연상케 합니다. 논쟁의 결론은 빛이 입자인 동시에 파동이라는 것이었습니다. 입자의 위치와 운동량의 불확정성에 대한 양자역학의 결론도 마찬가지입니다. 이 문제는 일상언어의 차원에서는 분명히 표현하거나 이해하기 어렵습니다. 그러나 우리는 중첩(superposition)이라는 개념과 이에 수반된 수학식을 사용해 어떻게 해서 입자의 위치와 운동량을 동시에 확정할 수 없는지의 문제를 서술할 수 있습니다. 즉, 새로운 (수학적) 언어를 통해 문제되는 물리적 사태를 선명하게 볼 수 있습니다. 자명한 차원에 비추어 봄으로 말미암아 일견 모순이나 역설로 보이는 상황을 해소하는 작업은 우리의 구체적 삶의 국면에서뿐 아니라 이론의 차원에서도 아주 유효하다고 생각합니다. 여기서 우리는 이론의 문제와 테크네의 문제가 자명한 차원에 비추어 봄이라는 동일한 방법에 의해 풀릴 수 있음을 알게 됩니다.

8. 타이완 국립양밍대학교에서의 토론[20]

호치엔싱 이승종 교수님은 도(道)가 차이를 넘어서 있다고 말했습니다. 그런데 이승종 교수님의 발표문에서 저는 테오리아, 즉 "knowing that"에 대한 테크네, 즉 "knowing how"의 우위라는 전도된 이분법과 위계, 차이를 발견합니다. 저는 이것이 과연 장자의 견해인지 의심합니다. 혜시에게 "그대는 물고기의 즐거움을 어떻게 아는가?(How do you know the happiness of fish?)"라고 물을 때 장자는 이승종 교수님과 비슷한 용어를 사용하기는 합니다. 그러나 이승종 교수님은 여기서 한 걸음 더 나아가 테크네에 특권을 부여하고 있습니다. 그러나 장자가 말하는 도추(道樞)는 테크네와 테오리아의 차이를 넘어서는, 혹은 그 차이 사이에 있는 것이라고 봅니다.

이승종 테오리아와 테크네의 차이는 비트겐슈타인이 말하는 지식과 확실성의 차이를 부각하기 위해 고안된 것입니다. 확실성이란 우리의 삶을 영위하는 데 요구되는 각종 실행/실천에 부가되는 속성입니다. 삶을 구성하는 기본적 실행/실천이 확실성의 영역입니다. 반면 정당화, 반증, 논박을 수반하는 이론은 지식의 영역에 속합니다. 지식과 확실성, 혹은 테오리아와 테크네 모두 쓰임새가 있으며 필요합니다. 제가 테크네를 강조한 것은 테오리아로 편향되어온 서구 지성사에 균형을 맞추기 위해서였습니다. 테오리아와 테크네는 상호 보완적이며 이 두 관점을 적절히 동원할 때 삶과 세계를 더욱 입체적으로 파악할 수 있을 것입니다. 과학적 지식과 비트겐슈타인/장자의 자연주의 중 어느 하나를 편드는 것이 저의 의도는 아니었습니다. 둘 모두 필요하기 때문입니다. 핵심은 둘의 상이한 쓰임새에 있다고 봅니다.

---

20 이 절은 2015년 10월 3일 타이완 국립양밍(陽明)대학교에서 있었던 국제 장자철학 학술대회에서의 토론을 옮긴 것이다. 토론 참가자는 다음과 같다. 호치엔싱(何建興, 타이완 난화(南華)대 종교학연구소 교수), 라우콕잉(劉國英, 홍콩 중문(中文)대 철학과 교수), 브룩 지포린(Brook Ziporyn, 시카고대(University of Chicago) 신학대 교수), 데이빗 차이(David Chai, 홍콩 중문대 철학과 교수), 한스-게오르크 묄러(Hans-Georg Moeller, 중국 마카오(澳門)대 철학/종교학 교수), 종김종(莊錦章, 홍콩 과학기술대 인문학부 교수), 박소정(싱가포르 난양이공대(Nanyang Technological University) 철학과 강사), 쳉카이유안(鄭凱元, 타이완 국립양밍(陽明)대 심지(心智; mind and cognition)철학연구소 교수), 쳰주팅(陳思延, 타이완 국립칭화(清華)대 철학연구소 교수).

라우콕잉 이승종 교수님이 사용한 자연사(自然史)라는 개념이 잘 와닿지 않습니다. 자연이 역사를 결여하고 있다는 점에서 자연과 역사는 서로 대립되는 것으로 여겨져 왔기 때문입니다.《장자》에 자연사라는 말이 등장하기나 하는가요? 자연사의 의미는 대체 무엇입니까?

이승종 웬만한 나라의 대도시에는 자연사 박물관이 있습니다. 비트겐슈타인이 자연사로 의미하는 바를 바로 저 이름의 박물관에서 찾을 수 있습니다. 자연과학의 경우와 달리 자연사의 사실들은 개념적으로 설명되지 않는 삶의 일차적 자료와 같은 것들입니다. 우리가 예컨대 걷고, 말하고, 인사한다는 사실이 사람의 자연사를 구성합니다. 그 자연사가 역사인 까닭은 모든 것이 변하기 때문입니다. 장자의 표현을 빌리자면 모든 것이 무한히 변전(變轉)합니다. 장자는 만물 유전(流轉)을 주장한 헤라클레이토스와 같은 편이라고 생각합니다.

질문 이승종 교수님은 "많은 것들을 받아들이는 데 만족하는 데서, 나의 삶이 이루어진다"는 비트겐슈타인의 말을 인용하고 있습니다. 이는 회의주의에 대한 비판의 맥락에서 한 말입니다. 우리가 손을 가리키며 이것이 손이라고 말할 때, 거기에는 어떠한 의심의 여지도 없는 것입니다. 그리고 이는 사람의 자연사와 연관된 의미의 문제와도 연결됩니다. 우리가 1+1을 계산해 2라는 일치된 결과에 도달한다는 사실과 연관된 규칙 따르기 문제가 그 예입니다. 이승종 교수님은 장자와 비트겐슈타인이 이러한 맥락을 공유하고 있다고 말합니다. 그러나 비트겐슈타인이 관심을 갖는 사람의 자연사는 장자에게는 낯선 주제입니다.

이승종 기술 습득에 대한 장자의 강조를 양생(養生)의 도(道)를 닦는 것에 연결 지어볼 수 있습니다. 살기 위해 닦아야 하는 삶의 도, 혹은 기술은 한 개인이 만든 것이 아니라 주어진 것이라는 점에서, 비트겐슈타인이 말하는 자연사의 사실과 일맥상통합니다. 걷고, 인사하고, 말하는 등등은 우리가 반드시 습득해야 하는 삶의 기술들입니다. 생존을 위해 필요불가결하기도 한 그런 기술들을 체득하는 데서 사람의 삶이 이루어집니다. "많은 것들을 받아들이는 데 만족하는 데서, 나의 삶이 이루어진다"는 비트겐슈타인의 말은 이러한 기술의 습득을 가리키는 것으로 확대 해석할 수 있으며, 그때 장자와 비트겐슈타인은 서로 만날 수 있습니다.

13장 노장 새로 읽기[1]

1. 연세대학교에서의 토론[2]

이유선 잠재태와 현실태의 구분은 플라톤이 말한 본질과 현상의 구분과는 다른 것입니까?

이승종 다릅니다. 들뢰즈에게 있어서 본질은 존재하지 않기 때문입니다. 그리고 잠재태는 이념의 세계입니다.

이유선 이념으로서의 잠재태란 어떤 뜻입니까?

이승종 잠재태는 문제로, 현실태는 그 문제에 대한 해법으로 볼 수 있습니다.

이유선 문제는 그럼 어디서 나오는 겁니까? 현실을 살아가는 사람들이

---

1 이 장은 6장의 초고를 주제로 각종 학술모임에서 토론한 내용을 옮긴 것이다.
2 이 절은 2006년 8월 25일 연세대학교에서 있었던 학술모임에서의 토론을 옮긴 것이다. 토론 참가자는 다음과 같다. 이유선(서울대 기초교육원 교수), 박병철(부산외국어대 만오교양대 교수).

제기하는 문제입니까?

이승종 문제는 현실에서 나옵니다. 가령 자유 에너지를 최소화하려는 것이 자연이 제기하는 문제이고, 이 문제에 대한 해법으로 소금은 입방형, 비눗방울은 원형을 유지합니다. 이처럼 각 개체들마다 다른 방식으로 그이념을 풀어나갑니다. 그 과정에서 나타나는 게 현실태입니다.

이유선 현실태가 없는 잠재태에 대해서는 말할 수가 있나요?

이승종 아직 풀리지 않은 문제로서의 잠재태가 그 경우가 아닐까요?

이유선 그 경우에 대한 어떤 예를 들 수 있을까요?

이승종 태어나기 이전 단계의 생명이 이에 해당하지 않을까요?

이유선 이념이 구현된 현실태를 통해서만, 문제가 문제로서 인식되고 이념에 대해서 말할 수 있는 것 같습니다.

이승종 현실화되기 이전의 이념에 대해서도 말할 수 있지 않을까요? 적도에서 생겨난 열대성 저기압이 점점 제 몸집을 불려 태풍이 되어 한반도를 거쳐 알류샨 열도 쪽으로 빠져나가는 경우, 우리는 아직 태풍으로 발전하기 이전 단계에 대해서 말할 수 있습니다. 태풍이 무(無)에서 나온 것은 아니니까요.

이유선 그러나 그렇게 현실태(태풍)가 안 될 수도 있는 것이죠.

이승종 현실태가 된 태풍은 태풍의 잠재적 이념을 현실화하는 데 성공한 것이죠.

이유선 들뢰즈의 기조는 로티의 반본질주의에 가까운 것 같습니다. 본질주의적 입장에 서면, 본질이 현실화된 것이 현실태라는 손쉬운 해명이 가능합니다. 그런데 반본질주의적 입장에 서면서도 현실화되기 이전의 이념이 실재한다고 보는 게 어색하게 느껴집니다.

이승종 근(根)이 없는 방정식을 현실화되지 않는 이념에, 근이 하나인 방정식을 한 가지 방식으로 현실화되는 이념에, 근이 여럿인 방정식을 여러 방식으로 현실화되는 이념에 견줄 수 있을 것입니다. 요컨대 방정식은 이념, 즉 잠재태에 견줄 수 있습니다. 그런데 이유선 선생님은 그 잠재태의 존재론적 위상이 무엇인지를 묻고 계시는 건가요?

이유선 네. 반본질주의적 입장에서 본다면 현실화의 과정을 역으로 되짚어 구성해내는 것은 가능하겠지만, 그렇게 구성된 것에 존재론적 실재성을 부여해야 하는지를 의심할 수 있습니다. 들뢰즈는 잠재태에 대해서도 충만한 실재성을 인정합니다. 이 실재성이 정태적인 본질이 아니라 동태적인 경향성에 가깝다 해도 여전히 이해하기가 어렵네요.

이승종 양자역학에서 예를 들자면 측정 이전의 파동함수는 단절이 없는 연속체에 견줄 수 있습니다. 이것이 측정을 통해 붕괴되면서 아날로그가 디지털로 바뀌는 것에 견줄 수 있는 변화가 일어납니다. 그렇다고 해서 측정 이전의 상태가 없는 것은 아닙니다. 그 상태에 대해서도 서술이 가능합니다. 보어가 주도한 코펜하겐 해석은 경험과학의 테두리를 측정 이후의 상태로 국한시킵니다. 측정 이전의 상태에 대한 언급을 아끼자는 것입니다. 측정 이전의 파동함수를 확률적으로만 해석하려는 이러한 경향에 반발하여 슈뢰딩거는 고양이의 역설을 제안합니다.

이유선　측정 이전의 경우 역시 측정된 것을 기반으로 해서 서술하는 것 아닙니까?

이승종　그렇게 볼 수는 없습니다. 수학을 사용해 측정 이전의 상태에 대한 독립적인 서술이 가능하기 때문입니다.

이유선　그것은 경험적으로 검증 가능한 서술입니까?

이승종　코펜하겐 해석에 의하면 측정 이전의 파동함수는 확률을 표현하고 있습니다. 측정의 순간부터 파동함수에 의거한 동역학은 붕괴 동역학으로 바뀝니다. 확률이 현실로 실현되는 것이지요.

이유선　그것 역시 드러난 현실을 역추적해서 확률함수를 구성한 것으로 볼 수 있지 않을까요, 즉, 측정의 결과에 기반해 확률을 서술한 것이라는 말입니다.

이승종　그럼에도 측정 이전의 확률의 상태와 측정에 의해 현실화된 상태는 구분되어야 합니다.

이유선　우리의 토론이 다람쥐 쳇바퀴 도는 것 같은데 제 요점은 현실태 없이는 잠재태에 대한 서술도 불가능하다는 것입니다.

이승종 그에 맞는 적합한 언어만 갖춘다면 현실태 없이도 잠재태에 대한 서술이 가능하다는 것이 제 요점이고요.

이유선 그 서술을 구성하기 위해서는 현실태의 자료들이 필요합니다.

이승종 역으로 현실태의 기원을 말하기 위해서 잠재태가 요청됩니다. 발생론적으로는 이유선 선생님의 주장대로 현실태의 자료로부터 잠재태에 대한 서술이 구성되었다고도 볼 수 있겠지만, 이론적으로는 잠재태와 현실태의 두 상태에 독립성을 인정할 수 있습니다.

이유선 반본질주의의 입장에서도 이 부분이 불명확합니다. 김동식 교수님은 로티가 언어의 편재성을 주장했다고 하지만, 저는 이러한 해석에 반대합니다. 로티는 언어 바깥에 아무것도 없다고 보지 않습니다. 그는 비언어적인 존재 세계를 부정하지 않습니다. 언어의 편재성을 로티에 귀속시키면, 그가 잠재태에 실재성을 부여하는 들뢰즈에 반대하는 것으로 귀결됩니다. 반본질주의의 입장에서도 무언가의 실재성에 침묵할 수는 없습니다.

박병철 잠재태와 현실태에 대한 들뢰즈의 구분을 노장의 텍스트에 적용하는 것은 놀라운 발상입니다만, 들뢰즈와 노장의 연결고리에 대한 논의는 부족하지 않나 싶습니다.

이승종 제가 들뢰즈와 노장의 철학, 양자역학 간에 대화를 도모하기 위해 빌려다 쓴 개념들은 차이와 반복, 잠재태와 현실태입니다. 그럼에도 이들은 사실 가는 길들이 서로 다릅니다. 노장은 무엇이 바른 삶인가라는 문제에서 출발해 이를 바탕으로 삶이란 무엇인가, 자연의 섭리란 무엇인가라는 질문을 던지는 동양의 전통적 사유입니다. 양자역학은 무엇이 경험적으로 설명 가능한가라는 문제에서 출발해서 이에 대한 적절한 설명 체계를 찾아가다가, 측정을 어떻게 설명할 것인가라는 문제에 봉착하게 된 서구의 과학입니다. 실재를 설명하는 가장 강력한 이론임에도 불구하고, 측정 이전과 이후 사이에 놓인 비대칭성에 대해서는 말끔히 해명하지 못하고 있기 때문에 해석의 백가쟁명이 야기되기도 했습니다. 들뢰즈는 무엇이 바른 삶인가에 관심이 있는 철학자도, 무엇이 경험적으로 설명 가능한가에 관심이 있는 과학자도 아닙니다. 그는 무엇이 실재이고 그 근본 논리와 구도는 어떠한가에 관심이 있는 형이상학자입니다. 저는 차이와 반복으로 노장과 들뢰즈를, 잠재태와 현실태로 들뢰즈, 노장, 양자역학을 한데 엮어보았습니다. 이들은 상대를 염두에 두지 않았을뿐더러, 구상한 아이디어나 사용한 용어들도, 비슷한 점은 있지만 똑같지는 않았습니다. 음악에 비유하자면, 저는 이들의 악보를 바탕으로 편곡을 한 셈입니다. 편곡자는 원 작곡자의 음악 정신과 방향성을 따르지 않을 자유가 있습니다. 작곡자의 의도에 충실한 정격 연주와는 다릅니다. 불가피하게 원작을 훼손했겠지만 그로부터 불협화음만 나왔다면 저의 편곡은 실패한 것이고, 그로부터 어떤 의미 있는 멜로디가 나왔다면 성공한 것이겠지요.

박병철 편곡의 구체적인 성과가 무엇인지요?

이승종 양자역학에서 얻는 교훈은 삶과 죽음이 동거한다는 점, 우리가 체험하는 삶의 매 순간이 붕괴라는 점, 붕괴를 통해서 삶이 전개된다는 점, 행위를 통해 잠재태가 붕괴되고 현실태가 창발한다는 점입니다. 이로부터 잠재태와 죽음 사이에 위치한 삶을 과연 어떻게 이해하고 어떻게 영위할 것인가 하는 문제가 제기됩니다. 아울러 잠재태와 그것이 붕괴된 현실태, 그리고 죽음이 동등한 중요성을 지닌다는 규범적인 자각을 하게 됩니다. 이 지점에서 노장의 사유가 개입됩니다. 소 씨가 거문고를 뜯기 이전, 즉 현실태의 근원으로서의 잠재태로 소급해가는 과정을 《장자》에서 찾을 수 있습니다.

박병철 거기까지는 인정합니다만 들뢰즈와는 어떻게 연결되는지 궁금합니다. 이 부분이 보완되어야 양자역학, 노장, 들뢰즈 사이의 균형이 잡힐 것 같습니다.

이승종 제가 거론하지는 않았지만 들뢰즈는 《차이와 반복》에서 마르셀 프루스트(Marcel Proust)의 《잃어버린 시간을 찾아서》를 논하면서, 기억과 반성을 통해 시간이 어떻게 중첩되어 있는지를 묘사하고 있습니다. 들뢰즈는 프루스트가 체험하고 묘사한 시간 의식에 충분한 실재성을 부여하고 있습니다. 형이상학 건축에 필요한 씨줄과 날줄은 시간과 공간인데, 들뢰즈가 선택한 시간과 공간의 주된 텍스트의 저자는 아인슈타인이 아니라 프루스트였습니다.

이유선 반본질주의를 표방하는 들뢰즈가 시간 의식의 실재성을 인정하는 대목이 납득이 가지 않습니다. 로티는 프루스트를 하이데거에 견주면서 하이데거를 형이상학적 아이러니스트로, 프루스트를 탈형이상학적 아이러니스트로 간주한 바 있습니다. 하이데거가 자신의 철학을 완성하는 데 몰두하는 사람이었다면, 프루스트는 삶의 우연성에 초점을 맞추어 자기를 완성한 사람이었다는 것입니다. 로티의 입장에서 보자면 프루스트는 잠재태가 현실화된 것이 아닙니다. 프루스트가《잃어버린 시간을 찾아서》를 쓰지 않았다면, 그는 프루스트가 아닌 것입니다. 들뢰즈가 로티와 반본질주의를 공유한다면, 필연성이나 실재성 등의 용어 사용을 재고해야 할 것입니다.

이승종 들뢰즈는 혁명적이면서도 복고적인 면모를 지니고 있습니다. 철학에서 형이상학과 체계가 종말을 고하는 시대에 체계적 형이상학을 역설하고 있으며, 반실재론이 대세인 포스트모던의 시대에 잠재태와 현실태에 동등한 실재성을 부여하는 실재론을 주창하고 있습니다.

이유선 실재론적 반본질주의가 가능한지가 궁금합니다.

이승종 체계를 지향하는 포스트모더니스트가 가능한지도 궁금합니다.

이유선 반본질주의자이면서도 자신의 체계를 건립한 사람으로 로버트 브랜덤(Robert Brandom)을 꼽을 수 있습니다. 그의 규범적 체계가 지니는 가변성을 감안한다면 체계와 반본질주의는 양립 가능한 것 같습니다. 그렇지만 실재론과 반본질주의는 과연 어떤지를 생각해 보아야겠습니다. 실재와 본질을 분리해 이해할 때 가능할 것 같습니다.

이승종 실재에 역동성을 부여한다면 양자는 양립이 가능할 겁니다. 예컨대 양자역학에서 실재하는 것은 파동함수와 그 붕괴된 결과로 압축됩니다. 반본질주의적 실재론의 한 예라고 봅니다.

박병철 그렇다면 실재의 개념이 바뀐 것으로 이해해야 할 겁니다.

이유선　이승종 교수님의 말은 마치 파동함수가 사물의 본질이라는 것처럼 들립니다. 로티식으로 말하자면 그것은 사물의 실재성에 대한 가능한 여러 서술 중의 하나일 겁니다.

이승종　슈뢰딩거의 파동함수와 하이젠베르크의 매트릭스 이론은 양자역학을 서술하는 두 수학적 기법이고 이는 동치의 관계에 있습니다.

이유선　그렇다면 파동함수로 우리는 실재에 대해 말한 것이 아니라 실재에 대한 한 서술을 말한 셈입니다. 실재에 대해 우리가 하나의 서술을 갖는지 그 이상의 서술을 갖는지가 본질주의와 반본질주의를 가르는 기준입니다.

이승종　본질이 단 하나의 서술만을 갖는다는 것의 이유는 무엇입니까?

이유선　그것은 본질에 대한 개념 규정에 속합니다. 현상은 변하지만 본질은 변하지 않습니다.

이승종　현상에 대해서는 여러 서술이 가능하지만, 그 현상의 본질에 대해서는 단 하나의 서술만이 가능하다는 것이 본질주의입니까?

이유선　네.

이승종　그런 의미의 본질주의자가 과연 있을까요?

이유선　없겠죠. 그런 면에서 본질주의에 대한 로티의 비판은 허수아비 논증의 오류를 범하고 있다고도 할 수 있습니다. 하지만 로티의 비판은 은연중에 본질주의로 경도되기 쉬운 우리의 경향성에 경각심을 일깨워 주는 효과를 발휘합니다. 들뢰즈에 대해서도, 그가 말하는 실재성이 다양한 서술을 허용하느냐의 여부에 따라서 본질주의의 혐의를 둘 수 있습니다. 양자역학에 대해서도, 실재가 파동함수라는 것만을 고집하는지의 여부에 따라서 같은 혐의를 둘 수 있습니다.

이승종 양자역학은 파동함수와 호환 가능한 다른 서술에 대해서는 인정합니다.

이유선 파동함수로 환원 가능한 서술만을 인정한다면 그것은 본질주의입니다.

이승종 그것만을 인정하겠다고 못 박았다기보다는, 아직 그보다 나은 대안을 찾지 못했다는 게 양자역학의 현황에 더 적합할 것 같습니다.

박병철 5절의 제목을 어떤 의미에서 'Über Mensch'로 잡았는지요?

이승종 자연을 조물주나 그 피조물로 의인화하는 단계를 넘어, 스스로 그러한 운동으로 파악했다는 점에서 그랬습니다. 이어지는 다음 절에서는 자연의 근원을, 원인이 아닌 차이로 본다는 점에서 과학을 넘어 형이상학으로 이행하게 됩니다.

2. 전남대학교에서의 토론[3]

김명석 이승종 교수님은 붕이 매미와 작은 새에 비해 크다는 점이 곧 매미와 작은 새에 대한 붕의 우월성을 뜻하는 것으로 읽어서는 안 된다고 했습니다. 그러나 매미와 작은 새와 달리 붕은 깨달음의 상징입니다. 그런 점에서 붕은 깨닫지 못한 매미와 작은 새보다 우월하다고 봅니다.

이승종 깨달음이라는 인식론적 관점에서 보았을 때 김명석 교수님의 해석은 타당합니다. 그러나 저는 붕의 이야기를 제물(齊物)의 존재론적 관점에서 이해했으며, 그랬을 때 붕은 매미와 작은 새에 비해 우월하지 않게 됩니다. 두 관점은 상호 양립 가능하지만 붕의 이야기에 대한 초점에서 갈라집니다.

김명석 이승종 교수님은 천균(天鈞)을 이퀄라이저로 해석하면서 구멍들이 이퀄라이저의 기능을 수행하고 있다고 보았습니다. 그러나 구멍은 소리를 내는 기관일 뿐이고 이퀄라이저는 따로 있는 것 아닐까요?

이승종 구멍들이 산들바람에는 가볍게 응하고 거센 바람에는 크게 응하며 사나운 바람이 멎으면 고요해진다는《장자》의 구절은 이퀄라이저가 따로 있는 것이 아님을 시사합니다. 지휘자나 악장 없이 연주자들이 서로 조율하며 연주하는 경우에 견줄 수 있습니다. 창조자를 부정하고 자기 스스로를 조직해나가는 우주의 모습을 부각시키는 현대의 우주론은

---

3 이 절은 2017년 2월 22일 전남대학교에서 있었던 국제 횡단철학 학술대회에서의 토론을 옮긴 것이다. 토론 참가자는 다음과 같다. 김명석(연세대 철학과 교수), 에드워드 슬링거랜드(Edward Slingerland, 캐나다 브리티쉬 컬럼비아대(University of British Columbia) 아시아학과 석좌교수), 필립 아이반호(Philip Ivanhoe, 홍콩성시대(香港城市大) 동아시아학 및 비교철학 석좌교수), 박평호(연세대 철학과 대학원생).

이를 계승하고 있습니다.

에드워드 슬링거랜드 《도덕경》의 1장에 나오는 '만물의 어머니(萬物之母)'라는 표현은 이승종 교수님의 해석과는 달리 노자가 의인법을 즐겨 사용하고 있다는 결정적 예입니다.

이승종 노자는 의인법을 완전히 탈피하지는 않았습니다. 그러나 교수님이 든 예는 하나의 상징적 표현으로도 해석될 수 있습니다. 반면 저는 천지(天地)가 인(仁)하지 않다는 노자의 일갈을 의인적 사유를 타파하는 결정적 명제로 꼽습니다.

김명석 이승종 교수님은 어떤 근거에서 자연주의적 오류를 오류가 아니라고 판단하는지 궁금합니다.

이승종 사실 명제에서 당위 명제를 이끌어낼 수 있다는 이런저런 논증들이 있습니다만, 저는 그러한 형식 논증을 시도하려는 것이 아닙니다. 하나의 사실에서 하나의 명제가 이끌어져 나오는 일대일 대응이 아니라, 사태와 흐름을 보는 것에서 철학을 전개한다는 점을 강조하고자 했습니다. 와서 보라는 부처의 말이나, 공자가 냇가에서 "가는 것은 이와 같구나. 밤낮을 쉬지 않는구나"[4]라고 탄식한 것이 그 대표적 예입니다. 그들은 무언가를 보았고 이를 바탕으로 우리가 세계관이나 가치관이라 부름 직한 언설을 했던 것입니다. 그것을 오류로 치부하는 것은 지나치다고 생각합니다. 태곳적의 철학자는 샤먼이었을 겁니다. 샤먼은 하늘과 땅, 삶

---

[4] 《論語》,〈子罕〉, 17, 子在川上 曰 逝者如斯夫 不舍晝夜

과 죽음, 인간과 여타의 존재자를 이어주는 영매였습니다. 해석학(Hermeneutics)의 어근을 이루는 그리스의 헤르메스(Hermes) 신이나, 야스퍼스가 말한 기축(基軸) 시대의 소크라테스, 부처, 공자, 예수 등에서도 샤먼의 흔적을 발견할 수 있습니다. 그들이 사실에서 당위를 이끌어내었다면, 그것은 사통팔달(四通八達)을 지향하는 샤먼 전통의 연장선상에서 이해되어야 할 것입니다.

필립 아이반호   그렇다면 사실 명제에서 어떠한 당위 명제도 다 이끌어낼 수 있다는 말인가요?

이승종   아닙니다. 그것이야말로 저 전통의 문맥을 고려하지 않은 부당한 추론입니다.

필립 아이반호   자연의 흐름을 거스르지 않고 각자 제 분수에 맞게 살라는 것이 제물(齊物)과 무위(無爲)의 올바른 해석 아닐까요?

이승종   동의합니다.

박평호   차이가 모든 사물의 배후에 있다는 들뢰즈의 말에 반대합니다. 동일성이 있고 그것이 나뉜 다음에 비로소 차이가 생기는 것이므로, 저는 동일성이 차이보다 더 근원적이라고 봅니다.

이승종   소쉬르, 데리다, 들뢰즈는 평호 씨가 지지하는 동일성 중심의 전통적 사유에 반기를 든 사람들입니다. 그들은 평호 씨와는 반대로, 차이를 근원에 놓고 동일성은 차이가 소멸된 특이한 파생적 상태를 지칭하는 것으로 이해합니다.

박평호 곽점 죽간본의 충(蟲)을 들뢰즈의 차이로 해석하는 근거는 무엇입니까?

김명석 충(蟲)보다는 혼(混)이나 유(幽)가 노자의 사유와 더 잘 어울리는 것 같습니다.

박평호 분화되기 이전의 혼(混)이나 유(幽)로부터 차이가 유래했다고 보는 것이 더 자연스러운 순서로 여겨집니다.

이승종 저는 노자가 들뢰즈의 현란한 형이상학을 선취했다고 보지 않습니다. 노자 당시에는 사변적 형이상학을 펼칠 만한 개념도 부족했고, 따라서 추상적 사유의 여지도 적었습니다. 살아 우글거리는 벌레들을 즉물적으로 보여주고 있는 충(蟲)은 시원의 사유의 이러한 특징을 잘 반영하고 있는 핵심어입니다. 들뢰즈의 차이는 충(蟲)이 보여주는 차이(소)를 계승하고 있다고 해석해보았습니다.

김명석 들뢰즈를 설명하면서 이승종 교수님은, 비눗방울은 표면장력을 최소화하기 위해 원형을 유지하고 있으며 소금 결정은 접착력을 최소화하기 위해 입방형을 유지하고 있다고 했는데, 저는 자연이 저런 목적을 가지고 작동한다기보다는 현상을 설명하기 위한 도식 같아 보입니다.

이승종 급류는 수면 위로 솟은 바위를 양 갈래로 피해갑니다. 피해갈 수 있는 최적의 방안을 선택하는 것처럼 보입니다.

김명석 예로 든 급류와 바위의 관계는 그런 방식으로 말고도 기계적으로 설명될 수 있을 겁니다. 자연 현상들은 결정론적 역학의 규칙을 따를 뿐입니다.

이승종 반드시 그렇지만은 않다는 것이 혼돈이론의 메시지입니다. 바위에 부딪혀 생기는 물결파의 갈래, 거품들의 안과 밖을 전부 결정론적 역학으로 설명할 수 있을까요? 들뢰즈는 규칙의 기계적 실현이 아니라 문제의 창의적 해결로 봅니다. 방점은 창의성에 있습니다.

김명석 이승종 교수님이 중첩(superposition)의 예로 든 슈뢰딩거의 고양이는 측정 이전에, 그리고 측정과 무관하게 이미 살아 있거나 죽어 있지 않을까요?

이승종 사실 슈뢰딩거는 양자역학의 코펜하겐 해석에 대한 반론으로 고양이 실험을 고안했습니다. 코펜하겐 해석이 슈뢰딩거의 고양이를 삶과 죽음이 중첩된 기이한 상태로 밀어 넣는데, 이것이 넌센스이므로 코펜하겐 해석은 틀렸다는 것입니다. 그러나 이러한 반론은 수용되지 않았고, 오히려 슈뢰딩거의 고양이는 현재 양자역학이 지니는 기이함의 아이콘으로 부각되고 있습니다. 기이하다고 해서 틀렸다고 볼 수는 없다는 것이 중론입니다. 양자역학과 코펜하겐 해석은 건재합니다.

필립 아이반호 이승종 교수님이 제안한 원기둥의 2차원 평면으로의 투사는 하늘과 땅의 상징으로도 읽을 수 있습니다. 동양에서 하늘은 원으로, 땅은 사각형으로 상징화됩니다.

김명석 이승종 교수님은 "리듬은 무엇에 대한 표상이나 재현이 아니라는 점에서 무매개적이고 직접적이다"(이 책, 229쪽)라고 하셨는데, 그와 관련하여 저는 혹시 리듬—그리고 선율과 화성, 음색 등 음악을 구성하는 요소들도 포함하여—이 어떤 메시지 혹은 내용을 담고 있는 것이 아닌가 생각합니다. 저 문장 바로 앞의 인용문에서는 "유기체의 종별화"와 "유기체의 부분들이 분화되는 과정"이라는 말이 있는데, 리듬이 유기체들의 분화 과정의 리듬이라면 분화와 관련된 어떤 정보가 부분적으로라도 그 리듬에 담겨 있지 않을까, 혹은 서로 다른 분화의 리듬들을 살펴보면 서로 다른 유기체들의 분화 과정에 대한 정보를 부분적으로라도 알 수 있지 않을까 하는 생각이 들어 질문을 드립니다. 또 들뢰즈와는 별도로 음악 자체와 관련해서 저는 어떤 종류의 음악은 특정한 내용을 표상, 재현, 또는 표현하는 것이 아닐까 생각합니다.

이승종 광고음악, 종교음악, 이데올로기를 선전하는 음악, 표제음악 등은 특정한 내용을 표현하고 있습니다. 그러나 그 경우에조차 리듬을 포함한 음악의 요소들 하나하나를 메시지와 대응시키는 것은 의미론에 치우친 과잉해석이라고 봅니다. 밥 딜런을 위시한 반전(反戰) 음악의 기수들도, 전쟁에 반대하기 위해 음악을 작곡한 것이 아니라 음악이 그냥 떠올랐던 것이라는 말을 들은 적이 있습니다. 샤먼이 그러했듯이 그들도 신들린 듯이 음악을 쏟아냈던 것입니다. 만일 음악에 의미가 담겨 있다면 그것은 음악 전체에 산종(散種; dissemination)되어 있다고 보는 게 더 합당할 것입니다.

8편 정약용으로부터

14장 정약용 새로 읽기[1]

1. 연세대학교 철학연구소에서의 토론[2]

선우환　주희에 있어서 기질지성(氣質之性)과 악의 관계가 아날로그적이라면, 인심(人心)과 악의 관계도 무법칙적이라기보다는 최소한 아날로그적이어야 한다고 봅니다. 그렇지 않다면 왜 아닌지를 설명할 수 있는지요.

이승종　주희는 인심(人心)이 없는 경우에는 도심(道心) 자체도 공허하며 존재하지 않게 된다고 말하고 있습니다. 도심(道心)을 위해서라도 인심(人心)이 필요함을 인정하는 겁니다. 그런 주희가 인심(人心)이 악과 아날로그적 관계에 있다고 주장할 수는 없겠지요. 아울러 주희에 의하면 목마른 사람이 물을 찾고 허기진 사람이 음식을 찾는 것도 인심(人心)입니다. 이러한 생리작용에 대해 그것을 선하다 혹은 악하다고 할 수는 없을 것입니다.

1　이 장은 7장의 초고를 주제로 각종 학술모임에서 토론한 내용을 옮긴 것이다.

2　이 절은 2011년 6월 17일 연세대학교에서 있었던 철학연구소 월례발표회에서의 토론을 옮긴 것이다. 토론 참가자는 다음과 같다. 선우환(연세대 철학과 교수), 이장희(경인교육대 윤리교육과 교수), 김선영(연세대 철학과 강사), 임채우(국제뇌교육종합대학원대학교 국학과 교수), 김우형(연세대 원주캠퍼스 근대한국학연구소 HK 연구교수), 서병창(연세대 철학과 강사), 강희복(연세대 철학과 강사), 이재경(연세대 철학과 교수), 정현철(연세대 철학과 강사), 유승주(연세대 철학과 강사).

선우환 주희에 있어서 인심(人心)이 없이는 도심(道心) 자체도 공허하여 존재하지 않게 된다면, 도심(道心)과 선(善) 사이의 법칙적 관계도 성립하지 않게 되는 것 아닌가요?

이승종 도심(道心)이 그 자체로 선하다는 것은 주자학의 공리에 해당하는 명제입니다. 도심(道心)과 인심(人心)과 선(善)의 관계는 도심(道心)은 그 자체로 선하지만, 인심(人心)과 동거하에서만 작동한다는 방식으로 서술될 수 있습니다. 이는 인심(人心)과 악의 관계가 무법칙적이라는 앞서의 제 명제와 상충한다고 보지 않습니다.

선우환 인심(人心) 없는 도심(道心)은 실제에 있어서는 불가능한가요?

이승종 그렇습니다. 인심(人心) 없이 도심(道心)만 지닌 사람은 생존할 수 없습니다. 그는 예컨대 식욕이 없는 비현실적인 사람일 테니까요.

선우환 인심(人心)과 악이 무법칙적인 이유는 무엇입니까?

이승종 목마른 사람이 물을 마시는 것에 대해 우리는 악하다고 하지 않습니다. 그것이 악하지 않은 까닭은 악에 대한 우리의 문법이 그렇게 되어 있기 때문입니다.

선우환 기질지성(氣質之性)에 대해서도 같은 말을 할 수 있지 않을까요? 기질지성(氣質之性)은 그 자체로 악하지 않은데, 기(氣)의 맑고 흐린, 순수하고 뒤섞인 차이에 따라 악과 아날로그적 관계를 갖게 된다고 말입니다. 같은 맥락에서 인심(人心)도 악과 아날로그적 관계를 갖게 된다는 추론을 해봅니다.

이승종 선우환 교수님은 주희에 있어서 기질지성(氣質之性)과 악의 관계가 아날로그적 관계라면, 인심(人心)과 악의 관계도 아날로그적 관계일 것이라고 추론하고 있습니다. 반면 다산은 인심(人心)과 악이 무법칙적인 관계하에 있는 것처럼, 육체적 욕구에서 비롯되는 성향인 기질도 악에 대해 무법칙적인 관계하에 있다고 맞대응합니다. 그러나 여기에서 우리는 인심(人心)과 악의 관계가 무법칙적이라는 다산의 주장이 그러한 것처럼, 기질과 악 사이의 관계가 무법칙적인 것이라는 다산의 주장 역시, 연역적 추론이 아니라 경험적 사실에 대한 관찰에 근거한 것이라는 점에 유의해야 합니다. 다산은 형조판서로 있으면서 선악이 기질과 무관하게 행해지는 수많은 경우를 접하게 되었습니다. 그런데 이에 대한 고려나 언급이 주희에게는 없습니다. 다산은 바로 여기에 초점을 맞추어 양자의 관계를 무법칙적이라고 보는 것입니다.

이장희 주희의 체계에서 과연 디지털적 관계라는 것이 있는지 의문이 듭니다. 기질지성(氣質之性)이나 인심(人心) 모두 악으로 흐를 수는 있지만, 그 자체로는 악한 것이 아닙니다.

이승종 이장희 교수님의 논평과 제 도표는 부분적으로는 잘 어우러집니다. 주희에 있어서 인심(人心)과 악은 무법칙적이고, 기질지성(氣質之性)과 악은 아날로그적입니다. 요컨대 주희에 있어서 악과 연관해서는 디지털적 관계란 없습니다. 반면 선(善)은 각각 본연지성(本然之性)과 도심(道心)에 대해 디지털적 관계를 유지하고 있습니다. 주희에게서 발견되는 이러한 불균형과 달리, 다산의 경우 선악은 인성과 마음의 모든 국면에 대해 무법칙적인 관계를 유지하는 균형을 보이고 있습니다.

김선영 주희의 철학에서 인성과 선악의 관계와 마음과 선악의 관계가 서로 다르다는 이승종 교수님의 주장이 여전히 납득하기 어렵습니다. 그러한 주장이 가능하기 위해서는 주희에 있어서 성론(性論)과 심론(心論)이 서로 달라야 할 텐데 그 다른 지점이 무엇인지요.

임채우 주희에게서 성론(性論)과 심론(心論)은 서로 다른 차원의 논의인데, 이를 비슷한 것으로 혼동하면 안 되겠지요. 성론(性論)과 심론(心論)은 학자마다 다르기도 하고요.

김우형 성론(性論)과 심론(心論)이 무관한 것은 아니지요. 예컨대 주희에게서는 본연지성(本然之性)의 발현이 도심(道心)이고, 기질지성(氣質之性)의 발현이 인심(人心)입니다. 인심(人心)의 발현이 곧 악인 것은 아닙니다. 배고파 음식을 찾는 것이 악은 아닙니다. 그러나 인심(人心)이 지나쳐 사욕을 채우려는 방향으로 쏠리면 악이 되는 것입니다.

김선영 그런데 이승종 교수님은 왜 주희의 체계에서 그 자체로는 악이 아닌 기질지성(氣質之性)과 인심(人心)을 논하면서, 기질지성(氣質之性)과 악에 대해서는 아날로그적 관계를, 인심(人心)과 악에 대해서는 무법칙적 관계를 부여하느냐는 말입니다.

이승종 기질지성(氣質之性)을 구성하는 기(氣)를 잘 다스려 이(理)가 투명하게 드러나게 하는 것이 주희의 수양론의 요체입니다. 기(氣)가 지니는 맑고 흐린, 순수하고 뒤섞인 차이의 아날로그적 정도 차이는 수양을 통해 개선 가능하다는 것이 기질지성(氣質之性)과 악 사이의 아날로그적 관계의 근거입니다.

김선영 왜 인심(人心)과 악에 대해서는 같은 관계를 부여하지 않고 대신 무법칙적이라고 하였는지요.

이승종 김선영 선생님은 주희의 사유를 인성, 마음, 선악을 세 꼭짓점으로 하는 하나의 시스템으로 보고, 왜 동일한 시스템상에서 기질지성(氣質之性)과 악 사이에는 아날로그적 관계가 성립하는 데 반해 인심(人心)과 악 사이에는 무법칙적 관계가 성립하는지를 질문하고 있는 것 같습니다. 그러나 주희는 이 문제를 시스템적으로 접근하는 것이 아니라 사태적으로 접근하고 있습니다. 인심(人心)과 악 사이의 관계는 기질지성(氣質之性)과 악 사이의 관계와 양상이 다르기 때문에, 그 어떠한 유의미한 법칙도 정립할 수 없다는 것이 그의 판단이라고 봅니다.《주자어류》에서 주희는 마시고 먹는 것은 천리(天理)이지만, 좋은 맛을 찾으려고 하는 것은 인욕(人慾)이라고 말한 바 있습니다. 아주 미묘한 차이를 섬세하게 지적해내고 있지만, 이를 보편적으로 법칙화하기는 어려울 것입니다.

　백색의 정사각형 □이 순선(純善)한 이(理: 본연지성(本然之性))를, 또 다른 정사각형 ◪이 기(氣)를 나타내며 이 정사각형에서 투명한 직각삼각형 ◿부분은 맑고 순수한 기(氣)를, 불투명한 직각삼각형 ◤부분은 흐리고 뒤섞인 기(氣)를 각각 나타낸다고 가정해보겠습니다. 그렇다면 두 정사각형이 덧대어진 기질지성(氣質之性)은 다음과 같은 것입니다.

이 정사각형을 세로로 촘촘히 분할한다면 이로 말미암아 생겨난 세로 막대들(▯▮ 등등) 하나하나는 선악의 조합을 달리하는 아날로그 선상에 놓인 기질지성(氣質之性)을 표상할 겁니다. 그 세로 막대는 오른쪽으로 이동할수록 맑고 순수한 기(氣)가 점점 늘어 선(善)이 최상으로 발현된 성인(聖人)의 기질지성(氣質之性)(▯)에 가까워질 것이고, 왼쪽으로 이동할수록 맑고 순수한 기(氣)가 점점 줄어 악한의 기질지성(氣質之性)(▮)에 가까워질 것입니다. 주희는 자신에게 주어진 세로 막대에 담긴 기(氣)를 수양을 통해 맑고 순수하게 하여 오른쪽으로 이동시킬 것을 권하고 있습니다.

반면 인간의 마음은 선악의 이분법으로 형상화될 수 없습니다. 선악을 마음의 양극단에 위치시킨다 해도 그 사이에는 선도 악도 아닌 상태가 광범위하게 놓이게 됩니다.

임채우 그렇다면 이승종 교수님의 도표에 선도 악도 아닌 항목을 따로 만들어야 하지 않겠습니까?

이승종 저는 그 대신 이를 마음과 선악 사이의 (주희의 경우에는 부분적) 무법칙성이라고 표현한 것입니다. 우리는 선악의 범주에 속하지 않는 마음의 상태가 어떻게 선악의 이분법에 근거해 있는 인성으로부터 발현되는지를 주희에게 물을 수 있습니다. 다산은 선악이 행위의 결과에 귀속되는 것이어서 인성이나 마음과는 무법칙적 관계하에 있다는 주장으로써 이러한 난점을 해소하고 있습니다.

서병창 다음의 구절에 대해서 질문이 있습니다.

주희의 경우 도심(道心)은 그 자체로 선하지만, 다산의 경우 선한 것은 도심(道心) 그 자체가 아니라 도심(道心)을 현실에서 실현하는 인간의 행위이다. (이 책, 275쪽)

그렇다면 다산에 있어서도 선(善)이 인간에 내재한 도심(道心)의 실현임은 인정하는 것입니까?

이승종　다산에 있어서 선(善)은 마음이 아닌 행위에 귀속되는 것입니다. 이런 점에서 그는 결과주의자입니다.

서병창　그 경우에도 도심(道心)을 따른 행위가 선(善) 아닙니까? 혹은 도심(道心)은 본연지성(本然之性)과 디지털적 관계에 있으므로, 결국 본연지성(本然之性)을 따른 행위가 곧 선(善) 아닙니까? 행위의 결과가 선(善)이라 해도 그 행위가 선한지 악한지를 결정하는 것은 도심(道心)입니다.

이승종　다산은 좀 다른 방식으로 설명하고 있습니다. 그에 의하면 사람에게는 선(善)을 좋아하는 경향성이 있습니다. 저는 이를 선(善)에의 의지라고 표현해보았습니다. 그러나 선(善)에의 의지를 갖고 있는 사람도 이를 실행에 옮기지 않는다면 선한 사람이 아닙니다.

서병창　그 실행이 바로 도심(道心), 혹은 본연지성(本然之性)의 구현 아닐까요?

이승종　다산은 선(善)을 좋아하는 성향의 구현이라고 말할 겁니다.

이장희 결과로 실현되기 이전에 무엇이 선(善)인지는 이미 정해져 있는 것 아닙니까?

이승종 그 점에서는 주희와 다산 사이에 이의(異議)가 없습니다. 무엇이 선(善)인지는 경전에 다 써 있다고 믿기 때문이지요.

서병창 그렇다면 도심(道心)과 선(善)의 관계에 대해서도 주희와 다산 사이에 차이가 없는 것 아닙니까? 도심(道心)이 곧 선(善)이라는 주희의 입장이나, 도심(道心)의 구현이 곧 선(善)이라는 다산의 입장이나 다 거기서 거기 아닙니까?

이승종 큰 차이가 있습니다. 하나의 예를 들어 설명해보겠습니다. 우물에 빠지려는 아이가 있습니다. 이를 본 우리에게 측은한 마음이 생깁니다. 주희는 그 마음이 선하다고 봅니다. 다산은 이에 반대합니다. 측은한 마음을 가졌다 해도, 가서 아이를 구하지 않으면 우리는 선한 사람이 못됩니다.

서병창 실천이 따르지 않는 그 자체로서의 선(善)이 과연 의미가 있나요? 서양의 경우 이는 허용되기 어렵습니다. 예컨대 칸트의 경우만 보아도 선의지는 실천이성의 의지로서 실천적으로 나타나는 것입니다.

이승종 다산에게 도움이 되는 논평입니다.

강희복 이승종 교수님은 "유학은 전통을 탈은폐의 지평에 국한시킴으로써 그것이 지니는 은폐의 잠재적 역동성을 간과했기에 점차적으로 고착

화의 오류에 빠지게 된 것이다"라면서 "이는 은폐의 지평에 자신의 정체
성을 자리매김한 도가(道家)적 사유와 대척점을 이룬다"(이 책, 243쪽)고 하
였습니다. 유학이 고착화에 빠지게 되었다는 이 교수님의 진단은 역사적
으로는 일리가 있지만, 그것이 은폐의 역동성을 간과하는 유학의 본질에
서 비롯된 것이라고 보지는 않습니다. 저는 유학의 본질이 탈은폐에 국
한되어 있다고 보지 않습니다. 사람들은《논어》에서 전개된 공자의 사상
을 문자적으로 인간학적으로만 해석하는 경향이 있습니다. 우리는 오십
세에 천명(天命)을 알았다는 공자의 짤막한 말에 표현된 천명(天命)의 의
미를 되새길 필요가 있습니다.

이승종 유학은, 신정 체제에 가까운 은나라를 무너뜨린 주나라를 문물의
모델로 삼고 거기에 철학적 기반을 주려 했던 공자로부터 비롯된 학문입
니다. 점을 쳐서 하늘과 소통하며 나라의 일을 하려 했던 은나라와는 달
리, 주나라에 오면 초점이 신이나 하늘로부터 인간으로 바뀌게 됩니다. 인
간중심주의의 주요한 특징은 합리주의입니다. 공자는 귀신 섬기는 일에
대한 질문에 "사람도 제대로 섬기지 못하는데, 어찌 귀신을 섬길 수 있겠
느냐"고 반문했습니다. 그의 제자들도 "공자가 괴력난신(怪力亂神)에 대해
서는 말씀하지 않으셨다"고 술회하고 있습니다. 인간 너머의 은폐된 초월
적 지평이 아니라, 의(義)를 실현하려는 낙관주의적 사회철학이 유학의 요
체인 것입니다. 이는 도(道)를 이름 부를 수 없는 것으로 보아 은폐의 지평
에 자신의 정체성을 자리매김한 도가적 사유와 뚜렷이 구별됩니다.

　　은폐가 좋고 탈은폐가 나쁘다는 것이 아닙니다. 은폐에 초점을 두어
탈속적 철학을 정립한 도가의 경우에도, 그것만으로는 대안적 문명을 일
구어내기에 부족함이 있다고 봅니다. 은폐와 탈은폐가 함께 작동하는 탄
력적인 사유를 통해서 우리는 사태를 온전하고도 풍성하게 볼 수 있겠

요. 물론 유학에서도 은폐적 요소가, 도가에도 탈은폐적 요소가 없지 않 겠지만, 오랫동안 지배 이데올로기로 군림해온 유학이 탈은폐에 치우쳐 있음을 부인할 수는 없을 것입니다. 진리가 경전에 탈은폐되어 있고 이 를 주석하는 경학이 곧 유학이라는 통념이, 오랜 반복을 통해 고착화와 소진을 겪게 된 것이 유학의 역운입니다.

강희복 다산은 탈은폐에 치우친 유학이 겪고 있던 교조주의와 고착화를 신앙이라는 초월성으로 치유하기 위해, 원시 유학에 의거해 상제를 끌어 들임으로써 은폐의 잠재적 역동성을 회복하려 했던 것인가요?

이승종 네.

김선영 이승종 교수님은 다산이 '유학의 조선'에서 태어나 '조선의 유학' 을 실현하려 했던 사람으로 보시는 겁니까?

이승종 네.

김선영 그런데 이 교수님은 다산을, 주자학을 비판하고 원시 유학으로 복귀하려 한 사상가로 묘사하고 있습니다. 그러나 이것에 '조선의 유학' 이라는 이름을 붙일 만큼의 독창성이 있는 것입니까? 비록 주자학이라 는 중범위의 주름을 넘어섰지만, 다산도 유교적 세계관이라는 대범위의 주름을 어쩌지는 못한 것 아닙니까?

이승종 주자학을 비판하면 사문난적(斯文亂賊)으로 몰리던 당시에 목숨 을 걸고 한 다산의 작업을, 그 시대의 상황에 비추어 정당하게 평가해주어야 한다는 것이 저의 입장입니다.

임채우 이승종 교수님이 이 글에서 제시한 사유의 위상학에는 대범위와 중범위만이 거론되고 있을 뿐, 소범위에 대한 구체적인 언급이 없습니다. 노론과 남인과의 대립이건 정조와 분당주의자의 대립이건 조선의 당대 현실 속에서 사유하고 실천했던 다산의 생생한 모습이 빠져 있는데, 이를 보완해야 조선의 유학도 구체성을 확보할 수 있을 것입니다.

이승종 이는 역사서나 소설, 드라마 등을 통해 널리 알려져 있기에, 제 글에서 반복할 필요를 느끼지 못해 거론하지 않았습니다.

김선영 저는 대범위에 대한 다산의 문제의식이 더 궁금합니다. 주자학에 대한 비판의 한 계기로서 원시 유학을 새롭게 살려내자는 목소리는 중국에서도 있었지 않습니까?

이승종 다산이 그것을 그대로 답습만 한 것은 아닙니다.

이재경 다산의 사유를 폄하하는 한자경 교수를 언급하면서 "베토벤의 음악이, 그것이 현대 음악에 미친 영향의 관점에서보다 그 음악 자체의 탁월성 면에서 평가받아야 하는 것과 마찬가지로, 다산의 사유도 그것이 현대에 미친 영향의 관점에서보다 그 사유 자체의 탁월성 면에서 평가받아야 할 것"(이 책, 277-278쪽)이라고 말씀하셨는데, 다산의 사유 자체의 탁월성도 별 볼 일 없다고 보시는지요.

이승종 정반대입니다. 다산은 우리 시대의 철학자들보다 훨씬 뛰어난 인물입니다. 사실 우리가 더 문제입니다. 논문의 결론도 우리 스스로에게 경종을 울리려는 마음으로 썼습니다. 우리야말로 당면한 세 겹주름에 너무 무력합니다.

.

김선영 다산에게 놓여진 유교적 세계관이라는 대범위의 주름은 당시 시대 상황으로서 어쩔 수 없는 것이라고 면죄부를 주면서, 우리에게 경종을 울리려는 것이 납득이 가지 않네요.

이승종 우리는 근대성이라는 대범위의 주름은 고사하고 세계화라는 소범위의 주름에도 제대로 대처하지 못하고 있지 않습니까.

김선영 다산이 원시 유학의 텍스트를 독창적으로 재해석해낸 경우가 있습니까?

이승종 네.

김선영 아마 논문에서 언급한 맹자의 권(權)에 대한 재해석을 염두에 두고 있는 것 같은데, 그것은 원시 유학의 텍스트를 넘어선 독창적인 견해라기보다는 텍스트에 대한 충실한 해석인 것이지요.

이승종 동양의 문법에서는 텍스트에 대한 충실한 해석과 독창성은 같이 가는 것입니다. 충실하지 않은 해석에서 비롯되는 독창성은 동양에서는 불가능합니다. 동양의 방법은 온고이지신(溫故而知新)입니다. 저는 이를 건강한 태도로 받아들입니다. 동양의 관점에서는, 하늘에서 뚝 떨어진 독창성이라는 것은 근본도 없고 말도 안 됩니다. 근본을 무시하면서 새로운 것만을 추구하는 우리의 한탕주의가 오히려 문제입니다.

김선영 그렇다면 다산에게서 찾을 수 있는 대안적 사유의 실마리는 무엇이라고 보십니까?

이승종 저는 이 글을 통해, 다산의 사유가 경전에 근거한 본래적(authentic)인 것이면서도, 동시에 비판적이고 창의적인 것임을 보이려 했습니다. 동양에서는 이 셋이 잘 어우러져야 훌륭한 철학입니다. 이를 해냈다는 점에서 다산은 위대한 사상가라고 생각합니다. 동양의 사유 전통에서 이 셋을 다 구현한 경우는 흔하지 않습니다.

정현철 저는 이승종 교수님이 이 글에서 제시한 시도가 성공해야 한다고 봅니다. 다만 이 교수님이 비판하고 있는 근대성의 이념에 대한 해석상의 차이를 언급하고 싶습니다. 교수님은 근대성이 함축하는 과학주의에 초점을 맞추어 비판하고 있지만, 근대성은 다의적인 개념이어서 달리 해석될 수 있습니다. 저는 근대성이 우리라는 공동체 의식의 단초를 마련했다고 봅니다. 다산의 철학은, 유교적 세계관이라는 대범위의 한계 내에서이긴 하지만, 당시까지 차별화되지 않았던 우리를 차별화하려 했던 시도로 평가할 수 있습니다. 그런 다산은 거대 세계관에 매몰되어 별다른 창의적인 기여를 하지 못한 인물이 아니라, 우리가 우리라는 자의식을 형성하는 데 결정적인 기여를 한 인물이자 근대성의 단초를 마련한 인물로 자리매김되어야 합니다. 과학주의를 넘어선 근대성의 이념적 단초를 제시했다는 점에 다산의 탁월성이 있는 것입니다.

임채우 이승종 교수님은 이기(理氣) 개념에 대해 주희가 사용한 월인천강(月印千江)의 비유가 범주 오류라고 비판하였습니다. 그러나 이 비유는 사실은 주희가 고안한 것이 아니라, 불교의 화엄철학에서 빌려온 것입니다. 유학자들은 이를 이기(理氣) 개념을 설명하는 주된 논거로 사용하는 것에 동의하지 않을 것입니다. 이기(理氣) 개념을 설명하기 위한 다른 비유들은 얼마든지 많습니다.

유승주 원래 불교에서 사용되었을 때에는, 강에 비친 달도 하늘에 떠 있는 달의 청정함을 그대로 유지하고 있다는 것이 비유의 핵심이었지요.

임채우 요컨대 월인천강(月印千江)은 비유일 뿐이고 그것도 불교에서 빌려온 2차적인 비유이므로, 이기(理氣) 개념을 설명하는 1차적인 논거가 될 수 없다는 것입니다.

이승종 동의합니다. 월인천강(月印千江)에 대한 제 논의의 결론도 다른 비유를 들었어야 했다는 것이었습니다.

2. 홍콩성시대학교에서의 토론[3]

마이클 슬롯 이승종 교수님이 인용한 맹자의 구절은 결과주의를 옹호하

---

3   이 절은 2014년 12월 13일 홍콩성시대학교(香港城市大學敎)에서 있었던 동아시아와 비교철학센터 국제 학술대회에서의 토론을 옮긴 것이다. 토론 참가자는 다음과 같다. 마이클 슬롯(Michael Slote, 마이애미대(University of Miami) 철학과 UST 석좌교수), 정순우(한국학중앙연구원 교육학 전공 교수). 김한라 (네브라스카 오마하대(University of Nebraska at Omaha) 철학과 교수), 필립 아이반호(Philip Ivanhoe, 홍콩 성시대 동아시아 비교철학 및 종교 담당 석좌교수), 마이클 칼튼(Michael Kalton, 워싱턴 타코마대(University of Washington, Tacoma) 예술과 과학 협동과정 명예교수), 백영선(성균관대 유학/동양학과 교수), 리처드 김 (Richard Kim. 홍콩성시대 동아시아 비교철학센터 연구원), 정화열(미국 모라비안대(Moravian College) 정치학과 명예교수), 김영식(서울대 과학사 및 과학철학 협동과정 명예교수).

는 데 도움이 되지 못합니다. 어떤 사람이 측은지심과 같은 선의지를 동기로 했지만, 중간에 개입하는 여러 이유로 말미암아 그 선의지를 실천하지 못하게 되는 경우들이 있습니다. 결과는 선을 실현하려는 의지가 충분한가 아닌가에 달려 있습니다. 요컨대 결과로 실현되는 경우는 그 실현의 의지가 충분한 경우이고, 결과로 실현되지 못하는 경우는 그 의지가 충분하지 못한 경우입니다. 선(善)은 결과에만 귀속되는 것이 아니라, 경우에 따라서 동기와 결과가 적절히 분배되는 것이 바람직하다고 생각합니다.

이승종　그런데 측은지심의 실현 의지가 충분한지 아닌지를 어떻게 측정할 수 있습니까?

마이클 슬롯　측정은 물론 어려운 문제입니다. 다른 사람의 마음을 알기가 어렵기 때문입니다. 그러나 이 문제와는 독립적으로, 여전히 측은지심의 실현 의지가 충분하다 아니다를 말할 수 있습니다.

이승종　측은지심의 실현 의지를 측정하기 어려운 상황에서, 결과주의는 그 문제에 대한 쉽고도 간결한 해결 방안으로 여겨집니다.

마이클 슬롯　그러나 동기는 선한데 결과는 그렇지 않은 경우가 있고, 그 반대의 경우도 있습니다. 결과가 일회성에 그치지 않는 경우도 있으므로, 단발적인 결과만으로 선악을 판단하는 것도 무리가 있습니다.

이승종　서구 윤리학의 사조인 결과주의를 다산에 대입하는 유일한 이유는 그가 선악을 동기가 아닌 행위에 귀속시키고 있다는 점에 있습니다. 그 점 말고는 결과주의와 다산의 윤리학을 같은 것으로 보기 어렵습니다. 예컨대 그의 윤리학은 결과주의의 대표 격인 공리주의와 구별됩니다. 따라서 다산의 결과주의는 제한된 의미에서의 결과주의로 자리매김됩니다.

정순우 행사(行事)를 중요시했다는 점이 다산의 윤리학에서 두드러진 특징입니다. 이것이 그를 결과주의와 결부시키는 근거가 된다고 봅니다.

김한라 그리고 행사는 다산이 행위자에게 의지의 자유를 부여하는 기반으로 도입한 권형(權衡)과의 연계하에 조명됩니다.

이승종 권형은 다산이 새로이 창안한 개념은 아닙니다. 원시반본(原始返本)의 이념과 방법에 충실한 다산이기에, 그가 사용하는 모든 개념들은 선진(先秦) 유학의 기본 경전들에 근거를 두고 있습니다. 권형은《맹자》에서 사용된 권(權)의 개념을 심화 확장한 것입니다. 동아시아 철학은 그 정당화를, 경험적 데이터나 논리적 정합성이 아닌 경전에 기반을 두고 있습니다. 이는 특히 동아시아의 유학 전통에서 두드러지는 경향입니다. 초기 경전에 기록된 성인의 말씀이 곧 진리로 여겨집니다.

필립 아이반호 일리가 있지만 이를 동아시아 철학 전반에 적용하는 것은 무리입니다. 장자나 왕양명이 그 반례에 해당합니다.

김한라 권형과 자주지권(自主之權)이 동물과는 달리 선을 지향하는 인간의 독특한 성향과 결부된다고 보십니까?

이승종 그렇습니다. 본능에 따라 행동하는 동물과는 달리 권형에 따른 인간의 선택과 결단은 도덕적 차원에서 보아야 합니다.

마이클 칼튼 저는 다산이 그은 인간과 여타의 생물 사이의 범주론적 구별에 대해 의구심이 있습니다. 인의예지를 지향하는 성향이 인간에게만 있다는 다산의 주장은 인간의 선(善)을 중심으로 한 팽창주의로서, 그것은 그 성향이 모든 생물 권역에서 관철된다는 수축주의와 구별된다고 봅니다.

이승종 도덕이 인간에게만 적용되는 개념이라는 점에서 다산의 윤리학은 인간중심주의가 맞습니다.

마이클 칼튼 개가 자기가 낳은 강아지를 양육하는(nurse) 것과, 인간이 자기가 낳은 자식을 양육하는 것 사이에 무슨 차이가 있습니까?

이승종 전자의 경우 과연 양육한다는 표현이 합당한 것인지 모르겠습니다. 과연 개에게 양육한다는 개념이 있을까요?

마이클 칼튼 개가 양육한다는 개념을 가져야 할 필요가 있을까요? 개에게는 양육하려는 성향이 있습니다.

이승종 개에게 성향이 있다는 것은 인정합니다만, 선(善)을 지향하는 성향이 있다는 것은 인정하기 어렵습니다. 개를 비롯한 여타의 생물들은 각자에게 주어진 본능에 충실할 따름입니다.

마이클 칼튼 개에게 선(善)을 지향하는 성향이 있다는 사실을 왜 인정할 수 없습니까?

이승종 그것을 왜 인정해야 합니까?

마이클 칼튼 이승종 교수님은 선(善)에 대한 인간중심적 팽창주의를 견지하고 있고, 주희는 선을 만물에 귀속시키는 수축주의를 견지하고 있습니다. 이승종 교수님은 다산이 수축주의자이고 주희가 팽창주의자라고 주장합니다. 저는 오히려 주희가 수축주의자이고 다산이야말로 인간중심적 팽창주의자라고 봅니다.

필립 아이반호 개의 양육이 선한 결과를 가져온다는 점에서 성향론적 결과주의는 문제에 봉착합니다.

이승종 저는 그것이 과연 도덕적으로 선한 결과인지에 대해서 의심합니다.

백영선 이승종 교수님의 주장과는 달리, 인간을 포함한 만물을 생태계의 일원으로 보는 주희의 철학이 인간과 만물을 차별 짓는 다산보다는 더 호소력이 있습니다. 다산의 상제(上帝) 역시 시대와 걸맞지 않습니다.

리처드 김 이승종 교수님은 "주희는 스스로 건 이(理)의 마법에 도취되어 심지어 사람과 짐승 사이의 엄연한 차이마저 보지 못하는 잘못을 저지르고 있다"(이 책, 264쪽)고 주장합니다. 그러나 주희는 사람과 짐승 사이에는 기질지성(氣質之性)의 차이가 있음을 분명히 하고 있습니다.

이승종 인용하신 구절은, 하나의 이(理)로 모든 생물과 무생물을 포괄하려는 주희의 팽창주의를 다산이 비판하는 문맥에 놓여 있음을 감안해가며 이해해야 할 것입니다. 다산은 하나의 원리를 가지고 생물과 무생물을 통합하기보다는, 그들 사이의 차이에 주목하는 차이의 철학자입니다. 다산의 상제는 주희의 합리주의에 대한 해독제로 도입된 것입니다. 흔히 동아시아 철학의 세 범주로 하늘(天)과 땅(地)과 사람(人)을 꼽습니다. 거기에 상제의 자리는 없습니다. 탐구의 범위를 하늘과 땅 사이로 국한시킬 때, 그 너머의 초월적 탐구는 삭제되고 종교도 불가능해집니다. 다산은 《시경》,《서경》 등의 고경(古經)에 언급되었던 상제를 원시반본(原始返本)하여 되살려냄으로써, 이러한 세속화 과정을 역류시키려 했습니다.

정화열　다산을 해석하는 개념적 도구로 이승종 교수님이 도입한 디지털, 아날로그, 무법칙성 등의 용어와 문법이 돋보였습니다.

김영식　두 가지 사항에 대해 논평 드리겠습니다. 첫째, 이승종 교수님의 비판에도 불구하고 월인천강(月印千江)의 비유는 쓸모와 설득력을 인정받아 널리 사용되어 왔습니다. 그 비유에 대한 더 깊은 이해가 필요합니다. 둘째, 이승종 교수님은 주돈이의 《태극도설》을 기반으로 이(理)가 기(氣)를 낳는다는 해석을 이끌어내고 있습니다. 그러나 주희의 텍스트에서 이(理)와 기(氣)는 그러한 식으로 설명되지 않고 있습니다. 주희의 원텍스트를 다시 읽어보기 바랍니다.

15장 《대학》 새로 읽기[1]

1. 논평 (문석윤)[2]

이승종 교수님에 따르면 다산은 여전히 전통인(물론 전통주의자와는 구별되는 의미에서)입니다. 그리고 오늘의 우리에게 심대한 의미(메시지)를 던져주고 있습니다. 그런데 전통이 현대(혹은 근대)에 주는 메시지는, 다산에게서보다는 주희에게서 더 많이 발견될 수 있지 않을까요? 다산에게서 우리는 차라리 '어떤' 근대가 '어떤' 근대에게 주는 메시지를 읽을 수 있다고 해야 하는 것이 아닐까요? 다산을 전통에 배치함으로써 상대적으로 주희 해석에서 일종의 '전도(顚倒)' 혹은 '일탈'이 발생할 우려가 있는 것이 아닐까요? 주희에서의 '지식'과 '이성주의'의 의미에 대해 우리는 좀 더 깊이 있게 읽어내야 하지 않을까요? 다산을 이해하기 위해서, 우리는 먼저 주희를 이해해야 하며, 그것도 대충이 아니라 깊이 이해해야 한다고 봅니다. 그렇게 할 때 우리는 다산이 주희에게, 그리고 다시 주희가 다산에게 하는 말을 제대로 들을 수 있을 것이며, 그를 통해서 그들이 우리에

---

[1] 이 장은 8장의 초고를 주제로 2012년 7월 6일 서울 프레스센터에서 있었던 다산탄신 250주년 기념 국제 학술대회에서 토론한 내용을 옮긴 것이다.

[2] 경희대 철학과 교수.

게 전하는 말도 제대로 들을 수 있다고 생각됩니다. 이에 대해 이승종 교수님의 의견을 구합니다.

2. 논평 (박종천)[3]

1. 다산의 덕(德) 개념이 지닌 함의는 어떻게 보아야 하는가?

이승종 교수님은 다산이 성의(誠意)를 강조하면서 세계를 의지적으로 실천하기 위한 장으로 보면서, 세계를 표상으로 이해하려는 주희를 비판했고, 그에 따라 격물치지가 아니라 성의를 강조한다는 점을 역설했습니다. 이승종 교수님은, 자기기만을 배제한 의지의 실천이라는 맥락에서 구현되는 성취적 개념으로서의 덕 개념의 새로운 가능성을, 근대/탈근대의 한계를 넘어서는 새로운 전통의 수립을 위해 주목하고 있습니다. 그렇다면 다산의 덕 개념을 전통적인 덕 개념과 연속선상에서 해석할 수 있는가, 아니면 전통에서 벗어난 근대적인 개념 혹은 그 맹아인가 하는 의문이 듭니다. 아울러 다산이 윤리와 정치를 구분하는 논리를 보여주고 있는가, 아니면 양자를 연속적인 것으로 이해하고 있는가 하는 질문이 제기됩니다.

2. 다산의 경학적 접근 방법을 어떻게 이해할 것인가?

이승종 교수님은 다산은 경학적 맥락에서 충실하지만, 주희가 유가의 전통에서 일탈하고 있다고 보고 있습니다. 그러나 경학 전반으로 확대한다면 과연 다산의 경학적 관점은 경세학적 목표를 위한 방법인지,

---

3   고려대 민족문화연구원 교수.

아니면 다산 스스로 주장하듯이 '이경증경(以經證經)' 방식, 즉 경전 원문의 맥락에 충실한 것인지 궁금합니다. 아니면 그와는 다른 차원에서 이해해야 할 부분은 없는가 하는 질문을 하고 싶습니다.

3. 답론

1. 문석윤 교수님은 다산과 주희에 관련한 논평을 해주었습니다. 1) 문석윤 교수님은 전통이 현대에 주는 메시지가 다산에게서보다는 주희에게서 더 많이 발견될 수 있다고 하셨습니다. 그것이 어떤 것인지 구체적으로 알려주셨으면 합니다. 2) 문석윤 교수님은 다산을 전통에 배치함으로써 상대적으로 주희 해석에서 일종의 '전도(顚倒)' 혹은 '일탈'이 발생할 우려가 있다고 하셨습니다. 그것이 어떤 것인지 궁금합니다. 3) 문석윤 교수님은 주희에서의 '지식'과 '이성주의'의 의미에 대해 좀 더 깊이 있게 읽어내야 한다고 하셨습니다. 좀 더 자세한 가르침을 구합니다.

2. 박종천 교수님은 다산의 덕 개념이 지니는 함의와 경학적 접근방법에 대해 논평을 해주셨습니다. 1) 저는 다산의 덕 개념이 전통적인 덕 개념과 연속선상에서 해석될 수 있다고 봅니다. 전통적인 덕 개념을 주희의 해석과 동치로 놓을 때에만, 다산은 전통에서 벗어난 사람으로 잘못 비칠 수 있습니다. 저는 이것이 잘못된 선입견이며, 정작 덕 개념에 대한 주희의 해석이 전통에서 벗어난 것임을 보이려 했습니다. 2) 저는《대학》에 관한 다산의 경학적 관점은 일차적으로는 '이경증경(以經證經)' 방식, 즉 경전 원문의 맥락에 충실한 것이며, 주희의 해석이 오히려 경전 원문의 맥락에서 벗어나 있음을 보이려 했습니다.

참고문헌

저자명 다음의 연도는 본문에 인용된 논문이나 저서가 처음 간행된 해를 말한다. 이들 논문이나 저서가 (재)수록된 논문집이나 번역/개정판을 준거로 인용되었을 경우에는, 그에 해당하는 연도를 뒤에 덧붙였다. 본문에서 인용된 쪽수도 이를 준거로 하고 있다.

孔子.《論語》.

老子.《道德經》.

孟子.《孟子》.

《大學》.

《書經》.

龍樹.《廻諍論》.《大正藏》, 券32.

_____. *Madhyamaka-Śāstra*.

李恭.《大學辨業》.

伊藤仁齋.《語孟子義》.

李珥.《栗谷全書》.

《禮記》.

莊子.《莊子》.

丁若鏞.《論語古今註》

_____.《大學公議》.

_____.《孟子要義》

_____.《心經密驗》.

_____.《與猶堂全書》.

_____.《中庸講義補》.

_____.〈中庸策〉.

周敦頤.《周元公集》.

朱熹.《大學章句》.

_____.《大學或問》.

_____.《朱子大全》.

_____.《朱子語類》.

_____.《朱熹集》.

_____.《中庸章句》.

_____. (編)《程氏遺書》.

朱熹‧呂祖謙. (編)《近思錄》.

《中庸》.

陳大齊. (1964)《孔子學說》. 臺北: 正中書局.

陳淳.《北溪字義》.

黃玹.《梅泉野錄》.

고영석 외. (2003)《축제와 문화》. 서울: 연세대출판부.

금장태. (1999)《정약용: 한국실학의 집대성》. 2판. 서울: 성균관대학교출판부, 2002.

김동리. (1936)〈무녀도〉, 김동리 1995에 재수록.

_____. (1995)《김동리 전집 1: 무녀도/황토기》. 서울: 민음사.

김동식. (엮음). (1997)《로티와 철학과 과학》. 서울: 철학과현실사.

김상환 외. (1998)《매체의 철학》. 서울: 나남출판.

김영민. (1997)〈번뇌를 끊지 않고도 열반을 얻는다〉, 김영민‧이왕주 1997에 수록.

김영민‧이왕주. (1997)《소설 속의 철학》. 서울: 문학과지성사.

김영식. (2004) "Science and the Confucian Tradition in the Work of Chong Yagyong," 《다산학》, 5호.

김용옥. (2000a)《노자와 21세기》. [3] 서울: 통나무.

_____. (2000b)《도올논어 [1]》. 서울: 통나무.

_____. (2009)《대학‧학기 한글역주》. 서울: 통나무.

김학주. (역주) (2006)《대학》. 서울: 서울대학교출판부.

김형효. (1991)〈J. 데리다와 장자〉,《정신문화연구》, 45호.

노영찬. (2004) "Tasan's Concept of Learning as an Anthropocosmic Process,"《다산학》, 5호.

梶山雄一・上山春平. (1969)《공의 논리》. 정호영 옮김. 서울: 민족사, 1994.

박동환. (1987)《서양의 논리 동양의 마음》. 서울: 까치.

박완규. (엮음) (2005)《이 땅의 철학자 무엇을 생각하는가》. 서울: 철학과현실사.

박완식. (편저) (2005)《대학: 대학, 대학혹문, 대학강어》. 서울: 여강.

법정. (1998)《산에는 꽃이 피네》. 류시화 엮음. 서울: 동쪽나라.

백민정. (2007)《정약용의 철학》. 서울: 이학사.

신채호. (1925)〈낭객의 신년만필〉, 신채호 2008에 재수록.

_____. (2008)《단재 신채호 전집》. 6권. 단재 신채호 전집 편찬위원회 편. 천안: 독립기념관 한국독립운동사 연구소.

안동림. (역주) (1993)《장자》. 서울: 현암사.

엄정식 외. (1999)《현대철학 특강》. 서울: 철학과현실사.

오영환 외. (1993)《과학과 형이상학》. 서울: 자유사상사.

이강수. (1998)《노자와 장자: 무위와 소요의 철학》. 서울: 길.

이상수. (2003)〈유(類)의 논리철학 연구〉, 연세대학교 대학원 철학과 박사학위 논문.

이상익. (1998)《기호성리학연구》. 서울: 한울.

_____. (2005)《기호성리학논고》. 서울: 심산.

_____. (2007)《주자학의 길》. 서울: 심산.

이승종. (1993a)〈양자역학과 EPR 논쟁〉, 오영환 1993에 수록.

_____. (1993b)〈의미와 해석에 관한 콰인/데이빗슨 논쟁〉,《철학》, 39집.

_____. (1994)〈자연언어와 인공지능〉,《철학연구》, 34집. 철학연구회.

_____. (1995)〈인간의 얼굴을 한 자연주의〉,《철학연구》, 36집.

_____. (1998)〈동일자의 생애: 매체적 언어관에 관한 기록〉, 김상환 1998에 수록.

_____. (1999a)〈대칭적 전체론을 위하여〉, 한국분석철학회 1999에 수록.

_____. (1999b)〈비트겐슈타인과 데리다〉, 엄정식 1999에 수록.

_____. (2002a)〈노장의 해체와 분석〉,《오늘의 동양사상》, 6호.

_____. (2002b)《비트겐슈타인이 살아 있다면: 논리철학적 탐구》. 서울: 문학과지성사.

_____. (2002c)〈청년 비트겐슈타인의 1인칭 윤리〉,《철학적 분석》. 6호.

_____. (2003a)〈자연주의, 하이데거, 비트겐슈타인〉,《철학적 분석》, 8호.

_____. (2003b)〈축제로서의 삶〉, 고영석 2003에 수록.

_____. (2005)〈타자의 포용〉, 박완규 2005에 수록.

_____. (2010a)〈과학으로서의 역사와 정신사로시의 역사〉, 연세대학교 국어국문
      학과 이야기와 문화 사업단 초청 강연회 발표문.

_____. (2010b)《크로스오버 하이데거: 분석적 해석학을 향하여》. 서울: 생각의나무.

_____. (2013)〈잃어버린 기억을 찾아서〉, 조대호 2013에 수록.

_____. (2014)〈철학사의 울타리와 그 너머〉,《대동철학》, 68집.

이을호. (1975)《다산학의 이해》. 서울: 현암사.

이정우. (1999a)《시뮬라크르의 시대》. 서울: 거름.

_____. (1999b)《인간의 얼굴》. 서울: 민음사.

櫻部建 · 上山春平. (1969)《아비달마의 철학》. 정호영 옮김. 서울: 민족사, 1989.

정일균. (2000)《다산사서경학연구》. 서울: 일지사.

조대호 외. (2013)《기억, 망각 그리고 상상력》. 서울: 연세대학교 대학출판문화원.

최진덕. (1995)〈공자仁學의 一貫性 혹은 不一貫性〉,《정신문화연구》, 61호.

한국도가철학회 엮음. (2001)《노자에서 데리다까지》. 서울: 예문서원.

한국분석철학회. (편) (1999)《언어 · 표상 · 세계》. 서울: 철학과현실사.

한국학중앙연구원. (편) (2009)《2009 문명과 평화》. 서울: 지문당.

한자경. (2005)〈유교와 천주교 사이의 다산〉,《오늘의 동양사상》, 13호.

한형조. (1996)《주희에서 정약용으로》. 서울: 세계사.

_____. (2000)《왜 동양철학인가》. 개정판. 파주: 문학동네, 2009.

_____. (2004)〈하버드 다산학 국제학술회의〉, 한형조 2008에 재수록.

_____. (2008)《왜 조선 유학인가》. 파주: 문학동네.

황병기. (2004)〈다산 정약용의 역상학〉, 연세대학교 대학원 철학과 박사학위 논문.

Albert, D. (1992) *Quantum Mechanics and Experience*. Cambridge, Mass.: Harvard
      University Press.

Albert, D., and B. Loewer. (1988) "Interpreting the Many Worlds Interpretation,"
      Synthese, vol. 77.

Ames, R. T., and W. Dissanayake. (eds.) (1996) *Self and Deception*. Albany: State
      University of New York Press.

Appelbaum, S. (1999) *Hermann Hesse: Siddhartha*. Trans. S. Appelbaum. Mineola,
      N.Y.: Dover Publications.

Aristotle. (1984) *The Complete Works of Aristotle*. 2 vols. Revised Oxford translation.

Ed. J. Barnes. Princeton, N. J.: Princeton University Press.

Badio, A. (1997) *Deleuze: The Clamor of Being*. Trans. L. Burchill. Minneapolis: University of Minnesota Press, 2000.

Barrett, J. (1999) *The Quantum Mechanics of Minds and Worlds*. Oxford: Oxford University Press.

Benhabib, S., and N. Fraser. (eds.) (2004) *Pragmatism, Critique, Judgment*. Cambridge, Mass.: MIT Press.

Bohm, D. (1952) "A Suggested Interpretation of the Quantum Theory in Terms of 'Hidden' Variables, I and II," Wheeler and Zurek 1983에 재수록.

Candrakīrti. *Prasannapadā*.

Capra, F. (1975) *The Tao of Physics*. 5th edition. Boston: Shambhala, 2010.

Chan, W.-T. (ed.) (1963) *A Source Book in Chinese Philosophy*. Princeton: Princeton University Press.

Cua, A. (1996) "A Confucian Perspective on Self-Perception," Ames and Dissanayake 1996에 수록.

De Bary, W. T., and I. Bloom. (eds.) (1999) *Sources of Chinese Tradition*. Vol. 1. 2nd edition. New York: Columbia University Press.

Delanda, M. (2002) *Intensive Science and Virtual Philosophy*. London: Continuum.

Davidson, D. (1984) *Inquiries into Truth and Interpretation*. Oxford: Clarendon Press.

Deleuze, G. (1968) *Difference and Repetition*. Trans. P. Patton. New York: Columbia University Press, 1994: 질 들뢰즈.《차이와 반복》. 김상환 옮김. 서울: 민음사, 2004.

_____. (1969) *The Logic of Sense*. Trans. M. Lester with C. Stivale. New York: Columbia University Press, 1990.

_____. (1981) *Francis Bacon: The Logic of Sensation*. Trans. D. Smith. Minneapolis: University of Minnesota Press, 2003: 질 들뢰즈.《감각의 논리》. 하태환 옮김. 서울: 민음사, 1995.

_____. (1990) *Negotiations*. Trans. M. Joughin. New York: Columbia University Press, 1995.

Deleuze, G., and F. Guattari. (1991) *What Is Philosophy?* Trans. H. Tomlinson and G.

Burchell. New York: Columbia University Press, 1994.

Derrida, J. (1967a) *Of Grammatology*. Trans. G. Spivak. Baltimore: Johns Hopkins University Press, 1976.

_____. (1967b) *Speech and Phenomena*. Trans. D. Allison. Evanston: Northwestern University Press, 1973.

_____. (1968) "Différance," Derrida 1972a에 재수록.

_____. (1969) "Dissemination," Derrida 1972a에 재수록.

_____. (1971) "White Mythology," Derrida 1972b에 재수록.

_____. (1972a) *Dissemination*. Trans. B. Johnson. Chicago: University of Chicago Press, 1981.

_____. (1972b) *Margins of Philosophy*. Trans. Alan Bass. Chicago: University of Chicago Press, 1982.

_____. (1972c) *Positions*. Trans. A. Bass. Chicago: University of Chicago Press, 1981.

_____. (1985) "Letter to a Japanese Friend," Wood and Bernasconi 1988에 재수록.

_____. (1987) *Of Spirit: Heidegger and the Question*. Trans. G. Bennington and R. Bowlby. Chicago: University of Chicago Press, 1989.

_____. (1988) *Limited Inc*. Ed. G. Graff. Evanston: Northwestern University Press.

Descartes, R. (1647) *Principles of Philosophy*. Trans. J. Cottingham. Descartes 1985에 재수록.

_____. (1985) *The Philosophical Writings of Descartes*. Vol. 1. Trans. J. Cottingham, R. Stoothoff, and D. Murdoch. Cambridge: Cambridge University Press.

DeWitt, B., and N. Graham. (eds.) (1973) *The Many-Worlds Interpretation of Quantum Mechanics*. Princeton: Princeton University Press.

Digha Nikaya. The Long Discourses of the Buddha. Trans. M. Walshe, Boston: Wisdom Press, 1995.

Dirac, P. (1930) *The Principles of Quantum Mechanics*. 4th edition. Oxford: Clarendon Press, 1958.

Dostoevsky, F. (1880) *The Brothers Karamazov*. Trans. R. Pevear and. L. Volokhonsky. New York: Knopf, 1992.

Everett, H. (1957) "'Relative State' Formulation of Quantum Mechanics," Wheeler and Zurek 1983에 재수록.

_____. (1973) "The Theory of the Universal Wave Function," DeWitt and Graham 1973에 수록.

Fodor, J. (1974) "Special Sciences," Fodor 1981에 재수록.

_____. (1981) *Representations*. Cambridge, Mass.: MIT Press.

Frege, G. (1918) "The Thought: A Logical Inquiry," trans. A. and M. Quinton, Strawson 1967에 재수록.

Gardner, D. (1986) *Chu Hsi and the Ta-hsueh*. Cambridge, Mass.: Harvard University Press.

Garver, N. (1994) *This Complicated Form of Life: Essays on Wittgenstein*. LaSalle, Ill.: Open Court.

Garver, N., and Seung-Chong Lee. (1994) *Derrida and Wittgenstein*. Philadelphia: Temple University Press; 뉴턴 가버 · 이승종. 《데리다와 비트겐슈타인》. 서울: 민음사, 1998; 수정증보판, 서울: 동연, 2010.

Gasché, R. (1986) *The Tain of the Mirror*. Cambridge, Mass.: Harvard University Press.

Gudmunsen, C. (1977) *Wittgenstein and Buddhism*. London: Macmillan.

Habermas, J. (1981) *Theorie des kommunikativen Handelns*. 2 vols. Frankfurt: Suhrkamp.

_____. (1991) *Erläuterungen zur Diskursethik*. Frankfurt: Suhrkamp.

Hall, D., and R. Ames. (1987) *Thinking Through Confucius*. Albany: State University of New York Press.

Hegel, G. W. F. (1821) *Grundlinien der Philosophie des Rechts*.

Heidegger, M. (1943) "Vom Wesen der Wahrheit," Heidegger 1967에 재수록.

_____. (1953a) *Einführung in die Metaphysik*. Frankfurt: Klostermann, 1983.

_____. (1953b) "Die Frage nach der Technik," Heidegger 1954a에 재수록.

_____. (1954a) *Vorträge und Aufsätze*. Pfullingen: Neske, 1978.

_____. (1954b) *Was heißt Denken?* Tübingen: Niemeyer, 1971.

_____. (1957) *Der Satz von Grund*. 5th edition. Pfullingen: Neske, 1978.

_____. (1959) *Gelassenheit*. Pfullingen: Neske, 2000.

_____. (1967) *Wegmarken*. Frankfurt: Klostermann.

Hesse, H. (1919) *Demian*. Hesse 1970a에 재수록.

_____. (1922) *Siddharta*. Hesse 1970a에 재수록.

_____. (1930) *Narziß und Goldmund*. Hesse 1970b에 재수록.

_____. (1970a) *Gesammelte Werke*. Vol. 5. Frankfurt: Suhrkamp.

_____. (1970b) *Gesammelte Werke*. Vol. 8. Frankfurt: Suhrkamp.

_____. (1973) *Gesammelte Briefe*. Vol. 1. Frankfurt: Suhrkamp.

Hughes, R. (1989) *The Structure and Interpretation of Quantum Mechanics*. Cambridge, Mass.: Harvard University Press.

Huntington, Jr., C. W. (1989) *The Emptiness of Emptiness*. Honolulu: University of Hawaii Press.

Husserl, E. (1969) *Zur Phänomenologie des Inneren Zeitbewußtseins: 1893-1917*. Ed. R. Boehm. The Hague: Martinus Nijhoff.

Inada, K. (1974) "Time and Temporality," *Philosophy East and West*, vol. 24.

Ivanhoe, P. J. (2013) *Confucian Reflections: Ancient Wisdom for Modern Times*. Routledge.

Kafka, F. (1970a) "Der Aufbruch," Kafka 1970b에 수록: 프란츠 카프카, 〈돌연한 출발〉, 《변신》(단편전집), 이주동 옮김, 서울: 솔출판사, 1997에 재수록.

_____. (1970b) *Sämtliche Erzählungen*. Ed. P. Raabe. Frankfurt: Fischer.

Kalton, M. (2004) "Chǒng Tasan and Mencius," 《다산학》, 5호.

Kalupahana, D. (1992) *A History of Buddhist Philosophy*. Honolulu: University of Hawaii Press.

Kant, I. (1786) *Grundlegung zur Metaphysik der Zitten*. Kant 1911b에 재수록.

_____. (1787) *Kritik der reinen Vernunft*. Kant 1911a에 재수록.

_____. (1788) *Kritik der praktischen Vernunft*. Kant 1911c에 재수록.

_____. (1911a) *Kants Werke*. Vol. 3. Berlin: Walter de Gruyter.

_____. (1911b) *Kants Werke*. Vol. 4. Berlin: Walter de Gruyter.

_____. (1911c) *Kants Werke*. Vol. 5. Berlin: Walter de Gruyter.

Keith, A. B. (1923) *Buddhist Philosophy in India and Ceylon*. Oxford: Clarendon Press.

Kern, J. H. C. (1896) *Manual of Indian Buddhism*. Strasbourg: Trübner.

Kim, J. (1996) *Philosophy of Mind*. 3rd edition. Boulder: Westview Press, 2011.

Kohn, S. (2000) *Hermann Hesse: Siddhartha*. Trans. S. Kohn. Boston: Shambhala.

Legge, J. (1893) *The Chinese Classics, vol. 1: Confucian Analects, the Great Learning, and the Doctrine of the Mean*. Trans. J. Legge. Hong Kong: Hong Kong University Press, 1960.

Loy, D. (1986) "The Mahāyāna Deconstruction of Time," *Philosophy East and West*, vol. 36.

Monk, R. (1990) *Ludwig Wittgenstein: The Duty of Genius*. London: Vintage.

Murti, T. R. V. (1955) *The Central Philosophy of Buddhism*. London: George Allen & Unwin.

Neugroschel, J. (1999) *Hermann Hesse: Siddhartha*. Trans. J. Neugroschel. New York: Penguin Books.

Quine, W. (1951) "Two Dogmas of Empiricism," Quine 1953에 재수록.

_____. (1953) *From a Logical Point of View*. 2nd edition. New York: Harper and Row, 1961.

_____. (1960) *Word and Object*. Cambridge, Mass.: MIT Press.

_____. (1968) "Ontological Relativity," Quine 1969b에 재수록

_____. (1969a) "Epistemology Naturalized," Quine 1969b에 수록.

_____. (1969b) *Ontological Relativity and Other Essays*, New York: Columbia University Press.

_____. (1975) "On Empirically Equivalent Systems of the World," *Erkenntnis*, vol. 9.

Rawls, J. (1971) *A Theory of Justice*. Revised edition. Cambridge, Mass.: Harvard University Press, 1999.

_____. (1993) *Political Liberalism*. 2nd edition. New York: Columbia University Press, 1996.

Rhys Davids, C. (1928) *Gotama the Man*. London: Luzac & Co.

_____. (1931) *Sakya or Buddhist Origins*. London: Paul, Trench, Trubner.

_____. (1932) *A Manual of Buddhism for Advanced Students*. London: Sheldon Press.

_____. (1934a) *Buddhism*. London: Butterworth.

_____. (1934b) *Outlines of Buddhism*. New Delhi: Oriental Books Reprint Corp., 1978.

_____. (1936) *The Birth of Indian Psychology and Its Development in Buddhism*.

London: Luzac & Co.

_____. (1937) *To Become or Not to Become*. London: Luzac & Co.

_____. (1938) *What Was the Original Gospel in Buddhism?* London: Epworth Press.

Ricci, M. (1603) *The True Meaning of the Lord of Heaven*. Trans. D. Lancashire and K.-C. Hu. St. Louis: The Institute of Jesuit Sources, 1985.

Rorty, R. (1989) "Is Derrida a Transcendental Philosopher?" Rorty 1991에 재수록.

_____. (1991) *Essays on Heidegger and Others*. Cambridge: Cambridge University Press.

_____. (2004) "Philosophy as a Transitional Genre," Benhabib and Fraser 2004에 수록.

Rosner, H. (1951) *Hermann Hesse: Siddhartha*. Trans. H. Rosner. New York: New Directions.

Rousseau, J.-J. (1986) *The First and Second Discourses Together with the "Replies to Critics" and "Essays on the Origins of Languages."* Ed. and trans. V. Gourevitch. New York: Harper and Row.

Russell, B. (1918) "The Philosophy of Logical Atomism," Russell 1956에 재수록.

_____. (1956) *Logic and Knowledge*. Ed. R. C. Marsh. London: George Allen & Unwin.

Samyutta Nikaya. The Connected Discourses of the Buddha. Trans. Bhikkhu Bodhi. Boston: Wisdom Press, 2000.

Sartre, J. (1943) *Being and Nothingness*. Trans. H. Barnes. New York: Washington Square Press, 1993.

Setton, M. (1997) *Chŏng Yagyong*. Albany: State University of New York Press.

Staten, H. (1984) *Wittgenstein and Derrida*. Lincoln: University of Nebraska Press.

Stcherbatsky, Th. (1923) *The Central Conception of Buddhism and the Meaning of the Word "Dharma."* Delhi: Motilal Banarsidass, 1974.

Strawson, P. F. (ed.) (1967) *Philosophical Logic*. Oxford: Oxford University Press.

Sutta Nipata. The Group of Discourses. Trans. K. R. Norman. 2nd edition. Oxford: Pali Text Society.

van Norden, B. (2006) *The Greater Learning*. Trans. B. van Norden. 인터넷 자료. http://faculty.vassar.edu/brvannor/Phil210/Translations/daxuejizhu.pdf

von Neumann, J. (1932) *Mathematical Foundations of Quantum Mechanics*. Trans.

R. Beyer. Princeton: Princeton University Press, 1955.

Wheeler, J., and W. Zurek. (eds.) (1983) *Quantum Theory and Measurement*. Princeton: Princeton University Press.

Whitehead, A. N., and B. Russell. (1910) *Principia Mathematica*. Vol. 1. 2nd edition. Cambridge: Cambridge University Press, 1925.

Wigner, E. (1961) "Remarks on the Mind-Body Question," Wheeler and Zurek 1983 에 재수록.

Wittgenstein, L. (BB) *The Blue and Brown Books*. Oxford: Basil Blackwell, 1958.

_____. (BT) *The Big Typescript*. Ed. and trans. C. G. Luckhardt and M. A. E. Aue. Oxford: Blackwell, 2005.

_____. (CV) *Culture and Value*. Ed. G. H. von Wright. Trans. P. Winch. Oxford: Basil Blackwell, 1980.

_____. (LPE) "Wittgenstein's Notes for Lectures on "Private Experience" and "Sense-Data,"" PO에 재수록.

_____. (LW) *Last Writings on the Philosophy of Psychology: Preliminary Studies for Part II of Philosophical Investigations*. Ed. G. H. von Wright and H. Nyman. Trans. C. G. Luckhardt and M. A. E. Aue. Oxford: Basil Blackwell, 1982.

_____. (MS) *Unpublished Manuscripts*. Wright 1982에서 부여된 번호에 준하여 인용.

_____. (NB) *Notebooks 1914-1916*. Ed. G. H. von Wright and G. E. M. Anscombe. Trans. G. E. M. Anscombe. Oxford: Basil Blackwell, 1961.

_____. (OC) *On Certainty*. Ed. G. E. M. Anscombe and G. H. von Wright. Trans. D. Paul and G. E. M. Anscombe. Oxford: Basil Blackwell, 1966.

_____. (PI) *Philosophical Investigations*. Revised 4th edition. Ed. G. E. M. Anscombe, R. Rhees, P. M. S. Hacker and J. Schulte. Trans. G. E. M. Anscombe, P. M. S. Hacker and J. Schulte. Oxford: Wiley-Blackwell, 2009; 루트비히 비트겐슈타인.《철학적 탐구》. 이승종 옮김. 파주: 아카넷, 2016.

_____. (PO) *Philosophical Occasions*. Ed. J. Klagge and A. Nordmann, Indianapolis: Hackett, 1993.

_____. (PPF) *Philosophy of Psychology – A Fragment*. PI에 수록.

_____. (PR) *Philosophical Remarks*. Ed. R. Rhees. Trans. R. Hargreaves and R. White. Oxford: Basil Blackwell, 1975.

_____. (RFM) *Remarks on the Foundations of Mathematics*. Revised edition. Ed. G. H. von Wright, R. Rhees, and G. E. M. Anscombe. Trans. G. E. M. Anscombe. Cambridge, Mass.: MIT Press, 1978.

_____. (RPP I) *Remarks on the Philosophy of Psychology*. Vol. I. Ed. G. E. M. Anscombe and G. H. von Wright. Trans. G. E. M. Anscombe. Oxford: Basil Blackwell, 1980.

_____. (TLP) *Tractatus Logico-Philosophicus*. Trans. D. Pears and B. McGuinness. London: Routledge & Kegan Paul, 1961.

Wood, D., and R. Bernasconi. (eds.) (1988) *Derrida and Différance*. Evanston: Northwestern University Press.

Wright, G. H. von. (1982) *Wittgenstein*. Oxford: Basil Blackwell.

Zeh, H. (1970) "On the Interpretation of Measurement in Quantum Theory," Wheeler and Zurek 1983에 재수록.

Ziolkowski, T. (1965) *The Novels of Hermann Hesse*. Princeton: Princeton University Press.

Zurek, W. (1991) "Decoherence and the Transition from Quantum to Classical," *Physics Today*, vol. 44.

인명색인

주제색인

기발이승 17, 87-89, 96, 103-104, 344, 366, 379-381

기질 71-72, 90, 269, 272-273, 358-359, 384, 386, 485

기질지성 258, 260, 265-266, 269-272, 483-500

끈 이론 16, 79, 378

ㄴ

나무 35-37, 39, 129, 187, 331, 337, 434

넌센스 42, 168, 170-171, 193, 479

논리적 형식 150-151

논리학 18, 36, 169, 207, 256, 284, 377, 388, 398, 412

《논어》 16, 31, 43-44, 47, 50, 61-63, 281, 301, 313, 316-318, 323, 331, 338-339, 342

ㄷ

다르마 154-158, 162-164, 172

다름 12-13, 42, 182-183, 192, 205-206, 241, 428, 440

다수실현 17, 59-60, 88-89, 97-105, 188, 249, 255, 345-346, 385, 387, 402-404

단서 266-267

단순성 17, 150, 153, 155, 163

단시 266-267

당위 16, 72, 76-82, 106, 108, 215, 345, 349, 352-354, 358, 366-369, 376, 378, 380-382, 396-399, 401, 476-477

당위성 81-82, 84-88, 104, 352, 355, 396-398

《대학》 19, 281, 283, 286-299, 301-304, 306, 502

대화 6-7, 12-19, 35, 43, 46-49, 57, 65, 123, 144, 146, 148, 182, 197, 231-232, 234-235, 317-318, 321, 324-326, 328-330, 333-337, 406, 423, 449-450, 469

데카르트주의 154, 162

도道 52, 60, 62, 66, 71, 72-73, 77, 131, 134-135, 185, 188, 196, 200, 204, 208-210, 224, 281, 295, 301, 323, 342-343, 351, 429-434, 436, 443-444, 453, 461-453, 491

도가 6, 13, 15, 18, 66, 223, 243, 316, 323, 449-450, 491-492

도교 69, 274, 291

도덕 14, 19, 35-39, 67, 71, 76, 109-113, 128, 143, 211, 214, 242-243, 245, 249, 253-254, 265-267, 269, 270, 276, 278-279, 282, 285-286, 300-307, 325, 328-332, 337-338, 370, 380, 382, 398, 405, 411, 413, 499-500

도덕 형이상학 269, 276, 381

도심 72-73, 96, 270-271, 274-275, 356, 364-366, 371-372, 376, 483-486, 489-490

도의 71-73

도추 194, 198, 456, 462

동기 133, 265, 299, 497

동서 12-15, 18, 34-35, 138, 146-148, 331-332, 440

동서양 16, 325, 331, 337, 439

동아시아 11-16, 19, 76, 181, 242, 276, 289, 306, 313, 315, 318, 348, 415, 430, 498, 501

동양 37, 43, 69, 109, 146, 214, 242, 279-280, 289, 316, 318, 321, 323, 327, 329-332, 334, 336-337, 339-340, 374, 378, 391-395, 439-440, 446, 449-450, 470, 479, 494-495

260, 352

정당화 38-39, 59, 158, 167, 195, 198, 233, 251, 256, 261, 264, 294, 304, 378, 398-400, 418, 432-433, 462, 498

정명론 53, 55-57, 325

정언명법 304, 414

조절이론 17, 93, 384-385

존재론 86, 124, 154, 162, 168, 184, 211, 258-259, 267, 303, 337, 347

종교 76, 109-112, 129, 143, 202-203, 214, 252, 281, 320, 383, 411-413, 456, 480, 501

주관성 40, 51, 318, 327, 329

주자학 16, 19, 241, 250-254, 278-279, 352-354, 357, 359, 362, 367, 370-371, 382, 389-390, 484, 492-493

줄기 35-39, 67, 196, 337

중관 17, 147, 163-164

중국 5, 15, 19, 279-280, 284, 286, 320-321, 346, 374, 407, 449, 493

중첩 71, 97-99, 221, 230, 262, 345, 352, 367, 405-406, 461, 471, 479

중첩결정성 17, 97-99, 345, 405

중화주의 14-15

지선 12, 91, 288, 294, 361

지시체 151, 153-154, 159-165, 169, 173, 210, 259, 267, 457

지식 8, 117, 124, 133, 155, 179, 195, 197, 208, 226, 247, 252, 338, 396, 406, 433, 438-439, 443, 462, 502, 504

진리 14, 69-70, 76, 131, 135, 144, 148, 172, 175, 232, 236-237, 241, 243-246, 253, 289, 330, 335, 349, 368, 401, 418, 492

진리 함수 151, 153-155

질료 71-73, 364, 371, 376

ㅊ

차연 186-187, 189, 191, 455

차이 12-13, 16-19, 36, 76, 89-90, 123, 135-137, 143-144, 146, 182, 186-187, 189, 191-193, 202-207, 209-221, 229, 244-245, 247-249, 255, 259, 263-267, 269-271, 273, 275, 277, 282, 304, 317, 325, 333-334, 337, 341, 345, 347, 351, 353, 359-360, 368, 372, 383, 398, 402-403, 418, 420, 428-430, 433, 435, 437, 440, 445-446, 452, 454-456, 461-462, 469-471, 474, 477-478, 484, 486-487, 490, 495, 499-501

차이성 43, 87, 106, 182, 185, 187, 192, 204, 219, 259, 395, 429, 437, 440

차이소 212, 217

찰나삼세론 156-158, 164

참치부제 90-92, 359-361, 363, 370

천리 74, 95-96, 196, 355-356, 405, 487

철학사 5, 18, 35, 37, 149, 180-181, 317, 346, 412, 441, 453

청탁수박 89, 94, 100, 255, 259, 360, 362, 364, 370, 379, 385-387, 403

초월 110, 131, 147, 149, 156, 167, 211, 219, 221, 227-228, 279, 330, 434, 437-438, 491-492, 501

측은지심 266, 381-382, 497

측정 141, 214, 220-225, 229, 259, 275, 374, 417, 458, 460, 467-468, 470, 479, 497

ㅋ

카오스 18, 216

코펜하겐 해석 18, 220-222, 467-468, 479

크로스오버 15